GRAND COMMENTAIRE

(*Tafsīr*)

DE LA *MÉTAPHYSIQUE*

Livre Bêta

DANS LA MÊME COLLECTION

ABÉLARD Pierre : *Des intellections.* Texte établi (latin en vis-à-vis), introduit, traduit et commenté par Patrick MORIN, 176 pages.

ABÉLARD Pierre : *De l'unité et de la trinité divines (Theologia summi boni).* Introduction, traduction et notes par Jean JOLIVET, 144 pages.

AVERROÈS : *La béatitude de l'âme.* Édition, traduction annotée, études doctrinales et historiques d'un traité d'"Averroès" par Marc GEOFFROY et Carlos STEEL, 336 pages.

AVERROÈS : *Commentaire moyen sur le* De interpretatione. Introduction, traduction et notes par Ali BENMAKHLOUF et Stéphane DIEBLER, 208 pages.

GUILLAUME D'AUVERGNE : *De l'âme* (chap. VII, parties 1 à 9), Introduction, traduction et notes par J.-B. BRENET, 168 pages.

GUILLAUME HEYTESBURY : *Sophismata asinina. Une introduction aux disputes médiévales.* Présentation, édition critique et analyse par Fabienne PIRONET, 644 pages.

GUIRAL OT : *La vision de Dieu aux multiples formes.* Quolibet tenu à Paris en décembre 1333. Édition, traduction et introduction par Christian TROTTMANN, 288 pages.

JEAN BURIDAN : *Sophismes.* Texte introduit, traduit et annoté par Joël BIARD, 304 pages.

LA CONDAMNATION PARISIENNE DE 1277. Texte latin, traduction, introduction et commentaire par David PICHÉ, 352 pages.

LANGAGE, SCIENCE, PHILOSOPHIE, AU XIIe SIECLE. Actes réunis par Joël BIARD, 256 pages.

MICHON Cyrille : *Nominalisme. La théorie de la Signification de Guillaume d'Occam,* 528 pages.

NICOLAS D'AUTRÉCOURT : *Correspondance, Articles condamnés.* Édition critique par L. M. de RIJK, introduction, traduction, et notes par Ch. GRELLARD, 192 pages.

PORPHYRE : *Isagoge.* Texte traduit (grec en vis-à-vis, latin à la suite) par Alain de LIBERA et Alain-Philippe SEGONDS, introduction et notes par Alain de LIBERA, 268 pages.

ROSIER Irène : *La parole comme acte. Sur la grammaire et la sémantique au XIIIe siècle,* 368 pages.

EN PRÉPARATION

ALBERT LE GRAND : *Sur l'Intellect.* Texte introduit, traduit et annoté par Alain de LIBERA.

ROGER BACON : *Sur les signes.* Texte introduit, traduit et annoté par Irène ROSIER-CATACH, Joël BIARD et Alain de LIBERA.

Sic et Non

Collection dirigée par Alain de LIBERA

AVERROÈS

GRAND COMMENTAIRE (*Tafsīr*) DE LA *MÉTAPHYSIQUE* Livre Bêta

précédé de

Averroès et les apories de la* Métaphysique *d'Aristote

par

Laurence BAULOYE

Ouvrage publié avec le concours du Centre national du livre

PARIS
LIBRAIRIE PHILOSOPHIQUE J. VRIN
6, Place de la Sorbonne, V[e]

2002

Imprimé en France
ISSN 1248-7279
ISBN 2-7116-1548-0

AVANT-PROPOS

La traduction proposée ici est basée sur la seule édition du texte arabe dont nous disposons aujourd'hui. Il s'agit de celle établie en 1948 par Maurice Bouyges et publiée par la *Bibliotheca Arabica Scholasticorum* à Beyrouth [1]. Cette édition a cependant fait l'objet de violentes critiques de la part d'un historien reconnu de la philosophie arabe, auteur de nombreux livres et articles, lui-même éditeur, et dont les travaux font en quelque sorte autorité au sein de la communauté scientifique. Dans un article intitulé « Averroès face au texte qu'il commente », Abdarrahman Badawi s'applique en effet à dénoncer, dans le langage virulent qui est le sien, « l'ignorance totale de Bouyges », dont l'édition, dit-il, est « néfaste et pleine de stupidités ». Elle est à ce point néfaste, selon lui, que les traducteurs « qui s'aviseraient de suivre le texte du *Grand Commentaire de la Métaphysique* d'après le texte établi par Bouyges, ne pourraient qu'accabler de leur grossières sottises notre pauvre Ibn Rushd » [2]. Ces propos véhéments ont malheureusement réussi, on peut en tout cas le supposer, à intimider la plupart des traducteurs. En effet, des 11 livres de la *Métaphysique* commentés par Averroès, deux livres seulement (le livre Lambda et le livre Zêta) ont jusqu'à présent fait l'objet d'une traduction en langue moderne [3].

C'est regrettable. Car si l'on veut prendre connaissance du *Grand Commentaire* d'Averroès à la *Métaphysique* d'Aristote tout en rejetant l'édition de Bouyges, il ne reste qu'un seul recours : consulter les traductions latines qui ont été établies à partir de l'arabe au XIIIe siècle.

1. *Averroès. Tafsīr mā ba'd aṭ-ṭabī'at (« Grand Commentaire » de la* Métaphysique), éd. par M. Bouyges, 3 vol. de texte arabe et d'index, Beyrouth, 1938-1948 et une *Notice*, Beyrouth, 1962, Bibliotheca Arabica Scholasticorum, V/1, V/2, VI et VII.

2. A. Badawi, « Averroès face au texte qu'il commente », dans *Multiple Averroès*, Les Belles Lettres, Paris, 1978, p. 59-90.

3. Pour le livre Λ, cf. A. Martin, *Grand Commentaire de la Métaphysique d'Aristote (Tafsīr mā ba'd aṭ-ṭabī'at), livre Lām-Lambda*, trad. et notes, Paris, 1984 et Ch. Genequand, *Ibn Rushd's Metaphysics*, Leyde, 1984. Pour le livre Z, cf. N. Elsakhawi, *Étude du livre Zāy (Dzêta) de la Métaphysique d'Aristote dans sa version arabe et son commentaire par Averroès*, Villeneuve d'Ascq, Presses Universitaires du Septentrion, 1998.

Ces traductions, qui ont certes le mérite d'avoir largement contribué à la renommée d'Averroès en Occident, présentent cependant plusieurs défauts. D'abord, elles sont parfois réduites à un mot à mot difficilement compréhensible pour qui ne peut recourir à l'arabe. De plus, il leur arrive souvent de faire des erreurs ou d'être négligentes. Par exemple, on n'aperçoit pas toujours clairement, dans la version latine, la limite entre le texte d'Aristote d'une part, et le propre commentaire d'Averroès d'autre part, alors que ces deux niveaux sont le plus souvent nettement distingués dans le manuscrit arabe. En outre, le traducteur latin n'hésite pas, lorsqu'il ne comprend pas un passage difficile, à suggérer sa propre interprétation ou même, parfois, à carrément supprimer le passage en question. Dans ces conditions, saisir la véritable pensée d'Averroès se révèle être un exercice sinon impossible, du moins très délicat : le recours au texte arabe s'avère alors indispensable.

L'argument principal d'A. Badawi à l'encontre de l'édition de Maurice Bouyges concerne la transcription des noms propres. Dans le manuscrit arabe, il arrive en effet souvent que les noms grecs (Héraclite, Thémistius, Zénon ou Socrate...) soient légèrement défigurés, et l'on trouve parfois jusqu'à quatre graphies arabes différentes pour un seul nom grec. Badawi s'insurge alors : « Nous voyons des éditeurs comme Bouyges laisser dans leurs éditions ces noms entièrement déformés, quoiqu'il ne leur coûte que d'ajouter un point ci ou un point là, au dessus ou au dessous d'une lettre arabe qui en exige et que le copiste a laissé ou négligé, comme il arrive très souvent dans les manuscrits arabes ».

Ceci appelle quelques remarques. Car ce n'est pas seulement pour réhabiliter l'édition de Bouyges, ni par simple goût de la polémique, que nous faisons ici ce développement, mais bien pour défendre une certaine méthode de travail. Celle que préconise Badawi nous paraît archaïque et complètement inadéquate dans le cas qui nous occupe ici.

Outre le commentaire proprement dit, l'ouvrage d'Averroès contient en effet une traduction arabe de la *Métaphysique* d'Aristote. Cette traduction, dont le *Grand Commentaire* conserve seul la trace, a été établie, du moins pour le livre Bêta, par un chrétien du IXe siècle de notre ère, qui traduisait directement à partir du grec. Dans la mesure où les plus anciens manuscrits grecs que nous possédons ne sont pas antérieurs à cette période, la version arabe constitue un témoin important et une aide précieuse pour l'établissement du texte grec, sur lequel les éditeurs d'Aristote sont encore loin de s'accorder. Il est donc essentiel, dans ce cas, de rester fidèle au manuscrit.

Il est aussi bien connu aujourd'hui que la pensée d'un commentateur est directement tributaire de l'état du texte qu'il a sous les yeux [1]. C'est aussi le

1. Cf. A. de Libera, *La Philosophie médiévale*, Paris, P.U.F., 1993, notamment p. 362.

cas, bien entendu, pour Averroès. Comment dès lors l'exégète pourrait-il comprendre le sens et l'originalité d'une interprétation si l'éditeur entreprend de corriger lui-même le texte en fonction de ses propres convictions ou en fonction de ce qu'il lit dans les manuscrits grecs ?

Lorsque Maurice Bouyges indique dans son édition que « rien n'a été introduit dans le corps de la page qui n'appartienne vraiment au *Grand Commentaire* (...) et qu'aucune modification n'a été faite, ni sérieusement envisagée, qui n'ait été signalée dans l'apparat »[1], il fait preuve d'une rigueur que l'on doit, nous semble-t-il, saluer et défendre contre les accusations injustes de Badawi. L'éditeur n'a pas d'autre tâche que celle de restituer un texte : il ne s'agit pas d'établir ce texte d'après des révisions ou des reconstitutions *a posteriori*, mais de simplement rendre compte, dans un souci d'historicité, de l'état du manuscrit dont il dispose.

C'est le même souci de fidélité au texte d'origine qui doit, nous le croyons, présider au travail du traducteur : comme l'éditeur, le traducteur doit, lui aussi, laisser le texte aussi libre d'indications étrangères que possible, tout en essayant de rendre, autant que faire se peut, le sens et le style du texte originel. Nous avons donc tâché, tant pour les *textus* que pour le commentaire proprement dit, de traduire de la manière la plus littérale possible. La sécheresse du style, les répétitions, les longueurs et la monotonie que dégage souvent le commentaire d'Averroès se retrouvent par conséquent dans notre propre traduction. Il nous a cependant semblé que cette méthode permettait de mieux apprécier la démarche du commentateur et, par conséquent, d'en mieux saisir la pensée.

Toute traduction implique une trahison, et nous n'avons bien sûr pas la prétention d'y avoir échappé. On peut toutefois au moins limiter l'ampleur de la trahison en s'efforçant d'appliquer ce simple principe : qu'à un mot de la langue arabe ne corresponde, dans la mesure du possible, qu'un seul mot de la langue française. Cette règle offre plusieurs avantages. En faisant apparaître la similitude ou la filiation qui existe entre certains termes, ou en ne la masquant pas, cette méthode laisse au lecteur son entière liberté d'interprétation. Lorsqu'Averroès parle, par exemple, de ce que nous appelons *la métaphysique*, il emploie le plus souvent la locution « cette science » (*hāḏā al-'ilm*). Traduire cette locution, comme certains le font parfois, tantôt par *la métaphysique*, tantôt par *la philosophie première* implique le choix d'une interprétation à l'égard de ce qui constitue l'objet de la métaphysique. Deux grandes tendances s'opposent en effet à ce sujet : certains considèrent que la métaphysique d'Aristote est principalement une étude de l'être en tant qu'être, une ontologie, alors que pour d'autres, la métaphysique est plutôt une étude de l'être suprême, une théologie. Étant

1. M. Bouyges, *Notice*, p. CLXXXVII.

donné cette controverse, et afin de ne pas influencer le lecteur, il nous paraît important de rester davantage fidèle au texte en traduisant toujours cette locution par ce qu'elle signifie littéralement, c'est-à-dire par *cette science*.

Cette méthode permet aussi, dans une perspective plus lexicologique, d'attirer l'attention du lecteur non arabisant sur l'évolution du vocabulaire technique arabe. Par exemple, le mot *al-ubtīqā*, directement calqué du grec ἡ ὀπτικὴ et utilisé par les premiers traducteurs arabes, ne désigne pas autre chose que ce qu'Averroès appelle *'ilm al-baṣar*, c'est-à-dire *la science de la vue*. Si pourtant on traduit ces deux expressions par le même mot de la langue française, on ne laisse au lecteur aucune chance d'être sensible à ce processus.

De manière générale, le respect de cette règle permet, quand le fond lexicologique français le permet – ce qui n'est pas toujours le cas – de juger de la nature de la traduction dont disposait Averroès, ainsi que de la manière dont il interprète cette traduction. Il nous a donc semblé utile de consacrer quelques notes, au bas de la traduction, à relever ces différents niveaux de lecture. En indiquant ce qui distingue parfois la version arabe du texte grec originel, nous avons d'abord essayé de montrer dans quelle mesure la traduction arabe pouvait infirmer ou confirmer la leçon de l'un ou l'autre manuscrit grec. Nous avons ensuite été amenée à relever et à signaler les éléments propres à la traduction arabe de la *Métaphysique*, et qui n'ont pu manquer d'influencer, parfois dans une large mesure, l'interprétation d'Averroès. Enfin, il nous a également paru profitable de comparer le texte arabe à sa version latine, d'en indiquer les passages omis ou mal compris par le traducteur, afin d'encore mieux souligner l'intérêt et l'importance du recours au texte arabe.

Le livre Bêta est considéré comme une introduction générale à toute la métaphysique aristotélicienne. Aristote y présente et y développe en effet les « apories » de la métaphysique, les principales difficultés que l'on rencontre lorsqu'on aborde cette science, et qui paraissent de prime abord insolubles. C'est là qu'on se demande, par exemple, quel est l'objet de la science recherchée, quels en sont les principes, les limites ou les enjeux, choses dont la connaissance semble effectivement nécessaire à celui qui entreprend l'étude de cette science.

Lorsque nous avons commencé à traduire le commentaire d'Averroès, nous avions l'illusion d'y trouver de larges développements, clairs et précis, où Averroès exposerait de manière explicite sa conception de la philosophie première et où il proposerait, du moins dans les grandes lignes, sa propre solution des apories de la métaphysique. C'était en effet une illusion. Car le propos d'Aristote en Bêta est avant tout dialectique. La discussion ne tend pas en effet à dissiper les difficultés, mais seulement à montrer où il y en a. Elle fait valoir des arguments en sens opposé, mais sans prendre position définitivement. Averroès, quant à lui, n'ayant pas d'autre but que celui de comprendre et d'expliquer le texte d'Aristote, se montre dans la plupart des cas fidèle à cette démarche aporétique. S'il développe parfois l'un ou l'autre argument, au détour duquel s'exprime alors souvent une pensée plus personnelle, il ne donne cependant aucune solution définitive.

Il va pourtant de soi, pour Averroès, que les questions soulevées par Aristote en Bêta ne sont pas, comme le soutient Pierre Aubenque, de nature *éternellement aporétique*. Pour Averroès, les apories *ont* une solution. Encore faut-il pouvoir la déterminer. « Qu'est-ce que l'être ? », « qu'est-ce que l'un ? », « quels sont les principes de toutes choses ? », « qu'est-ce que la substance ou l'essence ? », « y a-t-il d'autres substances que les substances sensibles ? », « quel est le rôle de la dialectique ? », « quel est le rapport entre la philosophie première et les autres sciences ? » ... Voilà les questions, aussi vastes que capitales, qui sont abordées en Bêta. Et ce n'est pas seulement dans la *Métaphysique* que l'on doit chercher des éléments de réponse, mais aussi dans toutes les autres œuvres qui forment le *corpus* aristotélicien. Il va sans dire que la recherche d'une solution à ces questions a fait, et fait encore aujourd'hui, l'objet de nombreuses études : rien qu'en ce qui concerne Aristote, la littérature est immense, et très controversée.

Pour tenter dès lors de comprendre comment Averroès résout en définitive les apories de la *Métaphysique*, il faudrait, en plus de la littérature concernant Aristote, non seulement étudier de près tous les commentaires qu'Averroès a fait des œuvres d'Aristote (rappelons que pour chaque ouvrage d'Aristote, Averroès a le plus souvent composé trois sortes de commentaires différents) ; il faudrait encore étudier tous ses ouvrages dits « personnels » (le *Faṣl al-Maqāl*, le *Tahāfut al-Tahāfut*, etc.), mais il faudrait aussi étudier toute la tradition interprétative, d'Alexandre d'Aphrodise à Ibn Tufayl, en passant par Al-Fārābī, tradition dont la doctrine rushdienne est, d'une manière ou d'une autre, forcément tributaire. Il va de soi qu'il s'agit là d'une connaissance que nous sommes bien loin d'avoir acquise.

Nous avons privilégié l'étude analytique des textes, en ne nous assignant pas d'autre but finalement que celui auquel Averroès lui-même s'était astreint. En commentant le commentateur, nous avons seulement voulu rendre compte, à partir du texte de Bêta et de quelques autres passages de la *Métaphysique*, de la manière dont Averroès comprend et interprète, malgré les erreurs et au-delà des lacunes de la traduction arabe, les arguments développés par Aristote en Bêta.

Les ébauches de solution que nous nous permettons d'avancer parfois ne constituent dès lors que des pistes, que nous ne proposons ici qu'à titre partiel et purement provisoire.

Nous tenons à exprimer ici notre profonde reconnaissance à ceux sans qui cette recherche n'aurait pu être menée à terme :

à M. Aubert Martin qui, nous ayant initiée aux richesses de la langue arabe, guida naguère nos premiers pas dans l'univers méconnu d'Averroès, avant d'assurer la direction, vigilante et avisée, de la présente étude ;

à M. Christian Rutten, dont la rigueur éclairée et la méthode exemplaire appellent notre profonde admiration. Du maître nous vint l'apport scientifique d'une expertise inégalable, dans les domaines, notamment, de la langue et de la pensée aristotéliciennes. De l'homme, nous reçûmes un soutien intellectuel et moral d'une indéfectible constance. Que l'un et l'autre reçoivent ici notre plus vive reconnaissance ;

à M. Frédéric Bauden qui nous fit l'amitié de réviser la traduction et les transcriptions, avec l'inestimable précision du lecteur attentif, généreux et compétent.

INTRODUCTION

Chapitre premier

LA NOTION D'APORIE

L'aporie aristotélicienne a donné lieu à plusieurs études qui, de près ou de loin, font reposer leurs analyses sur l'étymologie. Le terme grec, on le sait, signifie littéralement l'*absence de chemin*, le *manque de passage* (α- πόρος), l'*impossibilité de cheminer* (ἀ- πορεῖν). *Impasse* est sans doute le terme qui, en français, correspond le mieux à l'étymologie grecque mais il ne suffit pourtant pas totalement à rendre compte du sens que, depuis Aristote surtout, la notion d'aporie recouvre, celui d'une « difficulté d'ordre rationnel paraissant sans issue » [1]. C'est finalement *aporie*, directement calqué du grec ἀπορία, qui, en français [2], fut consacré par l'usage philosophique moderne. On parlera donc également d'*euporie* (εὐπορία) et de *diaporie* (διαπορεῖν), ce qui, inévitablement, appellera nombre d'explications sémantiques.

Avant d'entreprendre l'analyse du vocabulaire de l'aporie chez Averroès, il vaut la peine d'examiner à cet égard le texte de la *Métaphysique* arabe, d'étudier les procédés linguistiques employés par les traducteurs, de voir dans quelle mesure le choix de ces derniers n'a pu manquer d'influencer l'interprétation d'Averroès pour, enfin, s'interroger sur la pertinence d'une telle analyse dans le cadre d'une étude consacrée essentiellement au commentaire d'Averroès.

Les traducteurs arabes de la *Métaphysique*, soucieux de fonder un langage propre au génie de leur langue, n'ont pas eu recours, du moins pour ἀπορία, au calque, procédé qu'ils n'ont, par ailleurs, pas toujours rejeté [3].

1. Cf. *Le Petit Robert*, s.v.

2. La langue française n'est pas la seule langue moderne à recourir à ce calque. C'est aussi, entre autres, le cas de l'anglais. Cf. J. Owens, *The Doctrine of Being in the Aristotelian Metaphysics,* Toronto, P.I.M.S., 1951, 3 e éd. 1978, p. 211.

3. D'autres termes grecs ont fait l'objet de calque (comme par exemple *hayūlā* <ἡ ὕλη ou *falsafa* <φιλοσοφία) et sont ainsi passés dans le lexique de la philosophie arabe.

Quelques familles sémantiques ont servi à traduire ἀπορία dans la *Métaphysique :* ce sont principalement les termes dérivés de *sa'ala* (*interroger*, *questionner*), de *ḥayyara* (*laisser perplexe*, *embarrasser*) et, beaucoup plus rarement, de *šakka* (*douter*). Le substantif dérivé de la première racine, *mas'ala* (*question*), très fréquemment utilisé, est le plus souvent accompagné d'un adjectif accentuant l'embarras : soit *ġāmiḍ*, qui exprime l'obscurité, la confusion, soit *'awīṣ*, qui signifie *compliqué*, *insoluble*, *ardu*, ou bien encore *mutaḥayyar* ou *muḥayyar*, dont la racine exprime la perplexité, le trouble.

On ne peut sans nuance attribuer la diversité des traductions à celle des traducteurs, Asṭāt ayant traduit la majorité des livres de la *Métaphysique* dans lesquels apparaissent les occurrences d'ἀπορία. Toutefois, les termes choisis pour traduire ἀπορία varient sensiblement d'un livre à l'autre, ce qui, de ce point de vue, donne à chacun des livres une relative unité lexicologique.

Le livre Bêta témoigne de cette relative unité. Voici comment y sont traduits chacun des termes liés à l'ἀπορία[1] :

995 a 25 : ἀπορῆσαι	(165, 6) : *an nataṣaffaḥa ... al-masā'il al-ġāmiḍa* (« *que nous parcourions les questions obscures* ») j : *considerare...quaestiones difficiles.*
995 a 27 : εὐπορῆσαι	(165, 9) : *darak 'ilm al-ašyā' wa mabda'-hā* (« *saisir la science des choses et de leur principe* ») j : *comprehendere scientiam rerum.*
995 a 28 : διαπορῆσαι	(165, 9) : *al-faḥṣ 'ān al-masā'il al-ġāmiḍa* (« l'*examen des questions. obscures* ») j : *perscrutari de difficilibus quaestionibus.*
995 a 29 : εὐπορία	(165, 10) : *al-darak* (« *la saisie* ») j : *comprehenduntur.*
995 a 29 : ἀπορουμένων	(165, 10) : *al-masā'il al-ġāmiḍa* (« *les questions obscures* ») j : *quaestionum difficilium.*
995 a 30 : ἡ ἀπορία	(166, 1) : *nukūl* (« *le manque* ») j : *hebetudo.*
995 a 31 : ἀπορεῖ	(166, 2) : *al-nākil* (« *celui qui manque* ») j : *hebeti.*

1. Il nous a semblé utile de noter en parallèle la traduction latine (j) faite à partir de l'arabe.

995 a 35 : διαπορῆσαι	(166, 5) : *an yafḥaṣa ...'an ġumūḍi-hi* (« *que nous examinions son obscurité* ») j : *perscrutetur...de difficultate eius.*
995 b 2 : προηπορηκότι	(166, 7-8) : *al-laḏīna yafḥaṣūna 'an al-ġawāmiḍ* (« *ceux qui examinent les obscurités* ») j : *perscrutantur de difficilibus.*
995b4 : ἀπορία	(171, 13) : *mas'ala min al-masā'il al-ġāmiḍa* (« *une question obscure* ») j : *quaestio quaestionum difficilium.*
995b5 : διηπορήσαμεν	(171, 13) : *sa'alnā* (« *nous avons interrogé* ») j : *quaesivimus.*
996 a 5 : ἀπορίαν	(174, 7) : *yanbaġī an nafḥaṣa 'an al-mas'ala* (« *il faut que nous examinions la question* ») j : *perscrutandum est de quaestione.*
996 a 12 : ἀπορίαν	(175, 1) *al-masā'il* (« *les questions* ») j : *quaestiones.*
996 a 16 : τὸ εὐπορῆσαι	(175, 4) *darak* (« *saisir* ») j : *comprehendere.*
996 a 17 : τὸ διαπορῆσαι	(175, 4-5) : *nas'alu 'an-hā 'alā ġumūḍi-hi* (« *les questionner sur leur obscurité* ») j : *quaerere de eis secundum difficultatem.*
997 b 13 : ἀπορίας	(204, 11) : *masā'il ġāmiḍa* (« *questions obscures* ») j : *quaestiones difficiles.*
997 b 25 : ἀπορήσειε δ 'ἄν τις	(209, 12) : *ḫalīq an yas'ala sā'il mas'ala ġāmiḍa* (litt. « *celui qui questionne une question obscure pourrait questionner* ») j : *rectum est, quod aliquis quaerat quaestionem difficilem.*
998 a 20 : ἀπορία	(215, 13) *ġāmiḍa* ou *ṣu'ūba* (« *obscure* » ou « *difficile* ») j : *difficiles.*
999 a 24 : ἀπορία	(235, 2) : *mas'ala ġāmiḍa* (« *question obscure* ») j : *quaestionem difficilem.*
999 a 32 : διηπορήσαμεν	(235, 8) : *qad qulnā* (« *nous avons déjà dit* ») j : *iam diximus.*

999 b 17 : ἀπορία	(236, 11) : *šanā'a* (« *absurde* ») j : *aliquod inopinabile.*
999b 2 5 : ἀπορήσειεν ἄν τις	(243, 15) : *la-sā'il ... bi-hāḏihi al-mas'ala al-ġāmiḍa* (« *On peut poser cette question obscure* ») j : *quaerendum est...quaestionem difficilem.*
1000 a 5 : ἀπορία	(246, 14) : *mas'ala* (« *question* ») j : *quaestione.*
1000 b 20 : ἀπορία	(249, 11) : *mas'alatu-nā al-ġāmiḍa* (« *notre question obscure* ») j : *quaestio difficilis.*
1000 b 23 : ἀπορία	(249, 14) : *mas'ala ġāmiḍa* (« *question obscure* ») j : *quaestio difficilis.*
1001 a 1 : τὸ ἀπορηθέν	(250, 11) : *al-mas'ala al-ġāmiḍa* (« *la question obscure* ») j : *quaestio difficilis.*
1001a30 : ἀπορία	(262, 8) : *masā'il ... ġāmiḍa* (« *questions obscures* ») j : *quaestiones difficiles.*
1001 b 4 : ἀπορία	(262, 15) : *mas'ala ġāmiḍa* (« *question obscure* ») j : *quaestio difficilis.*
1001b 26 : ἀπορία	(276, 2) : *mas'ala ... ġāmiḍā* (« *question obscure* ») j : (*alia*) *difficilis.*
1002 b 12 : ὃ 'ἀπορήσειεν ἄν τις	(287, 6) : *ḫalīq an yas'ala sā'il 'an mas'ala ġāmiḍā* (« *on peut soulever une question obscure* ») j : *rectum est quaerere de quaestione difficili.*
1002 b 33 : τὸ διαπορῆσαι	(290, 4) : *hāḏihi al-mas'ala al-ġāmiḍā* (« *cette question obscure* ») j : *ista quaestio.*
1003 a 6 : τὰς ἀπορίας... ἀπορῆσαι	(292, 10) : *yanbaġī an nafḥaṣa* (« *il faut examiner* ») j : *perscrutandum est.*

La majorité des termes relatifs à l'aporie en Bêta sont, on le voit, rendus par l'expression *mas'ala* (au pl. *masā'il*) *ġāmiḍa*, *question(s) obscure(s)*, ou par des termes issus de la même racine (*sa'ala*). On notera cependant deux cas particuliers. D'une part, l'emploi, à deux reprises, d'une racine inédite à cet effet : *nakala*, qui exprime *le manque*, *le retrait*, *le rétrécissement* et, d'autre part, la traduction de ἀπορία par *šanā'a*, qui indique *l'ignominie*, *l'infamie*, *l'absurdité*. Cette dernière traduction relève bien entendu de l'interprétation. Si elle biaise d'emblée le caractère dialectique de la démarche aporétique chez Aristote, elle oblitère aussi nécessairement l'interprétation de son commentateur.

Cette recension lexicographique, bien que limitée, révèle cependant aussi la liberté que prend le traducteur à l'égard du texte grec, qu'il s'agisse de vocabulaire ou de grammaire. Le traducteur arabe procède certes de manière assez systématique pour les termes relatifs à l'euporie, le plus souvent traduits par *darak* et ses dérivés (*saisir*, *percevoir par l'intelligence*...). Ce n'est pas le cas, en revanche, pour les termes concernant l'aporie ou la diaporie. Non seulement, en effet, le traducteur ne distingue pour ainsi dire pas les verbes des substantifs (ἀπορία, ἀπορέω, ἀπορῆσαι sont le plus souvent rendus par les mêmes locutions), mais il ne fait pas non plus toujours la nuance entre ἀπορέω et διαπορέω [1]. Le commentaire d'Averroès sera bien évidemment tributaire, à cet égard comme à bien d'autres, de ces choix de traductions. Comment en effet pourrait-il, dans ces conditions, envisager un seul instant d'établir, par exemple, une distinction entre l'aporie, la diaporie et l'euporie ? Entre le caractère objectif de l'aporie et l'état subjectif qu'elle suscite ? L'Aristote qu'Averroès lisait n'est pas celui que nous lisons aujourd'hui, c'est évident. On ne s'étonnera donc pas de ne pas trouver, dans son commentaire, l'élaboration d'une théorie de l'aporie.

On peut d'autre part noter encore que, malgré la diversité des racines utilisées pour rendre ἀπορία, aucune traduction ne conserve en arabe l'étymologie grecque du terme. Les seules traces de ce sens originaire sont suggérées, dans le texte arabe de la *Métaphysique* comme dans le commentaire d'Averroès, par Aristote lui-même qui, établissant une analogie entre l'esprit qui est « dans l'aporie » (ἡ τῆς διανοίας ἀπορία) et l'homme qui est enchaîné (τοῖς δεδεμένοις), constate que ni l'un ni l'autre ne « peuvent aller de l'avant » (995 a 33 : προελθεῖν εἰς τὸ πρόσθεν ; 166, 3 : *yaṣīrā qudum* [an]). Aristote ajoute encore que ceux qui cherchent sans d'abord agiter les sujets d'embarras (995 a 35 : τοῦ διαπορῆσαι ; *an*

1. Le Centre d'études aristotéliciennes de l'Université de Liège, qui a entrepris une étude lexicologique approfondie de ces termes chez Aristote, a montré que le Stagirite lui-même ne faisait pas toujours une nette distinction entre ἀπορέω et διαπορέω. Cf. A. Motte et Chr. Rutten (sous la direction de), *Aporia dans la philosophie grecque, des origines à Aristote*, Centre De Wulf-Mansion « Aristote, traduction et études », Éditions Peeters, Louvain-la-Neuve, 2001.

yafḥaṣa 'an ġumūḍi-hi) ignorent où il faut aller (995 a 36 : ποῖ δεῖ βαδίζειν ; 166, 6 : *mawāḍi' aqdāmi-him 'alā sawā' al-sabīl*) et ne peuvent par conséquent aller de l'avant. La connotation première, celle du *passage* ou du *chemin* (πόρος) n'est finalement présente que de manière très discrète. Averroès, ne disposant pas d'une traduction étymologique du terme, ne relèvera donc pas le caractère métaphorique de l'aporie.

Il est cependant amusant de noter que, par l'erreur d'un copiste, Averroès est amené à développer, dans son commentaire sur Bêta, un paragraphe consacré aux différentes *méthodes*, aux différentes *voies* d'accès au problème, à la difficulté [1]. Or le vocabulaire de la *méthode* ou *voie* (*ṭarīq*) est, en arabe, aussi lié à celui du *chemin* que l'est le français ou le grec (*méthode*> μετά-ὁδός). Averroès est donc, à son insu, amené à redécouvrir le sens originel de l'aporie.

Aujourd'hui, le débat concernant la nature des apories tourne essentiellement autour de la question de savoir si l'aporie consiste en une « égalité de raisonnements contraires » ou, plutôt, en l'état de l'âme résultant de cette égalité de raisonnements contraires. Les partisans de la première interprétation tirent argument d'une citation tirée des *Topiques* [2], qu'ils n'ont cependant pas lue entièrement. Les partisans de la seconde interprétation prennent appui sur le même passage des *Topiques*, en prenant cependant acte des précisions apportées par Aristote lui-même [3]. Il semble

1. Ce développement vient en fait de l'erreur d'un copiste qui, dans le lemme (169, 13), a lu *min ǧihat al-ribāṭ* (*du côté du nœud*) au lieu de *man ǧahala al-ribāṭ* (*celui qui ignore le nœud*) que l'on trouve, conformémént au texte grec (995 a 30 : ἀγνοοῦντας τὸν δεσμόν), dans le *textus* édité par Bouyges. Bouyges signale cependant dans l'apparat que la leçon conforme au texte grec et qu'il édite dans le *textus* (*man ǧahala*), vient d'une seconde graphie (B [2]), la première graphie (B [1]) étant, quant à elle, identique à celle que l'on trouve dans le lemme (*min ǧiha*). On peut donc conjecturer que cette seconde graphie est postérieure à la lecture d'Averroès puisque la confusion, qui s'explique aisément par la proximité graphique des deux expressions en arabe, est à l'origine de son développement sur les différentes méthodes. Notons, enfin, que le traducteur latin (j), se rendant compte de l'erreur, corrige par une sorte de compromis : *et non potest dissolvere ex modo ligamenti, qui ignorat ligamenti.*

2. *Topiques*, VI, 6, 145 b 10 *sq.* : « il se passe que ceux qui définissent de cette façon posent l'effet pour la cause, ou inversément. (...) De même aussi, l'égalité entre des raisonnements contraires semblerait bien être la cause de l'incertitude (ἀπορία) : en effet, lorsque, raisonnant dans les deux sens, toutes les raisons nous paraissent égales de part et d'autre, c'est alors que nous sommes dans l'incertitude (ἀπορία) sur l'action à entreprendre » (trad. Tricot). O. Hamelin affirme pourtant que « L'ἀπορία est la mise en présence de deux opinions, contraires et également raisonnées, en réponse à une même question » (*Le Système d'Aristote*, Paris, 1920, 2ᵉ éd. 1931, p. 233); cf. aussi H. Bonitz, *Index aristotelicus*, 85 a 50.

3. Cf. P. Aubenque, « Sur la notion aristotélicienne d'aporie » dans *Aristote et les problèmes de méthode*, Louvain-la-Neuve, 2ᵉ éd. 1980, p. 6 : « c'est l'état qui s'empare de

donc finalement que, d'après les *Topiques*, l'effet prime sur la cause, l'aporie s'apparentant à l'état subjectif, à la « situation existentielle dans laquelle serait plongé le philosophe » [1], plutôt qu'à la difficulté objective, au nœud (δεσμός), qui suscite cet état.

La définition rushdienne de l'aporie reflète d'une certaine manière l'ambiguïté de la terminologie aristotélicienne. Les apories, dit Averroès, sont « les questions (*al-masā'il*) à propos desquelles il y a des doutes (*šukūk*), *en raison* (*min qibal*) des discours opposés (*al-aqāwīl al-muta'āriḍa*) qui y figurent » [2]. Ce sont par conséquent deux énoncés opposés qui font l'aporie, et c'est précisément la contrariété qu'entretiennent ces énoncés qui suscite le doute. L'aporie désigne donc à la fois l'état subjectif et l'état objectif qui, comme l'effet et la cause, sont intimement liés et indissociables l'un de l'autre [3].

Quant à la diaporie, elle ne pouvait, étant donné les imprécisions de la traduction arabe, totalement se distinguer, chez Averroès, de l'aporie proprement dite.

Si l'on cherchait cependant à établir chez Averroès une division tripartite de la démarche aporétique en métaphysique, on pourrait, semble-t-il, la décrire brièvement comme suit.

Le premier chapitre de Bêta (B 1) expose d'abord une série de questions comprenant chacune l'énoncé de deux thèses contradictoires qui, en tant que telles, suscitent le doute. C'est le premier moment, celui de l'aporie, celui où la pensée, tiraillée entre deux directions opposées, est très embarrassée [4].

Le second moment, la diaporie, commence en B 2 lorsque, « après avoir achevé l'énumération de ces questions, <Aristote> entreprend de présenter des discours dialectiques (*aqāwīl ǧadaliyya*) à propos de chacune des questions (*fī mas'ala mas'ala min-hā*) » [5]. C'est alors que le doute s'installe véritablement. Car c'est la pratique dialectique qui livre au grand jour les difficultés que présente chacune des thèses. On se retrouve

nous "lorsque les arguments dans les deux sens se manifestent à nous comme égaux de part et d'autre" et que "nous ne savons que faire" ».

1. P. Aubenque, « Sur la notion aristotélicienne d'aporie » dans *Aristote et les problèmes de méthode*, Louvain-la-Neuve, 2 ᵉ éd. 1980, p. 5.

2. *Tafsīr Bā'*, *Proemium*, 169, 7-8.

3. Cf. E. Halper, « Aristotle on the Possibility of Metaphysics », *Revue de Philosophie Ancienne* 5, 1987, p. 106 : « *The term refers not merely to the problem but to the mental state it engenders* ».

4. *Ibidem*, p. 107 : « *the aporiai obstruct the progress of thought because they are antinomies. Thought cannot go forward because it is pulled in opposite directions* ».

5. *Tafsīr Bā*, 183, 5-6.

finalement, après avoir constaté la pertinence de ces objections, en présence de deux thèses qui, bien qu'opposées, paraissent également irrecevables. L'esprit ne sait toujours pas vers quel chemin s'engager, la pensée ne peut avancer, on reste perplexe.

Aporie et diaporie sont donc intimement mêlées, ce n'est que formellement qu'elles peuvent éventuellement faire l'objet d'une distinction. L'embarras dans lequel on se trouve est dû à la fois à la présence de deux thèses contradictoires et à la constatation, fondée sur l'examen dialectique des diverses objections, de leurs difficultés respectives. Dans cette optique, le livre Bêta est le livre dialectique par excellence de la *Métaphysique*.

C'est ensuite aux autres livres de la *Métaphysique* que revient enfin, pour Averroès, le troisième et dernier moment, celui de l'euporie. Les livres suivants, dit en effet Averroès dans son commentaire sur Lambda, « ne contiennent que l'une de ces deux choses : soit la solution des problèmes mentionnés dans ce livre <B>, soit la connaissance de ce qui est indispensable à la solution des problèmes mentionnés dans ce livre <B> » [1]. Cet ultime moment est celui où se dissipe l'obscurité et où se lèvent les obstacles. L'esprit, enfin délivré de ses chaînes, reprend sa « bonne marche » [2].

L'état d'aporie est donc intimement lié, chez Averroès, à la diaporie. Cette étroite relation se justifie si l'on envisage ce qui, dans son aspect formel, caractérise la méthode diaporétique telle qu'elle se déploie en Bêta. Car ce dont il s'agit en Bêta, c'est bien d'examiner les *objections* soulevées *contre* l'une et l'autre thèse. Ce sont ces objections ou, si l'on préfère, la réfutation par l'absurde des thèses en présence, qui plongent la pensée dans l'obscurité, l'empêchant ainsi de marcher plus avant [3]. La diaporie constitue donc un moment essentiel de l'état d'aporie qui, lui-même, on le verra plus loin, constitue le fondement de toute recherche scientifique.

La connivence entre les deux notions (aporie/diaporie) paraît en revanche difficilement concevable si l'on considère que la méthode mise à l'œuvre en Bêta consiste seulement à présenter des arguments *en faveur* de

1. Cf. *Proemium* de Λ, 1399, 5-8 (trad. A. Martin).

2. Cf. P. Aubenque, *Le Problème de l'être chez Aristote*, Paris, P.U.F., 1962, p. 221, qui traduit ainsi εὐπορία.

3. Cf. G. Reale, *La Metafisica*, Napoli, 1993, p. 261 : « *Tutte le aporie sono formate da una tesi cui viene contrapposta una antitesi. Tesi e antitesi, a loro volta, sono presentate e ridotte all'assurdo, in modo da lasciare il lettore in una situazione di doppio sacco : non regge la tesi et non regge neppure l'antitesi* ».

l'une et de l'autre thèse[1]. Car c'est précisément l'*absence de voie* qui nous met dans l'embarras, qui suscite l'aporie. Lorsque nous nous trouvons dans cet état, nous ne pouvons hésiter entre « plusieurs thèses possibles »[2] car chacune des thèses en présence soulève des difficultés. Aucune véritable possibilité ne s'offre donc à nous, aucune lueur ne vient atténuer l'obscurité dans laquelle nous sommes plongés. L'éventualité d'une quelconque issue viendrait ruiner le fondement de la recherche scientifique[3], que l'état d'aporie, on le verra, doit toujours précéder.

On ne se trouve donc pas en présence d'arguments défendant « le pour et le contre », mais en présence d'arguments venant réfuter *à la fois* « le pour » et « le contre ». La considération des objections, ou failles, que présente chacune des thèses permettra de renouveler la réflexion et poussera à l'élaboration de nouveaux concepts. Les bases nécessaires à l'édification de la science seront ainsi jetées.

Si l'aporie et la diaporie sont, semble-t-il, deux moments indissociables l'un de l'autre pour Averroès, ce n'est plus du tout le cas en ce qui concerne la diaporie et l'euporie. L'euporie, pour Averroès, c'est le moment qui met fin à l'embarras initial, celui où « l'obscurité se dissipe » (*yanḥillu al-ġumūḍ*)[4], où l'on voit enfin « se résoudre les doutes mentionnés dans ce traité <B> » (*ḥall al-šukūk al-maḏkūra fī hāḏihi al-maqāla*)[5]. C'est aux livres qui suivent Bêta que reviendra cette fonction « euporétique ». Si ces livres ne contiennent pas toujours, Averroès le reconnaît, la solution de tous les problèmes, ils procurent au moins « la connaissance des choses nécessaires à la résolution de ces doutes » (*ma'rifa ašyā' hiya ḍarūriyya fī ḥall al-šukūk*)[6]. L'euporie est le moment privilégié où l'on découvre la solution de certaines apories, mais elle est aussi ce qui donne les clés nécessaires à de nouvelles découvertes. L'esprit, libéré des chaînes dans lesquelles l'avait tenu la diaporie, peut enfin s'exprimer librement et s'adonner à la recherche car, dit Aristote, « la bonne marche (εὐπορία)

1. Cf. J. Tricot, *La Métaphysique*, Paris, Vrin, 1986, p. 119 n. 2, considère qu'il s'agit de la « mise en présence, pour chaque problème, d'une thèse et d'une anti-thèse également raisonnées ». Cf. aussi l'analyse de la première aporie, *infra*, p. 39.

2. P. Aubenque, « Sur la notion ... », dans *Aristote et les problèmes de méthode*, Louvain-la-Neuve, 2 e éd. 1980, p. 4.

3. Cf. G. Reale, *La Metafisica*, p. 261 : « *Emerge quindi chiaramente che, secondo Arist., le aporie non si risolveranno, ne accogliendo l'istanza fatta valere dalla tesi, ne quella fatta valere dall'antitesi ; per risolverle, occorrerà guadagnare un nuovo piano, che permetta di raccogliere sinteticamente le esigenze di ognuna delle opposte posizioni di pensiero, eliminandone, insieme, le unilateralità e gli errori* ».

4. *Tafsīr Bā'*, 169, 6 (In B 1, 995 a 27-29).

5. *Tafsīr Lām*, *Proemium*, 1399, 7-8.

6. *Tafsīr Lām*, *Proemium*, 1399, 7.

future se confond avec la solution des apories précédentes »[1]. Diaporie et euporie sont bien deux étapes constitutives de la science, mais deux étapes distinctes l'une de l'autre. La première cherche la faille, elle est examinatrice et critique; la seconde s'applique à construire un édifice solide, établissant cependant ses fondements sur les ruines laissées par la première. L'euporie est le fruit de la recherche qui, grâce à l'examen diaporétique, a pu s'exercer librement.

Aporie, diaporie et euporie constituent donc des étapes nécessaires, mais distinctes l'une de l'autre. Averroès n'aurait sans doute pas souscrit, s'il l'eût connue, à la thèse chère à P. Aubenque. « On ne peut, dit ce dernier, distinguer chez Aristote dialectique et recherche proprement dite : c'est la recherche qui est dialectique »[2]. Dialectique n'est pas, pour Averroès, tout à fait synonyme de recherche. Si on ne peut en effet les dissocier l'une de l'autre, on doit cependant les distinguer. La métaphysique aristotélico-rushdienne ne se contente pas, en effet, de « développer » les apories, si tel est le sens que l'on doit donner à διαπορῆσαι [3]. Elle entend encore et surtout poursuivre la recherche après les avoir éludées. L'aporie *a* une solution. Pour Averroès, la métaphysique est une science et, en tant que telle, elle doit apporter des réponses ; elle ne peut se réduire à la seule recherche de solutions. La recherche en métaphysique n'est donc pas, pour Averroès, « éternellement aporétique ».

1. *Métaphysique*, 995 a 28 : ἡ γὰρ ὕστερον εὐπορία λύσις τῶν πρότερον ἀπορουμένον ἐστί. La traduction citée ici est de P. Aubenque dans *Le Problème de l'être chez Aristote*, Paris, P.U.F., 1962, p. 221.

2. P. Aubenque, « Sur la notion ... », dans *Aristote et les problèmes de méthode*, Louvain-la-Neuve, 2 e éd. 1980, p. 11.

3. P. Aubenque, *Le Problème de l'être chez Aristote*, Paris, P.U.F., 1962, p. 221 : « Or, résoudre une aporie, ce n'est pas l'éluder, c'est la développer (διαπορῆσαι), non pas passer à côté mais s'enfoncer en elle et la parcourir de part en part (διό). 'Απορεῖν, διαπορεῖν, εὐπορεῖν: on manquerait l'originalité de la méthode aristotélicienne en négligeant le second moment, qui est, à vrai dire, essentiel ».

CHAPITRE II

LA NATURE ET LE RÔLE DES APORIES DE BÊTA

On ne peut comprendre le rôle que joue le livre Bêta au sein de la *Métaphysique* si l'on n'a pas d'abord défini la fonction et la nature des apories aristotéliciennes [1]. C'est aussi, semble-t-il, l'avis d'Averroès qui commence, dans le *Proemium* de Bêta, par exposer l'intention d'Aristote :

> Son intention (*qaṣdu-hu*) dans ce traité est de commencer par présenter les discours dialectiques qui affirment et nient (*tuṯbitu ...wa tubṭilu*) la seule et même chose en soi pour tous les objets de recherche délicats (*ǧamī' al-maṭālib al-'awīṣa*) dans cette science. Car l'acquisition parfaite de la science de la chose (*min tamām ḥuṣūl al-'ilm bi-al-šay'*), je veux dire la science démonstrative, <veut> que l'on commence par connaître les discours contradictoires (*al-aqāwīl al-mutanāqiḍa*) à propos de cette chose, pour connaître ensuite leur solution (*ḥalla-hā*) grâce à la démonstration qui convient à cette chose. Et telle est l'habitude d'Aristote pour toutes les sciences, je veux dire pour les questions obscures que ces sciences comportent. En effet, le propre de ces questions, c'est qu'il y a, à leur propos, des discours qui suscitent le doute (*aqāwīl mušakkika*). Et on ne sait à quel point elles sont obscures tant qu'on ne commence pas par s'instruire des discours dialectiques (*aqāwīl ǧadaliyya*) [2].

La lecture de ces premières lignes donne un aperçu de ce qui constitue la nature d'une aporie pour Averroès. Dès l'abord, en effet, il fait une distinction entre la difficulté de l'objet recherché et celle des discours portés sur cet objet de recherche, entre la « question obscure » et les diverses

1. J. Owens, *The Doctrine of Being in the Aristotelian Metaphysics*, Toronto, P.I.M.S., 3 e éd. 1978, p. 211 : « *Unless the nature and role of an Aristotelian aporia is properly assessed, the operative of Book B in the development of Aristotle's thought cannot be effectively grasped* ». Cette remarque s'applique ici aussi, même s'il s'agit moins de cerner la réelle pensée d'Aristote que de comprendre celle de son commentateur.

2. *Tafsīr Bā'*, *Proemium*, 166, 12-167, 2.

opinions émises au sujet de cette question. L'objet de recherche est certes qualifié de « délicat » (*'awīṣ*), mais ce sont surtout les « discours dialectiques » ou les « discours contradictoires » à propos de cet objet de recherche qui suscitent le doute. Il apparaît, dès lors, que le but de Bêta n'est pas tant d'énumérer les problèmes rencontrés en métaphysique que d'examiner de près ce qui en a déjà été dit. C'est ce que semble confirmer Averroès au début du commentaire proprement dit de B 1. A la suite d'Aristote, Averroès affirme en effet qu'il y a deux sortes de *questions obscures* (*masā'il ġāmiḍa* = ἀπορίαι) : « celles à propos desquelles les gens ont eu des divergences <d'opinion> (*iḫtalafa fī-hā*) dans cette science en raison de l'obscurité de <ces questions>, et d'autres questions difficiles qu'ils ont négligé d'examiner »[1].

Averroès semble ensuite restreindre le champ d'application de l'aporie. Certes, dit-il, de telles questions sont obscures « en raison des doutes qui y figurent (*min qibal al-šukūk al-wārida fī-hā*) »[2]. Mais si ces questions obscures comportent des doutes, poursuit-il, c'est « en raison des discours contradictoires qui s'y trouvent (*min qibal al-aqāwīl al-muta'āriḍa fī-hā*) »[3]. En apportant cette précision, Averroès semble rejeter l'éventualité où « la matière de l'aporie », pour reprendre les termes de Pierre Aubenque, ce sont « les difficultés soulevées par le problème lui-même, *même s'il ne s'est trouvé personne pour les formuler avant Aristote* »[4]. Pour Averroès, au contraire, l'aporie consiste moins en la difficulté intrinsèque d'une question qu'en l'hésitation devant la divergence des opinions sur cette question. En d'autres termes, les apories, ou questions obscures, sont essentiellement, pour le Commentateur, les questions que suscitent les contradictions des diverses opinions communes.

L'examen des apories ou discours dialectiques n'intéresse pas seulement la science métaphysique ; cette connaissance est une propédeutique nécessaire à toutes les sciences, c'est-à-dire aux « questions que toutes ces sciences comportent »[5]. Étant donné en effet, dit Averroès dans le commentaire de B 1, « qu'il est nécessaire, pour quiconque décide de connaître les choses recherchées dans chaque genre de science, de parcourir d'abord les questions obscures qui concernent cette science-là et de les examiner, il convient que nous le fassions pour cette science-ci »[6]. Toutes

1. *Tafsīr Bā'*, 168, 17-19 (In B 1, 995 a 25-27).

2. *Tafsīr Bā'*, 169, 6-7 (In B 1, 995 a 27-29).

3. *Tafsīr Bā'*, 169, 7-8 (In B, 995 a 27-29).

4. P. Aubenque, « Sur la notion aristotélicienne de l'aporie », dans *Aristote et les problèmes de méthode*, Louvain-la-Neuve, 2e éd. 1980, p. 9.

5. *Tafsīr Bā'*, *Proemium*, 167, 1-2.

6. *Tafsīr Bā'*, 168, 10-13 (In B 1, 995 a 24-25).

les sciences sont donc concernées par l'examen dialectique des apories, lequel présente, Averroès y insiste au début du *Proemium* de Bêta, un caractère à la fois nécessaire et préliminaire.

Si cet examen est nécessaire, dit Averroès, c'est parce que la solution d'un problème passe d'abord par la connaissance préalable des « discours contradictoires » à propos de ce problème. Averroès entreprend alors, à la suite d'Aristote, d'expliquer les raisons de ce préalable nécessaire :

> La raison pour laquelle on doit commencer par examiner les questions obscures, c'est que la science recherchée (*al-'ilm al-maṭlūb*) qui est acquise ensuite, à partir de ces <questions> (*min-hā*), est la science par laquelle se résout l'obscurité que comportent ces questions, en raison des doutes qui y figurent. En effet, les questions à propos desquelles il y a des doutes en raison des discours contradictoires (*al-aqāwīl al-muta'āriḍa*) qui s'y trouvent sont les questions obscures, ou davantage »[1].

C'est donc en vue d'obtenir la science recherchée par laquelle les obscurités seront levées qu'il convient d'examiner préalablement les apories. Averroès poursuit alors son commentaire en des termes plus imagés qui, nous l'avons dit[2], ne sont pas sans rapport avec le sens originaire de ἀπορία.

La raison pour laquelle on doit, d'après Averroès, commencer par examiner les obscurités repose finalement sur une question de bon sens : l'obscurité survient avant d'être levée (*wuqū' ḏālika al-ġumūḍ mutaqaddam 'alā irtifā'i-hi*)[3]. Or, poursuit Averroès, « le côté (*al-ğiha*) par lequel survient l'obscurité n'est pas celui par lequel l'obscurité se lève »[4]. Cette dernière constatation va donner lieu au développement sur la différence de méthode (*ṭarīq*).

Averroès commence par reprendre, en des termes à peu près semblables, l'analogie établie par Aristote entre l'embarras de la pensée (ἡ τῆς διανοίας ἀπορία) et les gens enchaînés (τοῖς δεδεμένοις). Celui dont l'intellect (*al-'aql*) est embarrasé est dans la même situation que celui dont les membres du corps sont fermement liés (*al-mawṯūq ribāṭ* *an*) : l'un et l'autre ne peuvent s'élever à la fin vers laquelle ils désirent se mouvoir[5]. Ce qui empêche l'intellect de progresser est comparé au lien (*ribāṭ*) qui empêche les membres de se mouvoir. Dans le cas de l'intellect, Averroès le précise,

1. *Tafsīr Bā'*, 169, 4-8 (In B 1, 995 a 27-29).
2. Il s'agit du développement concernant la méthode, imputable à l'erreur d'un copiste (cf. *supra*, p. 20 n. 1).
3. *Tafsir Bā'*, 169, 10 (In B 1, 995 a 29-33).
4. *Tafsir Bā'*, 169, 10-11 (In B 1, 995 a 29-33).
5. *Tafsir Bā'*,170, 2-3 (In B 1, 995 a 29-33).

ce sont les discours opposés qui tiennent le rôle du lien (*laḥiqa al-aql al-aqāwīl al-mutaḍādda*)[1]. Comme le lien pour les membres, les discours contradictoires paralysent l'intellect et le plongent dans l'obscurité. Ce sont donc bien les discours contradictoires qui sont à l'origine de l'état aporétique. En effet, dit Averroès, « le côté par lequel survient l'obscurité est comme le lien (*šabīha bi-al-ribāṭ*) »[2].

Et puisque, d'une part, « le côté (*ğiha*) par lequel survient l'obscurité n'est pas celui par lequel l'obscurité se lève »[3] et que, d'autre part, « le côté par lequel survient l'obscurité est comme le lien, alors que le côté par lequel se résout (*yanḥillu bi-hā*) l'obscurité est comme le déliement (*šabīha bi-ḥall al-ribāṭ*) »[4], il faut que « la méthode (*al-ṭarīq*) par laquelle les doutes sont résolus ne soit pas la même que celle par laquelle ils surviennent, de la même façon que le côté par lequel le lien est défait n'est pas le même que celui par lequel le lien survient »[5].

Il y a donc, pour Averroès, deux méthodes touchant aux apories : l'une qui les suscite, l'autre qui les résout. On tentera de déterminer ce que sont ces méthodes dans un chapitre ultérieur, mais commençons par voir les autres raisons pour lesquelles il faut d'abord entreprendre l'examen des questions obscures.

L'autre raison (*'illa uḫrā*) pour laquelle il faut, d'après Averroès, « commencer par examiner l'obscurité que comportent ces questions »[6] consiste en ceci que « celui qui connaît la chose avant de connaître la valeur de son obscurité (*miqdār ġumūḍi-hi*) ressemble à ceux qui sont engagés sur le droit chemin (*'alā al-sabīl al-mustaqīma*) mais qui ne le savent pas »[7]. Celui-là ne sait donc pas ce qu'il cherche à connaître de cette chose (*mā yaṭlubu min ma'rifati-hi ġayr ma'rūfa 'inda-hu*), au point de ne pas savoir, le moment venu, s'il a ou non atteint la connaissance recherchée[8].

1. *Tafsīr Bā'*, 170, 3-4 (In B 1, 995 a 29-33).
2. *Tafsīr Bā*, 169, 11-12 (In B 1, 995 a 29-33).
3. *Tafsīr Bā*, 169, 10-11 (In B 1, 995 a 29-33).
4. *Tafsīr Bā'*, 169, 11-13 (In B 1, 995 a 29-33).
5. *Tafsīr Bā'*, 170, 4-6 (In B 1, 995 a 29-33).
6. *Tafsīr Bā'*, 170, 12-13 (In B 1, 995 a 34-36).
7. *Tafsīr Bā'*, 170, 15-16 (In B 1, 995 a 34-36) : *yušbihu al-laḏina takūnu aqdāmu-hum 'alā al-sabīl al-mustaqīma wa hum lā ya'rifūna anna aqdāma-hum 'alay-hā*. Litt : « ressemble à ceux dont les pieds sont sur la bonne voie mais qui ne savent pas que leurs pieds y sont ».
8. *Tafsīr Bā'*, 171, 2-3 (In B 1, 995 b 1-2). Cf. aussi *Tafsīr Lām*, *Proemium*, 1398, 9-11.

Enfin, la quatrième raison avancée par Averroès reprend, en d'autres termes, ce que dit Aristote à la fin de B 1 :

> Il est préférable – commente Averroès – pour celui qui veut arbitrer entre deux personnes d'opinions différentes (*bayna al-muḫtalifīn*) sur une chose quelconque, de connaître les jugements (*al-qaḍāyā*) utilisés par le partisan et par l'opposant (*al-mudda'ā wa al-munkir*). Et c'est aussi une chose à laquelle est contraint celui qui veut être un arbitre vertueux (*ḥakam*^{an} *fāḍil*^{an}) entre deux personnes d'opinions différentes. <Aristote> veut dire qu'il faut d'abord présenter ici les discours opposés à propos des choses obscures[1].

Le commentaire d'Averroès reflète bien ici l'intention d'Aristote. L'examen préalable des obscurités (τοῦ διαπορῆσαι πρῶτον ; τῷ προηπορηκότι) permet de mieux cerner la fin (τὸ τέλος) de la recherche, l'enjeu de la discussion qui aura lieu ultérieurement. Sachant ce que l'on cherche à connaître, on reconnaît alors le moment où cette connaissance est atteinte (τὸ ζητούμενον ἔυρηκεν). L'examen des « opinions différentes » à propos d'un objet contribue dès lors à mieux cerner cet objet.

1. *Tafsīr Bā'*, 171, 7-11 (In B 1, 995 b 2-4).

CHAPITRE III

LE NOMBRE ET L'ORDRE DES APORIES

Aristote présente, en B 1, une liste des apories que le métaphysicien doit étudier, et dont l'examen fera l'objet des chapitres suivants de Bêta (B 2-6). Le nombre des apories développées et l'ordre dans lequel elles sont présentées en B 2-6 ne correpondent cependant pas tout à fait à la liste établie en B 1 [1], ce qui donne lieu, chez les commentateurs modernes d'Aristote, à diverses interprétations [2]. Averroès, quant à lui, bien qu'il relève la divergence entre les deux ordres [3], ne semble pas y accorder une importance particulière. Il n'hésite d'ailleurs pas, face à une lacune dans le texte de B 2, à se reporter au texte de B 1 pour formuler une nouvelle aporie [4]. Les apories, dans la *Métaphysique* arabe et dans le commentaire d'Averroès, sont exposées comme suit.

1. La présentation des apories (B1)

Dans la version arabe de *Métaphysique*, B 1, les apories sont distinguées, en quelque sorte numérotées, par la présence de lettres [5] se succédant en trois séries :

1. On trouve encore un ordre d'exposition différent dans le livre K, dont nous ne parlerons pas ici, Averroès n'ayant pas commenté Kappa (cf. M. Bouyges, *Notice*, p. CLI).

2. W. Ross et B. Dumoulin comptent 14 apories ; G. Reale, quant à lui, estime qu'il y a 15 apories, ce qui constitue, d'après lui, « *the interpretation that alone can be supported in comparison with the text* ».

3. *Tafsīr Bā'*, 198, 17-18 : « Après ces questions, il a ensuite mentionné plusieurs questions qui ne sont pas attestées dans l'énumération des questions qu'il a faite au début de ce traité ».

4. Voir 193, 11 et 197, 14-16.

5. Cf. M. Bouyges, *Notice*, p. XLVIII-XLIX : « la seule série régulière de surlignements qui se fasse remarquer est celle qui met en relief les numéros des questions à l'intérieur du textus 2 de BA' et à l'intérieur du commentaire qui suit ». Notons que ces lettres ne sont pas mentionnées dans la traduction latine j.

– une première série se compose de 9 lettres surlignées, que nous avons transcrites comme suit :

alif (ا) -> a
ba (ب) -> b
ğīm (ج) -> c
dāl (د) -> d
ha (ه) -> e
waw (و) -> f
zay (ز) -> g
ḥa (ح) -> h
ṭa (ط) -> i

———
9

– la deuxième série commence par la lettre ya (ى), que j'ai transcrite par une astérisque (*). Suivent ensuite les neuf mêmes lettres que dans la première série, précédées cependant chacune par la lettre ya, ce qui donne :

ya (ى) -> *
yā (يا) -> *a
yab (يب) -> *b
yağ (يج) -> *c
yad (يد) -> *d
yah (يه) -> *e
yaw (يو) -> *f
yaz (يز) -> *g
yaḥ (يح) -> *h
yaṭ (يط) -> *i

———
10

– La troisième série use du même procédé, remplaçant toutefois la lettre ya par la lettre kāf (ک), que j'ai transcrite par un double astérisque (**), et terminant la série à la lettre waw, ce qui donne :

ka (ک) -> **
kā (کا) -> **a
kab (کب) -> **b
kağ (کج) -> **c
kad (کد) -> **d
kah (که) -> **e
kaw (کو) -> **f

———
7

D'après la version arabe, la présentation (B1) compte donc 26 apories, énoncées comme suit :

1) Y a-t-il une science pour toutes les causes ou y a-t-il une science pour chaque type de cause ? (=a) [1]
2) La science que nous recherchons n'étudie-t-elle que les premiers principes de la substance ou étudie-t-elle aussi les premiers principes de toute démonstration ? (=b) [2]
3) L'étude des substances revient-elle à une ou à plusieurs sciences ? (=c) [3]
4) S'il y a plusieurs sciences des substances, ces sciences tombent-elles ou non sous le même genre ? (=d) [4]
5) Y a-t-il d'autres substances que les substances sensibles ? (=e) [5]
6) Les substances tombent-elles sous un seul ou sur plusieurs genres ? (=f) [6]
7) Cette science étudie-t-elle seulement les substances, ou bien également les accidents, sans les subtances ? (=g) [7]
8) Qu'est-ce que *le même en soi*, *l'autre*, *le semblable* et *le dissemblable ?* (=h) [8]
9) Que sont *les contraires ?* (=i) [9]
10) Qu'est-ce que *ce qui est avant* et *ce qui est après ?* (=*) [10]
11) Que sont les choses semblables aux choses précitées, comptant parmi ce qu'examinent les logiciens ? (=a*) [11]
12) Que sont tous les accidents qui adviennent à toutes les choses mentionnées ? (=b*) [12]
13) Que sont toutes ces choses ? Sont-elles contraires entre elles ? (=c*) [13]
14) Les principes et éléments sont-ils les genres ou les choses singulières ? (=d*) [14]

1. 1) = 995 b 5-6.
2. 2) = 995 b 6-9.
3. 3) = 995 b 10-11.
4. 4) = 995 b 12-13.
5. 5) = 995 b 14-15.
6. 6) = 995 b 15-18.
7. 7) = plus ou moins 995 b 19-20
8. 8) = 995 b 21.
9. 9) = 995 b 20-21.
10. 10) = 995 b 22.
11. 11) = 995 b 22-25.
12. 12) = 995 b 25-26.
13. 13) = 995 b 26-27.
14. 14) = 995 b 27-29.

15) Si les principes sont les genres, s'agit-il des genres premiers ou des genres derniers ? (=*e) [1]
16) Y a-t-il ou non une autre cause que la matière ? (=f*) [2]
17) Cette autre cause est-elle ou non séparée de la matière ? (g*) [3]
18) Y a-t-il une autre cause ou plusieurs autres causes que la cause matérielle ? (h*) [4]
19) Y a-t-il quelque chose en dehors du tout ou non ? Y a-t-il quelque chose en dehors du tout pour certaines choses et non pour d'autres. Et que sont ces choses parmi les êtres ? (=i*) [5]
20) Les principes sont-ils définis par le nombre, par la forme, par l'énoncé ou par le lieu ? (=**) [6]
21) Les principes des choses corruptibles sont-ils les mêmes que ceux des choses incorruptibles ou non ? (=a**) [7]
22) L'un et ce qui est en soi constituent-ils la seule substance des êtres, ou y-a-t-il autre chose (comme l'amitié, le feu l'eau ou l'air) ? (=b**) [8]
23) Les principes sont-ils universels ou singuliers ? (=c**) [9]
24) Les principes sont-ils en puissance ou en acte ? (=d**) [10]
25) Les principes sont-ils principes autrement que par le mouvement ou non ? (=e**) [11]
26) Le nombre, la longueur, la figure et les points sont-ils ou non des substances ? Si oui, sont-ce ou non des substances séparées des sensibles ? (=f**) [12]

2. Commentaire d'Averroès sur B 1

Averroès ne reprend pas, dans son commentaire de B1, les lettres distinguant les différentes apories présentées. Si l'on considère qu'Averroès distingue chaque aporie par un Lemme (introduit par *qāla*, *il a dit*), voici comment il les énumère :

1. 15) = 995 b 29-31.
2. 16) = 995 b 32-33.
3. 17) = 995 b 33.
4. 18) = 995 b 33-34.
5. 19) = 995 b 34-36.
6. 20) = 996 a 1-2.
7. 21) = 996 a 2-4.
8. 22) = 996 a 5-9.
9. 23) = 996 a 9-10.
10. 24) = 996 a 11.
11. 25) = 996 a 11.
12. 26) = 996 a 13-15.

1) Y a-t-il une science pour toutes les causes ou y a-t-il une science pour chaque type de cause ? (=a)
2) La science que nous recherchons n'étudie-t-elle que les premiers principes de la substance ou étudie-t-elle aussi les premiers principes de toute démonstration ? (=b)
3) L'étude des substances revient-elle à une ou à plusieurs sciences ? (=c)
4) S'il y a plusieurs sciences des substances, ces sciences tombent-elles ou non sous le même genre ? (=d)
5) Y a-t-il d'autres substances que les substances sensibles ? (=e)
6) Les substances tombent-elles sous un seul ou sur plusieurs genres ? (=f)
7) Cette science étudie-t-elle seulement les substances, ou bien également les accidents, sans les subtances ? (=g)
8) Qu'est-ce que *le même en soi*, *l'autre*, *le semblable*, *le dissemblable*, *les contraires*, *ce qui est avant* et *ce qui est après ?* Que sont les choses semblables aux choses précitées, comptant parmi ce qu'examinent les logiciens ? (=8, 9, 10 et 11) (=h, i, * et a*)
9) Que sont tous les accidents qui adviennent à toutes les choses mentionnées ? Que sont toutes ces choses ? Sont-elles contraires entre elles ? (=12 et 13) (=b* et c*)
10) Les principes et éléments sont-ils les genres ou les choses singulières ? Si les principes sont les genres, s'agit-il des genres premiers ou des genres derniers ? (=d* et *e) (= 14 et 15)
11) Y a-t-il ou non une autre cause que la matière ? (=f*) (=16)
12) Cette autre cause est-elle ou non séparée de la matière ? (g*) (=17)
13) Y a-t-il une autre cause ou plusieurs autres causes que la cause matérielle ? (h*) (=18)
14) Y a-t-il quelque chose en dehors du tout ou non ? Y a-t-il quelque chose en dehors du tout pour certaines choses et non pour d'autres. Et que sont ces choses parmi les êtres ? (=i*) (=19)
15) Les principes sont-ils définis par le nombre, par la forme, par l'énoncé ou par le lieu ? (=**) (=20)
16) Les principes des choses corruptibles sont-ils les mêmes que ceux des choses incorruptibles ou non ? (=a**) (=21)
17) L'un et ce qui est en soi constituent-ils la seule substance des êtres, ou y a-t-il autre chose (comme l'amitié, le feu, l'eau ou l'air) ? (=b**) (22)
18) Les principes sont-ils universels ou singuliers ? Les principes sont-ils en puissance ou en acte ? (=c** et d**) (=23 et 24)
19) Les principes sont-ils principes autrement que par le mouvement ou non ? (=e**) (=25)

20) Le nombre, la longueur, la figure et les points sont-ils ou non des substances ? Si oui, sont-ce ou non des substances séparées des sensibles ? (=f**) (=26)

Le nombre d'apories est donc moindre dans le commentaire d'Averroès sur B 1 : on passe de 26 à 20.

3. Le développement des apories (B2-B6)

D'après l'éditeur de la *Métaphysique* arabe, ce serait Averroès lui-même qui aurait « copié, ou fait copier par son scribe, les *textus*, au fur et à mesure qu'il rédigeait son ouvrage » [1]. Dans ce cas, il est difficile voire impossible de définir le nombre d'apories que compte le livre Bêta indépendamment du commentaire d'Averroès, même si le début d'un *Textus* ne correspond pas nécessairement à une nouvelle aporie.

Averroès semble ne dénombrer finalement que dix-sept apories :

1) Y a-t-il une science pour tous les genres de causes ou y a-t-il plusieurs sciences ? [2](=a) [3]

2) Les principes de la démonstration appartiennent-ils à une ou à plusieurs sciences ? [4] (=b)

Averroès signale ensuite une lacune dans la traduction et reproduit alors, dans un seul Lemme (et donc en une seule aporie), les apories 3 et 4 mentionnées dans la présentation des apories :

3) L'étude des substances revient-elle à une ou à plusieurs sciences ? S'il y a plusieurs sciences des substances, ces sciences tombent-elles ou non sous le même genre ? [5]

Averroès remarque ensuite que les apories proposées par Aristote dans le développement ne correspondent pas à celles énumérées dans la présentation. Ce qu'Averroès considère comme une quatrième aporie est en fait le développement de la troisième. Voici comment il formule cette quatrième aporie :

4) est-ce que la science des accidents qui sont dans chacun des genres des êtres revient à une ou à plusieurs sciences ? [6]

1. M. Bouyges, *Notice*, p. CXLVI.
2. *Tafsīr Bā'*, 183, 8-185, 12 (B 2, 996 a 18-b 25).
3. Les lettres initiales ne sont reprises que pour les seules deux premières apories.
4. *Tafsīr Bā'*, 192, 7-193, 11 (B 2, 996 b 26-997 a 14).
5. *Tafsīr Bā'*, 197, 14-16 (B 2, 997 a 16-17).
6. *Tafsīr Bā'*, 193, 11-194, 4 + 199, 1-8 (B 2, 997 a 18-25).

5) La connaissance des accidents et des substances revient-elle ou non à une seule science ?[1]
6) Y a-t-il d'autres substances que les substances sensibles ou non? Y a-t-il un ou plusieurs genres des substances ?[2]
7) Les principes des choses sont-ils les genres universels ou les éléments constitutifs? Si ce sont les genres, sont-ce les genres premiers ou les genres derniers ?[3]
8) Les universaux qui sont entre le genre premier et les individus sont-ils ou non des genres? Si oui, est-ce le genre le plus spécifique qui est principe ou bien le genre le plus général? Les différences sont-elles ou non plus principe que les genres ?[4]
9) S'il n'y a rien en dehors des choses particulières, comment peut-il y avoir une science ?[5]
10) La substance de tous les êtres est-elle une ou multiple ?[6]
11) Les principes des choses sensibles sont-ils un par la forme ou un par le nombre ?[7]
12) Les principes des choses corruptibles sont-ils ou non les mêmes que les principes des choses incorruptibles ?[8]
13) L'être et l'un sont-ils ou non les substances des choses ?[9]
14) Les nombres, les corps, les surfaces, les lignes et les points sont-ils ou non des substances ?[10]
15) Pour quelles choses devrait-on introduire des formes en plus des substances sensibles et des substances mathématiques ?[11]
16) Les éléments sont-ils en puissance ou en acte ?[12]
17) Les principes sont-ils universels ou particuliers ?[13]

1. *Tafsīr Bā'*, 201, 6-14 (B 2, 997 a 25-33).
2. *Tafsīr Bā'*, 203, 12-215, 14 (B 2, 997 a 34-998 a 21).
3. *Tafsīr Bā'*, 217, 7-227, 4 (B 3, 998 a 21-998 b 28).
4. *Tafsīr Bā'*, 227, 4-229, 2 (B 3, 998 b 28-999 a 23).
5. *Tafsīr Bā'*, 235, 2-236, 14 (B 4, 999 a 24-b 20).
6. *Tafsīr Bā'*, 242, 11-243, 2 (B 4, 999 b 20-24).
7. *Tafsīr Bā'*, 243, 15-244, 12 (B 4, 999 b 24-1000 a 4).
8. *Tafsīr Bā'*, 246, 14-250, 12 (B 4, 1000 a 5-1001 a 3).
9. *Tafsīr Bā'*, 260, 13-264, 9 (B 4, 1001 a 4-1001 b 25).
10. *Tafsīr Bā'*, 276, 2-278, 14 (B 5, 1001 b 26-1002 b 5).
11. *Tafsīr Bā'*, 287, 6-288, 5 (B 6, 1002 b 12-32).
12. *Tafsīr Bā'*, 290, 4-12 (B 6, 1002 b 32-1003 a 6).
13. *Tafsīr Bā'*, 292, 10-293, 2 (B 6, 1003 a 6-17).

CHAPITRE IV

LES APORIES DE BÊTA : PRÉSENTATION ET ANALYSE

1re aporie

L'étude de tous les genres de causes revient-elle à une seule science ou à plusieurs ? [1]

Aristote

La méthode mise en œuvre pour traiter cette première aporie correspond à la méthode qu'utilise Aristote pour toutes les questions difficiles. Ici comme ailleurs, il s'agit d'opposer une thèse à une antithèse et de soulever, contre l'une et l'autre, les objections qu'elles suscitent. Après avoir parcouru les objections dans les deux sens et constaté que ni la thèse ni l'antithèse ne sont recevables, on reste sans solution, on ne sait dans quelle voie se diriger.

La première partie de l'aporie, qui constitue la thèse, pose que l'étude de tous les genres de causes revient à une seule science. Conformément à la méthode diaporématique, Aristote commence par énoncer les objections que cette thèse appelle. Il en mentionne deux. Premièrement, les genres de causes ne peuvent faire l'objet d'une seule science, car les genres de causes (qui sont ici appelés *principes*) ne sont pas des contraires [2]. Or, d'après un « adage fréquent » chez Aristote [3], la science des contraires est une. Il ne peut donc y avoir une science des principes, puisque ceux-ci ne sont pas contraires. La deuxième objection se fonde sur ceci qu'il y a des êtres auxquels tous les principes n'appartiennent pas. Les êtres immobiles, en effet, ne possèdent ni la cause efficiente, ni la cause finale, et on sait que la

1. *Tafsīr Bā'*, 183, 8-185, 12 (B 2, 996 a 18-b 25).
2. Cf. B 2, 996 a 20-21.
3. Cf. J. Tricot, *La Métaphysique*, Paris, Vrin, 1986, p. 125 n. 2.

science mathématique, qui étudie des êtres immobiles, ne démontre rien par la cause finale[1].

Ces deux objections suffisent à montrer l'impossibilité d'une seule science pour tous les genres de causes. Il faut alors envisager la thèse adverse, qu'Aristote formule comme ceci : « il y a plusieurs sciences des causes, et une science différente pour un principe différent »[2]. L'objection consiste alors simplement à montrer l'embarras dans lequel on se trouve devant ces différentes sciences, car on ne sait alors à quelle science il faut attribuer le nom de sagesse.

Avant d'aborder le commentaire d'Averroès, on peut se demander si les arguments avancés par Aristote pour contredire la thèse constituent de réelles objections. D'une part, en effet, et comme le fait justement remarquer Averroès[3], ce n'est pas parce que la science des contraires est une que la science de ce qui n'est pas contraire ne peut être une. On peut par exemple parler d'une science des couleurs sans que le rouge et le vert ne soient des contraires[4]. On ne voit pas très bien, d'autre part, pourquoi le fait que *certains* êtres ne possèdent pas *toutes* les quatre causes rend impossible la constitution d'une science *une*[5]. En quoi le fait que la science mathématique n'étudie pas toutes les causes constituerait-il en effet une objection à la thèse selon laquelle il y a, tout de même, une science de toutes les causes ? Ce n'est pas parce qu'il y a des sciences qui n'étudient pas toutes les causes qu'il ne peut y en avoir au moins une qui les étudie toutes. La science mathématique est certes une science, et comme toute science, elle traite de causes. Mais ce que l'on cherche à savoir ici, ce n'est pas s'il y a plusieurs sciences des causes; ce que l'on veut savoir, c'est s'il y a plusieurs sciences de *toutes* les causes, ou s'il n'y en a qu'une.

Ce n'est pas la contradictoire de la thèse qu'Aristote envisage ici comme antithèse. En effet, la contradictoire de *l'étude de tous les genres des causes revient à une seule science* serait *l'étude de tous les genres de causes ne revient pas à une seule science*. Dans ce cas, deux possibilités se présentent : soit l'étude de toutes les causes ne revient à aucune science, soit elle revient à plusieurs sciences. La première possibilité n'étant pas envisagée, il reste la seconde : l'étude de tous les genres de causes revient à plusieurs sciences. Or ce n'est pas ce qu'Aristote présente comme

1. Cf. B 2, 996 a 21-996 b 1.

2. B 2, 996 b 1-3.

3. *Tafsīr Bā'*, 185, 17-186, 5 (In B 2, 996 a 20-21).

4. Alexandre d'Aphrodise fait la même remarque : cf. 181, 6-20.

5. Cf. J. Owens, *The Doctrine of Being in the Aristotelian Metaphysics*, Toronto, P.I.M.S., 3e éd. 1978, p. 221.

antithèse[1]. Ce qui, d'après lui, constitue l'antithèse (il y a une science pour chaque principe) n'est pas la contradictoire de la thèse :

Thèse	*Une* science étudie *toutes* les causes (c'est-à-dire chacune des causes)
« Antithèse »	*Toute* science (c'est-à-dire chacune d'entre elles) étudie *une* cause.
Antithèse réelle : (contradictoire)	Plusieurs sciences étudient toutes les causes

Cette confusion repose en fait sur le rôle de l'adjectif pronom πάντα, qui se rapporte une fois aux *causes*, une autre fois aux *sciences*. Le problème ne se serait sans doute pas posé de cette façon si Aristote avait formulé l'aporie en B2 de la même manière qu'en B1, où il demande simplement s'il revient à une ou à plusieurs sciences d'étudier les causes[2]. On se demande d'ailleurs ce qui peut bien, chez Aristote, justifier la différence de vocabulaire entre B1 (τὰς αἰτίας) et B2 (πάντα τὰ γένη τῶν αἰτίων).

La question ne se posera de toute façon pas pour Averroès, le traducteur arabe ayant en effet repris, en B1, l'aporie telle qu'elle se trouve formulée en B2. Il a traduit τὰς αἰτίας (*les causes*) de la même façon que πάντα τὰ γένη τῶν αἰτίῶν : *ǧamīʿ aǧnās al-ʿilal* (*tous les genres de causes*). C'est donc la même expression qu'Averroès lit en B1, lors de la présentation de l'aporie, et en B2, lorsqu'Aristote la développe. Cette expression embarrassera cependant Averroès, ce qui donnera lieu à quelques hésitations.

En B1, Aristote présente l'aporie concernant *tous les genres de causes* comme étant en continuité avec ce dont il a parlé « dans l'introduction » (995 b 5 : ἐν τοῖς πεφροιμιασμένοις). Or les commentateurs d'Aristote ne s'accordent pas sur le passage auquel Aristote fait ici référence. Certains[3] considèrent qu'il s'agit d'une référence au livre A, où il est question des quatre causes, d'autres[4] se rapportent à *alpha elatton*.

1. Cf. en ce sens, le commentaire de Ross, p. 228. Averroès, pour sa part, entend qu'il y a une thèse et sa converse (186, 5 : *ʿaks*).

2. 995 b 5-6 : πότερον μιᾶς ἢ πολλῶν ἐπιστημῶν θεωρῆσαι τὰς αἰτίας.

3. Cf. J. Tricot, *La Métaphysique*, I, p. 121 n. 2 : « Référence au livre A (les 4 causes) » ; J. Owens, *op. cit.*, p. 214 : « *This shoud refer to the treatment of the causes in Book A* » ; B. Dumoulin, *Analyse génétique de la Métaphysique d'Aristote*, Montréal-Paris, 1986, p. 103 : « B (…) déclare suivre A » ; G. Reale ne prend pas position : « *Il riferimento è o al libro A, o al finale di α 3* ». Alexandre d'Aphrodise, (174, 31-33), après avoir envisagé les deux possibilités, opte finalement pour une référence à A : ἐν γὰρ τῷ A τῷ μείζονι εἰ τέσσαρα τὰ τῶν αἰτίων εἴδη ἐζήτησε περὶ ὧν τεσσάρων ζητήσει νῦν εἰ μιᾶς ἐπιστήμης ἐστὶν ἡ γνῶσις αὐτῶν.

4. Cf. Asclepius, p. 140, 24-26 : « πρὸς τῷ τέλει τοῦ ἐλάττονος A » ; Thomas d'Aquin, éd. Spiazzi, n° 346 : « in fine secundi libri, qui est quasi proemium ad totam scientiam ».

L'interprétation d'Averroès n'est pas aussi tranchée. Il ne donne en effet aucune indication explicite concernant la référence en question. C'est donc vers l'étude du texte arabe qu'il faut, dans un premier temps, se tourner.

Le texte arabe

La référence en question (ἐν τοῖς πεφροιμιασμένοις) a été traduite en arabe par *fī ṣadr hāḏā al-kitāb: au début de ce livre*. Or la terminologie employée par le traducteur permet de distinguer le « Livre » (*kitāb*) de la *Métaphysique* des « traités » (*maqālāt*) dont ce Livre est composé. Il s'agit alors clairement ici d'une référence au premier *traité* du *Livre* de la *Métaphysique*. Rappelons enfin que la composition de la *Métaphysique*, dans la tradition arabe, n'est pas exactement la même que celle dont l'Occident a hérité. Non seulement, en effet, le traité *grand Alif* ne comporte que la seconde moitié du livre *Alpha Meizon*[1], mais l'ordre des deux premiers traités y est aussi inversé. C'est donc *petit alif* (*alpha elatton*) qui, dans le texte arabe, constitue le premier traité de la *Métaphysique*.

Or la fin d'*alpha elatton* comprend en effet un passage où l'on trouve, presque dans les mêmes termes, la première aporie évoquée en Bêta : « L'étude des causes et des principes revient-elle à une ou plusieurs sciences ? »[2]. Ce passage est certes contesté par la plupart des éditeurs modernes[3], mais il fait cependant partie du texte arabe que lit Averroès à la fin d'α3[4].

Ces indices matériels permettent de supposer que, pour Averroès, la référence « au début de ce livre » se rapporte naturellement, non pas au traité qui précède immédiatement Bêta, c'est-à-dire *grand Alif* (*Alpha Meizon*) selon l'ordre de la *Métaphysique* arabe, mais à un passage du premier traité de cette *Métaphysique*, à savoir *petit alif* (*alpha elatton*). Le commentaire d'Averroès en B1 permet, semble-t-il, de confirmer cette hypothèse.

1. La traduction arabe commence en A5, 987 a 6. Averroès n'aurait donc pas pu voir, en B1, une référence à A2.

2. α 3, 995 a 19-20 : εἰ μιᾶς ἐπιστήμης ἢ πλειόνων τὰ αἴτια καὶ τὰς ἀρχὰς θεωρῆσαί ἐστιν.

3. W. Jaeger met le passage entre crochets. Cf. J. Tricot, *La Métaphysique*, I, p. 118 n. 3 : « On pense généralement que ces derniers mots, qu'Alex. ne commente pas (cf. 174, 25), ont été ajoutés à cette place pour rattacher artificiellement α à B, et notamment à la première aporie (B1, 995 b 5). Mais c'est loin d'être sûr : Ascl., 140, 24, les cite textuellement ».

4. *Tafsir alif*, 49, 11-50,1 (α 3, 995 a 19-20) : *hal yanbaġī an nanẓura fī 'ilal al-awā'il li-'ilm wāḥid aw li-'ulūm kaṯīra*. Le sens du passage est légèrement modifié, ce qui ne sera pas sans quelques conséquences. En effet, la version arabe ne parle pas des *causes et des principes* mais *des causes des principes*.

Averroès

Averroès commence en effet par expliquer, en B1, ce que signifie *les genres de causes* (*ağnās al-'ilal*) dont parle Aristote (τὰ γένη τῶν αἰτίων).

> Par *genres de causes*, <Aristote> veut dire les causes des différents genres. En effet, les causes des différents genres sont des genres différents, comme les principes des choses naturelles, les principes des choses mathématiques et les principes des choses séparées [1].

Cette interprétation, qui insiste sur la notion de genre, se rapporte en effet à la fin d'α3, où Aristote établit la nécessité d'adapter la méthode scientifique au genre d'objet dont il est question. D'après ce passage, la même méthode ne s'applique pas aux choses naturelles et aux choses mathématiques :

> On ne doit pas notamment exiger en tout la rigueur mathématique, mais seulement quand il s'agit d'êtres immatériels. Aussi la méthode mathématique est-elle inapplicable à la Physique, car toute la Nature contient vraisemblablement de la matière [2].

On doit cependant constater que le commentaire d'Averroès en α3 ne traite pas expressément de ces trois genres. Il y est certes question de la différence de méthodes que requiert la science des choses naturelles, c'est-à-dire matérielles, d'une part, et celle des choses mathématiques, c'est-à-dire immatérielles, d'autre part. Mais il s'agit surtout de la nécessité, pour celui qui veut « apprendre les sciences » (*yata'allama al-'ulūm*), de commencer d'abord par la science logique. Rien n'est dit de manière explicite sur les *différents genres de causes* entendues comme les trois genres.

Le commentaire d'α1 est plus éclairant : « Après avoir expliqué que cette science fait partie du genre des sciences du vrai (*min ğins 'ulūm al-ḥaqq*), et qu'elle est une partie de la philosophie théorique (*ğuz' min al-falsafat al-naẓariyya*), <Aristote> veut expliquer son rang (*martabata-hu*) dans le vrai au sein des sciences théoriques » [3].

Il s'agit ici de distinguer « cette science » des deux autres sciences théoriques que sont la science mathématique et la science naturelle. Et c'est bien à ces trois sciences, ou plutôt à leurs principes, qu'Averroès fait allusion dans son commentaire sur B1. Les *genres de causes* dont il s'agit en B1 sont alors à mettre en relation avec les trois genres de méthodes, et donc de sciences, évoqués par Aristote en α1 et en α3. Il s'agit, d'après

1. *Tafsīr Bā'*, 175, 8-10 (In B 1, 995 b 5-6) : « *ya'nī bi-ağnās al-'ilal 'ilal al-ağnās al-muḫtalifa fa-inna 'ilal al-ağnās al-muḫtalifa hiya ağnās muḫtalifa miṯl awā'il al-umūr al-ṭabī'iyya wa awā'il al-umūr al-ta'ālīmiyya wa awā'il al-umūr al-mufāriqa* ».

2. α 3, 995 a 14-17 (trad. J. Tricot).

3. *Tafsīr alif suğrā*, 13, 9-10 (In α 1, 993 b 23).

Averroès, des principes des êtres que ces sciences étudient, à savoir les principes des choses naturelles, les principes des choses mathématiques et les principes des choses séparées [1].

Si maintenant on se tourne vers le commentaire de B2, où l'aporie est développée, on constate qu'Averroès ne donne pas à *genres de causes* la même signification que dans son commentaire sur B1. L'interprétation d'Averroès est en effet tout à fait différente, bien que le texte arabe qu'il a sous les yeux soit littéralement le même, en B1 et en B2 :

> Par *tous les genres de causes*, <Aristote> veut dire les quatre causes. C'est comme s'il disait : est-ce que l'examen des genres de causes des êtres revient à une ou à plusieurs sciences [2].

Ici, les genres de causes ne sont plus les trois genres évoqués en *alpha elatton* (naturelles, mathématiques, séparées), mais les quatre causes dont il est question dans le livre A. Ce changement d'interprétation s'accorde de manière évidente au développement d'Aristote à la première aporie, où il s'agit surtout des quatre causes. Mais on voit alors mal comment, pour Averroès, la référence de B1 pourrait encore se rapporter à *alpha elatton*, où Aristote ne parle nulle part des quatre causes. Or si l'on retourne au passage contesté de la fin d'α3 (995 a 19-20), on est surpris par le commentaire qu'Averroès en donne : « Celui qui veut étudier cette science doit d'abord examiner si l'étude de tous les quatre principes revient à une seule ou à plusieurs sciences. Si, en effet, elle revient à plusieurs sciences, tous les êtres n'auront pas tous les principes, mais quelques principes » [3].

La situation est assez paradoxale. Quand, au début de B1, Aristote semble parler des quatre causes des êtres, Averroès ne mentionne que les trois « genres de causes » (le genre des choses naturelles, le genre des choses mathématiques et le genre des choses séparées). En revanche, lorsqu'Aristote ne parle pas, en α3, d'autre chose que des trois « genres de causes », Averroès fait allusion aux quatre causes dont il est question en B2.

1. Nous reviendrons sur la question de savoir si *la science des choses séparées* s'identifie, pour Averroès, à *cette science*.

2. *Tafsīr Bā'*, 185, 14-15 (In B 2, 996 a 18-20) : « *ya'nī bi ğamī' ağnās al-'ilal al-asbāb al-arba'a fa ka-inna-hu qāla hal al-faḥṣ 'an ağnās 'ilal al-mawğūdāt huwa li-'ilm wāḥid am li-'ulūm kaṯīra* ».

3. *Tafsīr alif*, 53, 4-6 : « *wa yanbaġī an yafḥaṣa awwalan man yurīdu al-naẓar fī hāḏā al-'ilm hal al-naẓar fī ğamī' al-awā'il al-arba'a li-'ilm wāḥid aw li-'ulūm kaṯīra fa-inna-hu in kāna li-'ulūm kaṯīra lam takun ğamī' al-awā'il li-ğamī' al-mawğūdāt bal ba'ḍ al-awā'il* ».

Comment expliquer cela? Peut-être en étudiant le commentaire d'Averroès à la première aporie, non pas en B1 (ce qui vient d'être fait), mais dans la discussion proprement dite des apories (B2).

Ayant lu B2, Averroès aperçoit que les *genres de causes* dont Aristote parle ici désignent les quatres causes, exposées notamment en A 7 – où Aristote se réfère à ce qu'il a dit dans la *Physique* –, et non les trois genres dont il s'agit en *alpha elatton*. Ne peut-on dès lors supposer ce qui suit? Averroès se serait rendu compte de l'erreur qu'il a commise et l'aurait alors corrigée. Étant donné que la référence interne de B1 se rapporte *au début de ce livre* c'est-à-dire, dans la version arabe, à petit alif (*alpha elatton*), Averroès aurait retouché son commentaire en *alpha elatton*, tout en oubliant de corriger ce à quoi il avait d'abord pensé en commentant B1. En agissant ainsi, Averroès aurait fait en sorte que la mention des quatre causes corresponde bien à ce qui a été dit *au début de ce livre*. On retrouve, en effet, dans son commentaire d'α3, exactement le même contexte que celui de B2. Non seulement il y mentionne les quatre causes, mais il reprend aussi, et dans les mêmes termes, l'argument évoqué par Aristote en B2, selon lequel tous les êtres n'ont pas les quatre causes. La connexion entre *alpha elatton* (le *début de ce livre*) et B2 est ainsi sauvegardée.

Abordons maintenant plus avant l'interprétation d'Averroès concernant la première aporie : y a-t-il une science de toutes les causes, ou y en a-t-il plusieurs ?

Les deux objections soulevées par Aristote contre la possibilité d'une science des quatre causes, on l'a vu plus haut, ne sont pas très convaincantes. Elles n'ont en tout cas pas convaincu Averroès, qui voit dans la première objection une opinion sans fondement.

> Dire que la science des contraires est une n'implique pas que ce qui n'est pas contraire n'ait pas de science une, sauf d'après l'opinion publique (*fī al-mašhūr*) et à première vue (*fī bādi' al-ra'y*). C'est pourquoi ce discours est dialectique (…) et le discours ne serait nécessaire (*lāzim*^{an}) que s'il s'avérait (*law ṣaḥḥa*) que les choses dont la science est une sont contraires, qui est une converse (*'aks*) de : *la science des contraires est une*[1].

La réfutation de cette première objection, rangée parmi les opinions dialectiques, vient en fait renforcer la possibilité de la thèse. Une science de

1. *Tafsir Bā'*, 186, 1-5 (In B 2, 996 a 20-21). Ce n'est pas parce que deux causes n'appartiennent pas aux êtres immobiles que la sagesse ne peut pas traiter de toutes les causes. La sagesse ne traite pas des quatre causes parce qu'il y a déjà une science des quatre causes : la physique. Il ne semble donc pas aller de soi, pour Averroès, que la science des premières causes doit être la science des êtres immobiles.

tous les genres de causes, c'est-à-dire une science des quatre causes, est toujours envisageable. On passe alors à la deuxième objection.

Averroès ne s'oppose pas au deuxième argument d'Aristote. Il est en effet évident que l'on ne trouve pas les quatre causes dans tous les genres d'êtres (*ğamīʿ ağnās al-mawğūdāt*) et personne ne cherche la cause motrice ni la cause finale dans les choses immobiles que sont les choses mathématiques[1]. Mais Averroès ne considère pas que cet argument nie la possibilité d'une science des quatre causes. Car si les quatre causes ne se trouvent pas dans les choses immobiles, elles sont en revanche bien présentes dans les choses naturelles et mobiles dont traite la physique. La thèse selon laquelle il y a une science des quatre causes ne doit dès lors pas être rejetée. Si elle ne s'applique pas à la science mathématique, elle reste cependant valable pour les choses naturelles et mobiles (*yaṣduqu ʿalā al-ašyāʾ al-ṭabīʿiyya wa al-mutaḥarraka*)[2] : il y a une science des quatre causes, et cette science est la physique.

Si l'aporie touchait à la question de savoir s'il y a ou non une science des quatre causes, on devrait reconnaître que l'aporie est ici résolue. Pourquoi alors continuer la recherche? Si l'on poursuit la recherche, ce n'est pas seulement parce que l'on cherche une science nouvelle, qui se distingue de la physique. C'est aussi sans doute parce que l'étude des quatre causes ne constitue pas un critère suffisant pour la science que l'on recherche. C'est donc ailleurs qu'il faut chercher.

Après avoir considéré la thèse comme valide (*ṣādiqa*), dit Averroès, « <Aristote> considère la converse (*ʿaks*) comme valide également »[3]. Rappelons qu'il ne s'agit pas, pour Averroès, de deux propositions qui, comme une thèse et une antithèse, s'opposent à proprement parler. Il s'agit d'une proposition et de sa « converse » qui, en tant que telles, ne sont pas contradictoires et peuvent, dès lors, être vraies dans le même temps. Le fait qu'il y ait une science des quatre causes, la physique, ne s'oppose pas au fait que d'autres sciences s'occupent seulement de certaines causes.

1. En 188, 1-3 (In B 2, 996 a 29-30), Averroès exprime quand même un doute concernant la cause finale en mathématiques : « Il a dit, dans le traité où il parle des principes mathématiques, que la cause excellente (*al-sabab al-ğayyid*) peut se trouver en eux, et c'est l'ordre (*al-niẓām*) qui est dans les nombres, les largeurs et l'agencement (*al-tartīb*) ». Averroès fait vraisemblablement allusion ici à un passage de M 3 (1078 a 31- 1078 b 1), où Aristote dit que l'ordre (τάξις) constitue l'une des plus belles formes du beau (τοῦ δὲ καλοῦ μέγιστα εἴδη). Si la référence est exacte, elle vient confirmer l'idée qu'Averroès connaissait le livre M, même s'il ne l'a pas commenté. Cf. M. Bouyges, *Notice*, p. CXIII ; A. Martin, *Averroès. Grand Commentaire de la Métaphysique d'Aristote* (*Tafsīr mā baʿd aṭ-tabīʿat*), *livre lām-lambda*, Paris, Les Belles Lettres, 1984, p. 34 n. 31 ; E. Berti, « Les livres M et N dans la genèse et la transmission de la *Métaphysique* », Xe Symposium Aristotelicum, 1984, p. 11.

2. *Tafsīr Bāʾ*, 186, 17-18 (In B 2, 996 a 23-24).

3. *Tafsīr Bāʾ*, 186, 18-19 (In B 2, 996 a 23-24).

Personne en effet ne mettra par exemple en question le fait qu'existe, à coté de la science physique, une science mathématique.

Averroès commence donc l'examen de la « converse », en 996 a 25, en expliquant, suivant Aristote, de quelle manière la cause finale est une cause, et pourquoi on ne peut la trouver dans les choses immobiles, comme par exemple dans les choses mathématiques. Après avoir rapporté l'avis des Sophistes [1] et montré encore que tous les êtres n'ont pas toutes les causes, il conclut qu'il y a plusieurs sciences des causes :

> S'il est nécessaire que certaines sciences soient plus propres à donner (*taḫtaṣṣu bi-i'ṭā'*) une cause plutôt qu'une autre (*sabab dūna sabab*), c'est parce qu'on ne trouve pas les quatre causes en chacun des genres que les sciences étudient, comme c'est le cas pour la maison, c'est-à-dire qu'on ne trouve cela que pour la science physique [2].
> Puisque certains genres de cause sont propres (*taḫtaṣṣu*) à certains êtres sans l'être à d'autres (*bi-ba'ḍ dūna ba'ḍ*), il faut que les causes soient différentes en raison de leur différence de principe, et que les espèces de démonstration (*anwā' al-barāhīn*) utilisées dans un art soient autres que les espèces de démonstration utilisées dans un autre art. Puisqu'il en est ainsi, il y a plusieurs arts et sciences [3].

Le vocabulaire employé ici comme les arguments avancés rappellent ce dont nous avons parlé plus haut. On retrouve en effet ici les mêmes préoccupations que celles évoquées en *alpha elatton :* donner une explication à la pluralité des sciences. Voici l'argument : il y a différentes sciences parce qu'il y a différentes causes. Et s'il y a différentes causes, c'est parce qu'il y a différents genres d'êtres. Les différentes causes sont donc à nouveau rapportées aux genres des êtres. Puisqu'il y a des êtres qui tombent sous le genre mobile – ce sont les choses naturelles, il y a donc une cause (ou un principe) de ces choses naturelles et mobiles et une science qui étudie le principe de ces choses naturelles et mobiles. C'est la science physique. D'autres êtres tombent quant à eux sous le genre immobile. C'est le cas des choses mathématiques. Il y a donc une cause (ou un principe) des choses immobiles et mathématiques et une science qui étudie cette cause. C'est la science mathématique.

1. Le texte arabe est à l'origine d'une méprise. En 996 a 33, le traducteur rend αὐτάς par *hāḏihi al-'illa* (*cette cause*) alors que le pronom renvoie plus probablement à ἀπόδειξεις (*les démonstrations*). Averroès est donc amené à dire que les sophistes ont nié *la cause finale* parce qu'ils ne la trouvaient pas dans la plus sûre des sciences, les mathématiques. Ce que dit Aristote est différent : les sophistes ont nié *les démonstrations mathématiques* parce qu'ils n'y ont pas trouvé la cause finale.

2. *Tafsīr Bā'*, 189, 8-11 (In B 2, 996 b 5-8).

3. *Tafsīr Ba'*, 188, 14-18 (In B 2, 996 b 1-3).

De plus, Averroès ajoute qu'à chaque science correspond une « espèce de démonstration ». Quand Averroès commente cette aporie, il a en tête les développements d'*alpha elatton* et parle des genres de causes, non pas comme des quatre causes, mais comme des trois genres des êtres. Ce qu'il entend ici par cause, c'est la cause de chacun des genres dont traitent les sciences : la cause des choses naturelles, etc. Or c'est bien ce dont il s'agit dans son commentaire de B1. La référence de B1 à *alpha elatton* n'est pas seulement due à des indices matériels touchant à la traduction ou à la transmission du texte. Elle concerne aussi des points de doctrine chers à Averroès.

La Physique s'occupe des quatre causes des êtres naturels et mobiles; la science mathématique traite des causes des êtres immobiles. Or on est toujours à la recherche de la sagesse. Il serait bien sûr tentant de dire que, pour Averroès, la sagesse est la science qui étudie le troisième genre d'êtres, celui des êtres séparés. On serait alors en présence d'un argument semblable à celui que développe J. Owens : « deux causes n'appartiennent pas aux êtres immobiles, alors la science une (apparemment la science des êtres immobiles) ne peut traiter de toutes les causes »[1]. Mais Averroès tient, semble-t-il, un autre raisonnement. Ce n'est donc pas parce que deux causes n'appartiennent pas aux êtres immobiles que la sagesse ne peut traiter de toutes les causes. La sagesse ne traite pas des quatre causes parce qu'il y a déjà une science qui étudie ces quatre causes : la physique. Il ne semble donc pas « aller de soi », pour Averroès, « que la science des premières causes doit être la science de l'Être immobile »[2]. La science que nous recherchons ne s'occupe pas de toutes les causes; il faut cependant, pour qu'elle constitue une science, qu'elle s'occupe de certaines causes. Si l'on sait qu'il y a plusieurs sciences des causes, on ne sait toutefois pas encore quelle est celle qui mérite le nom de sagesse. Il reste donc à déterminer de quelles causes « cette science » s'occupe.

> S'il y a plusieurs sciences, si la sagesse (*ḥikma*) est la connaissance des causes et si chaque science possède la connaissance des causes qui sont dans ce genre, alors nous serait exposé le contraire de ce que nous recherchons : chaque science devrait être appelée sagesse. Or nous avons déjà supposé (*qad kunnā faraḍnā*) qu'il y a une science une, différente des sciences particulières, qui s'appelle sagesse[3].

1. Cf. J. Owens, *op. cit.*, p. 222.

2. *Ibidem*, p. 222 : « *it seems assumed that the science of the first causes must be the science of immobile Being* ».

3. *Tafsīr Bā'*, 189, 13-17 (In B 2, 996 b 8-10).

Dans la suite du développement, Aristote cherche à accentuer l'état d'aporie dans laquelle on se trouve en montrant que l'étude de chaque cause peut prétendre au titre de sagesse. Averroès, quant à lui, n'entend pas le développement de cette façon. C'est ici que, d'après lui, Aristote détermine précisément l'objet de la sagesse :

> Si nous admettons que chaque science s'appelle sagesse, il faut que la science qui s'appelle sagesse dans l'absolu (*bi-iṭlāq*) soit celle qui étudie, parmi les causes, la cause finale la plus éloignée pour tous les êtres (*al-sabab al-ġā'ī al-aqṣā li-ğamī' al-mawğūdāt*). Car toutes les causes sont grâce à cette cause, c'est-à-dire en raison d'elle (*min qibal hāḏihi al-sabab ay min ağli-hi*)[1].

Averroès ne perd pas de vue le premier critère de la sagesse. La science recherchée doit être différente des sciences particulières, ne visant pas à la connaissance de certains êtres, mais à celle de tous les êtres. La cause finale *la plus éloignée* est la cause qui garantit à la sagesse son universalité. C'est parce que cette cause est la plus éloignée qu'elle est nécessairement cause de *tous* les êtres. C'est donc nécessairement la sagesse qui étudie cette cause. Cependant, la sagesse doit aussi permettre la connaissance la plus parfaite de ces êtres. Cette connaissance parfaite requiert dès lors l'étude d'une autre cause.

> Ce qu'on appelle sagesse, c'est ce qui fait connaître aussi, avec la cause finale première, la cause première qui est la forme et la substance. Car la science qui se rapporte à la connaissance des causes premières qui, au plus haut point, font connaître les choses (*fī ġāyat al-ta'rīf lil-ašyā'*) est aussi la science qui est la plus digne (*aḥrā*) de s'appeler sagesse. En effet, la chose, comme l'a dit <Aristote>, se connaît de plusieurs manières (*bi-anwā' kaṯīra*), mais c'est grâce à sa substance (*min qibal ğawhari-hi*) qu'on la connaît le plus parfaitement[2].

La sagesse est donc aussi la science de la cause formelle, c'est-à-dire de la substance, car la connaissance de la cause formelle, de la substance, est la garantie d'une connaissance parfaite des êtres.

> Ce qui indique (*al-dalīl*) que la science de la substance est la science la plus parfaite qui soit de la chose, c'est que quand nous cherchons à connaître chacune des choses par une démonstration (*bi-burhān*), nous ne croyons la connaître que quand nous croyons la connaître

1. *Tafsīr Bā'*, 190, 3-6 (In B 2, 996 b 10-13).
2. *Tafsīr Bā'*, 190, 9-13 (In B 2, 996 b 13-16).

par ce qu'elle est (*bi-mā huwa*), c'est-à-dire par sa substance et sa définition (*bi-ǧawhari-hi wa ḥaddi-hi*)[1].

La science que nous recherchons n'est dès lors pas, pour Averroès, la science de toutes les causes, mais la science des premières causes auxquelles les autres causes se rapportent. C'est en ce sens qu'elle est une science universelle, différente des sciences particulières qui ne traitent chacune que d'un genre de cause, que d'un genre des êtres. La sagesse se distingue aussi des autres sciences par le caractère formel de son objet. Elle ne cherche pas seulement à connaître toutes les choses, elle veut les connaître parfaitement. Or on ne connaît une chose que quand on sait *ce qu'elle est*. On ne la connaît parfaitement que quand on en connaît la forme, la substance. La sagesse, que l'on a définie comme étant la science la plus parfaite, sera donc aussi la science de la substance, la science de la cause formelle.

On peut noter que l'interprétation d'Averroès, pour qui ce passage est un plaidoyer en faveur des seules causes formelle et finale, trouve indirectement son fondement dans la manière dont Aristote lui-même traite chacune des causes. Lorsqu'il passe en revue les causes finale, formelle et motrice, et qu'il envisage la science de chacune d'elle comme pouvant prétendre au titre de sagesse, Aristote ne réserve pas, en effet, la même attention à chacune des causes. Comme le fait observer B. Dumoulin, la cause finale et la cause motrice ne font chacune l'objet que de trois lignes Bekker, alors qu'Aristote consacre dix lignes à la cause formelle. On peut dès lors admettre, dans ce cas, que les réponses aux apories « transparaissent d'une certaine manière dans la façon dont <Aristote> pose les questions »[2]. Cela ne fait apparemment aucun doute pour Averroès, pour qui la métaphysique est la science de la forme.

Si la fin mérite aussi le titre de cause première, c'est parce qu'elle n'est pas autre chose que la cause formelle première. C'est en tant qu'elles s'identifient l'une à l'autre qu'elles font l'unique objet de la sagesse. Et si la cause finale et la cause formelle ne font qu'une seule et même cause, c'est parce que chaque chose a pour fin d'être ce qu'elle est, d'être son essence, c'est-à-dire sa forme. Les formes des choses sont en effet premières parce qu'elles sont la fin vers laquelle tendent premièrement les choses : « les formes-essences ont leur τέλος en elles-mêmes »[3], elles sont leur propre fin. La sagesse a donc pour objet *la cause formelle et finale*.

1. *Tafsīr Bā*, 191, 6-8 (In B 2, 996 b 19-20).

2. Cf. B. Dumoulin, *Analyse génétique de la Métaphysique d'Aristote*, Montréal-Paris, 1986, p. 86.

3. Cf. C. J. De Vogel, « La méthode d'Aristote en métaphysique d'après *Métaphysique* A 1-2 », dans *Aristote et les problèmes de méthode*, Louvain-la-Neuve, 2e éd. 1980, p. 158.

Ce n'est dès lors pas par le genre d'objet étudié que cette science se distingue de la physique, mais par le genre de cause qu'elle examine.

> En raison de ce qu'<Aristote> a dit, il est nécessaire (*iqtaḍā*) que cette science soit appelée sagesse, et non la science naturelle. En effet, la science naturelle étudie aussi les deux causes premières, le moteur et la matière, tandis que cette <science> étudie les deux causes les plus éloignées, la forme et la fin. Et c'est en raison de la supériorité (*faḍl...'alā*) de ces deux causes sur les deux autres que cette science est supérieure à la science naturelle. La fin, quant à elle, est supérieure (*tafḍulu*) aux causes parce que les autres causes sont en raison d'elle (*min aǧli-hi*). Quant à la forme, elle est supérieure au reste parce que la science que, par elle, on a de la chose est supérieure (*afḍal*) à la science qu'on en a par le reste des choses qui sont en elle[1].

Averroès, il faut le noter, ne traite pas de la même manière cette première aporie et les autres apories de la *Métaphysique*. Cette aporie n'est plus une question difficile dont l'obscurité sera dissipée ultérieurement. En trouvant d'emblée sa solution, elle met en question le caractère dialectique du livre Bêta :

> Il ressort manifestement de ceci qu'il y a une science propre (*yaḫtaṣṣu bi-hi*) à la connaissance de chacun des genres de ces causes et qu'il y a une seule science appelée sagesse. C'est celle qui a en propre l'étude de la forme première et de la fin première. Le discours qui aboutit à ce concept (*hāḏā al-ma'nā*) est démonstratif alors que les discours qu'<Aristote> a présentés pour le contredire (*munāqidat^{an} la-hu*) sont dialectiques[2].

La science en question ne fait donc plus vraiment l'objet de la recherche car son objet a été d'emblée déterminé : la sagesse est la science qui étudie la substance. Quant à la notion de cause, elle est rapportée à la notion de genre d'êtres (quand il s'agit des sciences particulières). La sagesse diffère alors de la physique comme de la mathématique parce que ces dernières traitent chacune d'un genre d'êtres : les êtres mobiles pour la physique, les êtres mathématiques immobiles pour la science mathématique. Averroès n'affirme cependant pas ici que la sagesse a pour objet le troisième genre d'êtres, les êtres séparés[3]. Il dit seulement que la sagesse est une science différente des sciences particulières. La sagesse est une science puisqu'elle porte sur un genre : un genre de cause, la cause formelle et finale. C'est en ce

1. *Tafsīr Bā'*, 190, 14-191, 2 (In B 2, 996 b 13-16).
2. *Tafsīr Bā'*, 192, 1-5 (In B 2, 996 b 24-25).
3. On verra cependant plus loin que ce genre de cause se rapporte, en dernière analyse, au genre des êtres séparés.

sens qu'elle trouve son unité. Pour Averroès, la sagesse n'est pas la science de toutes les causes mais la science de tous les genres d'êtres. En ce sens, elle ne traite pas d'un genre particulier d'êtres; elle se doit de connaître tous les êtres, toutes les choses *qui sont*, c'est-à-dire *ce que sont* toutes les choses. La sagesse étudiera par conséquent la cause formelle et finale des êtres, c'est-à-dire leur substance ou essence.

2e aporie

Revient-il à la même science d'étudier les principes de la démonstration et les principes de la substance ? [1]

L'énoncé de la deuxième aporie diffère légèrement, en B1, de celui de B2. On se demande d'abord, en B1, si la science étudie seulement les premiers principes de la substance (τὰς τῆς οὐσίας ἀρχὰς τὰς πρώτας) ou si elle étudie aussi les principes sur lesquels se fonde la démonstration (καὶ περὶ τῶν ἀρχῶν ἐξ ὧν δεικνύουσι πάντες)[2]. En B2, on se demande seulement si l'étude des principes de la démonstration revient à une seule ou à plusieurs sciences [3].

Cette légère différence de formulation révèle deux aspects de l'aporie concernant les principes de la démonstration. On s'interroge, d'une part, sur le rapport existant entre la science des principes de la substance et la science des principes de la démonstration. On pose, d'autre part, la question de l'unité de la science des principes de la démonstration.

Certains commentateurs ont noté qu'il est admis sans réserve, à ce stade de la discussion, que la philosophie est la science qui a pour objet l'ousia [4]. Pour Averroès, l'objet de la science constitue effectivement un point fermement acquis, mais qui a cependant fait l'objet d'une discussion. La première aporie vient en effet d'établir par un « discours démonstratif » (*qawl burhānī*) que la science recherchée, la sagesse, est celle « qui fait aussi connaître, avec la cause finale première, la cause première qui est la forme et la substance (*al-ṣūra wa al-ǧawhar)* »[5]. On sait déjà, par

1. *Tafsīr Bā*, 192, 7-193, 11 (B 2, 996 b 26-997 a 14).

2. B 1, 995 b 6-8. Le traducteur arabe modifie légèrement le sens de la phrase. Il a en effet considéré πάντες comme complément de δεικνύουσι, alors que dans le texte grec, πάντες est évidemment sujet de δεικνύουσι. Averroès lit donc « les principes à partir desquels on démontre *toute chose* » (*burhān kull šay'*) au lieu de « les principes à partir desquels *tous* font la démonstration » (δεικνύουσι πάντες).

3. B 2, 996 b 26-27.

4. Cf. S. Mansion, « Les apories de la *Métaphysique* aristotélicienne », dans *Études aristotéliciennes*, Louvain-la-Neuve, 1984, p. 111 ; cf. aussi B. Dumoulin, *op cit.*, p. 88 et J. Owens, *op. cit.*, p. 286.

5. *Tafsīr Bā'*, 190, 9-10 (In B 2, 996 b 13-16).

conséquent, que la sagesse est avant tout la science de la substance. La deuxième aporie vient alors naturellement à la suite de la première : « Après avoir fait connaître que la science appelée sagesse en vérité (*ḥikma bi-al-ḥaqīqa*) est celle qui étudie la cause finale la plus éloignée et la cause formelle substantielle la plus éloignée, il veut également examiner si l'étude des principes de la démonstration revient à cette science ou à une autre science »[1].

Comme le fait remarquer Bertrand Dumoulin, la science en question n'est plus tout à fait « la science sans nom » dont parle Pierre Aubenque[2], elle est dès à présent une ousiologie[3]. Elle n'est plus « la science recherchée » puisqu'il est apparu que la sagesse était avant tout la science de la substance. Ce que l'on recherche à présent, c'est si cette science a pour seul objet la substance, ou si elle doit aussi étudier les premiers principes de la démonstration.

L'objection à la thèse selon laquelle c'est à la science de la substance qu'il revient d'étudier les principes de la démonstration fait défaut dans le texte arabe[4], ce qui ne sera pas sans incidence sur le commentaire d'Averroès. Cette seule objection repose en effet sur une notion capitale pour la compréhension de l'aporie : celle de l'incommunicabilité des genres, établie par Aristote dans les *Seconds Analytiques*[5]. Les principes dont il s'agit en Bêta sont, dit Aristote, les principes sur lesquels se fondent toutes les démonstrations. On admet en effet que toutes les sciences utilisent ces premiers principes pour la démonstration de leur objet. Or aucune de ces sciences ne traite spécifiquement des premiers principes de la démonstration. Il n'y a donc a priori aucune raison d'affirmer qu'il revient à la science de la substance plutôt qu'à une autre, la géométrie par exemple, d'étudier ces principes.

On ne voit pas, d'autre part, comment l'étude de ces principes pourrait appartenir à une science une, comme la science de la substance par exemple. Toute science, en effet, porte sur un genre défini. Si les principes de la démonstration faisaient l'objet d'une seule science, ils tomberaient eux-mêmes sous un genre. Or les *Seconds Analytiques*[6] ont montré que les axiomes ne peuvent être les mêmes pour des genres différents. Si donc les principes de la démonstration font l'objet de la science qui porte sur un genre, ils ne peuvent faire l'objet de science portant sur d'autres genres. Il

1. *Tafsīr Bā'*, 194, 6-8 (In B 2, 996 b 26-27).
2. Cf. P. Aubenque, *Le Problème de l'être chez Aristote*, Paris, P.U.F., 1962, p. 19-68.
3. B. Dumoulin, *op. cit.*, p. 88 n. 5.
4. Cette lacune correspond à B 2, 996 b 34- 997 a 1.
5. Cf. *Seconds Analytiques*, I, 7.
6. Cf. *Seconds Analytiques*, I, 7.

est pourtant évident qu'ils sont utilisés par toutes les autres sciences. L'impasse à laquelle le raisonnement aboutit porte donc à croire qu'il ne peut y avoir de science une pour les axiomes, fût-ce celle de la substance.

Cette unique objection contre la thèse selon laquelle l'étude des principes de la démonstration appartient à la science de la substance échappe donc, en raison d'une lacune du texte, à Averroès. Pour la suite du développement, son commentaire serre d'assez près le raisonnement d'Aristote, qui envisage maintenant la possibilité même d'une science des principes de la démonstration, indépendamment de la science de la substance. Cette éventualité paraît peu plausible. En effet, ce que sont ces premiers principes de la démonstration nous est connu par nature (*ma'rūf bi-al-ṭab' la-nā*), et chaque science les utilise en tant qu'ils sont connus par soi (*ma'rūfa bi-nafsi-hā*). On ne voit dès lors pas très bien de quel type de science ces principes premiers viendraient faire l'objet (*ayy naw' min al-'ilm yakūnu la-hā*)[1].

Comment d'autre part ces principes pourraient-ils faire l'objet d'une démonstration? La démonstration suppose en effet un genre sujet (*ǧins mawḍū'*), des principes connus par soi et des choses non connues par soi, que l'on cherche précisément à démontrer. Or, dit Averroès[2], on ne trouve rien de tout cela dans les premières prémisses (*hāḏā kullu-hu ma'dūm fī al-muqaddimāt al-uwal*). Les premières prémisses, précise-t-il, ne possèdent pas à la fois le connu en soi et le non connu en soi; elles ne peuvent par conséquent pas faire l'objet d'une démonstration. Et si tel est le cas, on ne voit pas du tout comment on peut en avoir la science (*min ayn ḥuṣila al-'ilm bi-hā*)[3].

En outre, à supposer même que cette science existe et qu'elle soit différente de la science de la substance, on est alors embarrassé de savoir quelle est celle qui sera antérieure à l'autre, ainsi qu'à toutes les sciences « quant à la noblesse et à la vertu » (*bi-al-šaraf wa al-faḍīla*) et quelle est celle qui sera première par nature et connue par essence (*awwal bi-al-ṭab' wa ma'rūf bi-ḏāti-hi*). On suppose en effet, dit Averroès, que « les opinions générales (*al-ārā' al-'āmmiyya* = τὰ ἀξιώματά) répondent à cette description puisqu'elles sont les principes de toutes les sciences »[4]. Quelle est alors la science qu'il faudra appeler « sagesse dans l'absolu » (*ḥikma bi-*

1. *Tafsīr Bā*, 195, 15-18 (In B 2, 997 a 2-5).

2. *Tafsīr Bā*, 196, 15-197, 2 (In B 2, 997 a 9-11).

3. Cf. J. Tricot, *La Métaphysique*, p. 130 n. 3 : « Non seulement la connaissance des axiomes ne peut relever de la Philosophie première, mais encore aucune science de ces principes n'est concevable. La science des axiomes ne peut-être, en effet, ni une science *par définition*, car il est inutile de définir une chose que nous connaissons immédiatement, ni une science *par démonstration*… ».

4. *Tafsīr Bā'*, 197, 8-9 (In B 2, 997 a 11-13).

iṭlāq) ? Et si la connaissance de ces principes ne revient pas au philosophe, à qui alors reviendra-t-elle[1] ? Négligeant une fois encore le caractère aporétique de Bêta, Averroès finit par clore la question : « si l'étude de ces opinions générales et prémisses premières (*hāḏihi al-ārā' al-'āmmiyya wa al-muqaddima al-uwal*) ne revient pas au philosophe, à qui revient-il de les étudier ? Cela veut dire qu'il ne reviendra à personne de les étudier, ce qui est absurde (*šanu'a*) »[2].

La réponse à l'aporie est donc indiquée. Les principes de la démonstration ne peuvent, en tant que tels, faire l'objet d'une science dont ils seraient le seul objet ni faire l'objet d'une autre science que celle de la substance. Il va de soi, pour Averroès, que l'étude des axiomes revient à celui qui étudie les substances, c'est-à-dire au philosophe (*lil-faylasūf*). Cette interprétation est bien sûr favorisée par la lacune dans le texte arabe, dans lequel cette thèse ne fait l'objet d'aucune objection en Bêta. Elle ne résout cependant pour le moment aucune des difficultés évoquées par Aristote.

B1 et B2 : deux interprétations différentes

Ici encore, l'interprétation d'Averroès concernant les principes de la démonstration varie selon qu'on l'étudie dans l'énoncé de l'aporie (B1) ou dans son développement (B2). La différence d'interprétation porte sur ce qu'il faut entendre par *les principes de la démonstration*. Quand il commente B1, Averroès commence par dire que ces principes, à partir desquels on démontre toute chose (*awā'il al-latī min-hā yakūnu burhān kull šay'*), sont les principes de la connaissance qui, précise-t-il, ne sont autres que les premiers intelligibles (*awā'il al-ma'rifa wa hiya al-ma'qūlāt al-uwal*)[3].

On voit très bien comment cette interprétation, qui est aussi celle de Syrianus[4], permet de résoudre l'aporie. Si les principes de la démonstration sont les premiers intelligibles, ils ne sont pas différents des premières essences appréhendées par le νοῦς. Il ne fait alors aucun doute que ces principes sont l'objet de la même science que celle de la substance. Dans cette perspective, les principes de la démonstration, s'ils sont les premières essences, sont carrément identifiés aux premières substances. Leur étude, puisqu'ils sont une seule et même chose, revient donc à la même science, dont l'unité est ainsi sauvegardée.

1. B 2, 997 a 14.
2. *Tafsīr Bā'*, 197, 11-13 (In B 2, 997 a 14).
3. *Tafsīr Bā*, 175, 16-17 (In B 1, 995 b 6-10).
4. Cf. Syrianus, 2, 29-37.

Mais Averroès constate, en B2, qu'Aristote précise lui-même ce qu'il entend par les principes de la démonstration. « J'entends par *principes de la démonstration* ce que l'on prend parmi les opinions générales (*min al-ārā' al-āmmiyya*), à partir desquelles on entreprend de solliciter (*iltimās*) la démonstration de toute chose »[1].

Le commentaire d'Averroès suit alors de près le texte d'Aristote. Il n'est plus question, comme dans le commentaire de B1, de principes de la connaissance et de premiers intelligibles, mais de principes des sciences (*āwā'il al-'ulūm*), de premières prémisses universelles (*al-muqaddimāt al-kulliyya al-uwal*) et d'opinions générales (*al-ārā' al-'āmmiyya*). Aucune information n'est donnée pour expliquer ce changement d'interprétation.

Il est cependant frappant de noter que cette attitude est exactement celle que l'on a constaté lors de l'analyse du commentaire de la première aporie. S'agissant des genres de causes, Averroès commençait en effet, dans son commentaire de B1, par rapporter ces différentes causes aux trois genres des êtres : celui des choses sensibles, celui des choses mathématiques et celui des choses séparées. Cette tripartition n'était pas sans rappeler la doctrine de Platon, qui considère en effet les choses mathématiques comme des intermédiaires entres les choses sensibles et les Idées séparées. Sans donner la moindre explication, Averroès abandonnait ensuite cette interprétation platonicienne pour serrer de plus près le texte d'Aristote. En B2, Averroès n'associait plus les genres de causes aux genres des êtres, mais aux quatre causes établies par Aristote dans la *Physique*. Nous avons cependant tenté de montrer que le commentaire d'Averroès oscillait constamment, en fin de compte, entre ces deux interprétations. L'interprétation d'Averroès concernant les principes de la démonstration est, on le verra, aussi ambiguë que celle qui touche aux genres de causes. La première interprétation, celle qui rapporte les principes de la démonstration aux premiers intelligibles, semble complètement abandonnée dans le commentaire de B2.

L'interprétation de B1

Cette double interprétation semble trouver une explication par la distinction que fait Aristote dans les *Seconds Analytiques* entre les principes propres de la démonstration, c'est-à-dire les définitions, et les principes communs de la démonstration, c'est-à-dire les axiomes tels que le principe de non-contradiction, le principe du tiers-exclu etc[2]. Averroès aura d'abord cru, en B1, que les principes de la démonstration désignaient les principes propres, puis ensuite reconnu, en B2, que le développement

1. *Tafsīr Bā*, 194, 14-15 (trad. de 996 b 27-29). *Opinions générales* (*al-ārā' al-'āmmiyya*) traduit à la fois τὰς κοινὰς δόξας (996 b 28) et τὰ ἀξιώματα (997 a 7).

2. *Seconds Analytiques*, I, 10, 76 a 38-42.

d'Aristote concernait en fait les principes communs. Dans l'éventualité où il s'agit bien ici d'une référence à ce passage des *Seconds Analytiques*, il faut alors noter, chez Averroès, une confusion qui n'est pas sans rappeler quelques interprétations néoplatoniciennes. Car les premiers intelligibles ne sont pas les définitions. Tous deux correspondent cependant à deux types d'indémontrables[1]. Les intelligibles premiers sont en effet immédiatement saisis par le νοῦς et échappent de cette manière à toute démonstration scientifique. Ce type de principe, saisi par le νοῦς, est sans doute au fondement de tout savoir mais il n'en constitue pas pour autant un élément : il est transcendant à la science. Quant à la définition, elle constitue, elle aussi, un principe indémontrable, mais un principe immanent. N'étant pas elle-même immédiatement saisie par le νοῦς, elle est le fruit d'un « procédé réfléchi », d'une « méthode ». Et c'est précisément parce que la définition constitue le premier chaînon de la démonstration qu'elle ne peut elle-même être établie par la démonstration. Expression de l'essence, la définition est ce à partir de quoi on démontre les propriétés de l'essence.

Il y a donc ici une distinction, celle de l'essence et de l'expression de l'essence, que ne semble pas faire Averroès lorsqu'il commente B1. Mais cette distinction n'est pas toujours très marquée chez Aristote lui-même. Le père Leblond fait justement remarquer que « le terme de *principes* est en effet ambigü chez Aristote, car il désigne deux genres d'indémontrables, qui sont parfois pris l'un pour l'autre (...) il lui arrive de confondre les deux genres de principes, d'identifier, par exemple, la recherche de la définition et la recherche de l'essence, et de déclarer que la quiddité est le principe de toute démonstration »[2]. L'auteur note, d'autre part, que les mots dont se sert Aristote, à la fin du deuxième livre des *Seconds Analytiques*, pour affirmer la transcendance du νοῦς sur la science « ont alors une saveur platonicienne »[3]. On sera donc plus attentif au fait que la tendance néoplatonisante attribuée généralement à ce type de confusion n'a pas toujours d'autre source que les textes d'Aristote lui-même.

Toujours est-il que cette confusion, qui constitue un trait essentiel de la métaphysique d'Averroès et sur laquelle nous aurons l'occasion de revenir, permet aussi de résoudre la deuxième aporie. Car si les principes de la démonstration sont les définitions et si les définitions sont identifiées aux intelligibles, c'est-à-dire aux essences, l'étude de ces choses revient *de facto* à une seule et même science, la science de la substance, qui voit ainsi

1. Cf. J. -M. Leblond, *Logique et méthode chez Aristote*, Paris, Vrin, 1939, p. 274-275.

2. J. -M. Leblond, *ibid.*, p. 274-275. Le père Leblond fait référence au *De Anima*, I, 1, 402 a 17 et 402 b 25.

3. J. -M. Leblond, *Ibid.*, p. 131.

son objet unifié : cette science étudie l'*ousia* qui, en tant que définition, est principe de toutes choses.

L'interprétation de B 2

L'interprétation donnée en B 1 ne résout pas toute la difficulté. Car si les principes de la démonstration sont les premiers intelligibles, ils ne sont pas connus autrement que par intuition, par une saisie immédiate du νοῦς. Certes, on comprend comment ces deux objets n'en font finalement qu'un et comment, dès lors, s'ils sont objets de science, il revient à la même science de les étudier. Mais on ne voit pas du tout, puisqu'ils sont « connus par soi », comment ils peuvent réellement faire l'objet d'une science. Si l'on veut vraiment fonder une science des premiers principes, il faut que ces principes ne fassent pas l'objet d'une intuition immédiate, qu'ils soient autre chose que les premiers intelligibles saisis immédiatement par le νοῦς. Les seuls principes de la démonstration répondant à cette exigence ne désignent dès lors plus, dans la perspective d'Averroès, les principes propres de la démonstration, mais les principes communs, les axiomes. Les axiomes, en effet, bien qu'ils constituent des principes nécessaires, ne font pas pour autant l'objet d'une intuition [1]. Ce sont des κοιναὶ δόξαι, des objets d'assentiment, des propositions sur lesquelles tout le monde s'accorde. L'établissement d'une science de ces axiomes reste alors de l'ordre du possible, et c'est bien à cela que se consacre Aristote à partir de Γ4. L'ambiguïté chez Averroès sera définitivement levée dans son commentaire de Γ 3 : les principes de la démonstration dont il s'agira finalement ne sont pas les premiers intelligibles mais les premières propositions reconnues par tous :

> Le maître de cette science doit examiner s'il revient à une seule science d'étudier les principes généraux de l'assentiment (*awā'il al-taṣdīq al-'āmmiyya*) de toutes les sciences théoriques et d'étudier la substance, de sorte que cette science serait celle qui étudie <à la fois> cela et la substance, ou <si> la science qui étudie les principes généraux de la connaissance (*awā'il al-ma'rifa al-'āmma*) est autre que celle qui étudie les principes de la substance [2].

En B 2, il ne s'agira plus de savoir si les principes de la démonstration peuvent ou non être objets de science, mais de savoir, étant donné qu'ils

1. Cf. P. Aubenque, *Le Problème...*, Paris, P.U.F., 1962, p. 132 n. 2 : « Seulement, si l'axiome est nécessaire, nous n'en avons pas pour autant l'intuition (sans quoi on ne comprendrait pas la peine que se donne Aristote pour établir le plus fondamental de tous : le principe de contradiction) et le substitut de l'intuition, c'est ici l'universalité de la convention, de la rencontre dialectique ».

2. *Tafsīr Ǧīm*, 337, 10-14 (In Γ 3, 1005 a 19-21).

doivent faire l'objet d'une science, si cette science est la même que celle de la substance : « il faut que nous examinions, dans le cas où il y a une science de ces principes, quelle espèce de science leur revient, étant donné que la science de leur être nous est connue par nature »[1].

C'est en Γ3 que, d'après Averroès, Aristote « démontre » ce qui, en Bêta, n'était que « dialectique » :

> Après avoir montré que cette science est celle qui étudie l'être en tant qu'être (*al-mawǧūd bi-mā huwa mawǧūd*) et toutes les choses qui se rapportent (*tansubu*) à l'être, <Aristote> veut chercher également si c'est à cette science que revient l'étude des premières prémisses générales qui sont principe (*mabda'*) de toute démonstration. Et s'il s'agit de cette science, par quel type (*bi ayy naw'*) d'étude et par quelles prémisses (*bi ayy muqaddimāt*) les étudie-t-elle ? C'est une des questions qu'il a examinées dans le traité antérieur à celui-ci, du point de vue dialectique (*'alā ǧihat al-ǧadal*)[2].

La conclusion de l'aporie que donnait Averroès en Bêta, en considérant qu'il allait de soi qu'une même science étudie à la fois les principes de la démonstration et les substances, se fondait effectivement sur une opinion généralement admise[3] : la sagesse est universelle. Si la sagesse est universelle et si les principes le sont aussi, alors, à l'évidence, c'est la même science, la sagesse, qui les étudie. En effet, comme le note Christian Rutten, « Aristote ne nie point, en B 2, 997 a 12-15, que le philosophe, qui traite de l'οὐσία, doive aussi, *vu leur universalité*, traiter des axiomes »[4]. Ce qui suit constitue donc, pour Averroès, la confirmation proprement scientifique de ce que la dialectique avait d'abord établi.

Voici ce que dit Aristote en Γ3 :

> Évidemment il revient à une seule science, qui est celle du philosophe, d'examiner aussi les axiomes ; ils appartiennent en effet à tous les êtres, et nonà un genre en particulier à l'exclusion des autres. Et tout le monde s'en sertparce qu'ils appartiennent à l'être en

1. *Tafsīr Ba'*, 195, 15-16 (In B 2, 997 a 2-5).

2. *Tafsīr Ǧīm*, 337, 3-7.

3. C'est pour cette raison qu'Averroès considère que le développement est dialectique. D'après les *Topiques*, I, 100 a 27-30, en effet, le raisonnement dialectique se distingue du raisonnement démonstratif en ceci qu'il se fonde sur des opinions communément admises (ἐξ ἐνδόξων). Sur ce point, cf. entre autres J. Brunschwig, « Dialectique et ontologie chez Aristote », *Revue philosophique de la France et de l'Étranger* n° 2, 1964, p. 179-200.

4. Chr. Rutten, « Métaphysique B et Γ : essai de chronologie relative », dans *Aristoteles. Werk und Wirkung. Mélanges P. Moraux*, Berlin, De Gruyter, 1985, p. 279 (nous soulignons).

> tant qu'il est être, et que chaque genre est être ; mais chacun s'en sert dans la mesure qui lui suffit,c'est-à-dire dans la mesure où s'étend le genre au sujet duquel il fait ses démonstrations ; puisqu'il est évident qu'ils appartiennent à toutes choses en tant qu'elles sont des êtres (c'est là, en effet, ce qu'elles ont en commun), c'est à celui qui atteint à la connaissance de l'être en tant qu'il est être, dès lors, qu'il revient de considérer aussi les axiomes[1].

C'est donc parce que les axiomes appartiennent à tous les êtres et parce que le genre particulier que chaque science étudie est *de l'être* que chaque science particulière est amenée à utiliser les axiomes, non pas en tant qu'ils appartiennent essentiellement à tous les êtres mais en tant qu'ils appartiennent au genre particulier de l'être propre à chaque science. Mais les axiomes sont des attributs essentiels de l'être en tant qu'être. Et puisqu'il y a, conformément à Γ1, une science qui étudie l'être en tant qu'être et ses attributs essentiels, il revient naturellement à cette science d'étudier les axiomes, qui appartiennent de manière essentielle à l'être en tant qu'être.

Dans un premier temps, Averroès suit d'assez près le raisonnement d'Aristote, à l'exception de quelques nuances (importantes) de vocabulaire sur lesquelles nous reviendrons ultérieurement.

> Il est connu (…) que l'étude de ces principes revient à une seule science, et c'est cette science qui est celle du philosophe. En effet, ces principes sont communs (*muštarika*) à tous les genres d'êtres que les arts théoriques étudient. Et ce qui est commun à tous les genres qui existent (*al-aǧnās al-mawǧūda*) fait partie des propriétés (*min lawāḥiq*) de l'être en tant qu'être. Et l'étude de tout ce qui fait partie des dérivés de l'être par essence (*bi-ḏāti-hi*) revient à celui qui étudie l'être dans l'absolu (*bi-iṭlāq*), et c'est le philosophe[2].

On voit comment l'introduction de la notion d'être en tant qu'être permet d'affirmer l'universalité de la science des principes. Mais on ne voit pas comment « cette science », sans porter sur un genre particulier, peut véritablement constituer une science. Cette conception d'une science sans genre contredit non seulement aux conditions de la science énoncées dans le développement même de Bêta, mais aussi à la théorie des *Seconds Analytiques* auxquels Aristote fait pourtant référence quelques lignes plus bas[3]. Quel est en effet le *genre* de la science de l'être en tant qu'être ? Qu'est

1. Γ 3, 1005 a 21-29. Le Professeur Christian Rutten, qui prépare, avec Denis Seron, une traduction française de la *Métaphysique* pour la « Bibliothèque de la Pléiade », nous a permis d'utiliser ses papiers en plusieurs passages. Sauf indication contraire, c'est dans cette traduction que nous citons la *Métaphysique*.

2. *Tafsīr Ǧīm*, 337, 17-338, 5 (In Γ3, 1005 a 21-23).

3. Γ 3, 1005 b 2-5. Le passage en question a fait l'objet de plusieurs interprétations

devenue la distinction entre les principes de la démonstration et les propriétés du genre ?

La perspective de Γ3 est, on le voit, bien différente de celle de Bêta[1]. En Γ3, Aristote expose une conception nouvelle de la science. En effet, les axiomes n'y sont plus entendus comme les principes à partir desquels (ἐξ ὧν) se fait la démonstration mais comme les propriétés, les attributs essentiels, de l'être en tant qu'être. En qualité d'attributs, ils pourraient alors faire l'objet d'une science apodictique. Celle-ci aurait pour tâche de démontrer que ces attributs appartiennent à l'être en tant qu'être qui, dans le cas d'une science démonstrative, devrait constituer un genre pour ces attributs. On répondrait ainsi, dans un premier temps, à l'objection de Bêta d'après laquelle ces principes, en vertu de leur antériorité, ne peuvent faire l'objet d'une science. Mais Aristote dit ailleurs que l'être n'est pas un genre. Si, de surcroît, les axiomes sont des attributs, il n'y a alors plus aucun principe à partir duquel on puisse fonder la démonstration ni, par conséquent, aucune science apodictique des axiomes. Pourtant, ces axiomes ne sont pas objets d'intuition. Ils *doivent* donc, d'une manière ou d'une autre, être accessibles à notre connaissance.

Cette aporie permettra en fait à Aristote de montrer, à partir de Γ4, que ces axiomes appellent un autre mode de connaissance que la méthode démonstrative. La notion d'être en tant qu'être ne tend donc pas seulement, semble-t-il, à fonder l'unité de la science des axiomes et des substances. Aristote vise surtout à établir, grâce à cette notion et contre les objections de Bêta, la possibilité même d'une science des principes.

3e aporie

Y a-t-il une science pour toutes les substances ou y en a-t-il plusieurs ?[2]

En B1, c'est-à-dire lors de l'énumération des apories, Averroès considère qu'il s'agit seulement de déterminer si les substances sont les premiers principes, afin de savoir si c'est bien à la sagesse qu'il revient d'étudier les substances. En effet, la sagesse a déjà été définie comme la science des premiers principes. La sagesse n'étudiera donc les substances

(cf. J. Tricot, *La Métaphysique*, p. 193 n. 2). Averroès, quant à lui, adopte la même interprétation qu'Alexandre d'Aphrodise (276, 34 *sq.*), dont il ne connaît pourtant pas le commentaire de Bêta. Il y voit une allusion aux théoriciens qui prétendent qu'il doit y avoir démonstration de tout.

1. Cf. Chr. Rutten, « Métaphysique B et Γ ... », dans *Aristoteles. Werk und Wirkung. Mélanges P. Moraux*, Berlin, De Gruyter, 1985, p. 279.

2. *Tafsīr Bā'*, 197, 14-16 (B 2, 997 a 16-17).

que si elles constituent des principes premiers. Sinon, ce sera à une autre ou à plusieurs autres sciences qu'il reviendra d'étudier les substances.

En B2, Averroès signale une lacune dans la traduction (*fī al-tarǧama*) [1]. « Ce qui manque (*al-laḏī naqaṣa*), dit Averroès, est l'examen de l'objet de recherche (*al-maṭlab*) qu'<Aristote> a mentionné après ceci, lorsqu'il a énuméré les objets de recherche (*ʿinda taʿdīd al-maṭālib*) au début de ce traité » [2]. Averroès se reporte donc au texte de B1 pour formuler la nouvelle aporie, en regroupant cependant en une seule aporie ce qui, d'après la numérotation de B1, constituait deux apories distinctes : « Revient-il à une ou à plusieurs sciences d'étudier toutes les substances ? Et si c'est à plusieurs sciences, est-ce que toutes ces <sciences> sont en relation quant au genre (*mutanāsiba fī al-ǧins*) ou faut-il dire que certaines sont sagesse et d'autres, autre chose ? » [3].

La lacune signalée dans le texte ne correspond en fait qu'à deux lignes Bekker (997 a 16-17). Les lignes qui suivent (997 a 18-25), que l'on considère comme faisant partie du développement de cette troisième aporie, ne font donc pas défaut dans le texte arabe. Averroès, tout en notant que cette question ne fait pas partie des apories énumérées en B1 [4], considère ce développement comme une quatrième aporie, qu'il formule comme ceci : « Est-ce que la science des accidents qui se trouvent dans chacun des genres des êtres revient à une seule ou à plusieurs sciences parmi les sciences des arts théoriques ? » [5].

Le développement qu'Averroès consacre à la troisième aporie ne repose donc pas, étant donné les défaillances du texte, sur les objections soulevées par Aristote en cet endroit. Averroès adopte en revanche la méthode dialectique aristotélicienne, examinant d'abord la thèse, et puis l'antithèse de l'aporie.

S'il n'y a qu'une science pour toutes les substances, dit d'abord Averroès, il n'y aura alors qu'un genre pour toutes les substances. Et si c'est le cas, les substances seront toutes générables et corruptibles, « ce qui est absurde (*ḏālika šanuʿa*). On pense en effet qu'il est nécessaire que les

1. La lacune, qui correspond à 997 a 16-17, n'est en fait pas imputable à la traduction, mais au texte grec dont disposait le traducteur arabe. Ce dernier signale d'ailleurs lui-même cette lacune (193, 11 : *nāqiṣ min al-rūmiyya*).

2. *Tafsīr Bā'*, 197, 14-16 (In B 2, 997 a 16-17).

3. *Tafsīr Bā'*, 197, 16-198-1 (= 995 b 10-13).

4. 198, 17-18 : *ṯumma ḏakara baʿd hāḏihi al-masā'il masā'il kaṯīra lam tuṯbat fī taʿdīd al-masā'il al-latī ʿaddada-hā fī awwal hāḏihi al-maqāla* (« il a ensuite mentionné, après ces questions, plusieurs questions qui ne sont pas attestées dans l'énumération des questions qu'il a faite au début de ce traité »).

5. *Tafsīr Bā*, 199, 10-13 (In B 2, 997 a 18-19).

principes des corruptibles soient incorruptibles »[1]. L'objection que présente Averroès pour réfuter la thèse d'une science de toutes les substances repose donc sur ce que d'aucuns pourraient considérer comme une pétition de principe, étrangère à la doctrine d'Aristote[2]. Ce présupposé anticipe même sur certaines apories qui, par la suite, poseront la question de manière formelle : y a-t-il ou non quelque chose en dehors de la matière[3] ? Les principes des choses corruptibles sont-ils les mêmes que ceux des choses incorruptibles[4] ?

Pour Averroès, il ne fait aucun doute qu'il y a une substance immobile, principe des choses soumises à la génération et à la corruption. Ce principe du mouvement n'est pourtant pas admis sans discussion : c'est un principe acquis par la science physique dont l'enseignement doit précéder celui de la science « méta-physique ». L'antériorité de la physique sur la métaphysique constitue, on y reviendra, un des thèmes de prédilection d'Averroès. L'insistance avec laquelle il traite le sujet vise à montrer que ce n'est pas à la métaphysique de prouver l'existence de la substance immobile, que l'existence de cette substance est démontrée par la science physique et que, par conséquent, les preuves de cette existence sont acquises au moment d'aborder l'étude métaphysique. Lorsqu'Aristote « paraît parfois affirmer déjà l'existence de la première substance immobile ou d'êtres suprasensibles au début de la *Métaphysique* », ce n'est pas seulement, comme l'indique S. Mansion[5], « parce qu'il ne croit pas nécessaire de la prouver, mais seulement qu'il est convaincu que cette preuve est possible ». C'est surtout, telle est en tout cas l'opinion d'Averroès, parce que la preuve de l'existence de cette substance immobile a déjà été établie par la physique.

L'aporie qui nous occupe ici est bien celle du genre des substances. Il est évident, pour Averroès, qu'il y a au moins deux genres de substances : le genre des substances mobiles, générables et corruptibles, et le genre de la substance immobile ou des substances immobiles. A l'instar des deux apories qui ont précédé, cette aporie est de nature épistémologique. Elle s'interroge sur la possibilité d'une science une portant sur deux genres distincts, ce qui paraît bien impossible.

Averroès envisage alors l'antithèse : si la connaissance des substances revient à plusieurs sciences, dit-il, c'est parce que les natures des substances sont différentes (*ṭabā'i' al-ǧawāhir muḫtalifa*). Il faut cependant déterminer en quel sens elles sont différentes : « si elles sont différentes,

1. *Tafsīr Bā'*, 198, 3-4.

2. Cf. S. Mansion, *op. cit.*, p. 159 : « A moins de considérer l'existence de la substance immobile comme donnée, ce qui n'est pas l'opinion d'Aristote… ».

3. B 1, 995 b 31-36 ; B 4, 999 a 24-b 24.

4. B 1, 996 a 2-4 ; B 4, 1000 a 5-1001 a 3.

5. S. Mansion, *op. cit.*, p. 159 n. 64.

c'est soit qu'elles sont en relation (*mutanāsiba*), soit que le nom de substance est dit d'elle par homonymie (*bi-ištirāk*) »[1]. Averroès néglige alors une fois de plus le caractère aporétique de Bêta : les substances ne peuvent être qu' « en relation » car si le nom de substance se disait par homonymie, « les sciences des substances ne s'élèveraient pas (*laysa tataraqqā*) vers une seule science, ce qui est absurde (*wa ḏālika šanīʿ*) »[2]

Averroès répond donc en partie à l'aporie en tenant compte des objections que soulèvent à la fois la thèse et l'antithèse. Étant donné que les substances ne tombent pas toutes dans le même genre, il est nécessaire qu'il y ait une science différente pour chaque genre de substances. Mais il serait absurde, d'après lui, qu'il n'y ait pas en même temps une science plus élevée, de laquelle dépendent les différentes sciences. Averroès ne met donc pas en doute l'existence d'une telle science, qu'il identifie implicitement à la sagesse. Il faudra cependant montrer si cette science a vraiment le même objet que ces autres sciences, puis montrer, le cas échéant, comment elle s'en distingue.

Cette aporie est à rapprocher, d'après Averroès, des problèmes posés dans le *De anima* et dans les *Seconds Analytiques* :

> Il est probable qu'Aristote veuille dire : est-ce que la méthode logique (*al-ṭarīqa al-manṭiqiyya*) par laquelle sont connues les substances consiste en une seule méthode, c'est-à-dire par les définitions (*bi al-ḥudūd*), ou en plusieurs méthodes ? S'il y a une seule méthode, il faut dire ce qu'est cette méthode. Et s'il y a plusieurs méthodes, au point qu'il y ait plusieurs méthodes de découverte (*istinbāṭ*), il faut dire ce que sont ces méthodes et combien il y en a. Et ceci est plus manifeste (*aẓhar*) par la méthode du concept (*min ṭarīq al-maʿnā*). En effet, cet examen-même (*bi-ʿayni-hi*) est celui qui a été examiné dans le *livre de l'âme* et dans le *livre de la démonstration*. Et cet examen est un examen logique et le principe est ce que cette science examine et est le plus manifeste (*al-aẓhar*).

Dans les *Seconds Analytiques*[3], il s'agit en effet de déterminer s'il y a une science des principes immédiats (ce qui correspond sans doute au *principe le plus manifeste* dont parle Averroès) et, le cas échéant, si la science des principes immédiats constitue un genre différent de la science de la démonstration. C'est aussi dans le *De anima*[4] qu'est évoquée la question d'une définition commune, et donc d'un genre commun, pour l'âme intellective, l'âme végétative et l'âme sensitive. Le problème est donc bien

1. *Tafsīr Bā'*, 198, 5-6.
2. *Tafsīr Bā'*, 198, 9.
3. Cf. *Seconds Analytiques*, I, 3, 72 b 19 ; I, 10, 76 b 16 ; II, 19.
4. Cf. *De anima*, I, 1, 402 b 5-8 ; II, 3, 414 b 20-28.

semblable à celui de Bêta où l'on se demande si les différentes substances font l'objet d'une science commune, et donc d'un genre commun.

4 e et 5 e apories : la science des accidents

Il y a, pour Averroès, deux apories concernant les accidents. La première d'entre elles (= 4 e aporie) correspond, dans l'édition de Bekker, aux lignes 997 a 18-25, qui font traditionnellement partie du développement de la troisième aporie. Averroès considère cependant que ces lignes exposent une quatrième difficulté où il s'agit de savoir si la connaissance des accidents appartient ou non à une seule science[1]. La deuxième aporie (=5 e aporie) concernant les accidents couvre les lignes 997 a 25-33 et demande si la connaissance des accidents revient à la même science que celle qui étudie les substances[2].

(4 e aporie)

La quatrième aporie demande si la connaissance des accidents revient à une seule ou à plusieurs sciences.

Rappelons d'abord que, chez Aristote, ce passage ne concerne pas les accidents mais les substances. Aristote demande ici si l'étude des axiomes revient à la même science ou à une autre science (εἴτε τῆς αὐτῆς εἴτε ἄλλης) que celle du genre. Averroès, cependant, croyant qu'il s'agit des accidents et non des substances, applique aux accidents un raisonnement semblable à celui qu'Aristote réservait aux substances. Ce raisonnement a pour principe la notion même de la science démonstrative. Toute démonstration doit, à partir des axiomes, faire connaître, concernant un genre sujet, les propriétés qui lui appartiennent. Il est donc évident que ces propriétés – c'est-à-dire, pour Averroès et en raison de la traduction arabe, les accidents (*al-a'rāḍ*) – font l'objet d'une science démonstrative. En effet, que la science des axiomes à partir desquels on fait la démonstration et la science du genre au sujet duquel a lieu la démonstration soient ou non une même science, les accidents feront l'objet d'un seul et même type de démonstration. C'est donc, dit Averroès, qu'il appartient à une seule science d'étudier tous les accidents.

Averroès, soucieux de se conformer à la méthode dialectique d'Aristote en Bêta, envisage ensuite une antithèse, à savoir la possibilité que l'étude des accidents revienne à plusieurs sciences. Rien ne correspond évidemment à ceci dans le texte d'Aristote. Averroès suppose alors une lacune dans le texte : « il

1. *Tafsīr Bā'*, 193, 11-194, 4 + 199, 1-8 (B 2, 997 a 18-25).
2. *Tafsīr Bā'*, 201, 6-14 (B 2, 997 a 25-33).

manque à ce discours (*hāḏā al-qawl saqaṭa min-hu*) le discours opposé (*al-qawl al-munāqiḍ*) qui a été déterioré au début de ce chapitre »[1].

Voici comment Averroès énonce l'antithèse : « on trouve certaines sciences qui ne donnent des accidents du genre unique que l'être de ceux-ci (*wuǧūda-hā*), et d'autres qui donnent de ces accidents les causes de ceux-ci (*asbāba-hā*) »[2].

On ne voit pas, à première vue, en quoi cet énoncé s'oppose à la possibilité d'une seule science pour les accidents. La suite du commentaire apporte cependant quelques éclaircissements. Car la perspective d'Averroès dans cette aporie se situe, malgré les apparences, dans le prolongement de celle qui précède. Il s'agit, ici aussi, de s'interroger sur la *méthode*, sur le type de science qui revient à la connaissance des accidents. Savoir en effet si l'étude des accidents revient à une ou à plusieurs sciences, c'est, pour Averroès, demander si la connaissance de ces accidents appartient à la seule science démonstrative ou à un autre type de science.

L'influence du traducteur sur le commentateur mérite une fois de plus d'être soulignée. C'est en effet le traducteur arabe qui rend ici εἴτε τῆς αὐτῆς εἴτε ἄλλης (997 a 23-24) par « *soit la science de la démonstration soit une autre science* »[3]. Sans cette traduction, l'interprétation d'Averroès n'aurait sans doute pas suivi cette voie. La suite de son commentaire permet toutefois d'en dégager d'autres sources.

La science des accidents ne doit pas seulement revenir à la seule démonstration absolue, celle qui fait connaître à la fois *l'être de la chose* (ὅτι) et *la cause de la chose* (διότι). Il y a en effet certaines sciences qui ne font connaître des accidents que le ὅτι, alors que d'autres en donnent uniquement le διότι[4]. Ces sciences, dit Averroès, « sont les sciences qui sont dans le champ du défaut (*fī bāb al-nuqṣān*) avec les sciences qui sont dans le champ de l'excès (*fī bāb al-ziyāda*), comme l'art des perspectives avec l'art de l'architecture, et l'art de la musique auprès de l'art du nombre »[5].

Cette interprétation, qui n'a, semble-t-il ici, pas d'autre but que celui d'opposer une objection à la thèse, est tirée d'un passage des *Seconds Analytiques* où Aristote indique une exception à la règle de l'incommunicabilité des genres : cette exception touche, conformément aux exemples repris par Averroès, aux sciences telles que l'harmonique (*ṣinaʿat*

1. *Tafsīr Bā'*, 200, 17-18.
2. *Tafsīr Bā'*, 200, 18-19.
3. Nous rappelons que ce passage ne concerne pas, chez Aristote, les accidents mais les substances. Aristote envisage ici la question de savoir si l'étude des axiomes revient à la même science que celle du genre ou à une autre science (εἴτε τῆς αὐτῆς εἴτε ἄλλης).
4. Cf. *Seconds Analytiques*, I, 9, 76 a 12-14.
5. *Tafsīr Bā'*, 200, 19-201, 3.

al-mūsīqā, l'art de la musique) et l'arithmétique (*ṣinā'at al-'adad, l'art du nombre*)[1].

La référence aux *Analytiques* est assez inattendue. Averroès cherche vraisemblablement à opposer une objection à la thèse et respecte, cette fois, le caractère dialectique de Bêta. On ne sait toujours pas, cependant, quelle méthode permet d'accéder à la connaissance des accidents.

(5ᵉ aporie)

Averroès revient alors sur la question dans l'aporie suivante, la cinquième d'après lui, qu'il formule comme ceci :

> Après avoir examiné si la connaissance des substances appartient à une seule science ou à plusieurs sciences (3ᵉ ap.) et avoir examiné également si la connaissance des accidents appartient à une seule science ou à plusieurs sciences (4ᵉ ap.), <Aristote> veut examiner également (5ᵉ ap.) si la connaissance des substances et des accidents appartient à une seule science, c'est-à-dire la science étudiée ici (*al-'ilm al-manẓūr fī-hi hāhunā*)[2].

Aristote, on peut le noter au passage, ne demande pas explicitement si la « science étudiée ici » doit étudier les essences et leurs accidents. Il demande si une science telle que, par exemple, la géométrie doit étudier à la fois l'essence qui fait son objet et les accidents de cette essence. L'interprétation d'Averroès (« la science étudiée ici ») est cependant légitime. Le contexte montre en effet que c'est bien de la philosophie qu'il s'agit, et non de savoir, d'une manière générale, si une science étudie les accidents de la substance qu'elle étudie. Cette interprétation est aussi celle de J. Tricot qui traduit, en 997 a 26, ἡ θεωρία par « notre science » et précise en note qu'il s'agit « toujours de la Métaphysique »[3].

Si c'est à la même science qu'il revient d'étudier les accidents et les substances, et si les accidents ne sont connus que par une seule science, c'est-à-dire, conformément au développement de l'aporie précédente, par la seule démonstration absolue, il faudra par conséquence que les substances fassent l'objet de la même connaissance que les accidents. Les substances seront donc connues par la démonstration absolue. Or, dit Averroès, on pense (*qad yuẓannu*) qu'il n'y a pas de démonstration portant sur « la quiddité des substances (*māhiyyat al-ğawāhir*), c'est-à-dire sur leur

1. *Seconds Analytiques*, I, 9, 76 a 23-25 : « Mais, quoiqu'il en soit, la démonstration ne s'applique pas à un autre genre, sinon, ainsi que nous l'avons indiqué, dans l'application des démonstrations géométriques aux théorèmes de la Mécanique ou de l'Optique, ou des démonstrations arithmétiques aux théorèmes de l'Harmonique » (trad. J. Tricot).

2. *Tafsīr Bā'*, 201, 16-202, 2 (In B 2, 997 a 25-26).

3. J. Tricot, *La Métaphysique*, p. 133 n. 1.

définitions (*ḥudūdi-hā*) » [1]. C'est donc que les substances et les accidents ne peuvent être connus par une seule et même science, c'est-à-dire, pour Averroès, par « un seul art (*ṣinā'a*) ou une seule méthode (*tarīq*) », à savoir la démonstration absolue.

Affirmer cependant l'antithèse suscite aussi l'aporie. Car dire « comment les deux sciences sont séparées » (*kayfiyya iftirāq al-'ilmayn*), c'est-à-dire comment « l'art qui examine les substances est différent (*ġayr*) de celui qui examine les accidents », est aussi « embarrassant » (*'asir*) [2].

Il semble que cette aporie soit résolue par Averroès dans la perspective des apories portant sur les axiomes, lesquels sont définis en Γ 3 comme des propriétés de l'être en tant qu'être. Dans les apories concernant les accidents, Averroès ne semble pas faire de distinction entre les accidents de la substance et les attributs de l'être en tant qu'être [3].

6 e aporie

Y a t-il d'autres substances que les substances sensibles ? [4]

L'objet de la discussion n'est pas celui auquel on peut s'attendre au vu de l'intitulé de l'aporie. Ce n'est qu'en Λ qu'Aristote étudiera réellement l'être du premier moteur immobile. Ce que vise Aristote dans cette nouvelle aporie de Bêta n'est que le premier caractère admis au sujet des formes : la séparabilité. Pour Platon, les substances sont les formes, et ces formes sont nécessairement séparées du sensible. Le seul but d'Aristote sera de mettre à l'épreuve cette doctrine et de montrer les absurdités auxquelles elle aboutit. La démarche dialectique est donc ici essentiellement critique. Ce n'est qu'en Λ que se déploiera, sur ce sujet, la vocation examinatrice de la dialectique. En Bêta, les objections soulevées ne tentent pas vraiment de dégager la voie vers la vérité mais de réfuter purement et simplement les opinions admises par les platoniciens au sujet du suprasensible.

La critique ne concerne cependant pas toute la théorie platonicienne des Formes. Aristote commence en effet par reconnaître, d'accord en cela avec Platon, que les formes (τὰ εἴδη) sont des causes et des substances [5]. Les objections ne porteront dès lors pas sur la "substantialité" des formes ni sur la causalité qu'elles exercent, ce qui autorise d'ailleurs Averroès à trouver ici une confirmation de son interprétation : ce sont les formes qui, en tant que causes, sont véritablement substances. Il s'agit à présent de définir par

1. *Tafsīr Bā'*, 203, 4-5 (In B 2, 997 a 31-32).
2. *Tafsīr Bā'*, 203, 8-10 (In B 2, 997 a 32-33).
3. Cf. *infra*, chap. x, *"Science dans l'absolu" et "science recherchée"*.
4. *Tafsīr Bā'*, 203, 12-215, 14 (B 2, 997 a 34-998 a 21).
5. B2, 997 b 3-4 : ὡς μὲν οὖν λέγομεν τὰ εἴδη αἴτιά τε καὶ οὐσιας εἶναι καθ' ἑαυτὰς ...

un examen dialectique, c'est-à-dire en partant d'opinions admises, le « genre » (séparé ou non) auquel appartiennent ces substances.

Le résultat de cet examen est indiqué dès l'abord : les substances formelles ne sont pas des causes séparées des substances sensibles. C'est bien en ce sens qu'Averroès envisage cette nouvelle aporie.

> Quant à nous, nous avons déjà exprimé et montré de quelle manière (*'alā ayy waǧha*) il est correct de parler des formes et la manière dont elles sont des causes pour les autres êtres, et la manière par laquelle il n'est pas correct qu'elles soient des causes, je veux dire quand on les pose séparées, comme le font les partisans des formes (*al-qā'ilūn bi-al-ṣuwar*). Ceci se trouve dans les traités de la substance de ce livre [1].

Disons d'abord un mot de la référence aristotélicienne aux « premiers discours dans lesquels on a parlé des formes » (997 b 4-5 : ἐν τοῖς πρώτοις λόγοις περὶ αὐτῶν) qu'Averroès identifie aux « traités de la substance ». Cette interprétation paraît d'abord surprenante. En effet, dans l'ordre traditionnellement reçu de la *Métaphysique*, ces traités (vraisemblablement Z et H[2]) sont postérieurs au livre Bêta. Averroès soutient d'ailleurs en plusieurs endroits, et contre Nicolas de Damas[3], que l'ordre du *textus receptus* constitue le meilleur ordre qui soit. Il ne voit pourtant aucun inconvénient à se reporter, en Bêta (qu'il considère par ailleurs comme une introduction à la métaphysique), à une doctrine exposée dans des livres postérieurs selon l'ordre du *textus receptus*. Sans vouloir expliquer ce procédé, on peut cependant constater la totale indifférence d'Averroès à une éventuelle évolution de la pensée chez Aristote. Cela donne un indice supplémentaire sur le rôle que jouent, pour Averroès, les apories de la *Métaphysique*. Certes, ces apories constituent sans doute des procédés didactiques, mais elles ne sont sûrement pas, comme le soutient W. Jaeger[4], des problèmes réels perçus comme tels par Aristote et restés sans solution au moment de la rédaction de Bêta. Pour Averroès, il ne fait aucun doute qu'Aristote, en abordant Bêta, a déjà résolu ces apories. Cette

1. *Tafsīr Bā'*, 205, 16-206, 3 (In B 2, 997 b 3-5).

2. Cf. *Tafsīr Zay'*, *Proemium*, 744, 8-745, 1 : « Ce traité [= Z] est le premier traité dans lequel <Aristote> commence à examiner la substance ; et puisque la substance est soit séparée soit non séparée, l'étude de la substance se divise en deux parties. <Aristote> a examiné, dans ce traité et dans le traité qui suit [= H], les substances non séparées et leur nombre ».

3. Cf. *Tafsīr Bā'*, *Proemium*, 168, 5-8 et *Tafsīr Lām*, *Proemium*, 1405, 4-8.

4. W. Jaeger considère en effet que la plupart des apories sont issues d'une crise propre à la doctrine de Platon et que ces apories tendent précisément à réhabiliter la réalité suprasensible. D'après Jaeger, les objections de Bêta perturbaient réellement Aristote parce qu'il était encore platonicien au moment de la rédaction de Bêta. Cf. W. Jaeger, *Aristotle : Fundamentals of the History of his Development*, Oxford, 2e éd. 1948, p. 196.

perspective permet de mieux comprendre, on va le voir, la référence aux « traités de la substance ».

La référence est toutefois remarquable. La plupart des commentateurs[1] voient en effet dans ce passage d'Aristote (997 b 4 : ἐν τοῖς πρώτοις λόγοις) une référence à A 9, où il est effectivement question de la théorie platonicienne des Idées. Ces exégètes d'Aristote fondent sans doute en grande partie leur interprétation sur le fait qu'Aristote emploie en A 9[2], comme il le fait en B 2, 997 b 4 (λέγομεν), la première personne du pluriel ce qui, d'après la fameuse théorie du *Wir-Stil* développée par W. Jaeger[3], témoignerait encore de l'adhésion d'Aristote au platonisme.

Quelle que soit la valeur de cette interprétation, elle ne saurait être celle d'Averroès, faut-il le dire. Dans la plupart des cas en effet, le traducteur arabe, dont Averroès est inévitablement tributaire, rend les verbes grecs conjugués à la première personne du pluriel soit par des formules impersonnelles, soit par des verbes conjugués à la troisième personne du pluriel. Parmi les passages d'A 9 cités plus haut, seul celui de 992 a 24-28 porte, en arabe[4], des verbes conjugués à la première personne du pluriel. Averroès identifie cependant clairement ce passage, dans les lignes qui précèdent, comme exprimant l'opinion de Platon (« Platon pensait que... »)[5], contre lequel Aristote soulève des objections (« et <Aristote> lui dit : *comment se peut-il que...* »)[6]. Pour Averroès, c'est dès lors seulement dans une perspective dialectique qu'Aristote évoque, en A9, la théorie de Platon.

En effet, si Aristote émet déjà plusieurs objections à l'encontre de cette théorie, il ne se prononce pas, en A 9, sur sa propre conception des substances comme formes. Dans le passage de B 2, en revanche, le traducteur a bien rendu λέγομεν par une première personne du pluriel (*naqūlu*)[7]. Pour Averroès, il est alors évident qu'Aristote fait ici allusion à un passage où il a indiqué, en son nom propre, en quel sens (*bi ayy naw'*) il faut entendre

1. Cf. par exemple G. Reale, *la Metafisica*, p. 268 n. 34 (« *Il testo dice* ἐν τοῖς πρώτοις λόγοις, *senza alcun dubbio facendo riferimento al libro A, cap. 9* » ; G. Colle, *La Métaphysique*, p. 53 n. 1 (« Aristote a en vue une partie du livre A. Quant à l'expression *nous disons*, cf. notre Commentaire de A ad 990 b 9 ») ; J. Tricot, *La Métaphysique*, *a. l.* (« dans notre premier Livre »).

2. Cf. A 9, 990 b 9 (δείκνυμεν), 990 b 23 (φαμεν) ; 991 b 7 (φαμεν), 992 a 11 (τίθεμεν) ; 992 a 24-28 (εἰάκαμεν, λέγομεν, φαμεν, λέγομεν).

3. Cf. W. Jaeger, *Aristotle. Fundamentals of the History of his Development*, Oxford, 2e éd. 1948, p. 171 et 175-176. *Contra :* B. Dumoulin, *op. cit.*, p. 69-70.

4. *Tafsīr Alif*, 146, 8-147,1.

5. *Tafsīr Alif*, 143, 14 : « *Inna aflaṭūn kāna yarā anna...* ».

6. *Tafsīr Alif*, 144, 5 : « *fa-huwa yaqūlu la-hu kayfa yumkinu an ...* ».

7. *Tafsīr* B 2, 204, 2. Dans cette phrase, εἴρηται est aussi rendu par la première personne du pluriel (*naqūlu*).

que les formes sont les substances (997 b 3-5 : ὡς μὲν οὖν λέγομεν τὰ εἴδη αἴτιά τε καὶ οὐσίας εἶναι καθ' ἑαυτὰς εἴρηται ἐν τοῖς πρώτοις λόγοις περὶ αὐτῶν). C'est donc sur le sens donné par le traducteur arabe à πρώτοις que repose toute l'interprétation d'Averroès.

La référence aux πρώτοις λόγοις ne renvoie pas aux *premiers* entretiens sur les Idées [1] ou au *premier* Livre [2] de la *Métaphysique*, mais aux discours où l'on a *pour la première fois* énoncé *en quel sens* les formes sont des causes et des substances par soi. Ceci s'accorde d'ailleurs avec la doctrine générale d'Averroès, d'après qui la métaphysique d'Aristote n'est pas autre chose qu'une science de la forme. Or c'est à partir de Z, traité de la substance par excellence, que la notion de forme se précise, notamment en Z 7 où Aristote énonce clairement que la substance (οὐσία), c'est la forme (1032 b 1-2). Dans cette perspective, c'est bien le livre Z qui est « le premier traité dans lequel <Aristote> commence à examiner la substance » [3] ; ce livre est le premier à parler de l'objet proprement dit de cette science, c'est-à-dire la forme qui, d'après Averroès, constitue la substance première. Puisque la sixième aporie de Bêta concerne les substances proprement dites que sont les formes, il est naturel, pour Averroès, que cette aporie trouve sa solution « dans les traités de la substance ».

Avant d'évoquer une solution, il faut cependant mentionner et réfuter, c'est là le rôle de Bêta, les opinions fausses émises à ce sujet par les prédécesseurs.

Averroès est d'accord en tous points avec les objections d'Aristote à l'encontre de la conception platonicienne des formes. Il est absurde en effet d'admettre que les formes sont des Idées éternelles, séparées du sensible, tout en admettant qu'elles indiquent ce que sont essentiellement ces substances.

> Quant à ceux qui disent qu'il y a des substances séparées (*ǧawāhir mufāriqa*) qui sont les formes des choses, ils se heurtent à de nombreuses absurdités, surtout ceux qui disent que ces substances-là et les substances d'ici-bas ne font qu'un quant au nom et à la définition, et que les deux se distinguent seulement par le fait que (*inna-humā lā taftariqāni illā bi-anna*) celles-là sont éternelles et celles-ci générables et corruptibles [4].

1. Trad. G. Colle ; nous soulignons.
2. Trad. J. Tricot.
3. *Tafsīr Zay'*, *Proemium*, 744, 8-9.
4. *Tafsīr Bā'*, 206, 6-9 (In B2, 997 b 5-7).

On ne voit en effet pas très bien sur quoi se fonde la nécessité d'établir l'existence de formes séparées pour les substances sensibles si ces dernières sont, l'éternité mise à part, identiques aux Idées. Si elles ont le même nom et la même définition que les choses sensibles, c'est que les formes ne sont pas autre chose que ce que sont les sensibles. Faire de ces formes des réalités séparées du monde sensible se révèle par conséquent inutile, et aussi ridicule que la théorie qui prétend qu'il y a des dieux, et que ces dieux ont la même forme que les hommes. Dans cette perspective anthropomorphique, tout discours théologique se ramène à une anthropologie et aucune connaissance réelle du divin ne s'avère possible. Car Dieu n'est alors pas envisagé autrement que comme un homme éternel.

> Le discours de ceux qui admettent les formes <séparées> est semblable au discours de ceux qui prétendent que le dieu et les dieux (*al-ilāh wa al-āliha*) sont comme les formes des hommes, comme c'est le cas dans les lois existant à notre époque (...) en effet, ils posent des hommes immortels (*ānās^an^ ẖālidīn*) et des hommes générables et corruptibles, en faisant coïncider les deux (*ma'a ittifāqi-himā*) quant à la définition et au nom[1].

Averroès n'admet pas l'existence de formes séparées du sensible, pas plus qu'il n'adhère à une conception anthropomorphique de la divinité[2]. Les formes des hommes sensibles n'ont pas l'être en dehors de ce dont elles sont la forme ; elles n'existent pas dans un monde séparé du sensible.

Viennent ensuite les objections contre ceux qui assignent aux entités mathématiques le statut de réalités intermédiaires entre le sensible et le séparé. Car l'existence de réalités intermédiaires soulève aussi plusieurs difficultés. La notion de l'intermédiaire implique en effet l'existence d'extrêmes entre lesquelles se situerait l'éventuelle réalité intermédiaire. Chaque objet des sciences mathématiques serait donc un objet intermédiaire entre un objet sensible et un objet séparé.

Dans le passage suivant, Averroès ne s'exprime pas exactement dans les mêmes termes qu'Aristote. Averroès parle en effet des trois sortes de *formes* : les formes séparées, les *formes sensibles* et les formes intermédiaires. Ni Platon, ni Aristote dans sa critique de Platon, ne parle de formes

1. *Tafsīr Bā'*, 206, 16-20 (In B2, 997 b 9-12).

2. En terre d'Islam, cette conception anthropomorphique puise ses arguments dans certains passages du Coran, et a fait l'objet de nombreux débats théologiques. Averroès s'est efforcé, notamment dans le *Faṣl al-Maqāl* et dans le *Kašf 'an manāhiğ al-adilla*, de nuancer le sens de ces versets en insistant sur les différents niveaux d'interprétation que requièrent les diverses sensibilités humaines à la lecture de ces versets. Cf. entre autres L. Gauthier, *Ibn Rochd (Averroès)*, Paris, P.U.F., 1948, p. 33-38 ; R. Arnaldez, *Averroès, un rationnaliste en Islam*, Paris, Balland, 2e éd. 1998, p. 141 ; etc.

sensibles. Averroès, quant à lui, suppose dans ce passage qu'il ne peut pas ne pas y avoir de substances sensibles, lesquelles, en tant que substances, sont premièrement des formes :

> Il y aura par exemple pour le solide, la surface, la ligne et les autres sujets des mathématiques, trois sortes de formes : des formes séparées, des formes sensibles et des formes intermédiaires entre les séparées et les sensibles ; on aura donc trois sortes de corps, trois sortes de surfaces et de lignes [1].

Ce qui paraît bien évidemment absurde. En effet, l'astronomie, qui est une science mathématique, aura pour objet un ciel intermédiaire, ce qui implique alors aussi, en plus du ciel sensible que nous voyons, l'existence d'un ciel séparé. Or c'est proprement inconcevable si l'on admet, comme le fait Averroès, ces deux propositions aristotéliciennes : 1) le ciel que nous voyons est mobile et 2) ce qui est séparé est immobile. Il est donc impossible que le ciel séparé (c'est-à-dire immobile) soit identique, conformément à la théorie platonicienne, au ciel sensible (c'est-à-dire mobile) dont il est la forme :

> Leur discours ne se justifierait que s'il était possible que le ciel qu'ils prétendent séparé fût immobile. Mais cela leur est impossible puisqu'ils posent que le ciel séparé coïncide avec celui-ci quant au nom et à la définition. Or il n'est pas possible que le séparé ait en lui un mouvement [2].

Admettre l'existence de réalités intermédiaires implique nécessairement qu'on admette l'existence de réalités séparées du sensible, ce qui a déjà fait l'objet d'une réfutation. Les entités mathématiques ne sont donc pas des réalités intermédiaires. Si l'on voulait cependant maintenir une telle conception, on devrait alors se demander à quel type de science l'étude de ces intermédiaires reviendrait. Car il y aura chaque fois au moins deux natures à étudier, deux études à faire : « l'une pour la nature du sensible en tant qu'il est sensible, l'autre pour la nature de l'intermédiaire entre les formes et la nature sensible » [3]. On aura donc, par exemple, une médecine sensible pour les choses sensibles susceptibles de santé et une médecine intermédiaire pour les choses intermédiaires également susceptibles de santé [4]. Ce qui paraît complètement absurde. On ne peut donc envisager les entités mathématiques comme des réalités intermédiaires, se situant en dehors du sensible.

1. *Tafsir Bā'*, 207, 10-14 (In B2, 997 b 14-15).
2. *Tafsir Bā'*, 208, 6-9 (In B 2, 997 b 18-19).
3. *Tafsir Bā'*, 211, 16-212, 2 (In B 2, 997 b 26-29).
4. *Tafsir Bā'*, 211, 12-212, 5 (In B 2, 997 b 26-29).

Mais admettre la thèse adverse, à savoir que c'est la réalité sensible qui constitue l'objet des sciences mathématiques, pose aussi quelques problèmes. Car « si la science mathématique n'examinait que les choses sensibles, générables et corruptibles, la science de ces choses s'userait et se corromprait lorsque ces choses sensibles se corrompent »[1]. Or on constate que la science mathématique est une science stable et immuable (*ṯābit lā yataġayyaru*), dont l'existence n'est pas menacée par la corruption des choses sensibles. D'autre part, ni le géomètre ne traite des grandeurs sensibles ni l'astronome de ce ciel sensible. En effet, les lignes sensibles ne sont pas les lignes dont parle le géomètre, les mouvements du ciel ne sont pas ceux dont traitent les astronomes et la nature des astres n'est pas la même que celle des points qu'étudie l'astronomie[2]. On peut donc difficilement accepter l'idée d'une science dont l'objet serait le sensible.

Certains ont alors été amenés à considérer les entités mathématiques comme des réalités intermédiaires, différentes des choses sensibles, mais se trouvant cependant dans ces sensibles[3]. Mais on se heurte, là aussi, à quelques difficultés. Tout d'abord, si les intermédiaires sont effectivement dans les sensibles, il n'y a alors aucune raison de ne pas concevoir les formes séparées comme pouvant, elles aussi, se trouver dans les sensibles. Car les formes séparées et les formes intermédiaires sont « toutes deux (*kilā-himā*) éternelles, ni générables ni corruptibles, et l'on tient le même discours pour les deux »[4]. Ceci constitue donc un argument de plus contre la doctrine des formes séparées. Cette conception conduit encore à une autre impasse. Car si les intermédiaires sont dans les sensibles, on aura alors deux corps (un corps sensible et un corps intermédiaire) dans un même lieu, ce qui défie tout bon sens. Enfin, cette théorie aboutit encore à une autre conséquence absurde. Car pour faire l'objet de la science mathématique, les intermédiaires doivent être immobiles. Or concevoir que les intermédiaires sont dans les sensibles, c'est concevoir, puisque les sensibles sont mobiles, qu'une chose immobile se trouve dans une chose mobile, ce qui est également impossible[5].

La théorie platonicienne des Idées séparées est dès lors à rejeter. Les formes que sont les substances ne peuvent exister, cela a été suffisamment montré, dans un monde séparé du sensible. L'aporie reste cependant bien réelle. Il faut tenir compte des arguments platoniciens qui n'ont pu être réfutés. Car l'exemple des mathématiques a montré à quelles exigences doit

1. *Tafsīr Bā'*, 213, 1-3 (In B 2, 997 b 32-34).
2. *Tafsīr Bā'*, 213, 5-214, 13 (In B 2, 997 b 34-998 a 6).
3. *Tafsīr Bā'*, 215, 16-18 (In B 2, 998 a 7-9).
4. *Tafsīr Bā'*, 216, 12-13 (In B 2, 998 a 11-12).
5. *Tafsīr Bā'*, 217, 9-12 (In B 2, 998 a 17-19).

répondre l'objet d'une science. Pour que la science ne périsse pas avec l'objet de son étude, il faut que cet objet, sans être séparé du sensible, ne soit cependant pas soumis au changement : « En effet, dit Averroès, si la science des mathématiques n'examinait que les choses sensibles, générables et corruptibles, la science de ces choses s'userait et se corromprait lorsque ces choses sensibles se corrompent. Or nous constatons que la science de ces choses est stable et immuable, bien qu'elle concerne (*fī*) des choses sensibles. Il faut donc que <la science> appartienne à des choses immuables » [1]. Mais l'immobilité semble bien n'appartenir qu'aux choses séparées du sensible : « ce qui est séparé est immobile » (*mā huwa mufāriq fa-huwa ġayr mutaḥarrak*) [2].

7 e, 8 e et 9 e apories : les genres comme principes

7e aporie : les principes sont-ils les genres universels ou les éléments singuliers ? Et si ce sont les genres, sont-ce les genres premiers ou les genres derniers ? [3]
8e aporie : Les principes sont-ils les genres intermédiaires ? [4]
9e aporie : N'y a t-il rien en dehors des choses particulières ? [5]

(7 e aporie)

Après avoir examiné et réfuté la conception platonicienne selon laquelle les principes sont les formes *séparées*, Aristote demande si ces principes sont universels ou singuliers. La perspective est, une fois de plus, dialectique. Car si la question vaut la peine d'être soulevée, c'est en raison des contradictions que présentent, entre elles, les doctrines des prédécesseurs au sujet des principes. Il s'agit donc d'abord de présenter les thèses en présence, pour examiner ensuite leur validité respective. À cet égard, le commentaire d'Averroès suit de près le développement d'Aristote.

Les Anciens (*inna al-nās al-mutaqaddimīn*) considéraient en effet que les principes des êtres étaient « les choses individuelles (*al-umūr al-šaḫṣiyya*) à partir desquelles les choses sensibles sont constituées (*min-hā taqawwamat al-umūr al-maḥsūsa*) » [6]. Pour Empédocle, par exemple, les principes des êtres sont « l'eau, le feu, l'air et la terre désignés (*al-mušār ilay-hā*) » parce qu'ils sont ce dont tous les êtres sont composés, et parce

1. *Tafsīr Bā'*, 213, 1-4 (In B 2, 997 b 32-34).
2. *Tafsīr Bā'*, 216, 18-19 (In B 2, 998 a 14-15).
3. *Tafsīr Bā'*, 217, 17-227, 4 (B 3, 998 a 21-998 b 28).
4. *Tafsīr Bā'*, 227, 4-229, 2 (B 3, 998 b 28-999 a 23).
5. *Tafsīr Bā'*, 235, 2-236, 14 (B 4, 999 a 24-b 20).
6. *Tafsir Bā'*, 221, 11-13 (In B3, 998 a 28-30).

que c'est par eux que ces êtres subsistent (*bi-hā taqawwamat*)[1]. Il y a quelque raison d'accorder foi à la thèse des Anciens car « quand on veut savoir ce qu'est un lit (*mā huwa al-sarīr*), ce sont les choses dont le lit est composé que l'on examine, de sorte que quand on sait de quelles choses il est composé et comment il est composé, on connaît la nature du lit (*ṭabī'at al-sarīr*) »[2].

On trouve cependant des arguments en faveur de la thèse adverse, d'après laquelle les principes sont les genres universels. Si on admet que l'on connaît la nature d'une chose quand on connaît les éléments singuliers qui la constituent, on doit cependant aussi reconnaître que c'est par les définitions (*min qibal ḥudūdi-hā*) que l'on acquiert la connaissance des choses. Et puisque l'on sait, d'autre part, que c'est grâce aux genres (*min qibal al-ağnās*) que l'on connaît les définitions, il faudra admettre qu'on ne connaît une chose que par son genre. Si on ajoute à cela que ce par quoi les choses sont connues, ce sont les principes, on concluera que ce sont les genres qui sont principes (*intatağa min ḏālika an ağnās al-ašyā' hiya awā'ilu-hā*). Le raisonnement sera le même si l'on considère que ce sont, non les définitions, mais les formes qui font connaître les êtres (*al-mawğūdāt tu'rafu bi-ṣuwari-hā*) et que les genres sont les principes de ces formes (*awā'il hāḏihi al-ṣuwar*). Dans ce cas-là aussi, ce sont les genres qui seront principes (*intatağa min ḏālika anna al-ağnās hiya al-awā'il*)[3].C'est en ce sens, semble-t-il, que certains considèrent que l'Un, l'Être, le Grand, et le Petit sont les genres et les principes des êtres.

Chacune des thèses avancées a donc pour elle des arguments également et suffisamment convaincants pour nous jeter dans l'aporie. Mais il n'est pas possible, dit Aristote, de parler des principes dans les deux sens en même temps, c'est-à-dire à la fois comme de genres universels et comme d'éléments singuliers, car il ne peut y avoir qu'une seule définition de la substance[4]. Il faudra donc, après les avoir examinées l'une et l'autre, choisir entre l'une des thèses.

Aristote s'applique, dans les longs développements qui suivent, à mettre en lumière les absurdités auxquelles aboutissent ceux qui prétendent que les principes sont les genres universels. Ces développements exposent ce qu'Averroès considère en fait comme trois apories : 1) les principes des choses sont-ils les genres universels ou les éléments constitutifs ? Si les principes sont les genres, sont-ce les genres premiers ou les genres

1. *Tafsīr Bā'*, 221, 16-18 (In B3, 998 a 30-32).
2. *Tafsīr Bā'*, 222, 9-12 (In B3, 998 a 32-998 b 3).
3. *Tafsīr Bā'*, 222, 19-223,12 (In B3, 998 b 4-8).
4. Cf. B 3, 998 b 11-13.

derniers[1] ? 2) Les universaux qui sont entre le genre premier et les individus sont-ils ou non des genres ? Si oui, le principe est-il le genre le plus spécifique ou le genre le plus général ? Les différences sont-elles ou non plus principes que les genres[2] ? 3) Comment, s'il n'y a rien en dehors des choses particulières, peut-il y avoir une science[3] ?

Avant le développement proprement dit de la discussion, Averroès émet cependant, à l'égard de la thèse des genres-principes, une objection de taille, qui vient ruiner d'emblée l'utilité des développements qui vont suivre : « Les principes de la connaissance, dit-il, ne sont pas les principes de l'être (*lakinna awā'il al-ma'rifa laysat hiya awā'il al-wuǧūd*) »[4]. Les arguments respectifs de l'une et l'autre thèse reposent en effet sur le principe *qui fait connaître* les choses. Si l'on a admis que les éléments constitutifs du lit en sont les principes, c'est pour avoir admis que l'on ne *connaissait* la nature du lit que par ces éléments. De la même manière, c'est parce que les genres sont ce par quoi les êtres sont *connus* que l'on a admis que les genres étaient les principes des êtres. L'objection qu'Averroès établit ici, en une seule phrase et sans plus de commentaire, se fonde sur une distinction évidente pour tout lecteur moderne : celle de la *ratio essendi* et de la *ratio cognoscendi*. Cette objection, qu'Aristote ne soulève pourtant pas ici, suffirait à réfuter la thèse de Platon. On peut dès lors se demander pourquoi Aristote consacre, dans les apories suivantes, de si longs développements à examiner la thèse selon laquelle les principes sont les genres, si la réfutation de cette thèse se résume en une phrase : « les principes de la connaissance ne sont pas les principes de l'être ». Faut-il conclure de ce silence une confusion, chez Aristote également, entre principes de l'être et principes de la connaissance ? Nous reviendrons plus loin sur cette question. Notons simplement que l'on ne doit pas, semble-t-il, être tenté de reconnaître dans ce silence la tendance encore platonicienne d'Aristote en Bêta[5]. Si Aristote ne signale pas cette confusion entre l'ordre de l'être et celui du connaître, c'est peut-être parce que son intention en Bêta est avant tout dialectique. Conformément aux indications données dans les *Topiques*, il faut, afin d'écarter tout argument non fondé de la part de l'adversaire, le rencontrer « sur le terrain de ses propres opinions (ἐκ τῶν οἰκείων δογμάτων), et non pas d'opinions qui lui sont étrangères »[6]. Dans cette perspective dialectique, les arguments avancés par Aristote pour réfuter la thèse platonicienne seront eux-mêmes issus de cette seule

1. *Tafsīr Bā'*, 220, 10-227, 2 (In B3, 998 a 20-998 b 28).
2. *Tafsīr Bā'*, 229, 4-234, 19 (In B3, 998 b 28-999 a 23).
3. *Tafsīr Bā'*, 237, 2-242, 9 (In B3, 999 a 24-999 b 20).
4. *Tafsīr Bā'*, 223, 12 (In B3, 998 b 6-8)
5. Cf. *supra*, p. 69.
6. *Topiques*, I, 2, 101 a 31-34.

conception. Les développements suivants doivent dès lors se situer à l'intérieur même du système qui fait l'objet de la critique, à savoir la conception platonicienne des principes.

Or les platoniciens considèrent que les principes sont les genres. Dans la perspective où l'on admet que les principes de la connaissance sont les principes de l'être, on doit alors se demander si les genres qui sont principes sont les genres premiers « qui sont les plus généraux » (*fī ġāya min al-'umūm*) ou bien les genres derniers « au sein desquels les individus se divisent » (*al-latī tanqasimu ilay-hā al-ašḫāṣ*), c'est-à-dire les « espèces dernières » (*al-anwā' al-aḫīra*)[1].

Ici encore, le commentaire d'Averroès suit de près le développement d'Aristote. Si l'on considère que les principes sont les choses universelles, et si l'on entend par universel ce qui est prédiqué des êtres, alors les choses les plus universelles seront celles qui seront plus véritablement principes. Dans ce cas, l'être et l'un seront les principes des êtres car ils sont ce qui est le plus universellement prédiqué, ce qui est commun à l'ensemble des êtres. Mais on a posé comme hypothèse que ce sont les *genres* qui sont principes. Or « il est impossible que l'un ou l'être soit un genre des êtres »[2]. Averroès reprend brièvement les argument d'Aristote :

> Il n'est pas possible que l'un et l'être soient un genre pour toutes les choses parce qu'il y a des genres élevés (*aǧnās* [an] *'āliyyat* [an]) dont certains n'entrent pas sous d'autres, et chacun se singularise (*yanfaridu*) par une seule différence qui lui est propre (*bi-faṣl wāḥid yaḫuṣṣu-hu*), sans participer à une nature une. Car le nom d'être, qui se dit des deux, n'en fait pas connaître une nature une puisque leur nature est différente[3].

Si l'être était un genre, il comporterait, puisque tout est être, des différences qui seraient elles-mêmes des êtres. Dans ce cas, le genre serait prédiqué de ses différences ce qui, conformément à la doctrine des *Topiques*[4], est impossible. Si le genre était affirmé de la différence, il serait plusieurs fois affirmé de l'espèce : d'abord directement, puis à travers l'espèce[5]. Ce redoublement serait non seulement inutile mais viendrait

1. *Tafsīr Bā'*, 225, 1-2 (in B3, 998 b 14-16).
2. B3, 998 b 22.
3. *Tafsīr Bā'*, 225, 16-226, 2 (In B3, 998 b 22-24).
4. Cf. *Topiques*, VI, 3.
5. Cf. P. Aubenque, *Le Problème*..., Paris, P.U.F., 1962, p. 229 : « si le raisonnable était animal, il deviendrait superflu de définir l'homme comme animal raisonnable, puisque la rationnalité impliquerait déjà l'animalité. Mais alors comment définir l'homme, ou plutôt comment le distinguer du raisonnable, s'il est vrai que tout raisonnable est animal (puisque le genre se dit ici de la différence) et que le seul animal raisonnable est l'homme (si l'on veut que la différence soit spécifique) ? ».

aussi ruiner l'essence même de la définition. Car le genre ne se distinguerait plus de la différence, qui ne serait plus spécifique. Pour qu'il y ait définition, il faut que la différence soit étrangère au genre qu'elle spécifie, qu'elle ne soit pas elle-même une espèce du genre. Si l'on veut que l'être et l'un soient les genres, il faut alors, pour qu'il y ait définition, que les différences ne soient ni être, ni une, ce qui est impossible si l'être et l'un sont des « genres universels ». Il faut donc renoncer à considérer l'être et l'un comme des genres et donc comme des principes, puisque l'on a posé comme hypothèse que les principes sont les genres. Le raisonnement se compose comme ceci :

Pour les platoniciens, tout genre est principe.

Pourquoi est-il principe ? Parce qu'il est universel.

Dès lors, un genre est d'autant plus principe qu'il est plus universel.

Or, ce qu'il y a de plus universel, c'est l'un et l'être.

Mais, dit Aristote, l'un et l'être ne sont pas des genres.

Donc l'universalité n'est pas ce qui caractérise le genre en tant que principe.

Conclusion : – soit ce qu'il y a de plus universel n'est pas un genre (puisque l'être et l'un ne sont pas des genres) ;

– soit les genres ne sont pas principes en tant qu'universels.

Le raisonnement démontre en fait l'absurdité que comporte l'énoncé même de la prémisse car la notion de genre semble bien incompatible avec la notion de la plus grande universalité et, dès lors, avec la notion de principe telle que l'entendent les platoniciens.

(8e aporie)

L'aporie suivante présuppose les conclusions auxquelles ont abouti les développements précédents. La perspective envisagée est toujours celle où ce sont les genres qui sont des principes. Aristote a d'abord montré que ce que les platoniciens considèrent comme les genres les plus élevés, les genres simples, n'étaient même pas des genres. Il examine donc à présent, toujours dans l'hypothèse où les principes sont les genres, si les choses intermédiaires (*al-mutawassiṭa*), composées du genre et de la différence, méritent à plus juste titre d'être principes. Cette éventualité semble d'emblée compromise car il faudra alors que tous les intermédiares soient des genres. Or, dit Averroès, « l'espèce dernière n'est pas un genre » [1].

De plus, c'est par les différences que les espèces intermédiaires sont connues. Faudra-t-il dire alors, si les principes de l'être sont les principes de la connaissance, que les différences sont plus principes que les genres ?

1. *Tafsīr Bā'*, 229, 18 (In B3, 998 b 28-30).

Si les différences sont aussi des principes, il y aura alors un nombre infini de principes. Ce que veut dire Aristote ici, semble-t-il, c'est que si les principes de la connaissance sont principes, alors toutes les choses universelles (c'est-à-dire prédiquées) seront des principes. Dans ce cas, toutes les notions intermédiaires (genres, espèces, différences) seront aussi principes, ce qui donnera un nombre infini de principes[1].

Averroès ne semble cependant pas considérer ce passage comme exposant une véritable objection :

> Il est probable qu'<Aristote> veut dire que nous n'avons pas de moyen de dénombrer les principes (*sabīl ilā iḥṣā' al-awā'il*), de sorte qu'ils ne sont pas connus pour nous. En effet, les différences, même si nous ne pouvons les dénombrer, nous ne doutons pas qu'elles sont restreintes et finies selon la nature (*maḥṣūra mutanāhiyya 'inda al-ṭabī'a*). Et il semble qu'il ne les a posés infinies que d'après ce qui est communément admis (*ḥasab al-mašhūr*). Son propos (*kalāmu-hu*) n'a de place ici qu'en tant qu'il est communément admis (*min ḥayṯu al-mašhūr*) »[2].

Averroès, quant à lui, interprète le passage en anticipant sur le développement de la thèse adverse : « Il est probable qu'<Aristote> veut dire que si l'on admet que le propre (*al-ḫāṣṣ*) est plus véritablement principe que le général (*al-'āmm*), cela implique que les formes des individus (*suwar al-ašḫāṣ*) soient les principes, de sorte que les principes seront infinis »[3].

La critique repose, on le voit, sur la notion de nombre fini. Les principes doivent être en nombre fini. C'est parce que, d'après les objections énoncées, les différences ne semblent pas répondre à ce critère qu'elles ne peuvent prétendre au titre de principe car « si les principes sont finis, les différences infinies et les genres finis, cela implique nécessairement que les principes soient les genres »[4].

La notion de nombre fini est au cœur du problème. Ce n'est pas tellement l'infinité des individus sensibles qui est ici envisagée. Car l'aporie se situe toujours dans la perspective platonicienne où ce sont les genres qui sont principes. L'alternative est posée entre les *genres* premiers et les *genres* derniers. Dans cette perspective, ce sont les genres derniers qui sont *les plus proches* de l'indivisible qu'est l'individu. L'objection repose aussi sur une ambiguïté : car si l'espèce dernière est ce qui se rapproche le plus de ce qui est indivisible, à savoir les individus, elle est aussi la plus

1. Cf. J. Tricot, *La Métaphysique*, I, p. 142 n. 4.
2. *Tafsīr Bā'*, 230, 10-14 (In B3, 998 b 31-32).
3. *Tafsīr Bā'*, 230, 14-16 (In B3, 998 b 31-32).
4. *Tafsīr Bā'*, 231, 3-5 (In B3, 998 b 32-999 a 1).

proche de ce qui est infiniment multiple, à savoir ces mêmes individus. C'est sur la notion d'infini que se base la critique d'Averroès. Averroès refusera l'infinité des différences parce que, pour lui, c'est la matière qui fait l'infinité des individus appartenant à la même espèce et l'infinité des accidents que reçoivent ces individus. Or il n'y a pas de matière dans les différences, qui sont formelles. Ceci est aussi valable dans le domaine de l'intelligible car les espèces dernières sont à l'égard du genre ce que la forme est à la matière.

Averroès examine ensuite, suivant Aristote pas à pas, les arguments en faveur de la thèse adverse, d'après laquelle les principes ne sont pas les genres premiers, mais les genres ultimes prédiqués des individus, c'est-à-dire les espèces dernières. Le premier argument en faveur de cette thèse se fonde sur le caractère d'indivisibilité que l'on reconnaît aux principes :

> Étant donné que ce qui se divise selon la forme (*al-munqasim bi-al-ṣūra*), à savoir le genre premier, se divise en ce qui est un selon la forme, et que la division (*al-qisma*) en l'un selon la quantité prend fin dans l'un selon la forme, ce qui est indivisible selon la quantité (*mā huwa ġayr munqasim bi-al-kammiyya*) a nécessairement plus d'unité (*awǧab waḥdaniyya*) que ce qui est indivisible selon la forme. S'il en est ainsi, ce qui est moins divisé (*aqall inqisām* *an*) est plus proche de la nature de l'un qui est la cause du multiple. Et s'il en est ainsi, ce qui est moins divisé est antérieur à ce qui est plus divisé, de sorte que l'espèce dernière est plus véritablement antérieure (*aḥaqq bi-al-taqaddum*) à tout ce qui est au-dessus d'elle[1].

Ici encore, l'interprétation suppose l'alternative entre *genres* premiers et *genres* derniers. Nous sommes dans le domaine des formes, c'est-à-dire dans le domaine de l'intelligible, où ce sont les genres derniers qui sont les plus proches de l'indivisible qu'est l'individu. C'est donc l'espèce dernière qui, en raison de son antériorité sur le genre, mérite à plus juste titre que le genre d'être considérée comme un principe.

Dans le deuxième argument, Aristote fait appel aux notions de l'antérieur et du postérieur :

> De plus, dans les choses où l'on trouve l'antérieur et le postérieur (ἐν οἷς τὸ πρότερον καὶ ὕστερόν ἐστιν), il ne se peut que ce qui s'applique à ces choses soit quelque chose en dehors (παρὰ) de celles-ci (par exemple, si la dyade est première entre les nombres, il n'y aura pas un nombre en dehors des espèces (τὰ εἴδη) des nombres ; et pareillement, il n'y aura pas davantage une figure en

1. *Tafsīr Bā'*, 231, 11-17 (In B3, 999 a 1-5).

> dehors des espèces des figures ; et si l'on n'a pas cela pour ces choses-là, on aura d'autant moins, pour les autres choses, les genres en dehors des espèces ; c'est surtout pour ces choses-là, en effet, que l'on croit qu'il y a des genres [1].

Ce passage de B3 a fait l'objet de nombreux commentaires et donné lieu a diverses interprétations concernant la notion de genre. Plusieurs exégètes d'Aristote voient en effet dans ce passage l'affirmation par Aristote qu'il ne peut y avoir de genre commun pour les choses où il y a de l'antérieur et du postérieur. Pour E. Berti, par exemple, il résulte de 999 a 14 que l'argument est « dirigé non seulement contre la séparation des genres, mais contre l'existence aussi des genres pour les choses antérieures et postérieures » [2]. D'après M. de Gandillac, c'est bien « sur les textes de B3, 999 a 6-14, que <Plotin> se fonde pour refuser le corps stoïcien comme *genre commun* posé à un niveau où subsistent les différences entre l'antérieur et le postérieur » [3].

Il apparaît cependant que le passage de B3 ne soit pas aussi décisif que certains ne le voudraient. La seule chose que semble en effet affirmer Aristote dans ces quelques lignes, c'est que, pour les choses où il y a de l'antérieur et du postérieur, il ne peut y avoir de genre *séparé*. En ce sens, G. Colle écrit par exemple :

> Nous ne croyons pas que cette phrase doive être prise au sens platonicien, où elle signifierait qu'il n'existe pas d'Idées des choses dans lesquelles il y a de l'antérieur et du postérieur. Dans l'aporie qui nous occupe, il ne s'agit pas précisément de savoir si les genres peuvent être des Idées, mais s'ils peuvent être des principes. Cette question dépend évidemment de celle-ci : les genres sont-ils quelque chose en dehors des espèces auxquelles ils sont attribués ; en d'autres termes : le nom commun du genre désigne-t-il une quiddité commune et, par conséquent, distincte des quiddités spéciales qui lui sont subordonnées ? Or, c'est là un problème dont la solution doit être cherchée directement, non pas dans la doctrine platonicienne selon laquelle il n'existe point d'Idées des choses où il y a de l'antérieur et du postérieur, mais dans le principe admis par Aristote lui-même : que l'attribut

1. B 3, 999 a 6-13.

2. E. Berti, « Substantialité de l'être et de l'un dans la *Métaphysique* », dans *Études sur la Métaphysique d'Aristote*, Actes du VIe Symposium aristotelicum, Vrin, 1979, p. 103 n. 55.

3. M. de Gandillac, « Plotin et la *Métaphysique* d'Aristote », dans *Études sur la Métaphysique d'Aristote*, Actes du VIe Symposium aristotelicum, Vrin, 1979, p. 249. Cf. aussi J. Tricot, *La Métaphysique*, I, p. 143 n. 1.

commun des choses renfermant de l'antérieur et du postérieur n'est pas quelque chose de distinct de ces choses-mêmes [1].

C'est de cette interprétation que s'approche le plus le commentaire d'Averroès :

> <Aristote> veut dire que les genres antérieurs à leurs différences n'ont pas d'être si ce n'est avec les différences, et ce sont les formes en lesquelles ils se divisent. Par exemple, *animal* n'a pas d'être en acte si ce n'est dans les espèces en lesquelles il se divise. Il en va de même pous la couleur : elle n'a pas d'être si ce n'est dans les espèces des couleurs, et le nombre n'a pas d'être si ce n'est dans le premier des nombres, à savoir la dyade, ensuite dans les autres espèces des nombres. En effet, la dyade est la première des formes des nombres. (...) Il veut dire que les genres n'ont pas d'être si ce n'est avec les formes [2].

Averroès, on le voit, n'entend pas ce passage comme un argument en faveur de la thèse selon laquelle il n'y aurait pas de genre commun pour les choses où il y a de l'antérieur et du postérieur. Il s'agit, pour lui, d'insister sur le fait que, pour ces choses, il ne peut y avoir de genre *séparé*. Il y a bien un genre commun, mais celui-ci n'a d'être en acte que dans la réalisation de ses diverses espèces [3]. Cette interprétation, qui permettra de résoudre l'aporie concernant le genre des substances (3e aporie) permet aussi d'établir l'antériorité de l'espèce sur le genre grâce aux notions de *meilleur* et de *pire* :

> Puisqu'il est connu par soi que le meilleur (*al-afḍal*) est antérieur au pire (*al-adnā*), et qu'il apparaît que l'espèce est plus digne (*ašraf*) que le genre, il est manifeste qu'il faut que l'espèce soit antérieure au genre, et l'antérieur plus proprement principe que le postérieur. Et si <Aristote> a dit cela, c'est parce que l'espèce est la perfection du genre (*al-naw' huwa kamāl al-ǧins*). (...) Il apparaît, d'après ce sens et d'après ce qui précède, que l'espèce dernière est plus véritablement antérieure » [4].

Averroès n'a reconnu, dans ces derniers développements, que des arguments en faveur de la thèse selon laquelle les espèces dernières sont plus véritablement principes que les genres. Les dernières lignes de B3 semblent toutefois vouloir maintenir l'équilibre, en soulevant une objection contre les espèces dernières.

1. G. Colle, *La Métaphysique*, p. 246. Cf aussi E. Halper, « The Origin of Aristotle's Metaphysical 'Απορίαι », dans *Aristotle's Ontology. Essays in Ancient Greek Philosophy*, State University of New York, 1992, p. 174 n. 12.
2. *Tafsīr Bā'*, 232, 4-12 (In B3, 999 a 6-11).
3. C'est aussi l'interprétation d'Alexandre d'Aphrodise, cf. 208, 30-209, 2.
4. *Tafsīr Bā'*, 233, 1-10 (In B3, 999 a 13-16).

En effet, le propre du principe est d'être en dehors des choses dont il est principe, ou d'avoir l'être séparément de ces choses (999 a 18). Or on ne peut imaginer cela pour l'espèce. En effet, « si l'espèce est un principe, on n'imagine pas que, selon la définition et la quiddité (*bi-al-ḥadd wa al-māhiyya*), elle soit en dehors des choses dont elle est principe. S'il en est ainsi, le genre premier universel prédiqué de toutes les choses sera le principe »[1]. Cet argument ne constitue pas réellement une objection à l'existence des espèces dernières, car si on le prend à la lettre, on en revient à concevoir une hypothèse qui a déjà été longuement réfutée, celle qui fait des genres universels les principes des êtres. C'est donc le fondement même de cette objection qu'il faut rejeter : le principe d'une chose n'a pas d'être en dehors de la chose dont il est principe.

(9 e aporie)

Tous les arguments avancés précédemment semblent aller, on vient de le voir, en faveur des principes-espèces. Cette conception soulève cependant une nouvelle aporie[2]. En effet, si même les principes ne sont pas en dehors des choses particulières, alors il n'existera rien en dehors des choses particulières. Mais comment alors, s'il n'y a rien en dehors du particulier, pourra-t-il y avoir une science ? On se trouve ici confronté aux exigences à la fois du réel et du rationnel : ce qui est le plus réel n'est pas ce qui est le plus connaissable, et inversément[3]. La difficulté tient à deux ordres de raison : la *ratio cognoscendi* et la *ratio essendi*. Au cœur de l'argumentation se trouve en outre la notion d'infini.

Du point de vue de la connaissance, il est en effet acquis que l'objet de la science doit être stable et immuable. Or toutes les choses particulières sont soumises au changement. Nier qu'il y ait autre chose que le particulier revient alors à nier la possibilité de la science, c'est-à-dire d'une autre connaissance que la connaissance sensible. Comment en effet connaître l'infinie multiplicité des individus si l'on ne pose pas au-dessus d'eux quelque chose qui leur appartient universellement[4] ? « Il n'y aura alors aucun objet de science (*lam yakun hāhunā šay' ma'lūm*), à moins que l'on appelle science ce que saisit la sensation (*mā yudriku al-ḥiss*) »[5].

Mais affirmer qu'il n'y a rien en dehors du particulier contredit également aux principes du réel. Car si rien n'est éternel, le devenir

1. *Tafsīr Bā'*, 234, 7-9 (In B3, 999 a 19-21).

2. *Tafsīr Bā'*, 237, 2-242, 2 (999 a 24-b 20).

3. Cf. M. Crubelier, « Science de l'universel et connaissance du singulier », *Revue de Philosophie Ancienne* 2, 1996, p. 76.

4. Cf. S. Mansion, *op. cit.*, p. 167.

5. *Tafsīr Bā'*, 239, 2-3 (In B4, 999 b 1-3).

lui-même est impossible. Il a en effet été prouvé par la physique [1] qu'aucune génération ne va à l'infini. Toute génération part nécessairement d'une chose inengendrée et tend vers une fin qui est quelque chose d'immobile. Nier l'existence de tels principes conduit donc à nier l'existence même du sensible, ce qui est manifestement absurde. Il faut dès lors qu'il y ait des principes éternels en vertu desquels les choses viennent à l'être : « en effet, dit Averroès, il est nécessaire, si la génération existe et est éternelle (*in kāna al-kawn mawǧūd*^an^ *wa dā'im*^an^), qu'il y ait d'abord une chose qui actualise la génération et qui soit inengendrée, et une chose à partir de laquelle il y a d'abord génération, et qui soit également inengendrée » [2]. Ces principes sont la matière et la forme qui, n'étant pas engendrées, sont cependant immanentes à tous les êtres. La suite du développement semble alors perdre son caractère aporétique et tend à montrer que la forme répond mieux que la matière aux exigences évoquées plus haut. Si, en effet, la génération nous fait admettre l'existence d'une matière éternelle, à plus forte raison admettra-t-on cela pour la forme : car la matière n'est pas autre chose que ce qui devient la forme. La matière est donc, tout en étant inengendrée, soumise à un certain changement : « En effet, <la forme> ne s'engendre pas non plus ni ne se corrompt, mais elle est une chose qui est en acte, alors que la matière est en puissance » [3]. La forme n'est pas seulement éternelle, elle est aussi immuable. Elle ne peut, contrairement à la matière, devenir autre chose qu'elle même. Dès lors, le principe qui répond à la fois aux exigences de la science et à celles du réel, le principes des êtres, c'est la forme substantielle à quoi répond l'espèce dernière.

10 ^e^ et 11 ^e^ apories : l'unité des principes

10 ^e^ aporie : la substance est-elle une ou multiple ? [4]
11 ^e^ aporie : les principes ont-ils l'unité numérique ou l'unité spécifique ? [5]

(10 ^e^ aporie)

La première question concernant l'unité des principes (la substance est-elle une ou multiple ?) est généralement considérée comme faisant partie de l'aporie précédente. Il semble effectivement que cette question concerne encore la conception platonicienne des principes. Car demander si la

1. Cf. notamment *Physique*, V, 1.
2. *Tafsīr Bā'*, 239, 13-15 (In B4, 999 b 6-7).
3. *Tafsīr Bā'*, 241, 4-5 (In B 4, 999 b 12-14).
4. *Tafsīr Bā'*, 242, 11-243, 2 (B 4, 999 b 20-24).
5. *Tafsīr Bā'*, 243, 15-244, 12 (B 4, 999 b 24-1000 a 4).

substance est une pour tous les hommes, c'est concevoir la substance comme la forme, ce qui découle de ce que nous avons reconnu précédemment. Si, en effet, la forme est le principe des substances, elle sera aussi ce qui est le plus véritablement substance. Pourtant, le fondement de la critique aristotélicienne n'est plus tout à fait le même que dans le traitement des apories précédentes. Il ne s'agit plus à présent de seulement relever les contradictions que présentent, *entre elles*, les positions platoniciennes, mais de confronter ces positions à de nouvelles difficultés, issues de réflexions et de distinctions proprement aristotéliciennes.

Averroès, contrairement à la plupart des interpètes du Stagirite[1], considère cette question comme une nouvelle aporie[2]. Il suit cependant d'assez près les arguments d'Aristote.

Si la substance des êtres est une, alors « la multiplicité sera éliminée et l'être sera un » ce qui, dit Averroès, « est contraire à ce que l'on perçoit par les sens (*ḫilāf mā yaḥiṣṣu*) »[3]. Nous voyons en effet dans notre monde une multiplicité de substances. Si, en revanche, la substance n'est pas une, alors il n'y aura absolument aucune unité, pas même en l'individu composé de forme et de matière. Dans ce cas, la matière et ce que reçoit la matière, c'est-à- dire la forme, ne feront jamais, si la substance n'est pas une, l'unité nécessaire à la constitution d'une substance individuelle, d'un « tout désigné » (*al-kull al mušār ilay-hi*)[4]. On pourra alors dire, dit Averroès, « que la matière existe en étant distincte (*tağidu mutamayyiza*), à un moment donné, des individus dont elle est matière »[5]. Ce qui, sous-entend Averroès, paraît absurde. On se trouve donc, une fois de plus, devant un problème qui semble insoluble. Cette difficulté a pour fondement, on le voit, des confusions qu'ailleurs Aristote s'applique à éviter. Les arguments dans l'un et l'autre sens reposent en effet sur une double ambiguïté : celle de la notion de substance d'une part, et celle de la notion d'unité d'autre part. L'objection est d'abord suscitée par l'équivoque du terme *substance*, qui désigne tantôt la forme, tantôt le tout concret, l'individu sensible. C'est bien sûr dans la mesure où l'on ne distingue pas la substance formelle de la substance sensible que l'on peut opposer, à la thèse de l'unité de la substance (formelle), l'objection de la multiplicité des substances (sensibles) : si la substance (formelle) est une, alors la substance (sensible) est une. Or nous percevons une multiplicité de substances individuelles.

1. Cf. entre autres, J. Tricot, *a. l.* ; G. Reale, *a. l.* ; W. Ross, *a.l.* ; etc.
2. *Tafsīr Bā'*, 243, 4-5 (In B 4, 999 b 20).
3. *Tafsīr Bā*, 243, 6 (In B 4, 999 b 20-24).
4. *Tafsīr Bā'*, 243, 10 (In B 4, 999 b 20-24).
5. *Tafsīr Bā'*, 243, 12-13 (In B 4, 999 b 20-24).

La difficulté repose ensuite sur une autre confusion platonicienne, celle de l'unité numérique et de l'unité spécifique. En effet, c'est aussi dans la mesure où l'on ne distingue pas l'unité formelle de l'unité numérique que l'on peut opposer, à la thèse de la multiplicité (non-unité numérique) des substances, l'objection de l'unité (formelle) des substances. Si, conformément à ce que l'on vient de reconnaître, la substance est multiple et n'est donc pas une (unité numérique), alors la substance n'aura pas elle-même d'unité (formelle). Les absurdités auxquelles aboutissent ces raisonnements ont donc pour fondement le refus de distinguer entre l'unité du principe et le principe d'unité, entre ce qui est « un par le nombre » et ce qui est « un par la forme ». Il faut donc, en vue de résoudre la difficulté [1], tenir compte de la distinction établie en Δ 6 [2] entre ces deux types d'unité. Dans l'aporie suivante, Aristote prend en compte cette distinction, en insistant cependant sur la nécessité, pour les principes, de posséder à la fois l'universalité et l'individualité.

(11 e aporie)

Cette nouvelle aporie est formulée comme suit : les principes des choses sensibles sont-ils tous un selon la forme ou tous un selon le nombre [3] ? Le premier argument se fonde sur la possibilité même de la science : s'il n'y a rien qui possède l'unité formelle, il ne pourra y avoir de science. L'objection repose une fois encore sur la nécessité, pour la science, d'une unité (la forme) commune à une multiplicité d'individus. Gaston Colle commente le passage en affirmant qu'Aristote « ne dit pas, mais suppose admis comme chose évidente, que l'unité de cette quiddité commune est l'unité numérique » [4]. Pour Averroès cependant, il s'agit surtout d'insister sur la dépendance de l'universel à l'égard du particulier. Il n'y a pas d'unité formelle, c'est-à-dire d'universel à proprement parler, si cet universel ne regroupe pas sous lui une pluralité de choses individuelles. En d'autres termes, Averroès distingue l'unité de l'unicité : « s'il n'y a pas de un particulier (*wāḥid ğuz'ī*), il n'y a pas de multiplicité particulière (*kaṯra ğuz'iyya*). Et s'il n'y a pas de particuliers, il n'y a pas d'universel. Et s'il n'y a pas d'universel, il n'y a pas de science » [5]. C'est donc le singulier qui fonde l'universel, et non l'inverse.

1. Cette aporie pose indirectement le problème du principe d'individuation. L'unité individuelle de chaque chose est-elle due à la matière ou à la forme ?

2. Cf. Δ 6, 1016 b 18-1017 a 3.

3. *Tafsīr Bā'*, 244, 14-15 (In B 4, 999 b 24).

4. G. Colle, p. 259.

5. *Tafsīr Bā'*, 244, 15-245, 5 (In B 4, 999 b 24-26).

Si l'on pose, en revanche, que tous les principes ont l'unité numérique, alors chaque principe sera individuel, particulier. En effet, dit Averroès « *un par le nombre* est synonyme (*murādif*) de ce que nous appellons *particulier* » [1]. Dès lors, si les principes ont l'unité numérique, il n'y aura pas plus de choses qu'il n'y a de principes. Ce qui est absurde comme le montre l'exemple des lettres de l'alphabet. Si chaque lettre de l'alphabet est un principe, et si chacun des ces principes a l'unité numérique, il n'existera alors qu'un seul exemplaire de chacune de ces lettres. Il n'y aura pas un plus grand nombre de choses écrites qu'il n'y a de lettres dans l'alphabet : « Si les éléments du son étaient définis par le nombre, c'est-à-dire particuliers, il y aurait le même nombre de sons que d'<éléments>, et rien de supérieur au nombre des lettres, qui s'élève à vingt-quatre, ne serait engendré » [2]. En réalité, les principes de la syllabe, dit Aristote, sont les mêmes par la forme (τῷ εἴδει) tout en différant par le nombre (ἀριθμῷ ἕτεραι) [3].

La conception de l'unité des êtres constitue, on le voit, le nœud de cette aporie et de toute la métaphysique. En effet, chercher les principes des êtres, dit S. Mansion [4], « c'est ramener leur multiplicité infinie à une certaine unité, c'est découvrir l'essence unique d'une pluralité d'individus semblables, qui explique ce qu'ils sont. Si cette essence n'a pas une unité réelle (donc singulière), une unité qui la place au-dessus de la multitude des êtres particuliers, elle est incapable de synthétiser cette dernière et la science n'a plus de fondement. Mais par contre, si cette essence est quelque chose d'individuel et qu'on doive la concevoir comme un élément, aucune pluralité ne peut en sortir. Le nombre des êtres qui peuplent l'univers est alors exactement égal à celui des principes ». Il ne fait pas de doute, ajoute l'historienne d'Aristote, que la théorie platonicienne des principes n'ait donné lieu à cette aporie. C'est en effet « en réfléchissant à la difficulté qu'il y a a concevoir l'Un en soi à la fois comme un principe formel et comme un élément (ce que faisaient les platoniciens), qu'Aristote soulève le présent problème » [5].

1. *Tafsīr Bā'*, 246, 2 (In B 4, 999 b 33-1000 a 1).
2. *Tafsīr Bā'*, 246, 10-12 (In B 4, 1000 a 1-4).
3. B 4, 999 b 29-31.
4. S. Mansion, « Les Apories… », dans *Études aristotéliciennes*, Louvain-la-Neuve, 1984, p. 168-169.
5. *Ibidem*, p. 169.

12e aporie

Les principes des choses corruptibles sont-ils les mêmes que les principes des choses incorruptibles ? [1]

Aristote consacre un très long développement à cette nouvelle aporie qui, contrairement aux apories qui ont précédé, ne met pas directement en cause les principes du platonisme. En effet, dit Aristote, cette nouvelle difficulté n'est pas de moindre importance que les autres, mais a pourtant été négligée « par nos contemporains comme par nos devanciers (καὶ τοῖς νῦν καὶ τοῖς πρότερον) » [2]. Averroès, qui suit encore une fois de près le développement d'Aristote, précise cependant en commençant que cette question « se conçoit quand on admet qu'il y a des choses éternelles et des choses corruptibles et que les unes et les autres ont des principes » [3].

Que les principes des choses corruptibles soient les mêmes que les principes des choses incorruptibles semble peu probable : comment, dans ce cas-là, expliquer que certaines choses soient corruptibles et d'autres choses incorruptibles ? A ce sujet, Hésiode et les théologiens (*al-laḏīna takallamū fī al-umūr al-ilāhiyya*), qui ne posaient d'autres principes que des principes divins, croyaient que seuls se corrompent les êtres qui n'ont pas bu de nectar (*lam tašrab min naqṭar*) ni goûté à l'ambroisie (*lam taṭ'am min amrūsiā*). Ces théologiens, dit Averroès, qui reprend les objections d'Aristote, « ont tenu des propos dépassant l'entendement humain » (*takallamū kalāmᵃⁿ ḫāriǧ ᵃⁿ 'ammā ya'qulu-hu al-insān*). Si, en effet, c'est en vue du plaisir qu'ils « boivent l'eau de ce lieu (*min ḏālika al-mawḍi'*) [4] et obtiennent la nourriture de cet autre lieu (...), alors le plaisir en tant qu'il est plaisir n'est pas cause de la permanence des choses (*'illa li-baqā' šay' min al-ašyā'*) » [5]. Le nectar et l'ambroisie ne sont donc pas la cause des êtres. À supposer même que ce soit pour maintenir leur être que les immortels touchent à ces breuvages, comment concevoir que « celui qui a besoin de nourriture et de boisson soit éternellement permanent (*yabqā azaliyyᵃⁿ*) » [6]. Ces discours sont manifestement futiles et il ne vaut pas la peine de s'y attarder. Quant à la doctrine d'Empédocle, qui a tenté

1. *Tafsīr Bā'*, 246, 14-250, 12 (B 4, 1000 a 5-1001 a 3).

2. B 4, 1000 a 5-6. Le traducteur arabe a compris le passage différemment : ce ne sont pas, d'après lui, les philosophes qui sont contemporains (τοῖς νῦν) et antérieurs (τοῖς πρότερον) mais les apories elles-mêmes : cette nouvelle question "n'est pas, du point de vue de la difficulté, en deçà de ces questions (*bi dūna hāḏihi al-masā'il*) ni en deçà de ce qui les a précédées (*wa lā dūna mā taqaddama min-hā*)" (246, 14-15).

3. *Tafsīr Bā'*, 250, 14-15 (In B 4, 1000 a 6-7).

4. Averroès ne sait manifestement pas ce que sont le nectar et l'ambroisie ; il pense que ce sont des endroits d'où proviennent l'eau et la nourriture.

5. *Tafsīr Bā'*, 252, 13-15 (In B 4, 1000 a 14-17).

6. *Tafsīr Bā'*, 253, 3-4 (In B 4, 1000 a 17-18).

d'expliquer la corruption par la haine, elle aboutit aussi à plusieurs absurdités. En effet, dit Aristote, si tous les êtres, à l'exception de la divinité, sont corruptibles en raison de la haine qu'ils ont en eux et si, comme l'affirme Empédocle, il n'y a connaissance du semblable que par le semblable (« c'est par la terre, affirme-t-il, que nous voyons la terre, par l'eau <que nous voyons> l'eau… » [1]), alors on arrivera à cette conséquence absurde que Dieu est moins savant que les autres êtres. En effet, reprend Averroès, puisque d'après Empédocle, « il n'y a connaissance que par le semblable (*bi-al šabīh*) (comme lui et les autres Anciens le disent : nous ne connaissons la terre que par la terre qui est en nous, l'eau par l'eau qui est en nous, l'amitié par l'amitié qui est en nous et la haine par la haine qui est en nous) et puisque Dieu n'a pas la haine en lui, Il ne connaîtra donc ni la haine ni ce qui est né d'elle, de sorte qu'il sera moins savant (*aqall 'ilm*^{an}) que tous les êtres » [2]. De plus, on aperçoit que, d'après la doctrine d'Empédocle, la haine est aussi, en même temps que cause de corruption, « la cause de laquelle procèdent tous les êtres, sauf la divinité » [3]. Paradoxalement, la haine est donc aussi cause de l'être. En outre, l'amitié elle-même n'est pas vraiment la cause de la génération puisque, « quand elle rassemble les choses dans l'Un, elle fait périr les autres choses » [4]. Empédocle, conclut Averroès, « s'est contredit (*tanāqaḍa*) en posant que la haine est la cause de la corruption et en la posant <aussi> comme condition (*šarṭ*^{an}) pour la génération de tous les engendrés » [5]. Empédocle affirme la nécessité du changement sans en affirmer réellement la cause. En effet, dit Averroès, « on se demande pourquoi l'amitié agit à un moment et la haine à un autre, et son discours est semblable au discours de ceux qui ignorent la cause agente (*al-sabab al-fā'il*) et qui disent que la nature des êtres requiert par nécessité (*iqtaḍat min al-ḍurūra*) la génération et la corruption (…) cela implique, d'après ce discours, que les choses s'engendrent d'elles-mêmes et se corrompent d'elles-mêmes, qu'il n'est pas utile d'introduire cette cause motrice comme cause pour la génération ni pour la corruption mais qu'il faut au contraire ne faire entrer aucune cause motrice pour la génération et pour la corruption. Ce sont les partisans de la matière dont l'opinion est unanimement critiquée par ceux qui sont venus après eux » [6]. Voilà donc les incohérences auxquelles on aboutit lorsque l'on affirme que les choses corruptibles et les choses incorruptibles ont les mêmes principes.

1. B 4, 1000 b 6-8.
2. *Tafsīr Bā'*, 255, 15-19 (In B 4, 1000 b 3-9).
3. B 4, 1000 a 28-29 : « ἅπαντα γὰρ ἐκ τούτου τἆλλα ἐστι πλὴν ὁ θεός ».
4. B 4, 1000 b 11-12.
5. *Tafsīr Bā'*, 255, 3-5 (In B 4, 1000 a 29-32).
6. *Tafsīr Bā'*, 256, 10-257, 11 (In B 4, 1000 b 11-16).

Mais admettre l'antithèse, à savoir que les principes des choses corruptibles sont différents des principes des choses incorruptibles, soulève aussi quelques objections. Dans ce cas, en effet, il faut encore décider si les principes des choses corruptibles sont eux-mêmes corruptibles ou bien s'ils sont incorruptibles. S'ils sont tous corruptibles, ils proviennent alors nécessairement d'autre chose car tout ce qui est corruptible « se réduit aux choses dont il est composé »[1]. Cela aura pour conséquence absurde que les principes auront eux-mêmes d'autres principes (leurs éléments) qui leur seront antérieurs. « Cela continuerait alors à l'infini et mènerait à des choses en acte infinies par essence »[2], ce qui est inconcevable. De plus, si les principes se corrompent et disparaissent, comment y aura-t-il alors génération des choses corruptibles[3] ?

Si l'on dit au contraire que tous les principes des choses corruptibles sont incorruptibles, alors « pour quelle raison des choses corruptibles proviennent-elles de principes incorruptibles, et des choses incorruptibles de principes également incorruptibles ? »[4]. Ceci, dit Averroès, est ou bien impénétrable (*mumtani'an*), ou bien demande plusieurs explications (*qawl kaṯīra*)[5]. Enfin, dit Aristote, personne n'a jamais admis que les choses corruptibles n'ont pas les mêmes principes que les choses incorruptibles. Tout le monde affirme au contraire que les principes de toutes les choses sont les mêmes. Si Aristote a envisagé cela, poursuit Averroès, ce n'est que pour « réfuter ceux qui disent qu'il y a deux dieux (*ilāhayn*), l'un réalisant le bien (*yaf'alu al-ḫayr*), l'autre le mal (*yaf'alu al-šarr*) »[6].

Si, en effet, le corruptible ne se fonde pas sur l'incorruptible, on fait surgir quelque chose de rien. Si, d'autre part, le corruptible provient de ce qui est impérissable, on ne voit pas comment l'être corruptible pourrait faire autrement que de persévérer dans l'existence[7].

C'est bien la même aporie qu'Averroès reprend de manière plus explicite dans son commentaire de Lambda :

> Admettre que les causes de tous les êtres sont les substances et que les substances sont générables et corruptibles implique nécessairement que tous les êtres sont générables et corruptibles, car tout ce dont les causes sont générables et corruptibles est générable et

1. *Tafsīr Bā'*, 259, 5 (In B 4, 1000 b 25-26).
2. *Tafsīr Bā'*, 259, 9-10 (In B 4, 1000 b 26-28).
3. Cette deuxième objection contre les principes corruptibles, pourtant traduite en arabe (250, 4-5), n'est pas commentée par Averroès.
4. *Tafsīr Bā'*, 259, 15-17 (In B 4, 1000 b 28-32).
5. *Tafsīr Bā'*, 259, 17-18 (In B 4, 1000 b 28-32).
6. *Tafsīr Bā'*, 260, 9-11 (In B4, 1000 b 32-1001 a 3).
7. S. Mansion, *op. cit.*, p. 174.

> corruptible. Le raisonnement se compose comme suit : les substances sont les causes de tous les êtres ; si les causes de toutes les choses sont générables et corruptibles, alors toutes les choses sont générables et corruptibles. De sorte qu'il faudra, si les substances sont générables et corruptibles, que tous les êtres soient générables et corruptibles. (...) Mais il n'est pas possible que tous les êtres soient corruptibles sans que quelque chose d'eux-mêmes ne préexiste (*šay' mawǧūd aṣl* [an]), ni qu'ils soient corruptibles sans que quelque chose d'eux-mêmes ne subsiste (*lā yabqā min-hā šay' aṣl* [an]). En effet, il n'est pas possible de concevoir que le mouvement soit produit (*ḥadaṯat hudūt* [an]) sans que quelque chose de mobile ne préexiste, ni qu'il se corrompe sans que quelque chose de mobile ne subsiste[1].

Il semble cependant, note S. Mansion, que « la difficulté ne présente un caractère insoluble qu'en vertu d'une équivoque sur le sens du mot principe. Si les principes d'un être sont exclusivement ses constituants, les conséquences annoncées suivent. Si une cause d'un autre type doit s'exercer sur les êtres pour les amener à l'existence, on ne voit pas qu'elle ne puisse produire des effets inférieurs à elle-même »[2].

C'est encore dans le commentaire de Lambda et après avoir pris soin de lever l'équivoque sur le sens du mot principe (« si le nom de principe s'applique au moteur et à l'élément, c'est le moteur qu'il indique proprement (*bi-ḫuṣūṣ*)[3] ») qu'Averroès développera longuement la solution de l'aporie :

> Il faut donc que ce qui corrompt toujours soit autre que ce qui engendre toujours, ou bien qu'il y ait une même chose qui produise l'alternance de la génération et de la corruption (*al-iḫtilāfayn*) selon deux modes différents (*bi-ḥālatayn muḫtalifatayn*). Bien mieux, ce qu'il faut, c'est qu'il y ait une seule chose éternelle qui soit cause de l'acte éternel, en vertu du fait (*min qibal*) qu'elle n'accomplit qu'un seul acte, et une chose éternelle qui produise des actes différents, pour donner naissance éternellement à des actions (*maf'ūlāt*) différentes. Il en est ainsi du premier ciel dans son mouvement journalier (*fī ḥarakati-hā yawmiyya*), car l'éternité de l'acte n'a d'autre origine que <le premier ciel> (*min qibali-hā*), puisqu'il ne produit qu'un seul acte éternellement. Quant aux êtres qui produisent éternellement des actes différents, ils tournent sur des cercles inclinés (*fī al-aflāk al-mā'ila*). Celui dont l'action est la plus importante est le soleil. Par sa proximité des choses et par son éloignement lors de son mouvement annuel, il produit le contraire

1. *Tafsīr Lām*, 1559, 12-1560, 8 (In Λ 6,1071 b 6–7) (trad. A. Martin, légèrement modifiée).
2. S. Mansion, *op. cit.*, p. 174-175.
3. *Tafsīr Lām*, 1525, 2-4 (In Λ 4, 1070 b 24-25).

(*al-mutaḍādd*) : quand il est éloigné, il cause la corruption de la plupart des êtres ; quand il est proche, il en cause la génération[1].

13 e aporie

L'être et l'un sont-ils les substances des choses ?[2]

Cette aporie et l'aporie suivante combattent de manière encore plus radicale la théorie platonicienne des principes. Elles mettent en question la substantialité de l'être et de l'un d'une part, des nombres et des « choses mathématiques » d'autre part[3]. Il s'agit de mettre à l'épreuve la « clé de voûte du système platonicien »[4] : l'Un en soi. Le point de vue est légèrement différent de celui des autres apories. Ici, il ne s'agit pas seulement de s'interroger sur la causalité de ce principe, de se demander comment la multiplicité des êtres peut dériver de cet Un en soi, mais de s'interroger sur la nature même de cet Un en soi. On se demande en effet si l'Être et l'Un sont des substances par soi, ou s'ils sont des attributs d'un sujet dont la nature serait autre.

Aristote commence par faire un exposé historique des doctrines qu'ont professées les philosophes antérieurs. « Platon et les pythagoriciens, dit Aristote, pensent que l'être n'est pas autre chose <que lui-même>, non plus que l'un, mais que cela fait leur nature, étant entendu que leur essence (τῆς οὐσίας) consiste à être l'un en soi et un être »[5]. Platon et les pythagoriciens, commente Averroès, « n'ont pas considéré que le nom d'un et le nom d'être indiquent, parmi les êtres, des natures composées, mais ils ont affirmé que l'un et l'être indiquent un seul concept (*yadullu ʿalā maʿnin wāḥid*), c'est-à-dire simple, non composé. <Aristote> veut dire que <l'un et l'être> n'indiquent pas un « un » composé (*wāḥid murakkab*), comme l'indiquent les choses dérivées (*al-ašyā' al-muštaqqa*) »[6]. Quant aux physiciens, comme Empédocle par exemple, « rapportant l'un à une autre chose plus claire, il affirmait que l'un est l'être (*al-wāḥid huwa al-huwiyya*)[7] et il semble bien dire que cet un est l'amitié »[8].

D'après Averroès, ces philosophes, malgré leurs divergences, partagent la même opinion sur un point : « les physiciens, comme Empédocle et d'autres que lui, s'accordaient (*wāfaqū*) aux pythagoriciens et à Platon pour

1. *Tafsīr Lām*, 1579, 4-13 (trad. A. Martin, légèrement modifiée).
2. *Tafsīr Bā'*, 260, 13-264, 9 (B 4, 1001 a 4-1001 b 25).
3. Cf. S. Mansion, *op. cit.*, p. 170.
4. *Ibidem.*
5. B 4, 1001 a 9-12 (trad. Chr. Rutten).
6. *Tafsīr Bā'*, 265, 13-16 (In B 4, 1001 a 9-12).
7. La traduction arabe de ce passage (261, 6, In 1001 a 13) suppose la leçon de Π et de Γ, et non celle que choisissent Ross et Jaeger. Voir la note sous notre traduction.
8. *Tafsīr Bā'*, 261, 4-6 (In B 4, 1001 a 12-14).

<dire> que le nom d'un et le nom d'être indiquent, parmi les choses, des natures unes et simples (*ṭabā'i' wāḥida wa basīṭa*) »[1]. Les physiciens ont toutefois tenu un propos plus clair (*awḍaḥ* – γνωριμώτερον) que les pythagoriciens. En effet, commente Averroès, « les pythagoriciens ont dit que cet un et cet être (*hāḏā al-wāḥid wa al-mawǧūd*) qui est la substance des êtres est le nombre lui-même, et Platon a dit que ce sont les formes numériques (*al-ṣuwar al-'adadiyya*). Quant aux physiciens, ils ont fait de l'un et de l'être l'élément des choses sensibles, cela d'après leurs croyances en ce qu'ils considéraient comme l'élément de tous les sensibles : soit le feu au dire de certains, soit l'air ou l'eau »[2]. Empédocle, quant à lui, s'est quelque peu distingué des autres physiciens en affirmant que « la cause de l'un sensible est l'amitié »[3].

Quant aux autres philosophes, qui admettent les quatre éléments (l'eau, la terre, le feu et l'air) comme principes des êtres, « ils sont tenus de dire que le nom d'un et le nom d'être n'indiquent pas une chose une »[4] et d'entendre par l'un et par l'être « autant de choses qu'à ce qu'ils affirment il y a de principes »[5].

Après avoir passé en revue les différentes doctrines concernant le principe d'unité, Aristote met à présent à l'épreuve la conception platonicienne de l'unité. L'un et l'être sont-ils vraiment, comme le prétendent les platoniciens, substances de toutes les choses ?

Premièrement, si l'on nie que l'un et l'être sont les substances des choses, on vient alors à nier aussi la possibilité de la science des choses. En effet, dit Averroès, « si on affirme que le nom d'un, prédiqué de toutes les choses, et l'être n'indiquent pas, parmi les choses, des substances, alors rien d'universel n'indiquera les substances des choses, de sorte que les démonstrations et les définitions seront vaines (*tabṭalu*). Car l'un et l'être, comme le dit <Aristote>, sont plus universels que les autres choses, et plus nécessaires »[6]. On aura donc rien d'autre que la multiplicité des substances particulières, ne tombant sous aucune espèce d'unité qui en permette la connaissance. Ici encore, on retrouve l'argument, déjà maintes fois développé, sur lequel se fondent les platoniciens pour établir l'existence séparée des universels.

Deuxièmement, si l'un n'est pas une substance, il ne pourra pas non plus y avoir un nombre séparé (*'adad mufāriq*) subsistant par essence, distinct des choses nombrables (*munfarid 'an al-ašyā' al-ma'dūda*),

1. *Tafsīr Bā'*, 266, 1-3 (In B 4, 1001 a 12-14).
2. *Tafsīr Bā'*, 266, 5-10 (In B 4, 1001 a 12-14).
3. *Tafsīr Bā'*, 266, 11 (In B 4, 1001 a 14-15).
4. *Tafsīr Bā'*, 267, 6-7 (In B 4, 1001 a 18-19).
5. B 4, 1001 a 18-19.
6. *Tafsīr Bā'*, 268, 4-8 (In B 4, 1001 a 19-21).

comme le disent les partisans des nombres. En effet, le nombre est une multiplicité d'*unités* (*kaṯra uḥad*), une multiplicité de *uns*, de sorte que si l'unité n'indique pas une substance, une chose qui est (*šay' mawǧūd*), alors le nombre lui-même, qui est composé d'unités, ne sera pas non plus substance (il sera un accident), et il ne sera pas séparé des choses sensibles.

La thèse adverse conduit elle aussi à plusieurs absurdités. Si, en effet, l'un et l'être sont des substances en soi, il n'y aura alors pas d'autres substances que l'un en soi et l'être en soi. En effet, commente Averroès, dire que l'un en soi est un universel et une substance, c'est dire que l'un est un concept subsistant par soi (*ma'n^{in} qā'im bi-nafsi-hi*), qui n'a pas de sujet (*mawḍū'*) ni d'endroit (*waḍ'*) et qu'il est, par conséquence, une substance une, c'est-à-dire particulière (*ǧawhar wāḥid ay ǧuz'ī*)[1]. C'est donc affirmer l'unité numérique de la substance et nier la multiplicité (puisque la multiplicité est composée d'unités et qu'il n'y a, dans notre hypothèse, pas d'autre unité que l'un en soi). D'après cela également, on aboutit à la conclusion de Parménide d'après lequel il n'y a aucun être en dehors de l'être en soi.

La thèse et l'antithèse soulèvent l'une et l'autre des difficultés concernant non seulement l'unité des substances, mais aussi la substantialité des nombres. Averroès donne un résumé de l'argumentation :

> Quand on dit que l'un indique *un en nombre*, c'est-à-dire *non multiple*, qu'on le dise de n'importe quel côté, c'est difficile, c'est-à-dire que l'on dise qu'il indique une substance ou <qu'il indique> ce qui n'est pas une substance. En effet, si on dit qu'<il indique> une substance, on élimine tout-à-fait la multiplicité (*irtafa'at al-kaṯra*), et si on dit qu'<il indique> une non substance (*ġayr ǧawhar*), on élimine les unités (*irtafa'at al-waḥdāt*) qui sont des substances. Et d'après cette doctrine, on refuse que le nombre soit substance. Si on se borne, au sujet de ces entêtements, à la position de celui qui croit que le nombre est une substance, c'est parce que si on ne croit pas que le nombre est une substance, cela implique qu'il n'y a pas de un qui soit substance (*lā yūǧidu wāḥid huwa ǧawhar*), ni autre chose que lui dans la substance, et cela est contraire à ce que l'on perçoit par les sens. Et si on pose que le nombre est substance et être, cela implique le même problème que le précédent, <à savoir> que l'un et l'être indiquent un concept un en nombre et qu'il n'y a pas du tout de multiplicité. Il ne peuvent éviter en effet que le nom d'être indique *un en nombre* ou *multiples*, de sorte que s'il indique *un en nombre*, l'être sera alors un en nombre, et c'est le discours de

1. *Tafsīr Bā'*, 269, 8-10 (In B 4, 1001 a 26-27).

> Parménide. Et s'il indique *multiples*, l'un sera alors multiple. Et c'est impossible car toute chose est soit une, soit multiple.[1]

Averroès donne alors la raison pour laquelle, d'après lui, les Anciens aboutissent à des incohérences :

> Si ces doutes se sont attachés aux Anciens, c'est parce qu'ils n'ont rien compris au nom d'un, si ce n'est en un seul sens, dit par synonymie, et Parménide a compris en plus que c'est un un particulier. Et ces doutes sont résolus par le fait que le nom d'un et le nom d'être se disent de plusieurs manières, d'après quoi Aristote a contredit Parménide dans le premier traité de la *Physique*[2]. Ceci constituait l'embarras des Anciens au sujet de l'un, et ceci les égara grandement[3].

Aristote aborde ensuite l'opinion de Zénon d'Élée qui affirmait que si l'un est indivisible, alors il n'est rien. Il prétendait en effet que ce qui, étant soit ajouté, soit retranché, ne rend pas une chose plus grande ou plus petite, n'est rien et n'est donc pas un être. Cela implique, dit Averroès après Aristote 1001 b 10, que pour Zénon, « l'être n'est rien d'autre qu'une grandeur »[4]. Selon cette conception, c'est le corps qui, étant divisible « de toutes les manières », sera « l'être en vérité ». Car « le corporel seul, de quelque façon qu'il soit ajouté aux objets, augmente toujours leur grandeur »[5]. Pour Zénon, puisque l'être n'est pas autre chose qu'une grandeur, l'un n'est rien et rien n'est indivisible.

Objections : l'argument d'après lequel l'un n'augmente en rien ce à quoi il est ajouté « n'est pas un discours vrai »[6]. Car, dit Aristote, « ce qui est indivisible, ne rendra pas plus grand, mais plus nombreux ». Il est donc faux de dire que l'indivisible n'est rien : ajouté à autre chose, il augmente le nombre. Averroès comprend le passage quelque peu différemment : « Nous disons au contraire que <l'un> est augmenté de sorte qu'il devient plus nombreux, non plus grand (*akṯar lā akbar*) »[7]. Ce ne sont donc pas seulement, pour Averroès, les choses auxquelles on ajoute l'un indivisible qui sont, d'une certaine manière, « augmentées », mais l'un lui-même. L'un peut devenir « plus nombreux », c'est-à-dire multiple, sans pour autant perdre son caractère indivisible. C'est pourquoi, dit Averroès, « il n'est pas nécessaire que <l'un> devienne une ligne et reçoive ainsi la

1. *Tafsīr Bā'*, 270, 14-271, 11 (In B 4, 1001 b 1-6).
2. Cf. *Physique*, I, 3, 186 a 4-187 a 11.
3. *Tafsīr Bā'*, 271, 14-272, 3.
4. *Tafsīr Bā'*, 272, 15.
5. G. Colle, *La Métaphysique*, p. 277.
6. *Tafsīr Bā'*, 274, 2 (In B 4, 1001 b 15-16)
7. *Tafsīr Bā'*, 274, 2-3 (In B 4, 1001 b 15-16).

division, comme l'a affirmé cet homme [=Zénon] »[1]. L'un indivisible est donc susceptible d'augmentation et de diminution et n'est dès lors pas le néant : il augmente le nombre.

De toute façon, poursuit Aristote, il est impossible que de l'un provienne une grandeur. En effet, commente Averroès, « la grandeur est de la nature du continu et l'un est de la nature du divisé »[2]. Aucune grandeur ne peut par conséquent venir de l'un car l'un engendrerait dans ce cas une chose dont il ne possède pas lui-même la nature.

Certains ont cependant affirmé, « en réaction contre Zénon », que les nombres et les grandeurs dérivent « de l'un et de ce qui n'est pas un ». On ne voit pas pourquoi, dans ce cas, « ce qui est composé de l'un et de ce qui n'est pas un sont deux genres différents, l'un le nombre et l'autre la grandeur, alors que la nature de l'un et du non un dont est composé le nombre est égale à la nature de l'un et du non un dont est composée la grandeur. (...) Les éléments de choses différentes quant à l'espèce s'accorderont <alors> quant à l'espèce, ce qui est absurde »[3]. Les partisans de cette thèse, qu'Averroès ne nomme pas, sont bien entendu les platoniciens, d'après qui les nombres et les grandeurs résultent de l'union de l'Un, principe formel, et de la Dyade (que Platon appelait aussi l'Inégalité[4]), principe matériel. L'objection vient de la difficulté à expliquer pourquoi, malgré leur origine commune, sont engendrés tantôt des grandeurs et tantôt des nombres, qui sont des choses de nature différente.

14 e aporie

Les nombres, les corps, les surfaces, les lignes et les points sont-ils ou non des substances ?[5]

Aristote commence, dans la première partie de cette aporie, par présenter les arguments selon lesquels les substances doivent nécessairement compter parmi les nombres, les corps, les surfaces, les lignes et les points.

Il semble, dit Aristote, qu'on ne puisse trouver la substance des êtres que dans ces choses-là. Les autres choses en effet, telles que le mouvement, les déterminations, les dispositions, les relations, ne répondent pas au critère de la substance établi dans les *Catégories*[6], car toutes ces choses, dit Aristote, « sont affirmées d'un sujet et aucune d'entre elles n'est cette

1. *Tafsīr Bā'*, 274, 3-4 (In B 4, 1001 b 15-16).
2. *Tafsīr Bā'*, 274, 10-11 (In B 4, 1001 b 17-18).
3. *Tafsīr Bā'*, 275, 5-9 (In B 4, 1001 b 19-24).
4. Cf. G. Colle, *La Métaphysique*, p. 280.
5. *Tafsīr Bā'*, 276, 2-278, 14 (B 5, 1001 b 26-1002 b 5).
6. Cf. *Catégories*, 5, 3 a 7-b 23.

chose-ci (τόδε τι) »[1]. Ces choses ne sont que des affections de la substance et ne peuvent elles-mêmes prétendre au titre de substance. Si ces choses ne sont pas des substances, il faut par conséquent que soit substance une des choses mathématiques précédemment énoncées sinon, dit Aristote, « on ne voit plus ce qui est l'être, ni ce qu'est l'essence (οὐσία) de chacun des êtres »[2]. C'est la raison pour laquelle les physiciens pensaient que seuls les corps, tels l'eau, la terre, le feu et l'air, présentaient par excellence le caractère de la substance, car « leur chaleur, leur froideur et leurs affections de cette sorte, ne sont pas des essences (οὐκ οὐσίαι), tandis que le corps, qui possède ces affections, subsiste seul, à la manière d'un être, d'une essence qui est (ὡς ὄν τι καὶ οὐσία τις οὖσα) » [3]. C'est donc parce que les corps sont le sujet qui subsiste, tout en recevant diverses affections, que les corps semblent constituer véritablement les substances.

Le commentaire d'Averroès, qui suit d'assez près le développement d'Aristote, introduit cependant un autre critère de la substantialité, celui de l'intelligibilité. Si les nombres, les corps, les surfaces, les lignes et les points ne sont pas des substances, dit Averroès, « on pourrait croire, si ces choses ne sont pas la quiddité des substances des êtres, que la *connaissance* de ce qu'est la nature des êtres subsistant par essence, je veux dire ceux que les gens s'accordent à appeler substances, nous échappe (*yaḏhabu ʿalaynā*) »[4]. Les autres choses ne sont en effet pas des substances, poursuit Averroès, car « les mouvements, les accidents, le relatif et les dispositions ne font pas connaître par eux-mêmes (*min amri-hā*) les substances des choses qui sont, je veux dire de celles qu'on appelle substances »[5]. Les substances doivent donc répondre au critère d'intelligibilité, elles doivent nous *faire connaître* ce que sont les êtres. Reprenant ensuite, en d'autres termes qu'Aristote, le principe des *Catégories*, Averroès ajoute : « toutes ces choses sont dans cette chose désignée (*fī hāḏā al-šay' al-mušār ilay-hi*) qu'est l'individu de la substance, et on ne dit pas d'une seule d'entre elles qu'elle est cette chose désignée (*hāḏā al-šay'*) »[6].

Dans cette première partie du développement, Aristote ne parle pas de la substance comme du principe d'intelligibilité des êtres. Il insiste seulement sur la nécessité, pour la substance, de servir de sujet subsistant aux divers accidents qui l'affectent. En introduisant ici la nécessité, pour la substance, de répondre à un critère d'intelligibilité, Averroès anticipe sur la

1. B 5, 1001 b 31-32.
2. B 5, 1001 b 28-29.
3. B 5, 1002 a 1-4.
4. *Tafsīr Bā'*, 279, 7-9 (In B 5, 1001 b 28-29).
5. *Tafsīr Bā'*, 279, 11-14 (In B 5, 1001 b 29-31).
6. *Tafsīr Bā'*, 280, 6-8 (In B 5, 1001 b 31-32).

suite du développement. C'est seulement en effet dans un deuxième temps qu'Aristote présente les arguments de ceux qui font reposer leur thèse sur le principe d'intelligibilité. Averroès, quant lui, établit dès à présent les exigences auxquelles, en dernière analyse, devra répondre la substance au sens propre : la substance doit être à la fois une chose désignée[1] et un principe d'intelligibilité.

On peut en effet présenter une objection contre ceux qui pensent que les corps sont le plus véritablement substances. Car, dit Averroès, « si tu compares le corps à la surface, tu trouveras que le corps est en deçà de la surface concernant la substantialité, la surface en deçà de la ligne et la ligne en deçà du point »[2]. La raison de ceci est que le corps est défini par ces choses et que, par conséquent, ces choses font connaître le corps. Ces choses, dit Averroès, « sont prises dans la définition, étant donné que le corps est défini comme étant ce qui est divisible en trois surfaces, ou est défini comme étant ce qui est entouré par une surface ou des surfaces »[3].

L'argument est le suivant : puisque chaque chose est définie par ses principes, et que les substances sont principes à plus juste titre que la chose dont ils sont principes, alors les surfaces, les lignes et les points sont plus substance que le corps (c'est-à-dire ce que l'on croit être la substance), car le corps se définit par les surfaces, les lignes et les points. Le corps ne semble dès lors pouvoir subsister sans ces choses. La surface, la ligne, le point paraissent donc antérieurs et, par conséquent, substances à plus juste titre que le corps.

> On croit, dit Averroès, que ces choses sont par nature antérieures au corps. <Aristote> indique par là l'espèce d'antériorité qui, quand le premier est, n'implique pas que le dernier soit, et quand le dernier est, implique que le premier soit. Ou alors, il veut dire que le corps ne peut se concevoir sans la surface alors que la surface peut se concevoir sans le corps, et il en va de même pour la ligne avec la surface et pour le point avec la ligne »[4].

Suivant ce raisonnement à la lettre, certains « qui se croyaient plus savants », ont alors affirmé que ce sont les nombres qui sont substances en raison, dit Averroès, « de l'antériorité <du nombre>, dans la conception (*fī al-taṣawwur*), sur les autres êtres; en raison également de son antériorité par nature ; et parce qu'il est davantage dégagé de la matière que le corps »[5].

1. Cf. J. Owens, *op. cit.*, 1978, p. 249.
2. *Tafsīr Bā'*, 281, 3-5 (In B 5, 1002 a 4-6).
3. *Tafsīr Bā'*, 281, 7-8 (In B 5, 1002 a 6).
4. *Tafsīr Bā'*, 281, 10-15 (In B 5, 1002 a 6-8).
5. *Tafsīr Bā'*, 282, 10-11 (In B 5, 1002 a 11-12).

Vient alors l'antithèse, où Aristote entreprend de « mettre en doute » (*yatašakkaku*) les opinions énoncées.

Si l'on admet cette opinion que les longueurs et les points sont plus substance que les corps, on ne voit pas bien, dit Aristote, « à quels corps ces choses peuvent appartenir »[1]. On se demande en effet, si les surfaces, les lignes et les points sont vraiment les principes et substances des corps, de quels corps ces choses seront les principes. Aristote reprend ici implicitement son objection contre Platon, qui sépare l'essence (ou la substance), principe d'intelligibilité des choses, de ce dont elle est essence (ou substance). Pour Aristote, si les lignes sont la substance des corps, elles doivent appartenir aux corps. La question est de savoir à quels corps elles pourraient appartenir.

Si l'on admet que les longueurs, les surfaces et les points sont plus des substances que les corps mais qu'ils n'appartiennent pas aux corps sensibles, dit Aristote, il n'y aura alors aucune substance. Il est en effet impossible que ces choses soient dans les corps sensibles[2]. Certains interprètes[3] voient ici un argument en faveur de la seule substantialité du corps sensible. Ce n'est pas, nous semble-t-il, ce que vise ici Aristote. On peut résumer comme suit son argumentation : si les platoniciens disent que ces choses sont les substances, c'est parce que ces choses définissent les corps. Si l'on concède cela, on doit alors aussi admettre que ce qui définit les corps, c'est-à-dire ce sans quoi les corps ne sont pas, n'est pas corporel (en effet, si, d'après les platoniciens, les substances ne sont pas les corps et si les surfaces, les lignes et les points sont les substances, alors les surfaces, les lignes et les points ne sont pas des corps, ne sont pas corporels).

Mais, dit Aristote, si ces choses sont les substances et principes des corps, elles doivent être présentes dans les choses dont elles sont les principes et la substance. Or il est impossible que ce qui est incorporel soit présent dans ce qui est corporel. Il ne se peut dès lors que les surfaces, les lignes et les points soient les substances des corps. Et si on n'admet pas non plus que les corps sont les substances, il n'y aura alors aucune substance. Voilà l'aporie à laquelle on aboutit. L'intention d'Aristote n'est donc pas d'affirmer ici le caractère substantiel du corps sensible. Il vise seulement à montrer les incohérences auxquelles aboutissent les thèses platoniciennes. C'est ce que semble avoir bien compris Averroès :

> Mais si, d'après cette opinion (*iʿtibār*), ilest nécessaire que la surface, la ligne et les points soient des substances – et il semble manifeste que ces choses ne sont pas des substances et sont antérieures aux

1. B 5, 1002 a 17 (ποίων ἂν εἶεν σωμάτων).
2. B 5, 1002 a 17-18.
3. Cf. Alex., 230, 26; J. Tricot, *La Métaphysique*, I, p. 162 n. 5.

> corps mathématiques, de sorte que les corps mathématiques ne sont pas des substances –, alors parmi quelles choses compteront les substances des êtres ? Il est impossible en effet que ce soit les corps sensibles car ils sont ceux dont nous recherchons les substances selon ce que nous en avons dit, à savoir qu'elles sont être et un (*huwiyya wa mawǧūd*). En effet, nous cherchons seulement <à savoir> ce qu'est cette substance qu'indique le mot *être* et *un* (*mawǧūd wa wāḥid*). Et il n'y a pas de corps autre que le mathématique et le sensible[1].

Averroès veut ici réaffirmer le but de la recherche : ce que l'on cherche à connaître, ce sont les principes et substances des êtres. Il est évident pour lui que, si les corps sensibles sont d'une certaine manière des substances, ils ne sont pas les substances par excellence. Les corps sensibles ne sont pas des substances par eux-mêmes ; ils ne le sont qu'en vertu des principes qui leur confère leur substantialité, leur quiddité, et qui, à ce titre, sont plus véritablement substances que les sensibles. Ce sont ces principes, véritables substances, qui doivent faire l'objet de la recherche, et non les corps.

Mais alors, dit Aristote, il n'y aura aucune substance[2]. Aristote veut dire, commente Averroès, « que quand on nie que les quiddités des êtres sont les corps, il est probable que l'on croit d'après cela (*ḫalīq an ya'taqida bi-ḥasab hāḏā*) que les êtres n'ont pas de quiddités »[3]. Cette conséquence n'est admise par Averroès qu'au conditionnel ; elle découle de propositions dialectiques, c'est-à-dire d'opinions qui admettent communément que ce sont les corps qui sont substances. Pour Averroès, on le sait, les quiddités des êtres ne se réduisent pas aux corps sensibles.

Quant aux corps mathématiques, ils ne sont pas des substances, dit Averroès, « puisque la longueur et la largeur sont des accidents et qu'elles sont les différences (*fuṣūl*) de ce corps »[4]. Il faut sans doute dire un mot de ce passage qui fait des dimensions les *différences* du corps. Aristote ne dit pas que ces dimensions sont des différences, mais des *divisions* du corps. L'interprétation d'Averroès n'est pas tributaire, malgré ce que l'on pourrait croire au premier abord, de la traduction arabe. Car le texte arabe traduit bien διαιρέσις (1002 a 19) par *aqsām* (*divisions*). Certes, le mot employé par Averroès (*fuṣul*) dénote aussi la division. Mais c'est aussi et surtout le terme consacré chez Averroès pour parler de la différence qui spécifie le genre. Le choix d'Averroès est étonnant. Peut-être résulte-t-il de l'embarras éprouvé devant un texte arabe où l'on trouve non seulement une lacune

1. *Tafsīr Bā'*, 283, 4-11 (In B 5, 1002 a 15-18).
2. B 5, 1002 a 18 (οὐκ ἂν εἴη οὐσία οὐδεμία).
3. *Tafsīr Bā'*, 283, 13-15 (In B 5, 1002 a 18).
4. *Tafsīr Bā'*, 283, 16-17 (In B 5, 1002 a 18-21).

importante (1002 a 23-28), mais aussi une interpolation du traducteur (en 278, 2-3, on peut lire : *il est indubitable que le corps a une figure car s'il était possible que le corps n'ait pas de figure, il serait possible qu'il n'ait pas de dimension*, ce qui ne correspond à rien dans le texte grec). Le commentaire que donne Averroès de ce passage difficile est bien entendu étroitement lié à ces circonstances et, par conséquent, très éloigné des interprétations habituelles [1]. Ce qu'Aristote tente de montrer, c'est que les surfaces, les lignes et les points ne sont pas des substances, et que le corps mathématique, défini par ces choses, n'est par conséquent pas non plus une substance. La perspective d'Averroès est sensiblement différente.

> Après avoir nié, dit Averroès, que le corps mathématique est une substance, puisque la longueur et la largeur sont des accidents et qu'elles ont les différences de ce corps, <Aristote> entreprend de mentionner les arguments qui imposent que les longueurs sont les différences du corps mathématique, au rang des figures (*bi-manzilat al-aškāl*) [2].

Averroès croit ensuite qu'Aristote établit une stricte analogie entre ces dimensions et la figure (*šakl*). En effet, dit Averroès, « le cas de la figure est, pour le corps, le même que celui de la dimension, en ceci qu'il n'est pas possible que le corps se dépouille d'elle (*yata'arā min-hu*), sauf quand le corps se corrompt, comme c'est le cas pour la différence d'une chose substantielle (*faṣl al-šay' al-ǧawharī*) » [3]. On ne peut concevoir en effet qu'une figure subsiste sans ce dont elle est la figure, ni d'ailleurs qu'une chose subsiste sans sa figure : si la figure, dit Averroès, « n'est pas substantielle au corps (*ǧawhariyy^{an} lil-ǧism*), il serait possible que la figure propre (*ḫāṣṣ*) à la chose soit éliminée et que reste la chose. C'est comme si on disait qu'il est possible que la figure de l'homme soit éliminée et qu'il reste un homme, ou que la figure de la statue de Mercure <soit éliminée> et que reste la statue de Mercure. Et s'il était possible que la figure propre de la chose soit éliminée par la chose, il se pourrait que la moitié de la figure de la chose soit éliminée de la chose et qu'il reste toute la figure » [4]. Ce qu'Averroès veut dire ici, c'est que la figure ne peut avoir que l'être de ce dont elle est la figure. En effet, il n'y a aucune figure qui ne soit la figure d'une chose, et si cette chose n'est pas, alors la figure n'est pas.

Vient ensuite une phrase où le terme grec κύβος (*cube*) est traduit, ou plutôt remplacé, par l'arabe *burda*. Là où Aristote veut dire que, si les

1. Cf. G. Colle, *La Métaphysique*, p. 287.
2. *Tafsīr Bā'*, 283, 16-19 (In B 5, 1002 a 18-21).
3. *Tafsīr Bā'*, 284, 8-10 (In B 5, 1002 a 21).
4. *Tafsīr Bā'*, 284, 14-17 (In B 5, 1002 a 21-22).

figures étaient séparables, il serait possible que la figure du demi cube ne soit pas dans la figure du cube, Averroès lit : *il serait possible que la figure de la demi burda ne soit pas dans toute la figure de la burda*[1]. La *Burda*, qui désigne une tunique d'étoffe que portait le Prophète, n'a bien entendu rien à voir avec le développement d'Aristote. Averroès qui, étant donné la lacune dans le texte, ne dispose d'aucune autre information, tente cependant de trouver un sens à cette phrase :

> Si <Aristote> a pris pour ceci l'exemple de la burda, c'est parce que la burda fait partie des choses qui ne sont appelées que par ce nom et sont définies d'après leur figure (*bi-ḥasab šakli-hā*), de sorte que leur figure est la même que leur différence (*huwa huwa faṣlu-hā*) qui les différencie des autres vêtements »[2].

Averroès n'a pas du tout compris, et pour cause, le développement d'Aristote. Ce qui semble importer ici aux yeux d'Averroès, c'est la consubstantialité, ou plutôt la connaturalité, de la figure et de la chose dont elle est figure. Il veut, semble-t-il, insister sur le fait que la différence spécifique n'est pas autre chose que ce dont elle est la différence. La figure n'est en effet, dans le texte d'Aristote lui-même[3], pas autre chose que la forme, c'est-à-dire, d'après certains passages de Z[4], la substance et la quiddité. Pour Averroès, et c'est ce sur quoi il insiste ici, le principe et la substance des choses sensibles, c'est la différence qui, comme la figure, est inséparable, sinon par la pensée, de ce dont elle est la différence. Les différences sont les formes qui, véritablement, font connaître *ce que sont* les êtres.

Averroès reste cependant très imprécis en ce qui concerne le statut des dimensions et des corps mathématiques. Car s'il y a analogie entre les dimensions et les figures, et si le cas des figures est semblable à celui des différences, on ne voit pas pourquoi les dimensions ne bénéficieraient pas du même statut que ces différences. Averroès ne va pas jusqu'à admettre que les dimensions et les corps mathématiques sont des substances. Il s'aperçoit cependant de la conséquence à laquelle pourrait aboutir son raisonnement qu'il tente maladroitement de justifier : « C'est comme si <Arsitote> avait voulu établir à partir de cette différence, que quand on met les dimensions au rang des accidents, le corps est alors un accident, et quand on met le corps au rang d'une substance, il est nécessaires que celles-ci soient des substances »[5]. Cette explication, peu convaincante, ne nous

1. *Tafsīr Bā'*, 278, 5 (B 5, 1002 a 22).
2. *Tafsīr Bā'*, 284, 19-285, 1 (In B 5, 1002 a 22).
3. Cf. Δ 8, 1017 b 25-26.
4. Cf. surtout Z 6, 1031 a 16-18 ; Z 12, 1038 a 25-26
5. *Tafsīr Bā'*, 285, 1-3 (In B 5, 1002 a 22).

informe pas sur les véritables raisons pour lesquelles le corps mathématique ne peut prétendre au titre de substance.

Aristote en vient ensuite à un autre argument, celui qui concerne la génération et la corruption des substances. Averroès suit, à quelques détails près, le développement d'Aristote :

> Ce que tous croient, admettent et reconnaissent – dit Averroès – c'est que la substance est engendrée et se corrompt, et <que> les passions l'affectent lors de la génération et de la corruption, je veux dire que quand elle est engendrée survient une substance qui n'était pas, et quand elle se corrompt, ce qui était survenu se corrompt[1].

Or les lignes, les surfaces et les points ne sont pas soumis à la génération et à la corruption, et pourtant ces choses tantôt sont, tantôt elles ne sont pas. Lorsque, par exemple, deux corps sont réunis, les deux surfaces qui limitent chacun des deux corps ne forment plus qu'une seule surface, sans qu'il y ait eu pour autant corruption. On peut donc dire qu'une nouvelle surface existe sans qu'elle ait été engendrée. De la même manière, la séparation de deux corps qui n'étaient limités que par une seule surface donne lieu à deux surfaces, sans que ces deux surfaces ne soit engendrées de la surface unique[2]. En effet, commente Averroès, « toute composition n'est pas génération et toute dissolution n'est pas corruption, comme le disent certains anciens, pour qui la réunion est la génération, et la séparation est la corruption. Au contraire, l'engendré est ce à quoi survient une substance qui n'était pas, et le corrompu est ce à partir de quoi s'est corrompue une substance qui a été »[3].

Or dans le cas des surfaces, la surface unique est composée de plusieurs surfaces sans être engendrée de celles-ci. Les surfaces ne sont donc soumises ni à la génération, ni à la corruption. Ces choses qui sont soumises à la génération, dit Averroès, « sont les choses qui se divisent en parties concordant quant au nom et à la définition »[4]. Ainsi, poursuit-il, « la plus petite des parties du corps sensible, qui est indivisible en tant qu'il est ce corps, est composée. Par exemple, la plus petite partie du feu est composée d'une matière et d'une forme »[5]. Les choses indivisibles, quant à elles, ne sont pas soumises à la génération et à la corruption. Le point, par exemple, n'est pas engendré car « le point ne se divise pas en deux points. Il n'a donc pas de génération car s'il avait une génération, il serait composé (...). Et si le point est engendré et se corrompt, il sera inévitablement

1. *Tafsīr Bā'*, 285, 9-12 (In B 5, 1002 a 30-32).
2. Cf. G. Colle, *La Métaphysique*, p. 291.
3. *Tafsīr Bā'*, 286, 3-7 (In B 5, 1002 b 2-3).
4. *Tafsīr Bā'*, 286, 8-9 (In B 5, 1002 b 3).
5. *Tafsīr Bā'*, 286, 14-16 (In B 5, 1002 b 3).

engendré à partir d'une chose, de sorte qu'il sera divisible, et cela est impossible »[1].

Le reste du texte fait défaut dans la version arabe. Manquent les 6 lignes (1002 b 5-11) où Aristote établit un parallèle entre ces choses, qui sont des divisions, et le temps qui, lui aussi est inengendré et incorruptible, tout en paraissant à chaque fois différent.

Le commentaire d'Averroès concernant cette aporie se termine donc ici.

15 e aporie

Pourquoi chercher d'autres substances (les Formes) en plus des choses sensibles et des choses mathématiques intermédiaires ? [2]

Le début de B 6 (1002 b 12-32) ne correspond à aucune des apories énumérées par Aristote en B 1. Ce texte reprend en fait la difficulté évoquée dans la onzième aporie (999 b 24-1000 a 4), où l'on se demande si les principes ont l'unité numérique ou l'unité spécifique. C'est pour cette raison, sans doute, que des commentateurs comme W. Ross et J. Tricot considèrent ce passage comme un simple texte de transition. Averroès, quant à lui, y voit bel et bien, comme le font aussi W. Jaeger et S. Mansion, une nouvelle aporie.

Ce passage, particulièrement les lignes 14 à 25, est difficile à comprendre. Il s'agit d'une longue phrase qui, dans le texte d'Aristote lui-même, est mal construite : « la protase est abandonnée, et l'apodose fait défaut »[3]. Aristote semble ici vouloir exposer les raisons qui ont poussé les platoniciens à affirmer l'existence des Idées, mais son argumentation reste vague et paraît « négligée »[4].

Voici comment on peut, semble-t-il, résumer le passage[5].

Si les platoniciens ont admis l'existence des Idées en plus des choses mathématiques et des sensibles, c'est parce que les choses mathématiques, qu'ils appellent intermédiaires, ne répondent pas au critère du principe. Certes, les choses mathématiques sont, en raison de leur intelligibilité, différentes des sensibles. Mais les choses mathématiques ont cependant en commun avec les sensibles d'être numériquement multiples et spécifiquement unes. Or, il semble bien que ce qui n'est pas numériquement un ne peut avoir de principe numériquement un. Les principes des choses ne

1. *Tafsir Bā'*, 286, 18-287, 4 (In B 5, 1002 b 3-5).
2. *Tafsir Bā'*, 287, 6-288, 5 (B 6, 1002 b 12-32).
3. Cf. G. Colle, *La Métaphysique*, p. 294.
4. J. Tricot, *La Métaphysique*, p. 166 n. 1.
5. Cf. G. Colle, p. 294 ; G. Reale, p. 286 n. 1.

posséderaient donc pas l'unité numérique, s'il n'existait que des choses sensibles et des choses mathématiques. Or il est nécessaire que les principes possèdent l'unité numérique. C'est donc qu'il faut admettre, en dehors des choses mathématiques et des choses sensibles, l'existence d'autres choses possédant l'unité numérique. C'est pourquoi les platoniciens ont introduit les Idées qui, précisément, possèdent cette unité-là. Pourtant, admettre que les principes des êtres ont l'unité numérique soulève des objections, qui ont été développées dans une précédente aporie.

Le commentaire d'Averroès sur ce passage ne se distingue pas, il faut le dire, par sa limpidité, d'autant que la traduction arabe du texte d'Aristote se trouve amputée de six lignes Bekker (1002 b 24-30). Il semble cependant qu'Averroès développe ici une autre conception de la notion d'unité que celle généralement admise.

Il est manifeste, dit d'abord Averroès, que les mathématiques diffèrent, quant à la définition (*bi-al-ḥadd*), des choses sensibles[1]. N'ayant pas la même définition, les mathématiques « qu'ils appellent <choses> intermédiaires » et les choses sensibles n'ont donc pas la même forme, elles ne sont pas « une quant à la forme ». Averroès met alors en doute l'existence de ce que les platoniciens appellent les substances intermédiaires (*al-mutawassiṭa*), en ironisant sur le statut qu'ils donnent à ces entités.

> Ils [=les platoniciens] ne posent pas ces <choses> intermédiaires comme distinctes (*munfaṣila*) des choses sensibles, bien que (*'alā anna*) chacune d'entre elles (*kull wāḥid min-hā*) soit seulement une quant au nombre, comme le posent les partisans des formes; pourtant elles s'en distinguent (*tanfaṣilu min-hā*), bien que <d'après les platoniciens> elles leur soient semblables (*šabīha bi-hā*), c'est-à-dire <qu'elles s'en distinguent parce qu'elles sont> plusieurs quant aux formes et plusieurs quant au nombre[2].

L'argument semble dirigé contre les platoniciens qui affirment que les mathématiques se trouvent dans les choses sensibles, qu'elles n'en sont donc pas séparées, alors qu'ils affirment en même temps que les mathématiques sont des substances intermédiaires entre les sensibles et les intelligibles. Averroès insiste sur la contradiction. Si les choses mathématiques sont dans les sensibles, les choses mathématiques et les choses sensibles ont nécessairement l'unité numérique : elles forment ensemble, dans chaque cas, une chose numériquement une. Mais les platoniciens admettent cependant que les choses mathématiques diffèrent des choses sensibles par

1. *Tafsīr Bā'*, 288, 9-10 (In B 6, 1002 b 14-15).
2. *Tafsīr Bā'*, 288, 14-17 (In B 6, 1002 b 15-16).

la définition, c'est-à-dire par la forme. Ils affirment donc que choses mathématiques et choses sensibles n'ont, dans chaque cas, qu'une unité numérique. Mais comment une chose d'une telle forme pourrait-elle former, avec une chose d'une forme différente, une chose numériquement une ? C'est donc que les entités mathématiques diffèrent tant par le nombre que par la forme (« plusieurs quant aux formes et plusieurs quant au nombre »).

Or, pour qu'une chose soit le principe d'une autre chose, il faut, d'après Averroès, que ce principe soit différent seulement par le nombre, et non par la forme, de la chose dont il est principe. On ne voit pas, sinon, en quoi le principe d'une chose en serait le principe. Or les choses que les platoniciens appellent intermédiaires sont, on l'a vu, à la fois différentes par la forme et différentes par le nombre des choses sensibles. C'est donc que les choses mathématiques ne sont pas les principes des choses sensibles. En introduisant les formes, les platoniciens ont cru pouvoir trouver de nouvelles substances qui soient à la fois un principe d'unité numérique et un principe d'unité formelle pour les choses sensibles et les choses intermédiaires. Mais, conclut ici Averroès, « nous avons déjà dit ce qu'il en advient en termes d'absurdités (*min al-maḥāl*) dans la question où l'on a examiné si les principes sont un par le nombre ou par la forme »[1].

16 e aporie

Les éléments sont-ils en puissance ou en acte ?[2]

Le développement de l'aporie se présente comme suit. Si les éléments sont en acte, alors ces éléments seront nécessairement postérieurs aux éléments en puissance car, dit Averroès après Aristote, « la puissance est antérieure à l'acte, c'est-à-dire que ce qui est en puissance une certaine chose (*šay'an mā*) est antérieur à ce qui est cette chose en acte »[3]. S'il en est ainsi, les éléments (en acte) auront eux-mêmes des éléments (en puissance) et l'on ira à l'infini. Or ce que nous recherchons, ce sont les éléments ultimes des êtres.

D'autre part, poursuit Averroès, si les éléments ne sont précédés par aucune chose en puissance, « absolument aucune puissance de quelque chose ne sera en eux. Et s'il n'y a aucune puissance en eux, ils ne seront éléments de rien »[4]. En effet, rien ne peut devenir qui ne soit pas en puissance d'être.

1. *Tafsīr Bā'*, 289, 17-290, 2 (In B 6, 1002 b 30-32).
2. *Tafsīr Bā'*, 290, 4-12 (B 6, 1002 b 32-1003 a 6).
3. *Tafsīr Bā'*, 291, 3-5 (In B 6, 1002 b 34-1003 a 1).
4. *Tafsīr Bā'*, 291, 11-13 (In B 6, 1003 a 2).

Si l'on pose, en revanche, que les éléments sont en puissance, alors on doit admettre que tout ce qui est pourrait ne pas être. Il se pourrait, dit Averroès, « que tous les êtres qui sont en acte soient niés, et il ne resterait rien que ce qui est en puissance » [1]. Ces éléments potentiels ne rendraient alors pas compte des choses puisque ces éléments pourraient bien ne pas être. En effet, ce qui est en puissance d'être n'est pas encore, de sorte que les éléments, s'ils sont en puissance, pourraient ne pas être. Et si les éléments ne sont pas, alors les êtres dont ils sont les éléments ne seront pas non plus.

La difficulté de cette aporie repose sur deux postulats : que, d'une part, la puissance précède nécessairement l'acte et que, d'autre part, les principes des choses en sont les éléments constitutifs. Il faudra donc établir « une certaine antériorité de l'acte ou de la forme par rapport à l'être à expliquer. Mais la difficulté présente montre qu'on ne saurait y parvenir tant qu'on conçoit les principes uniquement comme des éléments » [2]. L'équivalence principe-cause-élément qui, d'après S. Mansion, « semble être ici encore au point de la réflexion » [3] retiendra l'attention d'Averroès dans son commentaire de Lambda, où il prend soin de dissiper « l'équivoque sur le sens du mot principe » [4].

> Puisque les causes ne sont pas toutes les causes dont est composée la chose, et qui en sont comme les parties, mais qu'il y a aussi des causes extérieures (*asbāb min ḫāriğ*), dont l'une est moteur, que le nom de principe (*mabda'*) convient mieux au moteur et <le nom> d'élément aux causes intrinsèques à la chose (*al-latī hiya dāḫil al-šay'*), il est clair que l'élément et le principe sont des causes distinctes l'une de l'autre et toutes deux différentes. Si <Aristote> a dit cela, c'est parce que le nom de cause s'applique aussi bien à ce qui est intérieur qu'à ce qui est extérieur : le principe à ce qui est extérieur, l'élément à ce qui est intérieur à la chose (...) Par "principes"(*mabādī*), <Aristote> veut dire les causes motrices (*al-'ilal al-muḥarrika*), par "causes" (*asbāb*), ce qui embrasse les quatre <causes>, et par "éléments" (*usṭuqusāt*) ce qui est dans la chose. (...) Si le terme de principe s'applique au moteur et à l'élément, c'est le moteur qu'il indique en particulier [5].

1. *Tafsīr Bā'*, 291, 17-18 (In B 6, 1003 a 2-3).

2. S. Mansion, « Les Apories... », dans *Études aristotéliciennes*, Louvain-la-Neuve, 1984, p. 175.

3. *Ibidem*.

4. *Ibidem*, p. 174.

5. *Tafsīr Lām*, 1524, 3-1525, 4 (In Λ 4, 1070 b 22-25) (trad. A. Martin, légèrement modifiée).

Cette distinction établie par Averroès en Lambda indique la voie à suivre pour résoudre l'aporie de Bêta. On ne peut en effet sortir de la difficulté qu'en établissant, pour les êtres, l'existence d'autres principes que leurs éléments constituants, qui ne sont jamais qu'en puissance ce que ces êtres sont. Demander si les éléments sont en puissance ou en acte ne peut avoir de sens que si l'on entend par *élément* le principe qui est extérieur aux êtres, c'est-à-dire, en dernière analyse, le premier moteur.

Pour établir cependant l'antériorité absolue de ce premier principe moteur sur toutes les autres choses, il faut encore admettre que la puissance n'est pas nécessairement antérieure à l'acte. Averroès reprend, dans son commentaire de Lambda, ce qu'Aristote a établi en physique et en *Métaphysique*, Θ8 :

> Si, comme cela a été démontré dans les sciences physiques, il y a un mouvement éternel et que tout mouvement ait un moteur, ce mouvement doit nécessairement avoir un moteur qui est acte pur (*fi'l mahd*), absolument exclusif de toute puissance, c'est-à-dire <un moteur> qui, à aucun moment, n'est moteur en puissance. S'il y avait en effet une substance motrice ou efficiente qui ne fût pas un acte pur, exempt de tout puissance, elle ne pourrait engendrer aucun mouvement à aucun moment (…) car un moteur dont la substance n'est pas pure de tout puissance peut fort bien, à un certain moment, ne pas mouvoir, puisqu'il ne meut que par un autre moteur, qui le fait passer de la puissance à l'acte. Or ce moteur peut ne pas se manifester[1].

On retrouve ensuite les mêmes objections que celles évoquées en Bêta.

> Si tout ce qui est moteur et efficient comportait une puissance à mouvoir et à agir – dit Averroès – il pourrait exister un moment où ne se trouverait absolument aucun être, car tout chose peut ou exister ou ne pas exister. Si donc le premier moteur peut ne pas exister ou ne pas mouvoir, il se peut qu'absolument rien n'existe, ce qui est impossible[2].

Vient alors le rappel de ce qui a déjà été établi par Aristote concernant l'antériorité de l'acte sur la puissance :

> <Aristote> a expliqué plus haut de quelle façon il est juste de dire que la puissance est antérieure à l'acte et de quelle façon ce ne l'est pas. En effet, on a déjà montré ailleurs que la puissance est chronologiquement (*bi al-zaman*) antérieure à l'individu engendré, mais que l'acte précède absolument (*bi-iṭlāq*) la puissance puisqu'il n'y a rien qui ne passe de la puissance à l'acte si ce n'est par

1. *Tafsīr Lām*, 1565, 6-1566, 7 (In Λ 6, 1071 b 12-14) (trad. A. Martin).
2. *Tafsīr Lām*, 1569, 8-12 (In Λ 6, 1071 b 25-26) (trad. A. Martin).

quelque chose <qui est> en acte. C'est pourquoi la proposition (*al-muqaddima*) selon laquelle ce qui est en acte a d'abord été en puissance n'est pas exacte. Car s'il en était ainsi, la puissance serait antérieure à l'acte absolument. Et si la puissance était antérieure à l'acte absolument, alors les choses se mouvraient d'elles-mêmes (*min ḏāti-hā*), sans moteur[1].

17 e aporie

Les principes sont-ils universels ou particuliers ? [2]

Le développement de cette dernière aporie prend pour postulat que le principe est une substance et qu'il est τόδε τι, une « chose désignée » (*hāḏā al-šay' al-mušār ilay-hi*). Si tel est le cas, la thèse selon laquelle les principes sont universels paraît absurde. En effet, l'universel est un prédicat commun à plusieurs choses et n'est donc pas une chose désignée.

Ici encore, Averroès suit de près le développement d'Aristote. « La chose commune (*al-šay' al-muštarik*) – dit Averroès – n'est pas le désigné (*al-mušār ilay-hi*), qui est la substance, mais un modèle du désigné (*miṯal al-mušar ilay-hi*), c'est-à-dire une forme commune à <ce désigné> et à tous les individus ayant cette forme-là »[3]. Si, pour éviter cette difficulté, on affirme que les universels sont des substances, c'est-à-dire des « choses désignées », on se heurte nécessairement à cette autre difficulté. En effet, dit Averroès, dont la perspective est ici légèrement différente de celle d'Aristote, « il y aura, en Socrate, l'humanité se trouvant dans tous les hommes, bien qu'elle soit une chose désignée quant au nombre, de sorte que Socrate et tous les individus des hommes composeront une seule chose ; de même, ils seront composés, avec tous les animaux, car l'animalité désignée se trouvera dans tous les individus des animaux, ou alors les individus de tous les animaux se trouveront en elle »[4]. L'argument est le suivant. Une chose désignée, un τόδε τι, est un individu numériquement un. Socrate est un individu désigné, numériquement un, mais on dit aussi de lui qu'il est un animal et qu'il est un homme. Si animal et homme, qui sont des universels, sont aussi des choses désignées, numériquement unes, alors Socrate, qui est lui-même, homme et animal sera à la fois numériquement un et numériquement trois. Ce qui est bien entendu impossible. Pour ces raisons, on ne peut donc soutenir que les principes sont universels. Mais si on admet, d'autre part, que les principes ne sont pas

1. *Tafsīr Lām*, 1576, 6-14 (In Λ 6, 1072 a 3-5) (trad. A. Martin).
2. *Tafsīr Bā'*, 292, 10-293, 2 (1003 a 6-17).
3. *Tafsīr Bā'*, 293, 9-11 (In B 6, 1003 a 7-9).
4. *Tafsīr Bā'*, 294, 5-10 (In B 6, 1003 a 11-12).

universels, on revient à la difficulté évoquée ailleurs : la possibilité même de la science. Comment connaître les particuliers si l'on ne pose pas quelque chose d'un qui leur appartienne universellement ? Car il n'y a de science que de l'universel, le particulier étant corruptible. Il faudra donc, conclut, à la suite d'Aristote, Averroès, « qu'il y ait ici des principes universels avant les particuliers » [1].

1. *Tafsīr Bā'*, 295, 2 (In B 6, 1003 a 15-17).

CHAPITRE V

L'UNITÉ DE LA MÉTAPHYSIQUE

On reconnaît généralement que les premières apories de la métaphysique forment un « tout assez distinct du reste » [1], en ce sens qu'elles traitent de la détermination d'un objet propre à la métaphysique, qui permettrait d'assurer l'unité de cette science. Comment, en effet, « un savoir aussi vaste peut-il avoir l'unité d'une science digne de ce nom » [2] ? Car on ne voit pas comment une même science pourrait, par une méthode unique, s'occuper à la fois des diverses causes (1e aporie), des principes de la démonstration (2e ap.), des diverses substances (3e ap.) et des accidents (4e et 5e ap.) [3] ?

Dans la première aporie, nous l'avons vu, Aristote demande comment toutes les causes peuvent faire l'objet d'une seule science, alors que ces causes ne sont pas des contraires. Aristote affirme en effet à plusieurs reprises [4] que les choses contraires font l'objet d'une science unique parce que les contraires se ramènenent tous à un principe unique. Dire par conséquent que les causes ne sont pas contraires, c'est relever leur hétérogénéité. Dire de surcroît que tous les êtres n'ont pas toutes les causes – c'est là l'argument invoqué en Bêta-, c'est renforcer l'hétérogénéité des causes en affirmant celle des êtres. Les objections de Bêta venaient donc nier l'unité d'une science des quatre causes. C'est, en d'autres termes, sur la multiplicité des genres de l'être exprimée dans la doctrine des quatre genres de causes que reposait, en Bêta, l'objection d'Aristote contre l'unité de la science des causes.

1. S. Mansion, « Les Apories de la *Métaphysique* aristotélicienne », dans *Études aristotéliciennes*, Louvain-la-Neuve, 1984, p. 149.

2. *Ibidem*.

3. Il s'agit ici du nombre d'apories distinguées par Averroès.

4. Cf. notamment *Métaphysique*, Γ 2, 1003 b 35-1004 a 1 ; 1004 a 9-20.

Certains commentateurs[1] estiment qu'Aristote résout cette première aporie de la métaphysique dans la première phrase de Γ1 :

> Il y a une science, dit Aristote, qui étudie l'être en tant qu'être et ce qui lui appartient par lui-même[2].

Enrico Berti, quant à lui, rejette cette interprétation[3] et ne voit pas en quoi l'affirmation d'une science de l'être en tant qu'être constitue une solution au problème de l'unité de la science des causes. En effet, définir la sagesse comme la science qui étudie l'être en tant qu'être ne résout pas le problème de la multiplicité des genres de l'être. Que toutes choses puissent être considérées sous la formalité commune d'être, c'est un fait incontestable. Encore faudrait-il dire ce qui fait cette unité de l'être[4]. Pour que plusieurs choses fassent l'objet d'une science une, il faut, conformément aux *Analytiques*, que ces choses constituent un genre sur lequel porte la science. Or l'être n'est pas un genre. On ne voit pas alors comment, dans cette perspective, l'étude de l'être pourrait constituer une science. La première aporie de la métaphysique résulte bien, cela a déjà été noté[5], d'un conflit entre la doctrine de la science exposée dans les *Analytiques* et la conception de la sagesse exposée dans le premier livre de la *Métaphysique*.

On doit dès lors reconnaître avec E. Berti que ce n'est effectivement pas en Γ1 que le problème de l'unité de la science est résolu. C'est dans le deuxième chapitre de Γ, où se trouve exposée la doctrine des πρὸς ἕν λεγόμενα, que se trouve, toujours d'après E. Berti[6], la solution de l'aporie.

L'être se dit en plusieurs sens, mais toujours par rapport à un seul principe[7].

1. Cf. J. Tricot, *La Métaphysique*, p. 125 n. 2 : « La première aporie est discutée et résolue en Γ1 » ; G. Reale, *La Metafisica*, p. 262 : « L'aporia verrà risolta *in* Γ, 1 » ; J. Owens, *The Doctrine of Being in the Aristotelian Metaphysics*, Toronto, P.I.M.S., 3 e éd. 1978, p. 264 : « *The opening chapter of Book Γ, consequently, seems constructed for the solution of the initial aporiae of B* ».

2. Γ1, 1003 a 21-22.

3. E. Berti, *L'Unita del sapere in Aristotele*, Padova, 1965.

4. Contrairement à ce qu'affirme S. Mansion, *op. cit.*, p. 153 : « L'unité de la métaphysique, science absolument universelle, est garantie par le fait qu'il est possible de grouper tous les êtres sous une formalité commune, de découvrir une nature en laquelle ils communiquent et qui est précisément l'être. La métaphysique a donc comme toutes les sciences un objet formel déterminé ».

5. E. Berti, *ibidem*, p. 122. C'est Hegel qui, d'après P. Aubenque (*Le Problème de l'être chez Aristote*, Paris, P.U.F., 1962, p. 250), aurait été le premier à « noter cette disproportion entre la théorie aristotélicienne de la science dans les *Analytiques* et sa spéculation effective dans la *Métaphysique* ».

6. E. Berti, *ibidem*, p. 123.

7. *Métaphysique*, Γ2, 1003 a 33-34.

Voyons comment Averroès interprète cet important passage de la *Métaphysique*. Il veut d'abord expliquer la relation que crée entre les êtres leur « unité focale de signification » (P. Aubenque) :

> Le nom d'être, dit Averroès, se dit de plusieurs espèces (*'alā anwā' kaṯīra*), mais il ne se dit pas de l'espèce homonyme (*bi-naw' ištirāk al-ism*), comme *al-'ayn* se dit de l'or, de la panthère, du petit fleuve et d'autres noms. Il ne se dit pas non plus par synonymie (*bi-tawāṭu'*) comme l'animal et l'homme. L'être fait partie d'une espèce de noms (*min naw' al-asmā'*) qui sont dits des choses relativement (*mansūba*) à une chose une. Ce sont celles qui sont connues dans l'art de la logique comme ce qui est dit selon l'antérieur et le postérieur car elles sont intermédiaires entre la synonymie (*al-mutawāṭi'a*) et l'homonymie (*al-muštarika*)[1].

Pour Averroès, c'est le principe auquel toutes ces choses se rapportent qui fonde leur unité. C'est en vertu d'un être antérieur, d'un être premier, que tous les êtres, qui lui sont donc postérieurs, reçoivent le nom d'être. Cet être premier est la substance, et c'est en ce principe que la science trouve son unité :

> Même si le nom d'être se dit de plusieurs espèces, chacune de ses espèces (*kull naw' min-hā*) n'est dite être qu'en vertu de son rapport à l'être premier qu'est la substance (*al-huwiyya al-ūlā wa hiya al-ǧawhar*)[2].
>
> Après avoir montré (*bayyana*) que l'étude de l'être en tant qu'être revient à une seule science, <Aristote> veut faire connaître que le nom d'être n'est pas dit par homonymie. Car si tel était le cas, l'art qui l'étudie ne serait pas un art un[3].

En affirmant l'existence d'un rapport entre tous les êtres et un premier principe, Aristote établit à la fois l'unité des êtres et l'unité de la science qui s'en occupe. C'est donc en Γ2 et non en Γ1 que se situe, pour Averroès comme pour Berti, le fondement de l'unité de la science des êtres.

Peut-on cependant dire que Γ2 fonde aussi l'unité de la science des quatre causes ? En affirmant l'unité, grâce à la substance, de la science des êtres, Aristote établit-il vraiment l'existence d'un rapport entre l'unité de la science des êtres et celle de la science des causes ?

D'après Berti, c'est bien à la même science qu'il revient d'étudier les quatres causes car, dit-il, les quatre causes sont causes de la substance.

1. *Tafsīr Ǧīm*, 302, 13-303, 3 (In Γ 2, 1003 a 33-34).
2. *Tafsīr Ǧīm*, 305, 5-7 (In Γ 2, 1003 b 5-6)..
3. *Tafsīr Ǧīm*, 302, 9-11.

On peut cependant se demander si cette interprétation ne préjuge pas de la nature de la substance ? Se peut-il que toutes les substances aient toutes les causes alors que, d'après l'objection de Bêta, tous les êtres n'ont pas toutes les causes ? En affirmant l'unité d'un principe auquel se rapportent tous les êtres, on réduit certes l'hétérogénéité des êtres. Réduit-on pour cela celle des causes ? Car dire que la science des substances étudie toutes les causes, c'est dire que toutes les causes appartiennent à la substance, à toutes les substances. Or, rappelons-le, une des objections d'Aristote en Bêta consistait justement à noter que toutes les quatre causes ne sont pas toujours présentes dans toutes les choses : par exemple, la cause finale et la cause efficiente ne se trouvent ni dans les êtres immobiles, ni dans les choses mathématiques. Sur ce point, l'aporie de Bêta n'est pas encore résolue.

Pour Averroès aussi, nous l'avons dit, c'est grâce à la théorie du « focal meaning » (G.E.L. Owen), de « l'unité focale de signification » (P. Aubenque), que la science des êtres trouve son unité. Cette théorie fonde aussi, on va le voir, l'unité de la science des causes.

Nous avons vu en B1 que, pour Averroès, la sagesse n'est pas la science de toutes les causes, mais la science de la « cause formelle et finale ». Comment Averroès concilie-t-il alors cette interprétation avec les développements de Γ2 qui, d'après Berti, établissent l'unité de la science des quatre causes ? Il faudra, pour résoudre cela, tenter de comprendre ce que désignent, pour Averroès, les différentes acceptions de l'être présentées en Γ2. Voici d'abord le texte d'Aristote :

> Telles choses, en effet, dit Aristote, sont dites des êtres parce qu'elles sont des essences (οὐσίαι), telles autres parce qu'elles sont les affections d'une essence, telles autres parce qu'il s'agit là d'un acheminement à une essence, ou de la destruction ou de la privation ou de la qualité ou de la cause productrice ou de la cause génératrice d'une essence ou des choses dites par rapport à l'essence, ou de la négation de ces choses-là ou d'une essence[1].

Certains voient en ce passage une allusion aux catégories de l'être. Pour Pierre Aubenque, par exemple, « les espèces de l'être de la *Métaphysique* ne désignent pas autre chose que les significations de l'être des *Topiques* et des deux *Éthiques* : le parallélisme même des problèmes montre que, dans les deux cas, il s'agit bien des catégories »[2]. Bertrand Dumoulin, en

1. Γ2, 1003 b 5-10.

2. P. Aubenque, *Le Problème de l'être chez Aristote*, Paris, P.U.F., 1962, p. 181 ; cf. aussi J. Tricot, *La Métaphysique*, p. 176 n. 1.

revanche, estime qu'il faut « beaucoup de bonne volonté pour retrouver dans cette énumération la liste des dix catégories donnée en *Top.* I 9... »[1].

L'interprétation d'Averroès constitue une sorte de *via media* entre ces deux interprétations. Faisant d'abord un parallèle entre le rapport des neuf catégories à celle de la substance et le rapport des choses saines au *sain*, Averroès semble, à première vue, adopter la première interprétation :

> Puisque les choses saines se rapportent au sain de manières différentes, comme les neuf catégories se rapportent à l'être de manières différentes en raison de leur présence dans l'être réel (*al-mawǧūd al-ḥaqīqī*) qu'est la substance, <Aristote> fait connaître les différentes manières que l'on trouve dans les exemples de ces choses pour faire connaître qu'il en va de même concernant le nom d'être avec la substance et les autres catégories[2]

Les différents sens de l'être ne semblent pas désigner autre chose, à première vue, que les différentes catégories. De même que les choses saines sont dites saines en raison des différents rapports qu'elles ont à la santé (elles la conservent, ...), ainsi en va-t-il également des neuf catégories, qui se rapportent à la substance de diverses manières : certaines sont des qualités de la substance, d'autre des quantités, etc.

Mais Averroès commente ensuite les exemples que donne Aristote pour expliquer les différents types de rapport entre ces choses et leur principe premier. Le détail du commentaire importe moins que sa conclusion :

> Par cela, <Aristote> a seulement voulu faire connaître que la chose à laquelle se rapportent des choses est peut-être leur fin (*ġāya*), peut-être leur agent (*fāʿil*^{an}), peut-être leur matière-sujet (*ʿunṣūr*^{an} *mawḍūʿ*^{an}), comme c'est le cas des neuf catégories par rapport à la catégorie de substance[3].

Le parallèle entre les sens de l'être et les catégories n'est ici plus tout-à-fait le même. Averroès ajoute en effet : « les catégories se rapportent à la substance non pas parce que <la substance> est leur agent ni parce que <la substance> est leur fin, mais parce que la substance est ce par quoi elles subsistent (*li-anna-hā qā'ima bi-hi*) »[4]. Les acceptions de l'être que constituent les catégories ne sont donc pas les seules acceptions de l'être. La manière dont les catégories sont dites des êtres ne constituent ici *qu'une des acceptions de l'être*. Les catégories sont certes dites des êtres en vertu de leur

1. B. Dumoulin, *Analyse génétique de la* Métaphysique *d'Aristote*, Montréal-Paris, 1986, p. 110.
2. *Tafsīr Ǧim*, 303, 9-13 (In Γ2, 1003 b 1).
3. *Tafsīr Ǧim*, 304, 9-10 (In Γ2, 1003 b 1).
4. *Tafsīr Ǧim*, 305, 8-9 (In Γ2, 1003 b 5-6).

rapport à l'être premier. Mais l'antériorité de ce principe ne constitue qu'un type de l'antériorité, celui de l'antériorité substrative, matérielle. Car il y a des êtres qui se rapportent à ce principe selon un autre type d'antériorité. En plus des choses qui sont dites relativement à un substrat, il y en a qui sont dites des êtres relativement à une fin, d'autres relativement à un agent.

On ne peut manquer d'établir un rapprochement entre cette interprétation et les problèmes évoqués dans la première aporie. Si Aristote établit en Γ2 un rapport entre la science de tous les êtres et la science de la substance, c'est-à-dire de l'être premier, Averroès établit de sucroît un véritable rapport entre la science de la substance, c'est-à-dire celle de l'être premier, et la science des causes. Si la science des êtres est une, c'est assurément parce que tous les êtres se rapportent à un être premier, la substance. Mais si la science des causes est une, c'est parce que tous les êtres ne se rapportent pas à l'être premier de la même manière : certains êtres se rapportent à l'être premier comme à leur fin, d'autres comme à leur agent, d'autre comme à leur matière.

Ce n'est donc pas parce que les causes sont causes de la substance qu'elles font l'objet d'une même science. C'est parce que les causes et le principe auquel elles se rapportent, la substance, font *une seule et même chose*. Cette unité des causes dans le principe premier, qu'Averroès ne fait que suggérer en Γ, est clairement énoncée dans son commentaire de Λ : « le principe formel, final et moteur ne sont pas trois numériquement : ils sont un dans le sujet tout en étant trois dans l'expression (*bi-al-qawl*) » [1].

Si l'on regarde de plus près le vocabulaire exprimant en arabe la plurivocité de l'être, on comprend mieux la conception qu'Averroès se fait de l'unité de la science : « L'être se dit de plusieurs *espèces* (*'alā anwā' kaṯira*) ». Pour Averroès, les causes se rapportent toutes à l'être au sens premier comme des espèces se rapportent à leur genre. La traduction arabe n'est cependant pas l'unique source de cette interprétation. Car Aristote lui-même emploie, en Γ2, le vocabulaire de l'espèce et du genre :

> C'est pourquoi aussi – dit Aristote – en ce qui concerne les espèces (εἴδη) de l'être en tant qu'être, c'est à une science une en genre (μιᾶς ... τῷ γένει) qu'il appartiendra de les étudier toutes, et les espèces de cette science étudieront les espèces de l'être [2].

Si on prenait ces expressions à la lettre, note B. Dumoulin [3], « on devrait dire que l'être est un genre ! ». Or Aristote dit en maints endroits que l'être n'est pas un genre. Cette affirmation contredit donc à la conception

1. *Tafsīr Lām*, 1435, 15-16 (trad. A. Martin).
2. Γ2, 1003 b 21-22 (trad. P. Aubenque).
3. B. Dumoulin, *op. cit.*, p. 111.

aristotélicienne de la science. Faut-il alors fonder l'unité de la science de l'être en tant qu'être sur autre chose qu'un genre ? C'est ce à quoi s'appliquent certains commentateurs modernes. S. Mansion écrit par exemple qu'il n'est pas nécessaire « de concevoir les différents êtres et les différentes manières d'être comme des espèces du genre être (...) pour comprendre que la pensée puisse les embrasser tous d'un seul regard. L'unité de l'universel être est beaucoup plus souple que celle d'un genre proprement dit » [1].

Averroès, quant à lui, ne voit aucun inconvénient à appliquer à la science de l'être en tant qu'être les mêmes conditions que celles exigées pour la constitution de n'importe quelle science :

> Étant donné qu'<Aristote> a posé que le genre un a une science une et un art un, et il a montré (*bayyana*) que l'être est un genre un, il résulte nécessairement que l'être a une science une [2].

Tirant ici les conséqences logiques découlant de la conception aristotélicienne de la science, Averroès affirme que l'être est le genre sur lequel se fonde l'unité de la science de l'être en tant qu'être. Pour Averroès, l'être est donc un genre. Cette déclaration appelle toutefois quelques nuances. Car dans la perspective d'Averroès, les espèces de l'être ne sont pas celles de l'être commun, de l'universel être. Pour Averroès, les différentes acceptions de l'être sont les espèces de l'être *au sens premier*. Ces espèces ne correspondent pas seulement aux catégories, aux espèces de la prédication à l'égard desquelles la substance est cause matérielle, mais elles sont encore constituées par les trois autres causes. Les différents principes que sont les causes sont donc les espèces du principe premier, la substance, qui constitue un genre pour ces causes. Ce n'est donc pas au *genre de l'être* que la science doit son unité, mais au *genre de l'être premier*, c'est-à-dire au *genre de la substance* [3]. Comme toutes les autres sciences, la science de l'être en tant qu'être porte sur un genre et sur ses espèces.

Dès lors, ce n'est pas l'être commun à toutes choses que désigne l'être en tant qu'être, mais d'abord et surtout l'être au sens premier. La science de

1. S. Mansion, *op. cit.*, p. 256-257.

2. *Tafsīr Ǧim*, 309, 14-15 (In Γ2, 1003 b 21-22).

3. Averroès ne voit dès lors pas de disproportion, contrairement à P. Aubenque (*Le Problème...*, Paris, P.U.F., 1962, p. 250) entre la théorie des *Analytiques* et celle de la *Métaphysique*. En affirmant que l'être en tant qu'être n'est pas l'être commun mais l'être premier, c'est-à-dire la substance, ce n'est pas l'être qui est un genre, mais la substance. On peut donc ainsi concilier la conception de la science telle qu'elle est développée dans les *Analytiques* avec celle de la *Métaphysique*.

l'être en tant qu'être n'est pas, pour Averroès, une pure ontologie, une étude de l'être et de ses catégories. Elle est avant tout une ousiologie, une étude de la substance et des causes. Ces causes, dans la mesure où elles sont les espèces d'un genre, sont notamment *ce qu'est* leur genre. Si les causes sont des espèces du genre substance, elles sont elles aussi des substances.

Cette interprétation se base sur la doctrine des *Catégories* d'après laquelle « la façon dont les substances premières se comportent à l'égard de tout le reste est aussi celle dont l'espèce se comporte à l'égard du genre » [1]. L'espèce en effet, qui est elle-même prédiquée de l'individu, constitue à son tour un substrat pour le genre. C'est donc le genre qui est prédicat de l'espèce. Puisque, d'autre part, tout ce qui est dit du prédicat est aussi dit du sujet, la définition du genre s'applique également à l'espèce. En effet, « la définition des espèces et celle des genres s'appliquent aux substances premières, et celle du genre à l'espèce, car tout ce qui est dit du prédicat sera dit aussi du sujet » [2].

Puisque, pour Averroès, c'est la substance qui est un genre, les espèces de ce genre seront, par conséquent, aussi des substances. Et puisque, dans la même perspective, les causes constituent des espèces de la substance, ces causes sont de ce fait des substances. La science qui étudiera la substance étudiera donc forcément toutes les causes.

C'est donc en identifiant les causes à la substance qu'Averroès établit l'unité de la science des causes. Dans cette optique, ce n'est pas seulement l'être qui se dit en de multiples acceptions, mais aussi la substance : la substance, l'être au sens premier, est aussi πολλαχῶς λέγομενον. C'est parce que cette plurivocité s'applique d'abord au principe premier que toutes les choses qui se rapportent à ce principe premier sont elles aussi dites de manière plurivoque.

Par conséquent, c'est bien la même science qui étudie la substance et les causes. Cette unité se fonde, on l'a dit, sur l'identité de la substance et des causes. La science de la substance et la science des causes font une seule et même science parce que la substance et les causes constituent une unité semblable à celle du genre et de ses espèces. La première aporie de Bêta semble donc trouver ici sa solution.

Ce n'est pourtant pas celle qu'Averroès avait indiquée en Bêta. Rappelons en effet que, pour Averroès, la sagesse n'était pas la science de toutes les causes mais la science de la *cause formelle et finale*. Comment

1. *Catégories*, 5, 2 b 19-20 (trad. J. Tricot).
2. *Catégories*, 5, 3 b 2-3 (trad. J. Tricot).

concilier cette interprétation avec ce qui vient d'être dit ? La science de la substance est-elle vraiment la science de *toutes* les causes ? Comment l'unité des quatre causes se réalise-t-elle dans la substance ?

Il faut, à cet égard, avoir à l'esprit un point de doctrine essentiel sur lequel nous aurons à revenir. Pour Averroès en effet, il va de soi que la substance proprement dite, c'est la forme, la quiddité. Dire que tous les êtres se rapportent premièrement à la substance, c'est dire que la cause première de tous les êtres est la forme. Nombreux sont les passages qui l'attestent :

> En plus d'avoir négligé la cause efficiente, <les Anciens> ont aussi négligé la cause des substances désignées, celle par laquelle elles deviennent des substances en acte et subsistant par elles-mêmes (*qā'ima bi-ḏāti-hā*), c'est-à-dire la cause qui est la quiddité et la forme [1].
>
> Ce qu'on appelle sagesse, c'est ce qui fait aussi connaître, avec la cause finale première, la cause première qui est la forme et la substance [2].
>
> Est dit substance le sens en lequel un individu de la substance devient substance, et cela, c'est sa forme et sa cause par laquelle il est une substance, comme l'âme pour l'animé [3].
>
> Etc.

Le problème de l'unité des causes dans la substance est ainsi résolu. Puisqu'on ne connaît une chose que lorsqu'on en connaît la cause, il faut, pour connaître tous les êtres, connaître le principe auquel tous les êtres se rapportent. Or, conformément à Γ2, c'est la substance ou l'essence (οὐσία) qui constitue ce premier principe, cette première cause. Il faut donc, pour connaître les êtres, connaître l'essence à laquelle ils se rapportent. Connaître l'essence, c'est connaître la quiddité qu'expriment les définitions, c'est donc connaître une forme. La science de l'être en tant qu'être est donc science de la cause formelle.

Mais cette science entraîne la connaissance des autres types de causalité. La cause formelle, ou l'essence, est en effet première parce que, en un sens, « chaque type de causalité trouve son ultime explication dans la forme » [4].

> Étant donné – dit Averroès en Zêta – que le point de vue pour examiner une seule et même chose est différent, ainsi la méthode pour y arriver sera différente, et le principe sera différent, bien qu'il ne s'agisse pas d'une différence parfaite (…). Puisqu'il est connu

1. *Tafsīr Alif*, 81, 12-14 (In A 8, 988 b 28-29).
2. *Tafsīr Bā'*, 190, 9-10 (In B 2, 996 b 13-16).
3. *Tafsīr Dāl*, 565, 7-9 (in Δ 8, 1017 b 14-16).
4. Cf. J. Owens, *op. cit.*, p. 177.

> par soi que ces substances ont des causes et que la cause de la substance est une substance, nous devons poser l'examen des substances de ces choses au moyen de l'examen de leurs causes (...). Or la cause, c'est la quiddité de la chose, et c'est ce que nous avons décrit de manière logique dans ce qui précède (<Aristote> veut dire là où il a dit que c'est ce qu'indique la définition). En effet, l'être de cette cause qui est la forme a été prouvé logiquement de deux manières : l'une est la définition, l'autre la question par le mot *pourquoi*. Et après avoir mentionné que ce qui est recherché par le mot *pourquoi* est la cause qui est dans l'ordre de la quiddité, il a mentionné que l'on peut rechercher par ce mot une autre des quatre causes[1].

Toutes les causes se ramènent donc, en dernière analyse, à la cause formelle, c'est-à-dire à l'essence, parce que c'est par elle que l'on connaît les autres causes[2]. La cause formelle n'est en effet pas autre chose que *ce que sont* les autres causes. Elle est leur forme, leur quiddité et ne fait par conséquent avec elles qu'une seule et même chose. Connaître la cause formelle, c'est connaître l'essence des autres causes. On se trouve donc en présence d'une cause unique pour tous les êtres, d'une cause qui contient en elle tous les types de causalité.

On peut dès à présent noter que l'identification de toutes les causes à la cause formelle n'est pas seulement issue d'une conception néoplatonicienne de la causalité. Plusieurs textes aristotéliciens[3] témoignent de cette tendance à présent « suffisamment bien connue »[4]. Car chercher la cause d'une chose, pour Averroès comme pour Aristote, « c'est en chercher l'essence, la forme. C'est sa forme, en effet, qui explique qu'elle soit telle qu'elle est (...). Les quatre espèces de causes tendent donc à se réduire à la seule cause formelle »[5].

Cette conception unificatrice des causes permet alors de résoudre l'aporie : en étudiant l'essence (οὐσία), c'est-à-dire la cause formelle, la science de l'être en tant qu'être étudie du même coup toutes les causes, tout en ayant un objet qui lui soit propre. C'est la cause formelle qui rend compte de tous les êtres, mais différemment selon le point de vue de l'étude. En tant que cause motrice, elle rend compte du mouvement des choses mobiles ; en tant que cause formelle, elle rend aussi compte des

1. *Tafsīr Zay'*, 1008, 10-1011, 16 (In Z 17, 1041 a 9-28).

2. Cf. J. Owens, *op. cit.*, p. 224.

3. Cf. Z 7, 1032 b 13-14 ; H 4, 1044 a 36-b1 ; Λ 4, 1070 b 29-34.

4. J. Owens, *op. cit.*, p. 177 n. 68.

5. Cf. S. Mansion, *Le Jugement d'existence chez Aristote*, Louvain-Paris, 1946, p. 30. Mlle Mansion résume en fait ici l'interprétation de L. Robin dans « La Notion de causalité chez Aristote », *La Pensée hellénique des origines à Épicure*, p. 423-485.

choses mobiles, mais pas sous le même angle : non pas en tant que ces choses sont mobiles, mais en tant que ces choses sont des êtres. C'est la cause formelle qui rend compte des êtres en tant qu'ils sont, c'est-à-dire de tous les êtres en tant qu'êtres. Connaître l'être en tant qu'être, c'est connaître la première cause de toutes choses du point de vue de l'être. La science de l'être en tant qu'être est donc la science de la cause en tant qu'elle est formelle, la science de la cause qui donne à connaître la quiddité des êtres. La science de l'être en tant qu'être est, en fin de compte, la science des définitions essentielles de toutes les choses.

CHAPITRE VI

LA DOCTRINE DE LA SUBSTANCE

C'est en identifiant la substance à la cause formelle qu'Averroès résout, on vient de le voir, la première aporie de la métaphysique. Cette interprétation peut certes se réclamer de certains passages de la *Métaphysique* où Aristote dit explicitement que la substance première, c'est la forme[1]. Mais en d'autres endroits de la *Métaphysique*[2] ainsi que dans les *Catégories*, Aristote identifie au contraire la substance première à la réalité individuelle, s'opposant ainsi clairement à la théorie platonicienne des Idées.

La doctrine aristotélicienne de la substance a de ce fait donné lieu à de nombreuses controverses, où les interpètes du Stagirite ont à chaque fois tenté de déterminer ce qui, en fin de compte, constitue la vraie substance aristotélicienne[3]. Les solutions apportées pour tenter de résoudre cette apparente contradiction ont été diverses. Certains[4] n'ont pas hésité, pour soutenir leur thèse, à suspecter l'authenticité des *Catégories*. D'autres[5] acceptent l'idée

1. Cf. par exemple, Z 7, 1032 b 1-2 : εἶδος δὲ λέγω τὸ τί ἦν εἶναι ἑκάστουκαὶ τὴν πρώτην οὐσίαν.

2. Cf. Z 8, 1033 b 29.

3. Cf. A. De Vos, « La "vraie" substance d'après la *Métaphysique* d'Aristote » dans *Proceedings of X*[th] *International Congress of Philosophy*, Amsterdam, 1949, vol. I, p. 1094-1096 ; C. Georgiadis, « Two Conceptions of Substance in Aristotle », *The New Scholasticism* 47, 1973, p. 22-37 ; T. A. Fay, « The Problem of Primary Substance in Aristotle's *Metaphysics* and Some Recent Interpretations », *Giornale di Metafisica* 30, 1975, p. 657-663 ; E. Harter, « Aristotle on Primary ΟΥΣΙΑ », *Archiv für Geschichte der Philosophie* 57, 1975, p. 1-20 ; D. Bostock, *Aristotle. Metaphysics, Books Z H*, Oxford, 1994, p. 44.

4. Cf. W. Jaeger, *Aristotle Fundamentals of the History of his Development*, Oxford, 2e éd. 1948, p. 45 ; S. Mansion, « La Première Doctrine de la substance : la substance selon Aristote », *Revue Philosophique de Louvain* 44, 1946, p. 349-369 ; Idem, « La Doctrine aristotélicienne de la substance et le traité des *Catégories* », dans *Études aristotéliciennes*, Louvain-la-Neuve, 1984, p. 305-321.

5. Cf. J. Lesher, « Aristotle on Form, Substance and Universals : a Dilemma », *Phronesis* 16, 1971, p. 178.

d'une pure et simple contradiction chez Aristote. D'autres encore[1] rejettent cette idée en soutenant que les divers énoncés marquent plutôt des différences de perspective tenant à la diversité des sujets traités. D'autres[2] défendent l'idée d'une évolution de la pensée d'Aristote et considèrent les énoncés contradictoires sur la substance comme le reflet de cette évolution.

Il n'est pas question ici[3] de retracer l'évolution de la doctrine aristotélicienne de la substance, mais de voir comment Averroès conçoit cette substance. Ce n'est que dans la mesure où cette conception se veut le reflet exact de la pensée du Stagirite que l'on sera amené à en indiquer les sources aristotéliciennes.

Averroès avait une très bonne connaissance du *corpus* aristotélicien. Il s'est dès lors trouvé, lui aussi, devant des textes présentant des divergences au sujet de la substance. Fervent admirateur d'Aristote, il n'a sans doute jamais pu envisager l'idée d'une contradiction chez le Premier Maître. Jamais non plus il n'a interprété les textes d'Aristote dans la perspective évolutionniste inaugurée, au début de ce XXe siècle, par les travaux de W. Jaeger[4].

Quels sont, dès lors, les critères sur lesquels Averroès s'appuie pour fonder son interprétation? Que fait-il des passages où est clairement affirmée la primauté de la substance sensible? Sa conception de la substance première comme forme confirme-t-elle la tendance néoplatonicienne que l'on a coutume de lui attribuer ou parvient-il, finalement, à surmonter l'apparente contradiction des textes d'Aristote?

1. Cf. T. A. Fay, « The Problem of Primary Substance in Aristotle's *Metaphysics* and Some Recent Interpretations », *Giornale di Metafisica* 30, 1975, p. 657-663.

2. Cf. Chr. Rutten et J.-P. Benzecri, « Analyse comparative des chapitres de la *Métaphysique* d'Aristote fondée sur les fréquences d'emploi des parties du discours; confrontation entre l'ordre du textus receptus, les références internes et l'ordre du premier facteur », *Les Cahiers de l'Analyse des Données*, t. XIII, n° 1, 1988, p. 41-68. Cf. aussi Chr. Rutten, « Aristote. *Métaphysique* Z3, 7, 8, 9 et 17. Essai de chronologie relative », *Revue informatique et statistique dans les sciences humaines* 19, 1983, p.175-188; Idem, « *Métaphysique* B et Γ : essai de chronologie relative », dans *Aristoteles. Werk und Wirkung. Mélanges Paul Moraux*, Berlin, De Gruyter, 1985, p. 273-287; Idem, « *Métaphysique* M et N. Essai de chronologie relative », dans *Mathematics und Metaphysics bei Aristoteles*, Bern-Stuttgart, 1987, p. 33-44; Chung-Hwan Chen, *Sophia. The Science Aristotle Sought. Studien und Materialen zur Geschichte der Philosophie*, Kleine Reihe, Bd. 2, Hildesheim-New York, 1976.

3. J'ai cependant tenté de le faire dans *La Question de l'essence. Averroès et Thomas d'Aquin, commentateurs d'Aristote, Métaphysique Z1*, Louvain-la-Neuve, Peeters, 1997, p. 1-20.

4. Pour une histoire des approches génétiques de l'œuvre d'Aristote, cf. B. Dumoulin, *Analyse génétique de la Métaphysique d'Aristote,* Montréal-Paris, 1986, p. 14-39.

Le début du commentaire de Z, qu'Averroès considère comme « le premier traité dans lequel <Aristote> commence à examiner la substance » [1], est à cet égard très éclairant.

> Tout le monde admet que les animaux désignés (*al-ḥayawānāt al-mušār ilay-hā*), les plantes et leurs parties et d'une façon générale les composés sont des substances, ainsi que les corps naturels simples comme le feu, l'eau, la terre et l'air dont [sont faits] les composés et tout ce que l'on a compté au nombre de ces substances désignées [2].
> Que les individus des substances (*ašḫāṣ al-ǧawāhir*) soient des substances, personne ne le met en doute [3].

Notons tout d'abord qu'Averroès ne remet pas ici en question la théorie établie dans les *Catégories* : les choses sensibles sont des substances. Cette conception se fonde premièrement sur des opinions communément admises [4]. On retrouve cette doctrine de la substance dans le *Compendium* de la *Métaphysique*, où cette opinion communément admise est en quelque sorte confirmée par la définition de la substance que l'on trouve dans les *Catégories* :

> L'acception reconnue par tous est celle de l'individu désigné (*al-šaḫṣ al-mušār ilay-hi*) qui n'est ni dans un sujet, ni prédiqué d'un sujet, comme le sont les individus des hommes, des animaux, des plantes, des astres et des pierres [5].

Alors qu'il semblait, en Γ, identifier la substance à la forme, Averroès affirme à présent sans embarras que la substance, c'est la chose sensible, l'individu désigné.

Sans y voir de contradiction, Averroès s'aperçoit cependant qu'Aristote désigne plusieurs choses différentes du nom de substance, et que la plurivocité des êtres s'applique aussi à la substance. Un passage du début de Z3 le confirme : « La substance se prend elle aussi en plusieurs acceptions » [6].

La seule manière, dès lors, de fonder l'unité de la science de la substance, c'est de lui donner pour objet le principe premier auquel les différentes acceptions de la substance se rapportent. La science de la

1. *Tafsīr Zay'*, *Proemium*, 744, 8-9.
2. *Tafsīr Zay'*, 762, 5-8 (In Z 2, 1028 b 9-13).
3. *Tafsīr Zay'*, 762, 17-763, 1 (In Z 2, 1028 b 13-14).
4. Aristote semble effectivement dire en Z3 que considérer le sujet premier d'une chose comme le plus véritablement substance relève de l'opinion courante (1029 a 1 : μάλιστα γὰρ δοκεῖ εἶναι οὐσία τὸ ὑποκείμενον).
5. *Compendium*, II, 16.
6. *Tafsīr Zay'*, 768, 10-11 (In Z 3, 1028 b 33-a 4).

substance devra déterminer la nature de la substance au sens premier, principe et cause de toutes les substances.

> Puisqu'il a déjà été expliqué que, lorsque plusieurs choses participent d'un même nom (*taštariku fī ism wāḥid*), les unes sont plus dignes de ce nom que les autres, dès lors, ce qui est plus digne de ce nom que tous les autres, c'est la cause de tous les autres [1].

Dans le contexte d'une théorie de la signification, la substance première est celle que signifie au plus haut titre le *nom* de substance, c'est la substance *au sens premier*. La cause des substances sensibles mérite donc au plus haut titre le nom de substance. Le commentaire de Z1, sans s'éloigner des considérations logiques des *Catégories*, permet de comprendre l'interprétation d'Averroès :

> Puisqu'il a déjà été expliqué que le nom d'être se dit selon les genres des catégories, il est évident que le principe (*al-awwal*) auquel s'applique, parmi ceux-ci, le nom d'être dans l'absolu, c'est la chose par laquelle on répond à <la question> : « qu'est-ce que cet individu désigné subsistant par essence ? », et cette question concerne la substance et ce qui l'indique (*al-ǧawhar wa dalīl 'alay-hi*) [2].
>
> La preuve que ce qui répond au mot *quoi* (*bi-ḥarf mā*) concernant les individus de la substance est le plus digne du nom d'être, c'est que si l'on fait une question à propos de l'individu de la substance au moyen d'autres mots interrogatifs, on ne répond pas par quelque chose qui fait connaître sa quiddité ; par exemple quand on nous demande comment (*kayf*) est telle chose désignée ou quelle (*ayy*) elle est, nous répondons qu'elle est bonne ou mauvaise ou chaude ou froide, mais nous ne répondons pas qu'elle est un homme ou un corps céleste (...). Et quand on nous interroge sur ce qu'est cet individu subsistant par essence appelé substance, nous ne répondons pas par quelque chose qui est extérieur à son essence (*ḫāriǧ 'an ḏāti-hi*), comme quand nous disons que c'est blanc ou que c'est chaud, ni <ne répondons> que c'est une quantité, comme quand nous disons que cela a tant de coudées, mais nous disons que c'est un homme ou un astre [3].

C'est en répondant « homme » à la question « qu'est-ce que Socrate ? » que l'on fait connaître la quiddité, l'essence de Socrate. C'est pourquoi le prédicat « homme », qui fait connaître ce qu'est Socrate, est plus digne du nom de substance que tous les prédicats accidentels :

1. *Tafsīr Zay'*, 752, 9-12 (in Z 1, 1028 a 29-30).
2. *Tafsīr Zay'*, 747, 15-18 (In Z 1, 1028 a 13-15).
3. *Tafsīr Zay'*, 748, 4-13 (In Z 1, 1028 a 15-18).

> Les prédicats qui font connaître la quiddité de l'individu de la substance désignée sont plus dignes du nom d'être que les prédicats des accidents puisque ceux-ci ne font pas connaître la quiddité de l'individu de la substance. C'est pourquoi ce qui fait connaître la quiddité de l'individu de la substance est une substance[1].

En tant qu'il fait connaître ce qu'est la substance première des *Catégories*, le prédicat essentiel est la cause de cette substance première. Et c'est aussi à ce titre qu'il est lui-même plus proprement substance que ce dont il est la cause. Car *ce qu'est* la substance première des *Catégories* n'est pas autre chose que la *quiddité* de la substance première. Connaître la substance sensible, c'est connaître ce qu'elle est. Faire connaître ce qu'est la substance, c'est faire connaître une quiddité. Pour Averroès, la notion de substance ne se distingue pas de celle de la quiddité ou de l'essence.

Dans cette perspective, le rôle de l'individu de la substance garde cependant toute son importance. Car c'est lui, en fin de compte, que l'on cherche à connaître. L'individu de la substance, c'est-à-dire ce que tout le monde s'accorde à reconnaître comme une substance, constitue l'objet dont il faut rechercher la cause.

> Si nous avons posé comme principe l'étude du principe de l'individu de la substance, c'est parce que les gens reconnaissent unanimement que les individus des corps subsistant par essence sont des substances et qu'il y a en eux un principe[2].
>
> Puisqu'il est connu par soi que les individus de la substance sont des êtres et des substances, il importe que nous appliquions notre recherche à la substance qui est la première de ces substances et qui est leur cause[3].

C'est donc à partir de considérations d'ordre logique que l'on peut déterminer ce qui constitue véritablement la substance. En examinant la manière dont se fait la prédication, on découvre la réalité de l'être; en s'interrogeant sur les diverses acceptions du nom de substance, on découvre que le sens principal de ce nom est la réponse à la question *quoi* concernant les substances sensibles : c'est le prédicat essentiel qui exprime la quiddité de la substance sensible, qui fait réellement connaître le sujet duquel il se prédique essentiellement.

Dans cette perspective, on le voit, les divisions de l'être par soi correspondent aux types de prédicats, aux catégories. Puisque les neuf types

1. *Tafsīr Zay'*, 748, 13-16 (In Z 1, 1028 a 15-18).
2. *Tafsīr Zay'*, 761, 10-12 (In Z 2, 1028 b 8-9).
3. *Tafsīr Zay'*, 779, 10-12 (In Z 3, 1029 a 33-34).

de prédicats accidentels se rapportent tous à un prédicat de type substantiel, c'est ce prédicat substantiel (ou essentiel) qu'il faut examiner. Or l'examen du deuxième chapitre de Γ avait, semble-t-il, montré que les acceptions de l'être ne recoupaient pas tout à fait les catégories de l'être. Les diverses acceptions de l'être en tant qu'être étaient alors envisagées sous un autre aspect, celui de la causalité. Les sens de l'être correspondaient aux différents types de causalité, dont la cause substrative ne constituait qu'un exemple. L'analyse logique ne considère donc les substances que sous un aspect particulier, selon un principe particulier : celui du substrat de la prédication. Le résultat auquel aboutit l'examen de la prédication est cependant comparable au résultat établi lors de l'examen de la causalité. Dans l'un et l'autre ordre, c'est la forme qui, parce qu'elle est ce qui fait connaître l'essence des choses, constitue en dernière analyse la véritable substance. Pour Averroès, en effet, « la situation des <choses> les unes par rapport aux autres dans la causalité est comparable à leur situation par rapport au nom » [1].

Averroès ne remet certes pas en question l'assertion des *Catégories* : *ce qui n'est dit d'aucune chose mais dont le reste se dit* est une substance. Le primat du sujet, ou de la cause substrative, garde toute son importance. C'est relativement à cette cause que la substance individuelle est en quelque sorte la première des substances. Il n'est donc pas question, pour Averroès, de rejeter la réalité empirique, car « s'il n'y avait pas les substances premières <des *Catégories*>, il n'y aurait pas de voie (*sabīl*) vers l'être d'une chose, ni des substances secondes ni des accidents » [2].

Mais le primat accordé par Averroès au sujet n'est pas seulement un primat méthodologique. Il s'agit aussi d'un primat que l'on peut sans anachronisme qualifier de *phénoménologique*. Car si tout le monde accorde aux corps sensibles le statut de substance, c'est en vertu de « ce qui apparaît aux sens (*fī-mā yaẓharu lil-ḥiss*), c'est-à-dire que c'est plus connu par les sens (*a'raf 'inda al-ḥiss*) » [3]. Les sujets que sont les substances sensibles sont les « individus de la substance, qui sont des choses délimitées par essence (*maḥdūda bi-ḏāti-hā*), c'est-à-dire délimitées par les lieux et les surfaces » [4].

C'est donc parce qu'il est ce qui *apparaît le plus manifestement aux sens*, et donc ce qui est le plus connu pour nous, que le sujet constitue le premier objet de la recherche dans la quête de ce qu'est essentiellement la substance [5].

1. *Tafsīr Zay'*, 752, 12 (in Z 1, 1028 a 29-30).

2. *Talḫīṣ al-maqūlāt* (Commentaire moyen des *Catégories*), p. 19, 1-2 (éd. G. Gehamy).

3. *Tafsīr Zay'*, 751, 4 (In Z 1, 1028 a 24-26).

4. *Tafsīr Zay'*, 751, 7-8 (In Z 1, 1028 a 26-27).

5. L'interprétation d'Averroès préfigure ici celle de R. Boehm, *La* Métaphysique *d'Aristote. Le Fondamental et l'Essential*, (trad. E. Martineau), Paris, 1976, p. 172 : « L'égard rendu à tout ce qui d'emblée se montre comme essence possède lui-même, *eu*

Mais le sujet ne suffit pas à pleinement *rendre compte* de la notion de substance. C'est en tout cas en ce sens qu'Averroès interprète le fameux[1] passage de Z3 où Aristote envisage la substance sous trois aspects :

> La substance se dit de la matière d'une certaine manière, de la forme aussi d'une autre manière, et de la réunion des deux d'une troisième manière[2].

Pour Averroès, si la substance se dit d'abord du sujet des autres catégories, c'est, on l'a dit, parce qu'il se manifeste premièrement à la perception sensible. Si, en revanche, la substance se dit aussi de la forme et de la matière, c'est parce qu'il y a, au sein de la substance sensible qui est le sujet des autres catégories, un principe en vertu duquel ce sujet est substance. Il s'agit donc de déterminer laquelle de ces trois choses appelées substances mérite le plus le nom de substance, caractérise le plus essentiellement la substance au sens propre.

Le principe qui, le premier, fait ici l'objet de l'examen, c'est la matière, et ce, en vertu de l'affirmation énoncée par Aristote lui-même au début de Z3 : c'est le sujet qu'il faut d'abord examiner. En effet, si l'on entreprend de caractériser la substance à l'aide du concept de sujet tel qu'il est défini dans les *Catégories*, c'est à la matière (première) que l'on aboutit. C'est donc elle qui doit, au plus haut titre, mériter le nom de substance. Pourtant, dit Aristote, « cela est impossible (ἀδύνατον), car la substance paraît bien avoir surtout pour caractère d'être séparable et d'être une chose individuelle »[3]. Or la matière, sujet dernier, est une pure indétermination.

D'après l'interprétation traditionnelle, la conséquence résultant de la notion de sujet telle que la définissent les *Catégories*, selon laquelle la matière est alors la seule substance, découle d'une mésintelligence du concept de sujet. « La notion qu'on se fait de la substance, dit S. Mansion, en pensant qu'elle est ce qui ne se dit pas d'un sujet, mais dont tout le reste

égard à l'empreinte essentielle de l'essence, un primat spécifique, le primat d'un *regard-préalable*, d'une *pré-vision* ». Cf. L. Bauloye, « À propos du "fondamental" et de "l'essentiel" dans le commentaire d'Averroès sur la *Métaphysique* d'Aristote », *Revue de Philosophie Ancienne* n° 2, 1995, p. 225-238.

1. Ce passage a suscité une controverse parmi les interprètes d'Aristote. L'interprétation « traditionnelle » considère en effet que le τοιοῦτον de 1029 a 2 ne peut avoir que ὑποκείμενον pour antécédent. R. Boehm, en proposant de rapporter ce pronom à la substance plutôt qu'au sujet, provoqua un tollé général. L'interprétation d'Averroès (qui n'est pas, à cet égard, tributaire de la traduction arabe) préfigure « l'innovation radicale » de R. Boehm : la division en matière, forme et composé des deux ne s'applique pas, d'après lui, au *sujet* mais à la *substance*.

2. *Tafsīr Zay'*, 769, 13-15 (In Z 3, 1029 a 2-3).

3. Z3, 1029 a 27-28 (trad. Tricot).

se prédique, cette notion est schématique, elle est vague et obscure ; elle est même insuffisante. En effet, elle pourrait induire à croire, si on la comprend mal, que la substance, c'est la matière »[1]. Toutefois, poursuit S. Mansion, « il est certain (...) que la définition de la substance comme sujet dernier d'attribution n'est pas abandonnée (...). Si elle a semblé mener à une impasse : l'identification de la substance, être au sens fort, avec la matière première, c'est tout simplement à cause de l'imprécision du terme ὑποκείμενον »[2].

Pour Averroès, en revanche, la notion du sujet n'est entachée d'aucune obscurité. Il est clair que le passage de Z3 établit sans ambiguïté aucune que non seulement la description du sujet donnée par les *Catégories* aboutit bel et bien à la conclusion que la matière est substance, mais que cette description se révèle de surcroît insuffisante pour caractériser essentiellement la substance.

> En effet – dit Averroès – il n'est pas possible que la matière soit la seule substance puisque nous avons déjà vu que les concepts séparés dans l'entendement (*al-ma'ānī al-mufāriqa fī al-fahm*), je veux dire ceux qui ne sont pas compris par analogie (*bi-al-qiyās ilā*) avec autre chose qu'eux, comme c'est le cas pour la matière, mais qui sont compris par essence (*bi-ḏāti-hā*), sont les plus dignes du nom de substance. Il s'agit du concept qui donne l'être de cette chose désignée, et c'est ce qu'indique la définition. C'est pourquoi on pense que la forme aussi est une substance parce qu'elle est la quiddité qu'indique la définition, et le composé de forme et de matière aussi est une substance. Ces deux <choses> sont plus dignes du nom de substantialité que la matière[3].

Il ne s'agit donc pas, pour Averroès, de préciser ou de clarifier le concept du sujet. La définition des *Catégories* caractérise bien la notion du sujet, plus précisément celle du sujet dernier, c'est-à-dire de la matière première, mais cette notion ne correspond pas à celle de la substance au sens propre.

En effet, si le sujet qu'est l'individu de la substance, le composé de matière et de forme, est une substance, ce n'est pas *en tant que sujet* qu'il mérite ce titre. Il n'est substance que dans la mesure où il est délimité par les lieux et les surfaces; comme tel, il apparaît premièrement et manifestement à la perception sensible comme étant une substance.

D'autre part, si la matière, c'est-à-dire le sujet ultime, mérite aussi le nom de substance, ce n'est pas non plus *en tant qu'elle est sujet*, mais parce

1. S. Mansion, « La Première Doctrine de la substance de la substance selon Aristote », *Revue Philosophique de Louvain* 44, 1946, p. 359.

2. S. Mansion, *ibid.*, p. 361.

3. *Tafsīr Zay'*, 777, 6-13 (In Z 3, 1029 a 27-30).

qu'elle est *la condition de l'apparaître de la substance manifeste*[1], la condition de notre perception de la substance. Elle est ce sans quoi la substance ne peut se manifester à nos sens, et c'est à ce titre que la matière peut prétendre au nom de substance. Elle est la substance en puissance, celle sans quoi l'acte ne pourrait se réaliser, tout comme le fondement de la maison est ce sans quoi la maison ne peut apparaître. Mais la matière n'est pas la substance, tout comme le fondement n'est pas la maison. Car le fondement ou la matière n'est pas ce sans quoi la maison ou la substance ne pourrait être *ce qu'elle est*.

Il faut donc abandonner la notion de sujet, c'est-à-dire à la fois la matière et le composé de matière et de forme, et faire porter l'examen sur la troisième substance, la forme, qui, pour Averroès, n'est autre que la quiddité de la substance première, qui s'exprime dans la définition.

C'est finalement la plurivocité des sens de l'être en tant qu'être qui permet à Averroès de sortir de l'impasse. Car en Γ, les multiples acceptions de l'être ne concernaient pas l'universel être, l'être commun, mais l'être en tant qu'être, c'est-à-dire le principe auquel se rapportent tous les êtres, à savoir la substance. La plurivocité des sens de l'être s'applique donc avant tout à la substance. Car « l'être, c'est ce qui subsiste par essence (*al-mawǧūd huwa al-qā'im bi ḏāti-hi*) »[2]. Par *être*, Averroès n'entend pas autre chose que l'*être premier*, c'est-à-dire la *substance*. Il y a donc plusieurs acceptions de la substance et un principe, une substance au sens premier, auquel se rapportent toutes les substances. Il n'y a dès lors aucune contradiction dans le fait de dire que la substance est tantôt l'individu sensible, tantôt la forme : ce sont deux acceptions de la substance. La science de la substance doit alors examiner toutes les substances, c'est-à-dire toutes les acceptions de la substance, et le premier principe auquel se rapportent ces substances. Le principe auquel toutes les substances se rapportent est celui qui fait connaître leur être, celui qui dit ce qu'elles sont. Seule la substance formelle, le prédicat essentiel répond à cette condition.

1. Cf. R. Boehm, *Le Fondamental*..., p. 195.
2. *Tafsīr Zay'*, 750, 16 (In Z 1, 1028 a 23-24).

CHAPITRE VII

LE GENRE DES SUBSTANCES *

La détermination du rapport existant entre les différents types de substances constitue, comme l'écrit Enrico Berti, « uno dei molti problemi ancora aperti dell'esegesi aristotelica » [1]. La détermination de ce rapport est d'une importance capitale en vue d'une interprétation générale de la philosophie aristotélicienne. Étant donné en effet que la substance est ce qui, d'après Aristote, confère l'unité à tout l'être, il importe de déterminer d'abord si celle-ci jouit du même type d'unité que celle de l'être. Et puisque, d'autre part, à l'unité de l'objet correspond, d'après Aristote, l'unité de la science qui l'étudie, la discussion sur l'unité des substances doit permettre de clarifier le problème, également irrésolu, du rapport entre les différents types de sciences, c'est-à-dire, en fin de compte, celui de la possibilité même de la science métaphysique [2].

La plupart des interprètes [3] d'Aristote refusent la possibilité d'un genre commun à toutes les substances. L'argument invoqué pour nier cette unité générique consiste en ce que d'aucuns considèrent comme « un des grands principes d'Aristote » [4], celui d'après lequel il n'y a pas de genre commun pour les choses où il y a de l'antérieur et du postérieur. Puisque les substances intelligibles sont antérieures aux substances sensibles, les substances ne peuvent donc avoir un genre qui leur soit commun. La substance sensible et la

* Ce chapitre a fait l'objet d'une publication dans *Documenti e Studi sulla Tradizione Filosofica Medievale* 12, 2001, p. 143-153.

1. E. Berti, « Priorità logica e priorità ontologica fra i generi di sostanza in Aristotele », dans Id., *Studi Aristotelici*, Jopadre, L'Aquila, 1975 (Methodos 7), p. 261.

2. *Ibid.*, p. 262.

3. Cf. E. Berti, « Substantialité de l'être et de l'un dans la *Métaphysique* », dans *Études sur la* Métaphysique *d'Aristote*, Paris, Vrin, 1979, p. 103 n. 55 ; M. de Gandillac, « Plotin et la *Métaphysique* d'Aristote », dans *Études sur la* Métaphysique *d'Aristote*, Paris, Vrin, 1979, p. 249 ; J. Tricot, *La Métaphysique*, p. 143 n. 1.

4. Cf. E. Bréhier, *Plotin. Ennéades*, Belles Lettres, VI (1), 1963, p. 60 n. 1.

substance intelligible ne sont dès lors pas synonymes, elles n'ont en commun que le nom de la substance[1].

Le texte d'Aristote qui, d'après la plupart des exégètes, permet de fonder cette interprétation est celui que l'on trouve dans le troisième livre de Bêta de la *Métaphysique*. Le passage invoqué n'a cependant pas le sens qu'on lui prête :

> Dans les choses où l'on trouve l'antérieur et le postérieur, dit Aristote, il ne se peut que ce qui s'applique à ces choses (τὸ ἐπὶ τούτων) soit quelque chose en dehors de celles-ci (παρὰ ταῦτα) (par exemple, si la dyade est premièreentre les nombres, il n'y aura pas un nombre en dehors des espèces des nombres ; et pareillement, il n'y aura pas davantage une figure en dehorsdes espèces des figures ; et si l'on n'a pas cela pour ces choses-là, on aura d'autant moinspour les autres choses, les genres en dehors des espèces. C'est surtout pour ces choses-là, en effet, que l'on croit qu'il y a des genres[2]

Aristote argumente ici, dans le contexte de la septième aporie, contre la thèse platonicienne selon laquelle les premiers genres sont les premiers principes. C'est surtout pour les nombres et les figures, dit-il, que l'on affirme l'existence des genres. Mais il s'agit là de réalités où l'on trouve de l'antérieur et du postérieur. Or il n'est pas possible, dans le cas où l'on trouve l'antérieur et le postérieur, que « ce qui s'applique à ces choses » soit en dehors de ces choses. En d'autres termes, il est impossible que le genre ait l'être en dehors des choses dont il est le genre, c'est-à-dire qu'il constitue le principe de ces choses. A plus forte raison, on n'aura pas de genres en dehors des espèces dans le cas des autres choses.

La seule chose qu'Aristote semble nier dans ce passage, c'est l'existence d'un genre *séparé*[3] des choses dont il est le genre. Ce qui est premier, dit en substance Aristote, ne peut être premier tout en étant postérieur à autre chose. Le premier terme d'une série, par exemple la dyade, ne peut être premier s'il est postérieur à son genre – le genre du nombre –, c'est-à-dire, selon les platoniciens, à son principe, c'est-à-dire à quelque chose de séparé, le Nombre en soi.

Il ne s'agit donc pas ici de refuser, comme le croient certains commentateurs, la possibilité d'un genre commun pour les choses où il y a de l'antérieur et du postérieur. Par « ce qui s'applique » à ces choses (τὸ ἐπὶ

1. Cf. Plotin, *Ennéades*, VI, I, 2, 1-8.

2. *Métaphysique*, B 3, 999 a 6-13.

3. Cf. en ce sens G. Colle, *La Métaphysique, Livres II et III*, traduction et commentaire, Louvain-Paris, 1922, p. 246 ; E. Halper, « The Origin of Aristotle's Metaphysical 'Απορίαι », dans *Aristotle's Ontology. Assays in Ancient Greek Philosophy*, State University of New York Press, 1992, p. 174 n. 12.

τούτων), Aristote ne peut en effet entendre, dans ce passage, que ce qui se prédique de ces choses *en tant qu'il est leur genre*[1]. A quoi sinon pourrait rimer, comme le note à bon droit E. Halper[2], de nier que les genres soient des principes... dans les cas où il n'y a pas de genre !

C'est cette interprétation, plus fidèle au texte d'Aristote, que l'on trouve dans le commentaire d'Averroès sur B 3, 999 a 6-10 :

> <Aristote> veut dire que les genres antérieurs à leurs différences n'ont pas d'être si ce n'est avec leurs différences, et ce sont les formes en lesquelles ils se divisent. Par exemple, *animal* n'a pas d'être en acte, si ce n'est dans les espèces en lesquelles il se divise. Il en va de même pour la couleur : elle n'a pas d'être si ce n'est dans les espèces des couleurs, et le nombre n'a pas d'être si ce n'est dans le premier des nombres, à savoir la dyade, ensuite dans les autres espèces des nombres. En effet, la dyade est la première des formes des nombres[3].

Averroès ne voit pas ici « un des grands principes aristotéliciens » d'après quoi il n'y aurait pas de genre commun là où il y a de l'antérieur et du postérieur. Ce dont il s'agit ici, pour Averroès, c'est bien de nier le caractère séparé du genre des choses où il y a de l'antérieur et du postérieur, sans nier pour autant l'existence d'un tel genre. Pour Averroès, il va de soi que toutes les substances tombent sous un seul et même genre.

Admettre qu'il puisse y avoir un genre commun à toutes les substances suscite néanmoins une nouvelle difficulté, qui fait l'objet de la troisième aporie de la *Métaphysique*[4]. Toutes les substances, demande Aristote, font-elles ou non l'objet d'une science unique ? Si elles ne font pas toutes l'objet d'une seule et même science, on se demande alors quelle est celle d'entre elles qui fait l'objet de la philosophie. Si, en revanche, elles font toutes l'objet d'une seule science, elles doivent, comme l'indiquent les *Seconds Analytiques*, A 7, tomber sous un seul et même genre[5], lequel constitue le sujet auquel appartient tout ce qui est l'accident d'une substance, quelle qu'elle soit, c'est-à-dire tout ce qui fait l'objet des démonstrations. Mais, dans ce cas, rien ne fondera plus la diversité des sciences. Seule subsistera une science unique, qui s'occupera de tout.

1. Cf. Alexandre d'Aphrodise, *In Met.*, 209, 1, Hayduck.
2. E. Halper, *op. cit.*
3. *Tafsīr Bā'*, 232, 4-12 (In B 3, 999 a 6-10).
4. *Métaphysique*, B 1, 995 b 10-11 ; B 2, 997 a 15-16.
5. *Seconds Analytiques*, I, 7, 75 a 39-75 b 2. Gaston Colle (*La Métaphysique*, p. 223), voit, quant à lui, une référence à la *Métaphysique*, Γ 2, 1003 b 19 : « pour chaque genre, de même qu'il n'y a qu'une seule sensation, ainsi il n'y a qu'une seule science » (trad. J. Tricot). Mais cela ne dit pas aussi précisément ce que disent les *Seconds Analytiques*, à savoir qu'une science ne peut avoir pour objet qu'un seul genre.

On considère généralement[1] que la solution de cette aporie se trouve en Γ 2, d'une part, et en E 1, d'autre part.

> Il y a, dit Aristote en Γ2, autant de parties de la philosophie qu'il y a de substances, de sorte qu'il y a nécessairement, parmi ces parties, une philosophie qui est première et une philosophie qui vient ensuite. Il se trouve en effet que l'être comprend immédiatement des genres; c'est bien pourquoi les sciences correspondront à ces genres[2].

C'est donc la hiérarchie des οὐσίαι qui, d'après Γ2, fonde la hiérarchie des différentes sciences. S'il est vrai que des choses où se trouvent l'antérieur et le postérieur, comme les nombres et les figures, peuvent, d'après Aristote, on l'a vu, tomber sous un même genre, on ne voit cependant pas comment concevoir à la fois l'antériorité de la substance première – c'est-à-dire de la substance divine – sur les autres substances et l'appartenance de toutes les substances au même genre.

En E 1, Aristote dit d'ailleurs que, chaque science portant sur un genre de l'être[3], il y a, étant donné la hiérarchie des substances, une hiérarchie des sciences. S'il existe, d'après E 1, quelque chose d'éternel, d'immobile et de séparé, c'est à une science antérieure à la physique et à la mathématique qu'il revient de connaître cette chose[4]. C'est la science la plus honorable, en effet, qui doit porter sur le genre le plus honorable (καὶ τὴν τιμιωτάτην δεῖ περὶ τὸ τιμιώτατον γένος εἶναι) [5].

À la fin du chapitre, cependant, Aristote demande si la philosophie première est universelle ou si elle porte sur un genre déterminé (περί τι γένος). S'il y a une essence immobile, répond Aristote, la science dont cette essence fait l'objet est universelle parce qu'elle est première. Cette science, dit-il, est dès lors la science de l'être en tant qu'être et de ce qui lui appartient en tant qu'il est être[6].

C'est donc là que, d'après Ross, l'aporie concernant la science des substances est résolue. La théologie, pour Aristote, serait la science première parce que la substance divine est la substance première. Mais la théologie serait aussi la science de tous les êtres parce que la substance divine est « *that which gives their fundamental character to all other beings* »[7].

1. Cf. Ross, Tricot, Reale, *ad loc.*
2. *Métaphysique*, Γ 2, 1004 a 2-9.
3. *Métaphysique*, E 1, 1025 b 8, 12-13, 16-17, 19; 1026 a 21-22.
4. *Métaphysique*, E 1, 1026 a 10-13.
5. *Métaphysique*, E 1, 1026 a 21-22.
6. *Métaphysique*, E 1, 1026 a 23-32.
7. W. D. Ross, *Aristotle's Metaphysics*, I, Oxford, 1924, p. 356.

Cette solution laisse toutefois perplexe. On ne voit pas très bien, en effet, la raison pour laquelle, dans la perspective d'Aristote, la science de l'Être premier est en même temps la science de tout être. A. Mansion, qui met bien en lumière cette difficulté[1], propose d'y apporter une autre solution : « en appliquant la doctrine aristotélicienne de l'unité analogique de l'être au cas spécial de la substance qui est terme de référence principal de tous les autres êtres, on aurait de même une substance qui serait la première dans son ordre et de laquelle toutes les autres tiendraient leur sens et en quelque sorte leur dignité »[2].

L'*unité analogique de l'être* dont parle ici improprement A. Mansion est bien entendu l'*unité focale de signification* (P. Aubenque) dont il s'agit dans la *Métaphysique*, au début de Γ 2. L'être, dit Aristote, se prend en plusieurs acceptions, il n'est pas synonyme. Mais ce n'est pas davantage un pur homonyme. De même que toutes les choses saines, en effet, sont dites saines parce qu'elles ont rapport à la santé, de même on dit *être* tout ce qui se rapporte, directement ou indirectement, à l'être au sens premier, c'est-à-dire à l'οὐσία. D'où la possibilité, malgré la diversité des catégories, d'une science de l'être, science dont la substance constitue le premier objet mais non le seul objet. Toutes les choses qui forment un seul genre font l'objet d'une même science. Il revient donc « à une science génériquement une », dit Aristote, de considérer toutes les formes de l'être en tant qu'il est être[3].

Les choses qui sont πρὸς ἕν forment donc, d'après Γ 2, on le voit, un genre pris au sens large. Aristote ne dit pas que ces choses n'ont qu'un nom en commun. Il prend soin, au contraire, de les distinguer des purs homonymes. Il dit même que ces choses, d'une certaine manière, sont dites d'après une seule chose (καθ' ἕν), comme les synonymes.

Cependant, c'est de l'οὐσία et de ce qui se rapporte à l'οὐσία qu'il s'agit en Γ 2. Peut-on vraiment regarder, comme A. Mansion suggère de le faire, la doctrine du « *focal meaning* » (G.E.L. Owen) comme concernant aussi, pour Aristote, la hiérarchie des substances ? Peut-on dire qu'il y a le même rapport, pour Aristote, entre la substance divine et les autres substances qu'entre la substance et les accidents ? Cela ne reviendrait-il pas à dire que la substance divine est antérieure aux autres substances comme l'οὐσία est

1. « Dans une perspective créationniste, comme celle de saint Thomas, la réponse d'Aristote se comprend sans difficulté : la science de Dieu, cause totale de tout être distinct de lui, est nécessairement une science qui s'étend à tout être et à cet être considéré en tant qu'existant. Mais nous savons que ces vues, appliquées aux conceptions d'Aristote, sont historiquement fausses » (A. Mansion, « L'objet de la science philosophique suprême d'après Aristote, *Métaphysique*, E1 », dans *Mélanges de philosophie grecque offerts à Mgr Diès*, Paris, Vrin, 1956, p. 49).

2. A. Mansion, *op. cit.*

3. *Métaphysique*, Γ 2, 1003 a 33-1003 b 22.

antérieure, d'après Z 1 de la *Métaphysique*, aux accidents, c'est-à-dire quant à la notion, quant à la connaissance et quant au temps[1] ? Mais la notion des autres substances ne suppose pas la notion de Dieu. Et Dieu n'est pas le seul être existant séparément. Et la connaissance des substances naturelles ne suppose, ni en fait, ni en droit, la connaissance de Dieu. En quel sens, dès lors, la substance divine pourrait-elle être, dans la perspective non créationniste d'Aristote, la substance de laquelle, selon la formule d'A. Mansion, « toutes les autres tiendraient leur sens et en quelque sorte leur dignité » ?

Il y a là un problème qui, chez Aristote, reste sans solution.

Averroès, quant à lui, tirant d'Aristote une doctrine de l'antériorité et de la postériorité bien différente de celle que l'on trouve chez la plupart des commentateurs, entreprend de résoudre par là l'aporie dont il s'agit.

Dans son *Grand Commentaire* de Lambda, Averroès distingue en effet deux formes de l'antériorité.

> L'antériorité et la postériorité – dit-il – peuvent se trouver dans le même genre en soi (*fī al-ǧins al-wāḥid bi-'ayni-hi*) ; elles peuvent <aussi> se trouver dans les genres différents qui se disent par rapport à (*bi-al-nisba ilā*) une même chose, comme c'est le cas du nom d'être <qui se dit> des dix catégories[2].

Averroès n'attribue pas à Aristote l'assertion selon laquelle il n'y a pas de genre commun pour les choses où il y a de l'antérieur et du postérieur. Au contraire, l'antériorité des choses les unes par rapport aux autres dans un même genre est, dit-il, « celle que reconnaissent ceux qui pensent que le nom d'être se dit de ces choses comme le nom de nombre se dit de deux et de trois et le nom d'organe du cœur, du foie et des autres organes antérieurs les uns par rapport aux autres »[3].

Cette première forme de l'antériorité implique bien entendu une parfaite synonymie. Le cœur est en effet antérieur aux autres parties du corps parce qu'il est ce qui, au plus haut point, mérite le nom d'organe. Il n'empêche que le rein, le foie et les autres parties du corps, qui sont postérieurs au cœur, sont, eux aussi, des organes : ils n'ont pas seulement le nom d'organe, ils en ont aussi la définition. L'antériorité d'un genre prédiqué par synonymie s'identifie donc, pour Averroès, au plus haut degré d'excellence. Il s'agit, en d'autres termes, de l'antériorité selon le plus et le moins.

La deuxième forme de l'antériorité est celle d'une chose « par rapport à celles qui s'y rapportent et qui n'appartiennent pas au même genre, comme

1. *Métaphysique*, Z 1, 1028 a 31-32.

2. *Tafsīr Lām*, 1409, 16-1410, 1.

3. *Tafsīr Lām*, 1412, 12-15 (trad. A. Martin).

l'antériorité de la santé ou celle de la médecine par rapport aux choses qui s'y rapportent respectivement »[1]. Cette forme de l'antériorité est aussi celle de la substance, ou de l'essence, par rapport aux autres catégories. Pour Averroès comme pour Aristote, ce n'est ni par synonymie, ni par homonymie, que sont dites saines les choses qui se rapportent à la santé.

La notion de genre n'est cependant pas univoque pour Averroès. « Le genre – dit-il dans son commentaire de Lambda – se dit tantôt par synonymie (*bi-tawāṭu'*), tantôt selon l'antériorité et la postériorité (*bi-taqdīm wa ta'ḫīr*) »[2]. Le genre dans lequel les choses sont dites par synonymie, le genre au sens strict, est celui qui convient aux nombres, aux figures et aux substances. Dans ce cas, c'est selon le plus et le moins que certaines choses sont antérieures à d'autres.

Mais les πρὸς ἕν λεγόμενα d'Aristote tombent aussi, pour Averroès, sous un même genre. Il ne s'agit pas d'un genre au sens strict, d'un genre prédiqué par synonymie, mais de ce que l'on peut appeler un genre au sens large. Cette notion de genre au sens large permet alors d'affirmer qu'il y a un genre de l'être. À cet égard, on peut souscrire à la remarque d'E. Halper dans un article de la *Revue de philosophie ancienne :* « Being is not a genus in the strict sense; it is a genus *in some fashion* »[3].

Cette doctrine du genre permet-elle de résoudre la troisième aporie de Bêta? Y a-t-il un genre de la substance? Il est vrai que, pour Averroès comme pour Aristote, certaines des choses où il y a de l'antérieur et du postérieur peuvent tomber sous un même genre. Mais est-ce le cas de la substance? Si oui, de quelle sorte de genre s'agit-il? D'un genre au sens strict ou d'un genre au sens large? D'autre part, si la substance divine et les autres substances tombent toutes sous un même genre, font-elles alors toutes l'objet d'une seule et même science? Quel est alors l'objet des autres sciences, de la physique, des mathématiques, de l'astronomie… ?

Y a-t-il, d'abord, pour Averroès, un genre des substances? « Il y a – dit Averroès – plusieurs choses, dans un même genre, dont certaines sont antérieures les unes aux autres dans ce genre, comme c'est le cas de l'antériorité des substances les unes par rapport aux autres »[4]. Toutes les substances, dans cette perspective, tombent assurément sous le même genre.

1. *Tafsīr Lām*, 1412, 15-1413, 1 (trad. A. Martin) (In Λ 1, 1069 a 20).
2. *Tafsīr Lām*, 1413, 7 (trad. A. Martin) (In Λ 1, 1069 a 19).
3. E. Halper, « Aristotle on the Possibility of Metaphysics », *Revue de philosophie ancienne* 5, 1987, p. 124-125.
4. *Tafsīr Lām*, 1409, 14-16.

Mais sous quelle sorte de genre les substances tombent-elles ? S'agit-il du genre pris au sens strict, du genre prédiqué par synonymie ? S'agit-il du genre au sens large, du genre sous lequel, d'après Γ2, tombent les πρὸς ἕν λεγόμενα ?

Averroès ne se borne pas à distinguer les divers sens en lesquels on peut parler du genre. Il distingue aussi, dans son commentaire de Γ, deux façons de se rapporter à une chose : il y a « les choses qui, se rapportant à une seule chose, ne se rapportent pas à elles d'une seule façon ; elles se rapportent à elle de façons différentes » [1]. Il s'agit bien ici de nos πρὸς ἕν λεγόμενα : les accidents, en effet, ne se rapportent pas tous à la substance de la même façon. Mais il y a encore, d'après Averroès, des choses qui se rapportent toutes à une chose de la même façon, « sauf que ces choses diffèrent selon le moins et le plus (*bi-al-aqall wa al-akṯar*), précise-t-il, comme le nom de substance se dit de la forme et de l'individu » [2]. Il s'agit alors ici du genre où l'on trouve l'antériorité selon le plus et le moins.

Or les choses qui sont dites selon le plus et le moins ne peuvent être dites que par synonymie. On ne peut dire, par exemple, qu'une chose est plus chaude qu'une autre si l'on n'entend pas « chaud » de la même façon dans les deux cas. Averroès évoque ici, on le voit, ce qu'Aristote dit dans le premier chapitre d'*alpha elatton* [3]. L'individu et la forme tombent dès lors, pour Averroès, tous deux dans le même genre, entendu au sens strict, de la substance. L'individu et la forme sont tous deux substances, quant au nom et quant à la définition. Dans cette perspective, la forme est antérieure à l'individu parce qu'elle est substance « à un plus haut degré », elle est « plus » substance [4].

Mais si toutes les substances tombent sous un même genre et qu'elles sont dites par synonymie, rien n'empêche alors qu'elles fassent l'objet d'une même science !

> Si la connaissance de la substance revient à plusieurs sciences – dit Averroès en Bêta – il faut que les natures des substances soient

1. *Tafsīr Ǧīm*, 303, 4-6 (In Γ 2, 1003 a 33-35).
2. *Tafsīr Ǧīm*, 303, 6-8 (in Γ 2, 1003 a 33-35).
3. Cf. α 1, 993 b 24-26.
4. Le degré d'excellence est, chez Averroès, lié à l'unité et à la simplicité de cette chose : « l'excellent (*al-fāḍil*) dans chaque genre – dit-il dans le commentaire de Lambda – est un tout, simple, indivisible, séparé par essence (*mufrad bi-ḏāti-hi*), étranger au composé (*ḫārig 'an al-murakkab*), c'est-à-dire dont la substance n'est pas dans la composition (*fī al-tarkīb*). Par exemple, les choses chaudes ne se distinguent les unes des autres que par leur plus ou moins degré de chaleur. C'est pourquoi la chose chaude dans l'absolu (*bi-iṭlāq*) est celle dans laquelle il n'y a pas de composition, et c'est le feu, puisqu'il ne s'y mêle aucun autre corps qui en atténuerait la chaleur. C'est pourquoi l'intellect premier doit être simple et un dans l'absolu » (*Tafsīr Lām*, 1705, 6-13, In Λ 9, 1075 a 9).

> différentes. Et si elles sont différentes, c'est soit parce qu'elles sont en relation (*mutanāsiba*), soit parce que le nom de substance est dit d'elles par homonymie (*bi-ištirāk*). Et si elles sont en relation, il s'ensuit que les sciences des substances seront des espèces d'une seule science. Si elles ne sont pas en relation, alors le nom de substance se dit d'elles par pure homonymie. Et si c'était le cas, les sciences des substances ne s'élèveraient pas (*laysa tataraqqā*) vers une seule science, et cela est indigne (*šanī'*)[1].

Rappelant que le nom de la substance se dit par synonymie, Averroès affirme ici que les substances doivent faire l'objet d'une seule science. Mais que devient dans ce cas la hiérarchie des sciences ?

C'est encore dans son commentaire de Lambda qu'Averroès est amené, pour répondre à cette question, à distinguer deux formes de la synonymie :

> Le principe premier – dit-il – ne comporte pas de synonymie (*muwāṭa'a*) dans le sens (*bi-al-ma'nā*) où on la trouve dans le principe propre (*al-mabda' al-ḫāṣṣ*) : sa synonymie doit être d'une autre sorte, <c'est-à-dire> générale (*'āmma*)[2].

Averroès établit donc une distinction entre la synonymie du principe prochain, d'une part, c'est-à-dire une synonymie qui concerne ce principe et la chose déterminée dont il est le principe, et la synonymie du principe premier, ou éloigné, d'autre part, qui est ce qu'Averroès appelle une synonymie générale, car il est clair, affirme-t-il, « que la forme du premier moteur, c'est d'une certaine manière l'ensemble des formes (*ǧamī' al-ṣuwar*) »[3].

La substance divine, c'est-à-dire la Forme ou l'Intelligence première, fait partie du genre au sens strict où tombent les substances, bien que la synonymie de la substance divine et des autres substances soit une synonymie d'un type particulier. En effet, toutes les formes, et non seulement telle ou telle forme déterminée, se trouvent en elle. Puisque, pour Averroès, toutes les choses doivent leur forme à la cause formelle première, c'est-à-dire à la substance divine, la forme de toute chose, c'est-à-dire son essence (ou substance), c'est-à-dire sa définition, se trouve en la substance divine. Sont donc bien synonymes la substance divine et les autres substances.

Cela n'empêche cependant pas que la substance divine, constituée par une multiplicité de formes, ait une réelle unité. C'est même cette unité qui fait que l'on parle de synonymie générale. En effet, dit encore Averroès dans son commentaire de Lambda, « puisque l'intellect et l'intelligible (*al-*

1. *Tafsīr Bā'*, 198, 4-9.
2. *Tafsīr Lām*, 1529, 16-1530, 1.
3. *Tafsīr Lām*, 1529, 8 (In Λ 4, 1070 b 34-35).

'aql wa al-ma'qūl) forment une unité parfaite (*ittiḥād*[an] *tāmm*[an]), il faut que les multiples intelligibles qui appartiennent à cet intellect s'unissent (*tattaḥida*) jusqu'à former une chose une et simple à tous points de vue (*min ǧamī' al-wuǧūh*). Car si les intelligibles qui appartiennent au même intellect demeurent multiples sans former par conséquent une unité par essence, l'essence de <l'intellect> sera alors différente de celle des <intelligibles> (*fa-ḏātu-hu id*[an] *ġayru-hā*) » [1].

En revanche, c'est en un autre sens qu'il faut, toujours d'après Averroès, prendre la synonymie du principe prochain. Le principe donne en effet ce qu'il est, mais il ne s'agit pas ici de la synonymie générale : le principe ne donne ici qu'une forme déterminée.

La distinction qu'établit Averroès entre le principe ultime et le principe prochain, entre la synonymie générale et la synonymie simple, permet d'affirmer qu'il y a une science une de la substance, la métaphysique, tout en affirmant aussi l'existence des autres sciences, celle de la physique notamment. Car les principes ultimes ne sont pas autre chose, pour Averroès, que la cause finale et la cause formelle qu'étudie la métaphysique [2].

> Le physicien – dit Averroès en Lambda – fournit les causes matérielle et motrice de la substance mobile, mais il ne le peut pour les causes formelle et finale. Le métaphysicien, lui, explique quelle est la cause de la substance mobile dont nous parlons – j'entends la cause formelle et finale-, en faisant connaître que le principe moteur, dont l'existence a déjà été démontrée dans la *Physique*, est le principe de la substance sensible par le moyen de la forme et de la fin (...) Aristote expose donc dans la *Métaphysique* que l'être immatériel, dont on a montré qu'il est le moteur de la substance sensible, est une substance antérieure à la substance sensible et qu'il en est le principe en tant qu'il en est la forme et la fin [3].
>
> S'il y a une ambiguïté (*iškāl*), poursuit Averroès, c'est parce que le principe formel, le <principe> final et le <principe> moteur ne sont pas trois numériquement : ils sont un dans le sujet, tout en étant trois dans l'expression (*bi-al-qawl*). En tant qu'il est moteur, c'est dans la *Physique* qu'Aristote en explique l'existence, même s'il est en dehors de la matière. Et dans la mesure où la métaphysique admet que ce moteur est en dehors de la matière, Aristote explique qu'il est forme et fin de cette substance sensible, non en tant qu'elle est sensible, mais en tant qu'elle est un être (*min ǧiha mā huwa*

1. *Tafsīr Lām*, 1706, 6-10.

2. *Tafsīr Bā'*, 194, 6-7 et *Tafsīr Lām*, 1522, 7-8 : « c'est quand il s'agit des principes lointains (*al-ba'īda*) qu'on peut dire que les principes de la substance sont les principes de toutes <les substances> ».

3. *Tafsīr Lām*, 1433, 8-18, (trad. A. Martin).

> *mawǧūd*). C'est pour ces raisons qu'il faut comprendre que les principes de ces deux sciences sont différents, j'entends selon le point de vue seulement, non selon l'être (*bi-al-ǧiha faqaṭ lā bi-al-wuǧūd*)[1].

Ce propos, on peut le noter, évoque ce que dit déjà Plotin dans le deuxième traité sur les genres de l'être. Pour Plotin, en effet, l'intelligence est une nature unique que nous morcelons en la pensant (ταῖς ἡμῶν ἐπινοίαις)[2]. Averroès, en se montrant fidèle à plusieurs égards à la pensée d'Aristote, ne s'en montre pas moins imbus, çà et là, d'une forme du néoplatonisme.

1. *Tafsīr Lām*, 1435, 15-1436, 2, (trad. A. Martin).
2. Plotin, *Ennéades*, VI, 2, 3, 22-23.

CHAPITRE VIII

PHYSIQUE ET MÉTAPHYSIQUE

Pour Averroès, c'est l'étude de la substance qui constitue véritablement l'objet propre de la métaphysique. La science métaphysique, dans cette perspective, est une ousiologie générale, une étude de la substance des choses sensibles, qui, nécessairement, doit mener à la connaissance de la substance première qu'est le Premier Moteur.

Cette interprétation est aussi celle que l'on trouve dans le *Grand Commentaire* d'Averroès au livre Lambda de la *Métaphysique*. Cette science, dit Averroès, étudie certes « toutes les sortes d'êtres en tant qu'ils sont un être » (*ǧamīʿ aṣnāf al-huwiyyāt bi mā hiya huwiyya*)[1]. Mais cet examen de l'être, poursuit-il, révèle au moins trois sortes d'êtres : l'être par accident, l'être qui est dans l'âme et l'être qui est à l'extérieur de l'âme[2]. Si la métaphysique a pour objet l'étude des êtres en tant qu'être, ce n'est cependant que dans la mesure où cette étude révèle ce qui constitue leur principe essentiel, leur substance :

> Comme il apparaît clairement – dit Averroès – que l'être par accident et <l'être> qui est dans la pensée (*fī al-fikr*) sont imparfaits (*nāqiṣatān*), alors que l'être que la métaphysique se propose d'étudier, c'est l'être vrai qui existe en dehors de l'âme (*al-huwiyya al-ḥaqīqa al-mawǧūda ḫāriǧ al-nafs*), <Aristote> entreprend d'étudier cet être. Et comme la substance est le principe de cet être, <Aristote> entreprend de rechercher ce que sont les principes de la substance et commence, pour cela, par les principes de la substance générable et corruptible (*al-ǧawhar al-kā'in al-fāsid*)[3].

1. *Tafsīr Lām, Proem.*, 1401, 10-11.

2. *Tafsīr Lām, Proem.* 1401, 3-5.

3. *Tafsīr Lām*, 1402, 4-7. Les traductions du *Grand Commentaire* sur Lambda sont, pour la majeure partie, d'Aubert Martin, *Grand commentaire de la Métaphysique d'Aristote (Tafsīr mā baʿd āṭ-ṭabīʿat, livre lām-lambda)*.

La métaphysique rushdienne est donc bien une ousiologie, une étude de la substance en tant que telle. La substance sensible, matérielle, fait dès lors l'objet de l'étude du métaphysicien; elle constitue même le point de départ de sa recherche des principes.

Une telle interprétation soulève au moins une difficulté.

Si, dans sa partie préliminaire, la métaphysique étudie en effet les οὐσίαι sensibles, que devient alors l'objet de la science physique ? Qu'est-ce qui, en dernière analyse, permet de distinguer ces deux sciences ? Il y a là un problème que de nombreux partisans de cette interprétation n'ont pas aperçu[1], mais qui n'a pourtant pas échappé à Averroès. Il est très explicite sur ce point et ne cesse d'aborder le sujet tout au long de son *Grand Commentaire*[2]. La critique adressée au commentaire d'Alexandre d'Aphrodise sur Lambda, ainsi que les corrections qu'Averroès estime devoir y apporter sont, à cet égard, très éclairantes[3].

Pour Alexandre, en effet, c'est à la métaphysique qu'il appartient de démontrer les principes des êtres :

> <Alexandre> dit : démontrer, en effet, les principes des êtres, quels qu'ils soient, n'appartient véritablement (*min ḥaqq*) qu'à la philosophie première, même si ce sont les principes qu'utilise la physique. Ce n'est pas la physique, en effet, qui les explique. Elle ne fait que les postuler (*yaḍa'u-hā waḍ'an*). Car la substance immobile est principe et cause des choses naturelles. Et c'est ce dont <Aristote> parle maintenant, conformément à son intention première[4].

Dans cette perspective, il faut le reconnaître, la métaphysique n'a rien à recevoir de la physique; c'est la métaphysique qui, en quelque sorte, constitue le fondement de la physique. Averroès s'oppose clairement à cette interprétation.

> Si Alexandre veut dire que les principes des êtres étudiés par le philosophe, et dont le physicien admet l'existence (*yatasallamu wuǧūda-hā)*, sont les principes de la substance sensible éternelle, qui est la substance séparée, et que, d'autre part, les principes étudiés par le

1. Cf. P. Destrée, « *Physique* et *métaphysique* chez Aristote. A propos de l'expression ὄν ᾗ ὄν », *Revue philosophique de Louvain*, nov. 1992, p. 426 : « Il est remarquable de constater que les représentants de cette interprétation ne semblent pas proposer de distinction claire et précise entre ces deux sciences qu'Aristote ne confond pourtant jamais ».

2. Notamment *Tafsīr Bā'*, 190, 15-191-2; *Tafsīr Zay*, 759, 14-760,3; *Tafsīr Lām*, 1426, 1-4.

3. *Tafsīr Lām*, 1421, 11-1426, 1.

4. *Tafsīr Lām*, 1420, 8-12.

> physicien (...) sont les principes de la substance générable et corruptible, il commet une erreur (*kānakalām ġayr mustaqīm*)[1].

Averroès, on l'a compris, refuse de faire reposer la distinction des deux sciences sur une différence d'objet, où la métaphysique traiterait uniquement des substances immobiles, tandis que la physique n'étudierait que les substances sensibles. La physique et la métaphysique ont un objet d'étude commun : la substance naturelle. Elles ont de surcroît toutes deux pour tâche d'en rechercher les principes, les causes. Elles ne le font cependant pas, d'après Averroès, dans la même perspective :

> Là <dans la physique>, Aristote n'examine les principes du corps qu'en tant qu'il est naturel, c'est-à-dire en tant qu'il est un être immobile ou mobile, alors qu'ici, <en métaphysique>, il ne l'examine qu'en tant seulement qu'il est substance, c'est-à-dire subsistant par essence »[2].

La métaphysique ne traite donc pas seulement de la substance immatérielle, tout comme la physique ne s'occupe pas que de substances matérielles. Ce n'est dès lors pas sur l'*objet matériel* de leur étude que se fonde la distinction entre ces deux sciences. C'est, en revanche, dans son *objet formel* que chacune d'entre elles trouve sa spécificité. La physique examine les principes de la substance en tant qu'ils sont principes du *mouvement* alors que le métaphysicien les étudie en tant qu'ils sont principes de la *substance* ou de l'essence, c'est-à-dire de l'être. C'est de ce point de vue seulement que la métaphysique est, pour Averroès, la science de l'être en tant qu'être. La distinction entre les deux sciences se fonde sur ce qu'Averroès appelle une différence de *point de vue* (*ğiha*), d'approche.

Ces deux approches distinctes doivent, par conséquence, aboutir à deux types de connaissance, distinctes l'une de l'autre.

> En effet, le physicien fournit les causes matérielle et motrice de la substance mobile mais il ne peut en fournir les causes finale et formelle. Le métaphysicien, quant à lui, explique quelle est la cause de la substance mobile dont nous parlons, je veux dire la cause formelle et finale, en faisant connaître que le principe moteur, dont l'existence a déjà été démontrée dans la physique, est le principe de la substance sensible par le moyen de (*ʿalā ṭarīq*) la forme et de la fin. De ce point de vue (*min hāḏihi al-ğiha*), ce que recherche le métaphysicien, ce sont les éléments de la substance sensible, c'est-à-dire les éléments de l'être en tant qu'être. Il expose donc dans cette science que l'être immatériel, dont on a montré qu'il est moteur de la substance sensible, est une substance antérieure à la

1. *Tafsīr Lām*, 1422, 1-5 (trad. A. Martin).
2. *Tafsīr Zay*, 759, 12-16.

> substance sensible et qu'il en est le principe en tant qu'il en est la forme et la fin. D'après quoi nous devons comprendre que le métaphysicien examine les principes de la substance naturelle, c'est-à-dire la forme première et la fin, et que la cause motrice et <la cause> matérielle, c'est au physicien de les examiner et de faire de leur existence un principe pour l'étude des deux autres causes[1]

Il s'agit donc, pour le métaphysicien, de déterminer quelles sont les causes de la substance en tant qu'elle est substance : non pas en tant que cette substance est mobile, mais en tant qu'elle est une essence, qu'elle est *ce qu'elle est*. Physique et métaphysique constituent alors deux sciences, deux approches qui correspondent en fait à deux types particuliers de causalité : l'une étudie la cause motrice et matérielle, tandis que l'autre s'occupe de la cause formelle et finale.

Mais, pourrait-on objecter, reconnaître à chaque science un type précis de causalité, n'est-ce pas admettre, finalement, que c'est encore par l'objet qu'elles étudient que physique et métaphysique se distinguent ? La distinction de ces causes peut en effet prêter à confusion :

> S'il y a une ambiguïté (*al-iškāl*) – dit Averroès – c'est parce que le principe formel, le principe final et le principe moteur ne sont pas trois numériquement : ils sont un dans le sujet, tout en étant trois dans l'expression (*wāḥida bi al-mawḍūʿ, ṯāliṯa bi al-qawl*). En tant qu'il est moteur, c'est dans la physique qu'<Aristote> en explique l'existence, même s'il est en dehors de la matière. Et dans la mesure où la métaphysique admet que ce moteur est en dehors de la matière, il explique qu'il est forme et fin de cette substance sensible, non en tant que sensible, mais en tant qu'être (*lā min ǧiha mā huwa maḥsūs bal min ǧiha mā huwa mawǧūd*)[2].

C'est donc pour cette raison, et pour cette raison seulement, qu'il faut comprendre que les principes de ces deux sciences sont différents. Différents, mais par le point de vue seulement, non par l'objet[3].

D'autre part, et contrairement à ce que soutient Alexandre, ce n'est pas la physique qui doit d'abord admettre les doctrines de la métaphysique, mais bien l'inverse, comme l'exprime clairement Averroès :

1. *Tafsīr Lām*, 1433, 8-14 (trad. A. Martin).
2. *Tafsīr Lām*, 1435, 15 (trad. A. Martin).
3. Cf. J. C. Doig, *Aquinas On Metaphysics. A historico-doctrinal study of the Commentary on the Metaphysics*, La Haye, 1972, p. 36-37 : « *So it is, that although the first philosopher accepts the existence of the principles of substance (matter and form ; the prime mover), he studies these in a new way. Whereas the physicist merely studies matter, form, and the first mover as the principles of motion, the metaphysician is interested in these as principles of substance* ».

> La substance éternelle, c'est la physique qui en explique l'existence, et cela à la fin du huitième <livre> de la *Physique*, de même que sont exposés les principes de la substance générable et corruptible au premier livre du même ouvrage. Dès lors, comment peut-on prétendre que la physique ne fait que postuler <la substance éternelle>, alors que l'existence de celle-ci ne peut être expliquée que par la physique? Comment est-il permis de dire que ce dont la physique se charge d'expliquer les principes, c'est <seulement> la substance générable et corruptible, alors que la physique étudie aussi bien la substance générable et corruptible que celle qui ne l'est pas? Ce que la physique étudie, en effet, c'est l'être mobile, qu'il soit générable ou non[1].

Le métaphysicien, quant à lui, recherche

> quels sont les principes de la substance en tant qu'elle est substance et explique que la substance séparée est principe de la substance naturelle. Mais quand <Aristote> expose ce problème <en métaphysique>, il présuppose les données de la physique : pour ce qui est de la substance générable et corruptible, il interroge le premier livre de la *Physique*, qui explique qu'elle est composée de forme et de matière; pour ce qui est de la substance éternelle, il s'adresse à la fin du huitième livre, qui explique que le moteur de la substance éternelle est quelque chose qui est dégagé de la matière[2].

C'est donc bien la physique, et elle seule, qui, contrairement à ce que prétendent Alexandre et Avicenne[3], prouve l'existence du Premier moteur immobile, de la première substance immatérielle. Ce n'est que par elle, c'est-à-dire par l'étude du mouvement, que l'on peut expliquer l'existence d'une substance séparée. Pour Averroès, « les méthodes qui sont présumées établir l'existence du Premier Moteur, en dehors de tout recours au mouvement, sont toutes des méthodes de persuasion (*turuq muqni'a*) »[4].

On caractérisera donc adéquatement le rapport entre physique et métaphysique en parlant ici d'une relation d'interdépendance. Les deux

1. *Tafsir Lām*, 1422, 6-13 (trad. A. Martin).
2. *Tafsir Lām*, 1424, 11-1425, 1. (trad. A. Martin).
3. Cf. D. Gutas, *Avicenna and the Aristotelian Tradition: Introduction to Reading Avicenna's Philosophical Work*, « Islamic Philosophy and Theology », Leiden, Brill, 1988, p. 264 : « *Avicenna's criticism of the Aristotelian proof of the First Mover by means of motion and his concomitant theory of the Necessary Existent were among the most important aspects of his metaphysical system. They were also among the most sensational, and they were attacked at first not only by Islamic orthodoxy in the person of Gazālī, but also by Aristotelian orthodoxy as represented later by Averroes* ».
4. *Tafsir Lām*, 1423, 11-13 (trad. A. Martin).

sciences sont l'une et l'autre indispensables à la connaissance du réel, chacune ayant une tâche bien définie.

Le discours métaphysique ne peut prouver l'existence de la substance immatérielle. Ce discours ne peut avoir lieu qu'après que la physique ait établi, grâce au mouvement, l'existence des principes moteurs de la substance sensible (matière, forme, premier moteur). L'étude physique constitue dès lors, pour la métaphysique, la seule garantie de la réalité de son objet. En ce sens, la science métaphysique est seconde par rapport à la science physique, sans perdre toutefois son titre de philosophie première. Certes, dit Averroès, la métaphysique est postérieure à la physique, mais elle ne l'est que dans l'ordre de la connaissance, de l'enseignement. C'est pourquoi, d'ailleurs, on l'appelle science de *ce qui est après la physique* (*mā ba'd aṭ-ṭabī'a*). La métaphysique reste cependant la philosophie première, non pas dans l'ordre de la connaissance, mais dans celui de l'être[1]. Car c'est la métaphysique qui, seule, connaît l'*essence,* l'*être,* de la substance immobile. C'est elle qui explique que cette substance est antérieure à toutes les autres substances, par le fait que toutes les autres substances lui doivent d'être ce qu'elles sont, d'être des substances. Puisque la substance immobile est première dans l'ordre de l'être, la science qui dit ce qu'est cette substance est elle aussi première dans l'ordre de l'être. Ce n'est qu'après avoir accepté les données de la physique que le métaphysicien parvient à la connaissance de la substance première en tant qu'elle est le principe de l'être des autres substances. La métaphysique n'est philosophie première que parce que, finalement, elle démontre la causalité exercée par la substance première sur les autres substances. C'est en ce sens, et en ce sens seulement, que la métaphysique est, *in fine*[2], la science du divin. Le discours sur Dieu, substance première et immobile, ne constitue qu'une partie de la métaphysique, non son seul objet. La science de la substance divine, d'autre part, n'est possible qu'une fois étudiée dans son rapport à la substance sensible, c'est-à-dire dans la mesure où elle tire de la physique l'existence de son ultime objet d'étude.

La relation existant entre la physique et la métaphysique est donc une relation de dépendance réciproque, de parfaite solidarité.

> C'est ainsi qu'il faut comprendre la solidarité (*ištirāk*) de ces deux sciences, la <science> physique et la <science> divine, dans l'étude des principes de la substance. Je veux dire que la science physique explique leur existence en tant qu'ils sont principes d'une substance mobile, tandis que le maître de cette science ne les étudie

1. *Tafsīr Zay,* 935, 15 : « *Innamā summiya mā ba'd aṭ-ṭabī'a bi-ḥasab martabati-hi fī al-ta'līm, lā fī al-wuǧūd* ».

2. C'est-à-dire en *Lām*.

qu'en tant qu'ils sont principes de la substance en tant qu'elle est substance, non substance mobile[1].

La solidarité de la physique et de la métaphysique constitue chez Averroès un de ses thèmes de prédilection, sinon son thème favori. Il aborde le sujet en plusieurs endroits de son *Grand Commentaire de la Métaphysique*. On peut s'interroger sur les raisons de cette insistance. Elles sont, me semble-t-il, de plusieurs ordres :

La première raison est sans doute celle qui inspire toute son œuvre de commentateur : il s'agit bien entendu de son souci de rigueur, de sa volonté de comprendre en profondeur la pensée d'Aristote et de surmonter les difficultés, les contradictions mêmes, que présente parfois le texte du Stagirite. Son interprétation témoigne, ici comme ailleurs, d'une grande connaissance du *corpus* aristotélicien. Les positions, parfois inédites, qu'il prend sur certains sujets s'accordent le plus souvent au texte d'Aristote. C'est aussi le cas dans la discussion qui nous a occupés ici.

La deuxième raison, qui n'est pas tout-à-fait étrangère à la première, tient à son désir de comprendre le « vrai » Aristote, à sa volonté de le dépouiller du voile néoplatonisant dont l'ont revêtu certains de ses prédécesseurs, pour qui la métaphysique, assimilée à la science de l'Un, se réduisait purement et simplement à la théologie[2].

La troisième raison est liée aux deux premières, mais tient cependant davantage au contexte religieux dans lequel vivait alors le philosophe cordouan. Montrer, de manière insistante, la prééminence, dans l'ordre de la connaissance, de la physique sur la philosophie première n'est pas innocent. Admettre la substance immatérielle parmi les objets de la science physique ne l'est pas non plus. Affirmer que la seule preuve valide de l'existence de cette substance, c'est-à-dire de l'existence de Dieu, est la preuve par le mouvement constitue une attaque à peine déguisée. Les méthodes établissant, à ce que l'on croit, l'existence de cette substance sans le recours au mouvement ne sont, Averroès l'affirme, que des méthodes de persuasion, ne correspondant à aucune réalité physique. En effet, « rechercher des arguments persuasifs (*al-kalām al-muqni'*) sans considérer s'ils correspondent à la réalité ou non (*hal huwa muṭābiq lil-mawğūd aw*

1. *Tafsīr Lām*, 1425, 10-1426, 4.

2. Surtout al-Kindī et son école. Cf. D. Gutas, *Avicenna and the Aristotelian Tradition : Introduction to Reading Avicenna's Philosophical Work*, « Islamic Philosophy and Theology », Leiden, Brill, 1988, notamment p. 245 : « *They* [= les disciples de Kindī] *understood the object of metaphysics to be the study of the One, intellect, and soul according to Neoplatonic emanationism, and they practically, though not explicitly, identified metaphysics and Islamic theology* ».

ġayr muṭābiq) aboutit à des croyances fausses et trompeuses (*i'tiqādāt kāḏiba wa muḫtari'a*) »[1].

Ces méthodes de persuasion sont celles que pratiquent les théologiens, ceux-là mêmes qu'Averroès, notamment dans le *Faṣl al-maqāl*, s'acharnera à combattre, en montrant que leur action est ruineuse, non seulement pour la masse, qu'elle pervertit, mais aussi pour la philosophie, à laquelle elle se substitue indûment[2].

C'est là, nous semble-t-il, le but de cette distinction : il s'agit d'insister, Aristote à l'appui, sur le fait que l'étude des substances immatérielles ne peut en aucun cas se suffire à elle-même : la métaphysique doit, pour être valide, s'ancrer de manière nécessaire dans la réalité physique[3]. Il n'y a, en dehors de ces conditions, aucune autre théologie possible.

1. *Tafsīr Lām*, 1418, 6-8 (trad. A. Martin)

2. Cf. *Averroès, Discours décisif*, par exemple §. 70 : « l'interprétation vraie (...) ne se retrouve ni dans les doctrines des Ash'arites, ni dans celles des Mu'tazilites : c'est-à-dire que leur interprétation n'emportent pas la conviction, qu'elles ne contiennent nul indice qui signale la vérité, pas plus qu'elles ne sont elles-mêmes la vérité » (trad. M. Geoffroy), p. 169 (GF-Flammarion).

3. Cf. R. Ramon Guerrero, « La metafisica en Averroes », dans *Anales del Seminario de Historia de la Filosofía* n°15, Universidad Complutense, Madrid, 1998, p. 197-198 : « *<Avicena> alcanzaba de manera apriorica la idea de Dios como el Ser Necessario que fundamenta todo ser. Averroes, al contrario, la alcanza por la via empirica aristotelica, afirmando la prioridad gnoseologica de la substancia sensible, desde la que hay que elevarse hasta sus principios y causas. De aqui que, tambien al contrario que en Avicena, la Fisica, segun Averroes, es ciencia preliminar y necesaria para la Metafisica ; esta, a su vez, completa el conocimiento que en aquella se habia iniciado* ».

CHAPITRE IX

LA SCIENCE DES CHOSES SÉPARÉES

Nous venons de voir que, pour Averroès, ce qui distingue essentiellement la science physique de la science métaphysique, c'est la différence de point de vue selon lequel l'objet est étudié. Certains passages de la *Métaphysique* semblent cependant affirmer que la distinction des deux sciences se fonde sur une différence d'objet. Si, en effet, la métaphysique constitue, d'après le livre Γ, la science de l'être en tant qu'être, la philosophie première paraît, d'après d'autres passages, concerner aussi *les choses séparées*. C'est en tout cas ce que semble affirmer Aristote dans le passage bien connu d'E 1, où il est question de la tripartition des sciences théoriques :

> La physique en effet – dit Aristote – étudie les choses non séparées (ἀχώριστα) mais non pas immobiles, alors que certaines branches des mathématiques étudient des êtres immobiles mais non-séparés et comme engagés dans la matière ; quant à la <science> première, elle porte sur des choses séparées et immobiles[1].

D'après ce passage, il semble bien que ce soit sur une différence d'objet que repose la distinction entre la métaphysique et la physique : seule la science métaphysique, en effet, s'occupe des choses *séparées*. Que faut-il entendre par là ?

La plupart des commentateurs[2] reconnaissent que le terme *séparé* (χωριστός) a chez Aristote un double sens. Il désigne tantôt ce qui est séparé de la matière[3], tantôt ce qui subsiste par soi et n'a besoin de rien

1. *Métaphysique*, E 1, 1026 a 13-16.

2. Cf. J. Owens, *The Doctrine of Being in the Aristotelian Metaphysics*, Toronto, P.I.M.S., 3e éd. 1978, p. 296 n. 44 ; P. Aubenque, *Le Problème de l'être chez Aristote*, Paris, 1962, p. 36 n. 2.

3. Cf. par exemple *De Anima*, II, I, 413 *sq.*, où le νοῦς est dit « séparé » du corps, à la différence de la ψυχή.

d'autre pour avoir l'être[1]. En ce dernier sens, la « séparation » est la propriété fondamentale de la « substance ». Ces deux sens, note P. Aubenque, « coïncidaient chez Platon, pour qui l'Idée, séparée du sensible, était en même temps la seule réalité subsistante. Ils ne coïncident plus chez Aristote : ainsi la substance physique est séparée au second sens, mais ne l'est pas au premier; l'être mathématique est séparé au premier sens, mais il ne l'est pas au second »[2].

Cette double signification a donné lieu à une controverse au sujet de la lecture de E1, 1026 a 14, où est défini l'objet de la physique. Certains[3], suivant la leçon de tous les manuscrits, lisent que l'objet de la science physique est constitué par les « choses non séparées », les ἀχώριστα. En ce sens, c'est sur des choses non séparées *de la matière* que porte la physique. Mais il y a plus d'un siècle, Schwegler[4], que suivent encore plusieurs exégètes modernes[5] d'Aristote, a proposé de remplacer ἀχώριστα par la leçon χωριστὰ « pour conserver l'opposition avec les objets mathématiques qui, à la ligne suivante, sont dits οὐ χωριστά »[6]. C'est d'ailleurs cette leçon corrigée que publient les éditeurs modernes[7] de la *Métaphysique*. La lecture du passage devient alors, d'après les partisans de la correction, celle que « la symétrie exige »[8] :

> La physique étudie les choses *séparées* et *mobiles ;*
> Les mathématiques étudient les choses *non séparées* et *immobiles ;*
> La métaphysique étudie les choses *séparées* et *immobiles*.

1. Cf. par exemple *Métaphysique,* Δ 18, 1022 a 35 : « ce qui est séparé est par soi » (τὸ κεχωρισμένον καθ' αὑτό).

2. P. Aubenque, *Le Problème de l'être chez Aristote,* Paris, P.U.F., 1962, p. 36 n. 2.

3. Cf. Pseudo-Alexandre (445, 39); I. Bekker; D. R. Cousin, « A Note on the Text of *Metaphysics*, 1026 a 14 », *Mind* 49, p. 495-496; E. Trépanier, « La philosophie de la nature porte-t-elle sur des séparés ou des non séparés », *Laval théologique et philosophique* 2, 1946, p. 206-209; V. Decarie, « La physique porte-t-elle sur des non séparés », *Revue des Sciences Philosophiques et Théologiques*, 38, 1954, p. 466-468; A. Mansion, « L'objet de la science philosophique suprême d'après Aristote, *Métaphysique*, E 1 », dans *Mélanges de philosophie grecque offerts à Mgr Diès*, Paris, Vrin, 1956, p. 153; J. Owens, *op. cit.*, p. 296 n. 44; E. Berti, « La *métaphysique* d'Aristote : "onto-théologie" ou "philosophie première"? », *Revue de philosophie ancienne* XIV, n°1, 1996, p. 81.

4. Schwegler, *Die Metaphysik des Aristoteles*, t. IV, Tübinge, 1848

5. Cf. W. Jaeger, *Aristotle's Fundamentals*, p. 217; Ross, *La Métaphysique*, II, p. 355; J. Tricot, *La Métaphysique*, I, p. 332 n. 1; E. de Strijcker, « La notion aristotélicienne de séparation dans son application aux idées de Platon », dans *Autour d'Aristote,* Mélanges A. Mansion, 1955, p. 131-132 n. 68; Ph. Merlan, *From Platonism to Neoplatonism*, La Haye, 1953, p. 57; G. Reale, *La Métaphysique*, p. 502 n. 13 et 14; P. Aubenque, *ibid.*, p. 36 n. 2.

6. P. Aubenque, *ibid.*

7. Cf. Christ, Jaeger, Ross, *a. l.*

8. J. Tricot, *La Métaphysique*, p. 332 n. 1.

À cette correction s'oppose pourtant, en plus de tous les manuscrits, la traduction arabe de la *Métaphysique*[1] :

> La science physique porte sur des choses non séparées (*lā tufāriqu*) mais qui ne sont pas immobiles (*lā mutaḥarrika*); certaines des mathématiques (*al-ta'līmiyya fa ba'ḍu-hā*) portent sur des choses qui ne se meuvent pas (*lā tataḥarriku*), cependant il est probable (*ḫalīq an*) qu'elle ne soient pas séparées mais comme ce qui est dans une matière (*ka-al-latī fī 'unṣūr*) ; quant à la science première, elle porte sur les choses séparées (*lil-ašyā' al-mufāriqa*) et qui sont aussi immobiles (*lā tataḥarriku ayḍ^an^*)[2].

L'interprétation d'Averroès est bien évidemment tributaire du texte qu'il a sous les yeux. Il ne fait d'ailleurs aucun doute, pour lui, que cette leçon est la bonne : « la physique – commente Averroès – étudie les choses non séparées qui, en plus de cela, ne sont pas immobiles ». Le texte arabe plaide donc, comme tous les manuscrits grecs, contre la correction de Schwegler.

Mais l'interprétation de Schwegler ne se heurte pas seulement à la leçon des manuscrits grecs et de la version arabe; cette correction va aussi à l'encontre de ce que dit Aristote à cet endroit. Si la physique porte, non pas sur des choses *non séparées* (ἀχώριστα : MSS) mais, comme le veulent les partisans de la correction, sur des choses séparées (χωριστά : Schwegler), alors il faut entendre *séparé* au seul sens de *subsistant par soi*. La correction proposée dépend dès lors du sens que revêt χωριστόν dans ce passage. Or ce sens nous est « clairement indiqué à la l. 15 »[3] : l'objet des mathématiques, dit Aristote, « n'est pas séparé (οὐ χωριστά) mais comme engagé dans la matière (ὡς ἐν ὕλῃ) ». En conséquence, écrit avec raison V. Décarie, « est χωριστόν ce qui est séparé de la matière, est ἀχώριστον ce qui est dans la matière, ou qui n'existe que dans la matière (=ὡς ἐν ὕλῃ) »[4]. Il paraît en effet impossible qu'Aristote donne un sens précis à un terme pour lui donner, une ligne plus bas, un sens tout-à-fait différent[5]. C'est d'ailleurs de choses séparées *de la matière* qu'il est question dans les

1. Rappelons que la traduction arabe date du IXe siècle. La *métaphysique* arabe témoigne donc d'un état du texte grec auquel ne sont pas antérieurs nos plus anciens manuscrits grecs (E, 10e s. ; J, 9e s. ; A^b^, 12e s.).

2. *Tafsīr He*, 706, 13-707, 4 (In E 1, 1026 a 13-16).

3. V. Décarie, « La physique porte-t-elle sur des "non-séparés" ? », *Revue des Sciences Philosophiques et Théologiques* 38, 1954, p. 467.

4. *Ibid.*, p. 467-468.

5. Cf. D. R. Cousin, « A Note On The Text of Met. 1026 a 14 », *Mind*, 49, 1940, p. 495 n. 2 : "*But it seems to me incredible that he* (=Ar.) *should use* χωριστὰ *in l. 14 in a sense which has no reference to matter and go on in the very next line to use* οὐ χωριστὸν *in the sense which has reference to matter*".

autres passages d'E 1 [1], et c'est en ce sens également qu'Averroès définit clairement l'objet de la physique : « c'est au maître de la science naturelle qu'il revient d'étudier une certaine forme (*ṣūra mā*), celle qui ne peut être exempte de la matière (*ḫilw* [an] *min al-hayūlā*) » [2].

L'objet des sciences théoriques se répartit alors comme suit :

> La physique porte sur des choses non séparées et non immobiles ;
> Les mathématiques portent sur des choses non séparées et immobiles ;
> La philosophie première porte sur des choses séparées et immobiles.

La philosophie première, qu'Aristote qualifie ensuite de « théologique » (θεολογική) [3], porte donc sur la réalité séparée, immobile et immatérielle. De ce passage, plusieurs commentateurs ont inféré que la philosophie première était la science de Dieu. Il est entendu, écrit en effet A. Mansion, « que la divinité est identique à cette réalité immobile et immatérielle dont il vient d'être question; de là, la dénomination de *théologique* donnée à cette philosophie première » [4]. On ne peut douter, affirme aussi P. Aubenque, « qu'Aristote ait voulu désigner par l'expression *philosophie première* l'étude des êtres premiers, plus précisément du Premier moteur : en d'autres termes, la théologie » [5].

Si l'on admet, cependant, que la philosophie première est une théologie, c'est-à-dire une science ayant pour seul objet l'être premier et séparé, alors cette science porte en effet sur un genre déterminé de l'être, le genre séparé. Au début de son commentaire sur Bêta, Averroès distingue en effet trois genres de l'être : « les principes des choses naturelles, les principes des choses mathématiques et les principes des choses séparées » [6]. À ces trois genres semble bien correspondre la tripartion des sciences dont il est question en E 1. Dans cette perspective, la philosophie première se distingue de la science physique en raison d'une différence d'objet, cet objet étant, pour chacune des sciences, un genre déterminé de l'être. C'est

1. Cf. 1025 b 27-28 (où il est question de la substance formelle qui n'existe pas sans matière dans les choses naturelles; Tricot traduit ici οὐ χωριστὴν par *non séparée de la matière*); 1025 b 32-33 ; 1026 a 2-3, 5-6.

2. *Tafsīr He*, 709, 13-14 (In E 1, 1026 a 5-6).

3. E 1, 1026 a 19.

4. A. Mansion, « L'Objet de la science philosophiques suprême d'après Aristote, *Métaphysique* E 1 », dans *Mélanges de philosophie grecque offerts Mgr Diès*, Paris, Vrin, 1956, p. 162.

5. P. Aubenque, *op. cit.*, p. 39.

6. *Tafsīr Bā'*, 175, 9-10 (In B 1, 995 b 5-6).

en ce sens qu'Averroès commente d'ailleurs le passage de Γ 3, 1005 a 31-34, où il est question de l'étude de la substance première.

> Puisqu'il a déjà été expliqué – dit Averroès – qu'il y a une autre science, plus générale que la science physique et plus élevée qu'elle, qui étudie l'être séparé et les êtres séparés (*al-mawǧūd al-mufāriq wa al-mawǧūdāt al-mufāriqa*) – car la science physique n'étudie que certains genres des êtres (*baʿd aǧnās al-mawǧūdāt*), et ce sont les mobiles-, et puisqu'il a déjà été expliqué qu'il y a un autre genre (*ǧins āḫar*), non mobile, il est nécessaire que cette science soit celle qui examine ces principes et ces propositions[1].

Il ne fait de surcroît aucun doute, pour Averroès, que cette science du genre séparé s'identifie à celle de la substance première, qui est Dieu :

> Par la substance première (*al-ǧawhar al-awwal*), <Aristote> a voulu dire le principe premier des substances, et c'est Dieu, qu'il soit loué (*wa huwa Allāh subḥāna-hu*). Et si la science physique n'est pas cette science, c'est parce que <la physique> n'étudie pas l'être premier, et le premier ici est l'antérieur selon l'être, la noblesse et la causalité (*bi-al-wuǧūd, al-šaraf wa al-sababiyya*)[2].

Cependant, cette conception de la philosophie première soulève une aporie pour laquelle diverses solutions ont été proposées[3]. Aristote formule lui-même cette question en E 1 :

> On pourrait – en effet – se demander, dit Artistote, si la philosophie première est universelle (καθόλου), ou si elle traite d'un certain genre (περί τι γένος) et d'une seule nature (φύσιν τινὰ μίαν), suivant une distinction qui se rencontre dans les sciences mathématiques, où la géométrie et l'astronomie ont pour objet une nature de la quantité, tandis que la Mathématique générale étudie toutes les quantités en général[4].

Il s'agit alors de savoir si la philosophie première, qui traite d'un genre déterminé de l'être, répond aux objectifs assignés à la sagesse, qui se propose de connaître tous les êtres. Car la sagesse, appelée en Γ 1 la *science de l'être en tant qu'être*, « ne se confond – dit Aristote – avec aucune des sciences dites particulières, car aucune de ces autres sciences ne considère en

1. *Tafsīr Ǧīm*, 340, 8-13 (In Γ 3, 1005 a 31-34).
2. *Tafsīr Ǧīm*, 340, 16-19 (In Γ 3, 1005 a 35-b 1).
3. La bibliographie sur le sujet est immense, les interprètes d'Aristote ayant tous, de près ou de loin, étudié cette question centrale de la métaphysique aristotélicienne. Nous avons dèjà cité les quelques études traitant plus spécifiquesment du sujet dans les notes précédentes.
4. E 1, 1026 a 23-27.

général l'être en tant qu'être, mais découpant une partie de l'être, c'est seulement de cette partie qu'elles étudient l'attribut »[1].

Rappelons tout d'abord que la controverse sur l'objet de la métaphysique comme science de l'être en tant qu'être dépend bien entendu du sens que l'on donne à l'expression *être en tant qu'être*. La plupart des commentateurs modernes[2] font de la science de l'être en tant qu'être une ontologie générale, où la question de l'être est celle de la *signification* de l'être. L'expression *être en tant qu'être* désigne alors, non pas l'être divin[3], mais l'être au sens le plus large, à savoir le terme « être », qui constitue la base de toute prédication. C'est bien entendu dans cette perspective seulement que l'on se heurte à une difficulté.

Si l'on assimile la philosophie première à cette science de l'être en tant qu'être, la contradiction devient alors évidente, car on se trouve devant une même science définie tantôt comme science d'un genre particulier de l'être (le genre séparé), tantôt comme science universelle. Cette « dualité de l'ontologie générale et de la théologie »[4] correspond à la distinction que faisaient les scolastiques entre une *metaphysica generalis*, portant sur l'*ens commune*, et une *metaphysica specialis*, portant sur le *summum ens*, c'est-à-dire Dieu[5].

La contradiction entre ces deux conceptions de la métaphysique n'apparaît bien entendu que si l'on fait de la philosophie première et de la science de l'être en tant qu'être une seule et même science. Cette identité est pourtant nettement affirmée par Aristote à la fin d'E 1 :

> S'il existe une substance immobile, cette substance sera antérieure et la science qui s'en occupe sera première, et elle sera universelle pour cette raison, parce que première ; et ce sera à elle de considérer l'être en tant qu'être, c'est-à-dire à la fois son essence et les attributs qui lui appartiennent en tant qu'être[6].

Certains commentateurs, qui refusent d'accepter la coïncidence, chez Aristote, entre science de l'être en tant qu'être et théologie, n'hésitent pas à mettre en doute l'authenticité de ce passage[7]. D'autres y voient, dans une perspective évolutionniste, un passage ancien où s'exprime la tendance encore

1. Γ 1, 1003 a 21-25 (trad. J. Tricot).

2. Cf. entre autres W. Jaeger, *Aristotle. Fundamentals of the History of his Development* (trad. R. Robinson) Oxford 2e éd. 1948 ; P. Aubenque, *op. cit.* ; W. Leszl, *Aristotle's Conception of Ontology*, Padoue, 1975.

3. Cf. Ph. Merlan, *From Platonism to Neoplatonism*, La Haye, 1953, p. 150.

4. B. Dumoulin, *L'Analyse génétique de la* Métaphysique *d'Aristote*, Montréal-Paris, 1956, p. 129.

5. Cf. P. Aubenque, *op. cit.*, p. 279 n. 5.

6. E 1, 1026 a 29-32.

7. Cf. W. Leszl, *Aristotle's Conception of Ontology*, Padoue, 1975, p. 537.

platonicienne d'Aristote[1]. P. Aubenque, quant à lui, considère ces déclarations comme un programme idéal plutôt que comme une « solution effective »[2].

On ne peut toutefois mettre en doute la volonté d'Aristote de faire de la science de l'être séparé et de la science universelle une seule et même science. Le passage final d'E 1 n'en est pas le seul témoin car c'est aussi, G. Colle l'a fait remarquer[3], l'unité de l'ontologie générale et de la théologie qu'affirme Aristote en Γ 3 :

> Du moment qu'il y a quelqu'un qui est encore au-dessus du physicien (car la nature est seulement *un* genre déterminé de l'être), c'est à lui, lui qui étudie l'universel et la substance première, qu'appartiendra aussi l'examen de ces choses[4].

Comment alors surmonter cette apparente contradiction ? Car l'identité de la science universelle et de la science du divin pose une autre difficulté. En effet, il faut encore déterminer à quel titre, s'il s'agit là d'une seule et même science, cette science est dite première. Est-ce en raison de la dignité de son objet ou par l'étendue de son domaine ?

A cette double difficulté, les exégètes d'Aristote ont apporté diverses solutions[5]. Averroès, quant à lui, n'offre pas une solution toute faite à ce problème. C'est en revenant sur la notion de *séparé* et en tentant de comprendre le sens de cette notion chez Averroès que l'on comprend, nous semble-t-il, la manière dont le commentateur surmonte l'apparente contradiction entre ontologie et théologie, entre science de l'être en tant qu'être et science de l'être séparé. Nous verrons que les notions d'*être en tant qu'être* et de *séparé* sont intimement liées, chez Averroès, à celle d'*absolu*.

Lors de l'analyse du passage controversé d'E 1, 1026 a 14, nous avons vu que, pour Averroès, comme pour tous ceux qui suivent la leçon des manuscrits, la philosophie première se distingue des autres sciences parce

1. Cf. A. Mansion, « L'Objet de la science philosophique suprême d'après Aristote, *Métaphysique*, E 1 », dans *Mélanges de philosophie grecque offerts à Mgr Diès*, Paris, Vrin, 1956, p. 166; B. Dumoulin, *op. cit.*, p. 143.

2. P. Aubenque, *op. cit.*, p. 279-281.

3. Cf. G. Colle, *La Métaphysique*, p. 165.

4. Γ 3, 1005 a 33-36 (trad. J. Tricot).

5. Les travaux sur le sujet étant nombreux, nous nous permettons de renvoyer le lecteur à quelques études où sont passées en revue ces différentes interprétations : B. Dumoulin, *op. cit.*, p. 121-146, 303-354; G. Verbeke, « L'Objet de la métaphysique d'Aristote selon des études récentes », dans *Revue de philosophie ancienne* n°1, 1983, p. 5-30; E. Berti, « La *Métaphysique* d'Aristote: "onto-théologie"ou "philosophie première"? », *Revue de philosophie ancienne* n°1, 1996, p. 61-85.

que, contrairement à ces autres sciences, la philosophie première porte sur des choses *séparées*. Nous avons dit également que le choix de la leçon à cet endroit (ἀχώριστα, Mss ; χωριστὰ, Schwegler) dépendait du sens que l'on donnait à *séparé :* soit *séparé* est un synonyme de subsistant par soi-même et désigne la substance qui, contrairement aux accidents, subsiste par elle-même ; soit *séparé* désigne les choses immatérielles et signifie donc *séparé de la matière*. L'argument des commentateurs s'opposant à la correction de Schwegler reposait sur le second sens de séparé. Aristote ne peut en effet vouloir dire, si l'on garde la leçon des manuscrits, que la physique porte sur des choses non séparées au premier sens, c'est-à-dire sur des choses qui ne subsistent pas par elles-mêmes ; la physique étudie donc des choses non séparées de la matière et mobiles, alors que la philosophie étudie les choses *immatérielles* et donc immobiles. C'est aussi en ce sens qu'Averroès, nous l'avons vu, interprétait le passage d'E 1. Dans son commentaire sur Lambda, Averroès donne cependant un autre sens à *séparé* :

> Après avoir mentionné que la substance est ce dont on dit qu'elle est un être dans l'absolu (*mawǧūd bi-iṭlāq*), et <que> les autres catégories sont par relation (*bi-iḍāfa*), <Aristote> donne la raison de cela et dit : *aucune de ces autres choses n'est séparée* (*mufāriq*). Il veut dire : la raison de tout ceci, c'est que la substance est l'être par essence, subsistant par soi (*al-mawǧūd bi-ḏāti-hi al-qā'im bi-nafsi-hi*), et les autres choses (*sā'ir al-bāqiya*) ne sont que dans la substance[1].

Ici, *séparé* a, pour Averroès, précisément le sens que lui donnaient les partisans de la correction Schwegler en 1026 a 14 : est séparé *ce qui subsiste par soi*. Ce caractère séparé est non seulement propre à la seule substance, mais il est en outre associé à l'être *dans l'absolu*. Bien que la séparation ne soit pas explicitement entendue ici comme une séparation *de la matière*, on pourrait cependant encore admettre que la substance dont il s'agit ici, dans le contexte du livre Lambda, soit la substance divine. La philosophie aurait donc pour objet l'être séparé, c'est-à-dire l'être dans l'absolu, c'est-à-dire Dieu, la substance première, toutes ces notions étant synonymes. On se trouve alors à nouveau confronté au problème mentionné plus haut : que devient, dans cette perspective, l'ontologie générale, la fameuse science de l'être en tant qu'être ?

Averroès apporte une réponse dans le début de son commentaire sur E 1 :

> C'est à cette science que revient l'étude de toutes les espèces d'êtres en tant qu'ils sont des êtres (*ǧamī' anwā' al-huwiyyāt bi mā hiya huwiyyāt*) (...) Il y a une science qui examine les principes et les causes des êtres en tant qu'ils sont un être absolu (*bi mā hiya huwiyya muṭlaqa*), et l'être (*al-huwiyya*) est recherché selon son

1. *Tafsīr Lām*, 1415, 15-18 (In Λ 1, 1069 a 24).

essence (*'alā kunhi-hā*), c'est-à-dire en tant qu'il est un être, non en tant qu'il est un être ayant une certaine détermination (*bi-ṣifa mā*)[1].

Ces lignes sont la preuve évidente que, pour Averroès, *être en tant qu'être, être absolu* et *être par essence* désignent une seule et même chose, et que cette chose fait l'objet d'une seule et même science, la métaphysique (*mā ba'd aṭ-ṭabī'a*), que l'on appelle indifféremment philosophie première ou science de l'être en tant qu'être. Si Averroès identifie purement et simplement les notions d'être en tant qu'être, d'être absolu, d'être séparé et d'être immatériel, il ne nous dit cependant pas tout à fait comment ces notions peuvent comprendre à la fois Dieu et tous les êtres, surtout si certains de ces êtres sont sensibles, non séparés de la matière. Sur ce point, un passage du *Compendium* de la *Métaphysique* se révèle lumineux :

> Puisqu'il est apparu dans la science naturelle qu'il y a d'autres principes qui ne sont pas dans une matière (*laysat fī hayūlā*) et qui ne sont pas selon un certain mode (*bi-ḥāl mā*) mais sont absolument (*wuǧūd^an^ muṭlaq^an^*), il était nécessaire que l'étude de ces choses revienne à un art général (*ṣinā'a 'āmma*) qui étudie l'être absolument (*al-mawǧūd muṭlaq^an^*). Et cela, ce sont des choses générales (*umūr^an^ 'āmma*) qu'ont en commun (*taštariku fī-hā*) les choses sensibles et les non sensibles, comme l'unité et la multiplicité, la puissance et l'acte et d'autres choses parmi les propriétés générales (*min al-lawāḥiq al-'āmma*) et, en bref, les choses qui sont des propriétés des choses sensibles du point de vue où elles sont un être (*min ǧiha mā hiya mawǧūda*), et c'est le point du vue qui est propre aux choses séparées (...) Et il est impossible qu'un art étudie de telles choses, si ce n'est l'art dont le sujet est l'être dans l'absolu (*al-mawǧūd bi-iṭlāq*)[2].

C'est donc bien le caractère séparé de son objet qui distingue la métaphysique de la science physique. C'est sur cela que se fonde d'ailleurs l'identité de la science de l'être en tant qu'être et de la philosophie première. Elles sont une seule et même science parce que, dit Averroès en Γ 1, « les principes dans l'absolu (*al-awā'il bi-iṭlāq*) doivent être recherchés pour les êtres qui sont dans l'absolu (*al-mawǧūdāt al-latī hiya bi-iṭlāq*), même s'il arrive à certains d'entre eux d'être sensibles, non absolus (*ġayr muṭlaqa*). Ces principes ne doivent être recherchés pour <ces êtres> qu'en tant qu'ils sont dans l'absolu (*min ḥayṯu hiya mawǧūda bi-iṭlāq*), non en tant qu'ils sont certains êtres (*mawǧūdāt mā*), comme <quand> tu dis <qu'ils sont> mobiles ou mathématiques »[3].

1. *Tafsīr He*, 699, 7-13 (In E 1, 1025 b 3-4).
2. *Compendium*, I, 4 (éd. C. Quiros Rodriguez).
3. *Tafsīr Ǧim*, 299, 17-300, 2 (In Γ 1, 1003 a 26-28).

En d'autres termes, la métaphysique est bien la science des choses séparées. Mais cela n'implique pas qu'elle soit seulement une théologie. En étudiant l'être séparé, c'est-à-dire l'être en tant qu'être et ses propriétés, la métaphysique étudie l'ensemble des êtres. En effet, dit Averroès, reprenant en d'autres termes les propos d'Aristote en Γ 3, « ce qui est commun à tous les genres qui sont (*mā kāna muštarik*[an] *li-ǧamī' al-aǧnās al-mawǧūda*) fait partie des propriétés de l'être en tant qu'être (*al-mawǧūd bi mā huwa mawǧūd*). Et l'étude de tout ce qui appartient à l'être par essence (*al-mawǧūd bi dāti-hi*) revient à celui qui étudie l'être absolu (*al-mawǧūd bi-iṭlāq*), et c'est le philosophe » [1].

La métaphysique traite de tous les êtres séparés, c'est-à-dire de tous les êtres immatériels, que ces êtres soient, comme Dieu, réellement séparés de la matière, ou bien qu'ils soient, comme les êtres sensibles, pris *absolument*, c'est-à-dire *considérés abstraction faite de la matière dans laquelle ils sont engagés*. Si le genre séparé constitue en effet un genre déterminé que *seule* la métaphysique a pour objet, cela ne veut cependant pas dire que la métaphysique a pour *seul* objet le genre des êtres séparés. La métaphysique est en effet avant tout la science de l'être. Si l'être n'est pas un genre, il n'empêche qu'il y a plusieurs genres d'êtres et que, d'après Γ 3, chaque genre est être (1005 a 24-25 : ἕκαστον δὲ τὸ γένος ὄν). Dans la mesure où tous les genres sont *de l'être*, la métaphysique se doit d'examiner *tous* les genres de l'être, mais seulement dans la mesure où les choses qui tombent sous tous ces différents genres sont des êtres, c'est-à-dire en faisant abstraction des déterminations qui leur sont attribuées. Car c'est bien au sens logique, au sens d'une absence de mode, qu'il faut entendre le terme *absolu*[2]. Dire que la métaphysique étudie l'être *absolu*, c'est dire qu'elle étudie tous les êtres indépendamment, ou *séparément*, des circonstances qui les déterminent. Ce sont, en d'autres termes, *les êtres qui font l'objet de notre intellect*.

La métaphysique est donc une science universelle parce qu'elle étudie l'être de tous les êtres en tant qu'ils sont, c'est-à-dire la cause en vertu de laquelle tous les êtres sont ce qu'ils sont; or la cause de tous les êtres en tant qu'ils sont, on l'a vu plus haut, n'est autre que leur substance ou essence, leur quiddité. « La cause des substances désignées (*'illat al-ǧawāhir al-mušār ilay-hā*) – dit en effet Averroès – est celle par laquelle elles deviennent des substances en acte et subsistant par essence (*ǧawāhir bi al-fi'l wa*

1. *Tafsīr Ǧīm*, 337, 17 (In Γ 3, 1005 a 21-23).

2. Cf. A.-M. Goichon, *Lexique de la langue philosophique d'Ibn Sīnā (Avicenne)*, Paris, Desclée de Brouwer, 1938, p. 205-206.

qā'ima bi ḏāti-hā), c'est-à-dire la cause qui est la quiddité et la forme (*al-māhiyya wa al-ṣūra*) »[1].

La métaphysique est donc une science de l'être séparé ou absolu, c'est-à-dire de la substance ou de l'essence, envisagée indépendamment de son rapport à la matière. Ce que la métaphysique étudie, c'est l'être de tous les êtres ou, selon la formule de P. Destrée, « le rapport que chaque étant entretient avec sa quiddité, c'est-à-dire avec la forme qui lui donne son unité »[2].

Puisque la métaphysique a pour objet l'être absolu, c'est-à-dire l'essence dépouillée de tout ce qui n'est pas elle, il est évident que l'être réellement séparé qu'est Dieu entre dans le domaine de la science métaphysique. Car Dieu n'est pas autre chose qu'une essence pure, un être absolu. Il n'a pas besoin d'autre chose que de son essence pour exister (les choses naturelles ont, elles, besoin de matière). Il n'a pas d'attribut n'appartenant pas proprement à son essence, et qui pourrait faire l'objet d'une des sciences particulières. Les sciences particulières, dit en effet Aristote en E 1, démontrent « les propriétés essentielles du genre qu'elles ont pour objet »[3]. Mais les êtres du genre séparé, c'est-à-dire Dieu et les formes sensibles envisagées indépendamment de leur rapport à la matière, ont en commun de n'avoir pas d'autres propriétés essentielles que celles de leur essence considérée dans l'absolu. C'est pourquoi la science de l'être en tant qu'être et la philosophie première ne font qu'une seule et même science, la métaphysique, qui étudie la substance ou l'essence, prise absolument.

Pour Averroès, la science métaphysique, qui est à la fois science de l'être en tant qu'être et science de l'être séparé, est donc bien une science universelle. Il nous faut maintenant aborder l'autre volet du problème : A quel titre la métaphysique est-elle dite philosophie *première ?* Sur quel fondement la primauté de la métaphysique sur la physique est-elle établie ? Est-ce sur son caractère précisément universel ou sur le rang de son objet ?

Il faut, pour répondre à cette question, revenir encore à la fin d'E 1 :

> S'il n'y avait pas d'autre substance que celles qui sont constituées par la nature – dit Aristote – la physique serait la science première. Mais s'il existe une substance immobile, la science de cette substance doit être antérieure et doit être la philosophie première ; et elle est universelle de cette façon, parce que première. Et ce sera à

1. *Tafsīr Alif al-kubrā*, 81, 12-14 (In A, 998 b 28-29).

2. P. Destrée, « *Physique* et *métaphysique* chez Aristote. A propos de l'expression ὄν ᾗ ὄν », *Revue philosophique de Louvain*, nov. 1992, p. 441.

3. E 1, 1025 b 12-13.

elle de considérer l'être en tant qu'être, c'est-à-dire à la fois son essence et les attributs qui lui appartiennent en tant qu'être[1].

Certains commentateurs, on l'a vu, persistent à mettre en question, malgré les déclarations d'Aristote, l'identité de la science de l'être en tant qu'être et de la philosophie première. Cette interprétation repose, une fois de plus, sur la volonté de distinguer l'être en tant qu'être et l'être premier. Pour A. Mansion, par exemple, « il est clair que la discipline qui a pour objet propre l'être en tant que tel, et donc pris dans toute son extension, ne saurait se confondre entièrement avec la philosophie première »[2]. Refusant de nier l'authenticité de la fin d'E 1, A. Mansion adopte alors une position intermédiaire et conçoit le rapport de la philosophie première à la science de l'être en tant qu'être comme le rapport de la partie au tout : « la philosophie première devra être intégrée dans la science de l'être comme tel, dont elle formera en quelque sorte la clé de voûte »[3]. C'est à cette interprétation que se rallie P. Aubenque, « le rapport des deux termes est parfaitement clair : loin de se confondre avec elle, *la philosophie première apparaît comme une partie de la science de l'être en tant qu'être* »[4].

Cette interprétation se fonde aussi sur une conception de la classification des sciences, où le rang de chacune est défini en fonction du rang de son objet. Se fondant sur le texte déjà cité de Γ 3, où Aristote dit que c'est à celui qui se trouve au-dessus (ἀνωτέρω) du physicien qu'il revient d'étudier l'universel et la substance première, les interprètes du Stagirite admettent pour la plupart[5] que cette substance première est la substance suprasensible, c'est-à-dire le Premier Moteur, parce que c'est de cette substance suprasensible que dépend, comme de sa cause motrice, la substance sensible et mobile. Puisque cette substance sensible est identifiée par Aristote avec la φύσις, la science qui s'en occupe sera dite philosophie seconde, tandis que la science qui s'occupe de l'autre type de substance, c'est-à-dire du Premier Moteur immobile, sera dite philosophie première. Le rang et donc la dénomination de chaque science, dépend du rang de son objet, qui peut être la substance première, c'est-à-dire Dieu, premier moteur immobile, ou la substance seconde, c'est-à-dire la substance sensible.

Mais pour Averroès, nous l'avons longuement exposé, la distinction établie entre la science physique et la science métaphysique ne se fonde pas

1. E 1, 1026 a 27-32.

2. A. Mansion, « Philosophie première, philosophie seconde et métaphysique chez Aristote », *Revue philosophique de Louvain* 56, 1958, p. 180.

3. *Ibid.*

4. P. Aubenque, *op. cit.*, p. 36.

5. Cf. E. Berti, « La Métaphysique d'Aristote : "onto-théologie" ou "philosophie première" ? », *Revue de philosophie ancienne* n°1, 1996, p. 78-79.

tant sur une différence d'objet que sur une différence de point de vue. Pour prendre un exemple imagé, on pourrait dire que le physicien étudie la forme de l'objet fabriqué, alors que le métaphysicien examine la forme qui est dans l'âme de l'artisan. Du point de vue de l'être, c'est-à-dire de l'essence, ces formes sont en effet une seule et même chose.

La métaphysique est certes une étude de l'être. Mais l'être n'est pas seulement sensible, il est aussi suprasensible. La métaphysique étudie dès lors l'être de tout ce qui est, le sensible et le suprasensible, c'est-à-dire l'être séparé ou, en d'autres termes, la substance qui fait l'objet de l'intellect. La physique, quant à elle, n'étudie pas l'*être* des étants mais le *devenir* de ces étants. Si elle se concentre sur le devenir du monde sensible, elle est cependant amenée à « passer au-delà du monde sensible et à incorporer des questions concernant le divin » [1]. Le premier Moteur entre, rappelons-le, dans le domaine de la physique parce que ce principe est le seul qui permettre de fournir une explication intégrale du mouvement. On ne dira donc pas, écrit A. Mansion, « qu'il n'y a pas lieu de s'occuper de l'objet de la physique quand on veut définir celui de la philosophie première, car ce dernier est obtenu comme celui des mathématiques, par des abstractions successives dont le point de départ est l'être physique » [2].

Il faut donc expliquer la primauté de la métaphysique autrement.

L'objet de la métaphysique, pour Averroès, ce sont les êtres séparés. Ces êtres séparés sont les quiddités ou les essences, considérées indépendamment de leur rapport à la matière. A cet égard, la métaphysique est universelle parce que chaque être, sensible ou non, a une quiddité en vertu de laquelle il est ce qu'il est. C'est dans cette perspective qu'il faut comprendre la primauté de la métaphysique sur la physique.

La métaphysique est première parce qu'elle étudie les quiddités, qui sont les causes premières de l'être de chacun des étants, qu'ils soient sensibles ou suprasensibles. La primauté de la métaphysique se fonde alors, d'après Averroès, sur l'*objet formel* de celle-ci ; c'est au caractère séparé de son objet que la métaphysique doit le nom de philosophie première. En effet, dit Averroès en E 1, « puisque les choses séparées sont antérieures dans l'être aux choses non séparées, il faut que la science première et antérieure dans l'être soit la science des choses séparées » [3].

On peut certes admettre que si la philosophie de l'être séparé est première, c'est en raison de l'antériorité ontologique de son objet. Mais cet objet n'est pas seulement le premier Moteur. Ce n'est pas parce que Dieu

1. G. Verbeke, « L'Objet de la métaphysique d'Aristote selon des études récentes », *Revue de philosophie ancienne* n°1, 1983, p. 13.

2. A. Mansion, *Introduction à la physique aristotélicienne*, Louvain-Paris, 1945, p. 125.

3. *Tafsīr He*, 711, 7-11 (In E 1, 1026 a 15-16).

fait l'objet de la métaphysique que la métaphysique est première, mais plutôt parce que les êtres qu'elle étudie sont « séparés », c'est-à-dire intelligibles. Et si les êtres séparés sont antérieurs aux êtres non séparés, c'est parce que les êtres séparés sont immuables : en tant qu'objets de l'intelligence, ils *ne sont pas soumis au devenir*. Alors que la physique étudie l'être en devenir, l'être mobile, la métaphysique traite, quant à elle, de l'être en tant qu'être, c'est-à-dire de l'essence considérée en dehors du devenir, de l'essence intelligible. Dans cette perspective, la primauté d'une chose est, pour Averroès, indissociable de son immutabilité, ainsi que de son universalité :

> S'il y a ici (*hāhunā*) une certaine substance immobile (*ğawhar mā ğayr mutaḥarrak*), alors cette substance qui est (*hāḏā al-ğawhar al-mawğūd*) est la première, et la science de cette substance est la science universelle et la philosophie première (*al-'ilm al-kullī wa al-falsafat al-ūlā*)[1].

Pour cette raison, la métaphysique est dite première par rapport à la physique, qui n'est que la philosophie seconde.

Cette interprétation reflète certainement une conception platonicienne du devenir. Mais cela ne marque pas pour autant de manière nécessaire la tendance néoplatonicienne d'Averroès. Comme le note pertinemment A. Mansion, « ce n'est pas sans raison que W. Jaeger (*Aristoteles*, p. 399) remarque qu'Aristote dans sa conception d'une physique, dite philosophie seconde, s'est inspiré de Platon, qui dans le *Philèbe* 59 c désigne les objets de la physique soumis au devenir (cf. 59 a, b) comme δεύτερά τε καὶ ὕστερα, – bien que l'expression δεύτερα φιλοσοφία soit en fait absente du dialogue »[2]. Pour Aristote cependant, comme pour Averroès, les êtres en devenir ne sont pas les premiers êtres, puisque leur devenir dépend des êtres immobiles, mais ils sont quand même *de l'être*. C'est la raison pour laquelle Aristote s'oppose, contre Platon, à l'existence des formes « séparées ». Pour Averroès non plus, nous l'avons vu dans son commentaire de Bêta, les formes n'existent pas à l'état séparé mais, en tant que telles, c'est-à-dire en tant qu'intelligibles, elles font cependant l'objet de la science métaphysique.

Et Dieu dans tout cela ?

Nous avons dit que la métaphysique est universelle parce que chaque être, sensible ou non, a une quiddité en vertu de laquelle il est ce qu'il est.

1. *Tafsīr He*, 714, 10-11 (In 1026 a 29-31).

2. A. Mansion, « Philosophie première, philosophie seconde et métaphysique chez Aristote », *Revue philosophique de Louvain* 56, 1958, p. 200 n. 62.

Dieu, en tant qu'il est au plus haut point ce qu'il est, est donc inclus dans l'objet universel de la métaphysique. Si l'on considère que l'ensemble des quiddités (ou des essences) envisagées dans l'absolu constitue les objets de la science métaphysique, il faut aussi reconnaître, parmi ces objets, un objet qui leur soit premier. En effet, puisque toute science d'un objet doit connaître la cause ou le principe de cet objet, la science d'une pluralité d'objets est aussi la connaissance de ce qui, parmi eux, est premier[1]. Cet objet premier est la quiddité première ou, en d'autres termes la substance première, c'est-à-dire Dieu. Cette primauté se fonde bien entendu sur une relation de causalité : il ne s'agit pas ici d'une causalité d'ordre moteur, puisque tous les êtres tels qu'ils sont envisagés dans cette science, sont immobiles (c'est la physique qui traite de la dépendance des êtres par rapport à Dieu dans l'ordre de la causalité motrice) ; la causalité de Dieu sur les autres êtres est ici envisagée dans l'ordre de l'être absolu, c'est-à-dire dans l'ordre de la quiddité ou de l'essence pure. Dieu est antérieur aux essences dont il est le principe parce que ces essences, que l'on considère indépendamment de leur devenir, ne sont en réalité que des êtres causés. Dieu, quant à lui, n'a pas de cause.

L'ousiologie générale et la théologie sont donc, pour Averroès, une seule et même science, la métaphysique, science à la fois universelle et première. En ce sens, la solution d'E. Berti à la prétendue contradiction évoquée plus haut rejoint tout à fait la perspective d'Averroès : « La science de l'objet et la science du principe, dit E. Berti, sont la même science non parce que l'objet et le principe seraient identiques, mais parce que la science d'un objet consiste dans la connaissance des principes et des causes de cet objet »[2].

On pourrait penser que l'interprétation d'Averroès implique une certaine réduction de l'objet à son principe. Son commentaire sur le passage « théologique » d'E 1 semble bien aller en ce sens :

> Il ressort de ce discours – dit Averroès – qu'il y a trois espèces de philosophies théoriques : la science des choses mathématiques, la science des choses naturelles et la science des choses théologiques[3], c'est-à-dire celles dans la définition desquelles (*fī ḥaddihā*) est pris le divin (*al-ilāh*). <Aristote> a seulement voulu dire que, de même que les choses naturelles sont celles dans le discours

1. Cf. *Métaphysique*, Γ 2, 1003 b 16-17.

2. E. Berti, « La *Métaphysique* d'Aristote : "onto-théologie" ou "philosophie première" ? », *Revue de philosophie ancienne* n°1, 1996, p. 84.

3. *al-ašyā' al-ilāhiyya al-qawl*, Le traducteur arabe a donné une traduction littérale du terme grec θεολογική (qui discourt sur Dieu), ce qui n'est pas sans conséquence sur l'interprétation d'Averroès.

desquelles (*fī qawli-hā*) est prise la nature, de même les choses divines sont celles dans la définition desquelles sont pris le divin et les causes divines (*al-ilāh wa al-asbāb al-ilāhiyya*). Il en est de même pour les <choses> de la volonté, dans la définition desquelles sont prises la volonté et les causes de la volonté »[1]

Le sens de ce passage pourrait alors être celui-ci : les êtres séparés et Dieu feraient l'objet d'une même science parce que, en raison précisément de leur caractère séparé, c'est-à-dire intelligible, les quiddités ne seraient pas autre chose que l'essence divine. Dieu est en effet une essence purement immatérielle, un intellect. L'intellect divin, c'est connu, n'a d'autre objet de pensée que lui-même. Car « si <l'Intelligence divine> pensait autre chose qu'elle-même, sa substance ne serait pas son acte »[2]. L'objet de l'Intelligence divine n'est donc pas autre chose que sa quiddité. Mais si l'on admet d'autre part que Dieu est omniscient, qu'il pense donc toutes les choses qui sont, il faut alors admettre que les quiddités ou essences intelligibles font aussi l'objet de l'Intelligence divine. Par conséquent, soit Dieu pense autre chose que sa propre essence, soit l'essence de Dieu est identique à toutes les essences intelligibles. Si l'on choisit la seconde option, et puisque Dieu n'est pas autre chose que son essence, il faut alors admettre que Dieu et les essences intelligibles, c'est-à-dire séparées, ne font qu'un. Voilà pourquoi les « êtres séparés » ne sont pas autre chose que les « êtres divins ».

Cette interprétation appelle cependant une objection. Si les essences séparées sont celles que nous « intelligeons » lorque nous faisons abstraction de la matière et si, d'autre part, ces mêmes essences intelligibles font l'objet de l'Intelligence divine, laquelle ne pense pas autre chose qu'elle-même, alors il faut admettre que non seulement nous connaissons l'essence de Dieu, mais que, de surcroît, la science humaine ne se distingue pas de la science divine. L'omniscience ne serait plus le privilège de Dieu. Cette difficulté n'a pas échappé à Averroès. Ce passage du commentaire de Lambda[3] suffit à le montrer :

> Le principe premier, c'est-à-dire Dieu – dit Averroès – est celui qui connaît la nature de l'être en tant qu'être dans l'absolu, à savoir lui-même (*huwa ḏātu-hu*). Aussi le nom de science s'emploie-t-il de la science de Dieu et de notre science, <mais c'est> par homonymie (*bi-ištirāk al-ism*). En effet, la science de <Dieu> est la cause de l'être, alors que c'est l'être qui est cause de notre science. La science de

1. *Tafsīr He*, 711, 17-712, 5 (In E 1, 1026 a 18-19).
2. *Tafsīr Lām*, 1695, 9 (In Λ 9, 1074 b 19-20).
3. Le problème de la connaissance divine fait l'objet d'une longue discussion dans le *Grand Commentaire* de Lambda. Nous n'en présentons ici qu'un aperçu.

Dieu ne peut donc être qualifiée d'universelle ni de particulière, parce que celui dont la science est universelle connaît en puissance les choses particulières qui sont en acte. Par conséquent ce qu'il connaît tient nécessairement d'une science en puissance, puisque l'universel n'est que la science des choses particulières. Si donc l'universel est une science en puissance et qu'il n'y ait pas de puissance dans la science de Dieu, c'est que sa science n'est pas universelle. Que la science de Dieu ne soit pas particulière est encore plus évident. Les choses particulières, en effet, sont infinies, et il n'y a pas une science qui les définisse. Dieu, par conséquent, ne peut se définir par la science qui est la nôtre, non plus que par l'ignorance qui en est l'opposé : ainsi en est-il de ce qui, par nature, reste étranger à l'un des deux. Ainsi donc se trouve expliqué l'existence d'un être qui possède la science (*wuǧūd mawǧūd ʿālim*) <mais> qui ne peut se définir par la science qui est la nôtre non plus que par l'ignorance qui est la nôtre, <un être> dont l'existence (*wuǧūdu-hu*) ne se distingue pas de la science[1].

1. *Tafsīr Lām*, 1708, 1-13 (trad. A. Martin).

CHAPITRE X

« SCIENCE DANS L'ABSOLU » ET « SCIENCE RECHERCHÉE »

En Bêta, Aristote commence par annoncer que ce qui fait l'objet de la recherche est une science : « Il est nécessaire – dit Aristote – en vue de *la science recherchée* (τὴν ἐπιζητουμένην ἐπιστήμην), de nous attaquer, en commençant, aux difficultés qui doivent d'abord venir en discussion »[1]. On pense généralement que la science métaphysique est la seule qu'Aristote regarde comme *La* science recherchée[2]. Cette interprétation, qui semble aller de soi pour la plupart des commentateurs, n'est pourtant pas celle d'Averroès. Il vaut la peine de reprendre ici les passages où Averroès définit la véritable fin de l'examen des discours dialectiques :

> L'acquisition parfaite de la science de la chose, je veux dire la science démonstrative (*al-'ilm al-burhānī*), <veut> que l'on commence par connaître les discours contradictoires à propos de cette chose, pour ensuite connaître leur solution grâce à la démonstration qui convient à cette chose. Et telle est l'habitude d'Aristote pour toutes les sciences, je veux dire pour toutes les questions obscures que ces sciences comportent[3].
>
> Etant donné qu'il est nécessaire, pour quiconque décide de connaître les choses recherchées dans chaque genre de science, de parcourir d'abord les questions obscures qui concernent cette science et de les examiner, il convient que nous le fassions pour cette science-ci. Et cela est nécessaire en vue (*la-makān*) d'acquérir la science la plus parfaite (*al-'ilm al-atamm*). Non pas que ce classement (*tartīb*) soit nécessaire pour acquérir la science dans

1. *Métaphysique*, B 1, 995 a 24-25 (trad. Tricot).

2. Cf. *i. a.*, J. Tricot, *La Métaphysique*, I, p. 119 n. 2 ; cf. P. Aubenque, qui consacre un long chapitre à cette science recherchée (*Le Problème de l'être chez Aristote*, Paris, P.U.F., 1962, p. 71-302) ; cf. aussi E. Berti, « Philosophie, dialectique et sophistique dans *Métaphysique* Γ 2 », *Revue de philosophie ancienne* 51, 1997, p. 381.

3. *Tafsīr Bā'*, *Proemium*, 166, 14-167, 2.

> l'absolu (*al-'ilm bi-iṭlāq*), mais pour obtenir la science parfaite (*al-'ilm al-tāmm*) qui est visée (*al-laḏī fī al-ġāya*)[1].
>
> La raison pour laquelle on doit commencer par l'examen des questions obscures, c'est que la science recherchée (*al-'ilm al-maṭlūb*) qui est acquise à partir de ces <questions> (*min-hā*) est la science par laquelle se résout l'obscurité que comportent ces questions, en raison des doutes qui y figurent[2].

Il ressort de ces passages de Bêta que la « science recherchée » est, pour Averroès, celle qui permettra de résoudre les questions obscures. Or, dit Averroès, c'est à partir de l'examen des ces questions que l'on acquiert cette science recherchée. La science recherchée est donc la science que l'on obtient après avoir examiné les thèses contradictoires à propos d'un problème. Une fois acquise, cette science, qui est « la plus parfaite » (*atamm*), permettra alors de donner véritablement une solution au problème. Or c'est par la démonstration (*min qibal al-burhān*), dit Averroès, que les problèmes sont résolus. La science recherchée ici n'est donc pas la science métaphysique, mais la science démonstrative (*al-'ilm al-burhānī*), qui permet l'acquisition parfaite de la science (*tamām ḥuṣūl al-'ilm*), qui permet, en d'autres termes, d'obtenir la connaissance parfaite d'une chose; la science la plus parfaite (*'ilm al-atamm*), qui est visée et recherchée ici, n'est pas autre chose que la science de la démonstration (*'ilm al-burhān*). Il ne peut en effet s'agir de la science métaphysique elle-même, car l'examen des discours dialectiques grâce auquel on obtient la science recherchée (c'est-à-dire la science de la démonstration) est, d'après Averroès, « l'habitude d'Aristote pour toutes les sciences, je veux dire pour toutes les questions obscures que ces sciences comportent »[3]. La science recherchée en Bêta est donc la science qui est recherchée lorsque l'on cherche à connaître parfaitement un objet donné, *quelle que soit la science dans laquelle on cherche à connaître cet objet*. C'est pourquoi la science recherchée en Bêta n'est pas la métaphysique, ou la sagesse, mais la science démonstrative qui permet, dans toutes les sciences, d'obtenir une connaissance parfaite.

Un peu plus loin, cependant, Averroès oppose encore cette science parfaite et recherchée qu'est la démonstration à un autre type de science : la « science dans l'absolu » : si la connaissance des apories est un préalable nécessaire, dit en effet Averroès, ce n'est pas « pour acquérir la science dans l'absolu (*al-'ilm bi-iṭlāq*), mais pour acquérir la science parfaite (*al-'ilm*

1. *Tafsīr Bā'*, 168, 10-15 (In B 1, 995 a 24-25).
2. *Tafsīr Bā'*, 169, 4-7 (In B 1, 995 a 27-29).
3. *Tafsīr Bā'*, *Proemium*, 167, 1-2.

al-tāmm) qui est visée (*al-laḏī fī al-ġāya*) »[1]. La distinction paraît subtile et peut ne pas être comprise. En effet, nous avons vu dans le chapitre précédent que « la science de l'être absolu » ou « la science dans l'absolu » était, pour Averroès, un autre nom de la science métaphysique. Il nous semble cependant que la science dans l'absolu ne désigne pas ici la science métaphysique, mais la dialectique. C'est d'ailleurs pour les mêmes raisons qu'elles peuvent l'une et l'autre recevoir cette appellation, comme en témoigne ce passage où Averroès commente brièvement la cinquième aporie énoncée par Aristote en B 1[2].

> Il nous faut aussi examiner – dit Averroès en B 1 – les attributs essentiels propres à l'être en tant qu'être, comme le même, l'autre, le semblable et le dissemblable, le contraire et le non-contraire. En effet, tout être, quand il est comparé à un autre, est soit même, soit autre, soit semblable, soit dissemblable, soit contraire, soit non-contraire et, en bref, comme <Aristote> le dit, il faut que nous examinions toutes les choses que les dialecticiens (*al-ğadaliyyīn*) ont l'habitude d'examiner par des discours satisfaisants et respectables (*murḍiya al-šarīfa)*, c'est-à-dire communément admis et louables (*al-mašhūra al-maḥmūda*). Et si c'est comme cela, c'est parce que le maître de cette science [*i. e.* le métaphysicien] partage l'examen de ces choses avec le dialecticien, car les deux arts étudient l'être absolu[3].

Dialectique et métaphysique ont en commun l'étude de l'être absolu, et c'est pour cette raison qu'elles peuvent, l'une et l'autre, revendiquer le titre de « science dans l'absolu ». Étudier l'être dans l'absolu revient, on l'a vu dans le chapitre précédent, à étudier des *notions*, c'est-à-dire des choses considérées indépendamment de leur réalité sensible ou, en d'autres termes, en tant qu'elles sont *séparées par l'intellect*. Pour Averroès, la science dans l'absolu ne désigne pas autre chose, dès lors, que l'étude des concepts.

1. *Tafsīr Bā'*, 168, 14-15 (In B 1, 995 a 24-25).

2. Cf. *Métaphysique*, B 1, 995 b 20-25. Il s'agit de la question de savoir s'il revient à la même science d'étudier à la fois les substances et les attributs essentiels des substances. Notons ici qu'Averroès répond d'emblée à la question, lui ôtant par là tout caractère aporétique. On remarquera aussi qu'Averroès n'hésite pas, en négligeant un mot que porte pourtant le texte arabe, à donner aux discours dialectiques un autre sens que celui indiqué par le texte : là où l'arabe dit que les opinions des dialecticiens se fondent sur des opinions qui sont *seulement* satisfaisantes et respectables (*min al-arā' al-murḍiya al-šarīfa faqaṭ;* ἐκ τῶν ἐνδόξων μόνον), Averroès dit que ces opinions sont « des discours satisfaisants et respectables, c'est-à-dire communément admis et louables (*al-mašhūra al-maḥmūda*) ».

3. *Tafsīr Bā'*, 178, 4-12 (In B 1, 995 b 20-25).

Concevoir la dialectique comme l'étude des notions est en fait, comme le montre clairement E. Berti [1], une conception proprement aristotélicienne. Dans un passage d'A 6 de la *Métaphysique*, Aristote affirme en effet que la raison pour laquelle Platon, contrairement aux Pythagoriciens, sépara l'un et les nombres du monde sensible fut sa recherche dans les notions (ἡ ἐν τοῖς λόγοις σκέψις), « parce que ses prédécesseurs ne possédaient aucune connaissance de la dialectique (οἱ γὰρ πρότεροι διαλεκτικῆς οὐ μετεῖχον) [2]. Si, dans ce passage, la dialectique est « clairement considérée comme un découverte de Platon » [3], elle est aussi et surtout conçue « comme la recherche dans le domaine des notions, opposé à celui des réalités sensibles ».

Averroès considère, lui aussi, que les « notions » telles que le même, l'autre, etc, font bien l'objet de l'étude dialectique, et que ces notions d'ordre logique se rapportent à l'être *absolu*. La dialectique est donc, à cet égard, une des sciences dans l'absolu.

Or, la science dans l'absolu dont il est question dans le *Proemium* de Bêta ne peut cependant désigner que la dialectique. Il ne peut en effet s'agir de la science métaphysique précisément parce qu'Averroès oppose cette « science dans l'absolu » à la science parfaite qu'est la démonstration. Cette interprétation se trouve d'ailleurs étayée par le commentaire d'Averroès au passage très connu de Γ 2, 1004 b 17-26, où Aristote compare la philosophie à la dialectique et à la sophistique :

> Les dialecticiens (*al-ğadaliyyūn*) – dit Averroès en Γ 2 – parlent aussi de toutes les choses dont parlent le philosophe et le sophiste, et le discours (*al-takallum*) sur l'être (*fī al-huwiyya wa al-mawğūd*) est la science qui leur est commune (...) En effet, le genre que ces trois <arts> étudient constitue un seul genre, et c'est l'être absolu (*al-mawğūd al-muṭlaq*) (...) mais la vraie philosophie (*al-falsafat al-ḥaqīqa*) se distingue de la philosophie dialectique (*al-falsafat al-ğadaliyya*) par l'espèce de science (*bi naw' al-'ilm*) : la vraie philosophie étudie l'être d'une étude démonstrative (*naẓar*^{an} *burhāniyy*^{an}) et la <philosophie> dialectique d'une étude communément admise (*naẓar*^{an} *mašhūr*^{an}). Quant à la sophistique, elle se distingue par le but visé dans la vie[4].

Dans ce passage, on le voit, l'étude démonstrative n'est pas seulement associée à la « vraie philosophie » ; elle est aussi clairement distinguée de la dialectique. Ceci nous permet dès lors d'affirmer à nouveau que ce que vise Averroès lorsqu'il oppose, dans son commentaire de Bêta, « la science dans l'absolu » et « la science parfaite », n'est pas autre chose que la distinction

1. Cf. E. Berti, « Philosophie, dialectique et sophistique dans la *Métaphysique* Γ 2 », *Revue de philosophie ancienne* n°1, 1996, p. 384.
2. *Métaphysique*, A 6, 987 b 29-33 (trad. J. Tricot).
3. E. Berti, *ibid.*, p. 384.
4. *Tafsīr Ğīm*, 329, 3-14 (In Γ 2, 1004 b 19-25).

entre dialectique et démonstration. Dialectique et science dans l'absolu font dès lors, dans ce contexte, une seule et même chose : une science qui se distingue de « la science parfaite qui est visée », à savoir la science de la démonstration par laquelle seront résolues les obscurités.

Quelques remarques s'imposent ici.

– Le passage de Γ 2, pour lequel nous venons de citer le commentaire d'Averroès, n'a pas la même portée selon qu'on le lit dans le texte grec ou dans sa version arabe. Quand, en effet, Aristote compare la philosophie à la dialectique, il dit que la philosophie se distingue de la dialectique par le fait qu'elle est capable de connaître (γνωριστική), au lieu d'être simplement capable d'examiner (πειραστική)[1]. Ce passage, qui a donné lieu à quelques études controversées[2], semble donc dénier à la dialectique « toute capacité de connaître, la réservant seulement à la philosophie »[3].

Averroès, quant à lui, passe à côté de la difficulté pour la seule et simple raison que la traduction arabe n'en fait pas état. Quand Aristote dit : « la dialectique se contente d'éprouver le savoir (πειραστική), là où la philosophie le produit positivement (γνωριστική) »[4], le texte arabe sur lequel Averroès fonde son interprétation porte : « la science logique (*'ilm al-manṭiq*) sait ce que sait le philosophe (*al-faylasūf*) »[5]. En d'autres termes, le texte arabe insiste, en cet endroit précis, sur la similitude des deux disciplines. Averroès commente pourtant : « l'art de la philosophie et la dialectique se distinguent par l'espèce de science (*bi-naw' al-'ilm*). En effet, la dialectique sait ce que sait le philosophe, sauf que l'une sait ce qui est su par la démonstration (*bi al-burhān*) et l'autre par le communément admis (*bi al-šuhra*) »[6].

Le commentaire d'Averroès ne dénie pas tout à fait à la dialectique la capacité de connaître. Si la philosophie n'est pas la dialectique, la différence qu'il y a entre elles est cependant moins marquée, en raison de la traduction arabe, que dans le texte d'Aristote.

– Notons aussi en passant que logique et dialectique sont considérés par Averroès comme deux termes synonymes. Il n'hésite pas en effet, en plusieurs endroits du *Grand Commentaire*, à parler des dialecticiens (*al-ǧadaliyyūn*) là où le texte arabe parle de logiciens (*al-manṭiqiyyūn*). Charles Butterworth, qui a pourtant édité et traduit plusieurs commentaires logiques d'Averroès, n'a pas saisi le caractère interchangeable de ces

1. *Métaphysique*, Γ 2, 1004 b 25-26.
2. *Ibidem*.
3. E. Berti, *op. cit.*, p. 381.
4. *Métaphysique*, Γ 2, 1004 b 25-26 (trad. J. Tricot).
5. *Tafsīr Ǧīm*, 325, 13-14 (= Γ 2, 1004 b 25-26).
6. *Tafsīr Ǧīm*, 330, 1-3 (In Γ 2, 1004 b 25-26)

termes, ce qui fausse sensiblement son interprétation. Ch. Butterworth affirme par exemple, dans un article consacré au commentaire d'Averroès sur les *Topiques*, qu'Averroès « ne partage pas la haute opinion qu'avaient Socrate et Platon de la puissance investigatrice de la dialectique ». Et l'auteur d'apporter pour preuve qu'Averroès, dans son commentaire de la *République* de Platon, « a modifié la présentation de l'éducation des philosophes, couronné par un apprentissage sérieux de la dialectique comme instrument d'investigation par excellence, en s'embarquant dans une digression – où n'apparaît aucune mention de la dialectique- sur la place que devait occuper la logique dans une telle éducation »[1]. Il est évident que la synonymie chez Averroès des termes *logique* et *dialectique* rend l'argument de Ch. Butterworth tout à fait caduc.

– Si, dans le contexte de Γ 2, Averroès associe le type d'étude démonstrative à la « vraie philosophie », ce n'est pas *nécessairement* le cas en Bêta. En Bêta, en effet, la démonstration se distingue de la dialectique comme sont distinguées « la méthode par laquelle les doutes sont résolus et la méthode par laquelle les doutes surviennent »[2]. Averroès insiste, en d'autres termes, sur le fait que ces deux études constituent des *méthodes*. Dans cette perspective, la démonstration ne s'identifie purement et simplement à aucune science car, en tant que méthode, elle est utilisée dans toutes les sciences. La démonstration est la méthode par laquelle s'acquiert la connaissance parfaite d'une chose ; elle n'est pas la métaphysique elle-même.

La même remarque vaut pour la dialectique. À cet égard, Averroès se situe d'ailleurs dans la droite lignée des *Topiques*[3], où Aristote commence par présenter la dialectique comme une *méthode* (μέθοδον). En Bêta, l'examen dialectique des apories est non seulement décrit comme « la méthode par laquelle surviennent les doutes » mais aussi comme la méthode nécessaire « pour acquérir la science parfaite qui est visée », c'est-à-dire la démonstration. Puisque la démonstration est une méthode utilisée dans toutes les sciences qui désirent connaître parfaitement une chose, et puisque l'examen dialectique des apories est nécessaire pour acquérir cette démonstration, l'examen dialectique est aussi une méthode qui n'est pas réservée à la seule science métaphysique. L'examen dialectique des apories constitue donc un nécessaire préalable à toutes les sciences qui veulent établir une démonstration. C'est pourquoi l'étude dialectique constitue,

1. Ch. Butterworth, « Comment Averroès lit les *Topiques* d'Aristote », dans *Penser avec Aristote*, Erès, 1991, p. 702.

2. *Tafsīr Bā'*, 170, 4-6 (In B 1, 995 a 29-33).

3. *Topiques*, I, 1, 100 a 18-24. Cf. aussi les *Réfutations sophistiques*, 34, 183 a 37-b 6, où la dialectique est identifiée à une *faculté* (δύναμιν).

d'après Averroès, « l'habitude d'Aristote dans toutes les sciences qui comportent des difficultés »[1].

Si la dialectique est une méthode utile à toutes les sciences, elle semble cependant avoir un lien particulier avec la science métaphysique. C'est pourquoi, d'après Averroès, les apories de la métaphysique reçoivent d'ailleurs un traitement différent de celui qu'elles ont dans d'autres sciences : les apories de la métaphysique font en effet l'objet d'un traité séparé, le livre Bêta, ce qui n'est pas le cas, comme le souligne Averroès dans le *Proemium* de Bêta, des apories que comportent les autres sciences :

> Dans la science naturelle – dit Averroès – <Aristote> a trouvé préférable, pour l'enseignement (*fī al-ta'līm*), de présenter l'examen dialectique concernant chaque objet de recherche au moment où il désire établir la démonstration de ce seul objet de recherche. Alors que dans ce livre [= la *Métaphysique*], <Aristote> a trouvé <préférable> de présenter les discours dialectiques pour tous les objets de recherche délicats qui se trouvent dans cet art, de les traiter isolément et d'introduire ensuite les démonstrations propres à chaque objet de recherche, à l'endroit qui lui convient parmi les traités de cette science[2].

Les raisons d'un tel traitement de faveur sont, d'après Averroès, d'ordre didactique :

> Sans doute l'avis <d'Aristote> sur ceci dans cette science est-il le meilleur pour l'enseignement (*fī al-ta'līm*) dans cette science, parce qu'elle est associée (*li-mušārikati-hi*) à la science dialectique en ce qui concerne la généralité de l'étude (*fī 'umūm al-naẓar*) – et la confusion (*iltibās*) des discours démonstratifs qui s'y trouvent et des discours dialectiques est fréquente –, parce que les deux sciences ont le même sujet, à savoir l'être absolu, et parce qu'il est de la nature des discours dialectiques de précéder, dans le classement (*fī al-tartīb*), les discours démonstratifs. Aristote a voulu faire de ce type d'étude (*hāḏā al-naḥw min al-naẓar*) une partie isolée et indépendante parmi les traités de cette science[3].

1. *Tafsīr Bā', Proemium*, 167, 1-2.

2. *Tafsīr Bā', Proemium*, 167, 4-10. Vf. aussi *Tafsīr Lām, Proemium*, 1398, 11-16.

3. *Tafsīr Bā', Proemium*, 167, 10-14. Averroès fait ensuite un parallèle entre le livre Bêta, qui contient toutes les apories, et le livre Delta qui contient « tous les noms indiquant les concepts utilisés dans cette science » (167, 16) et qui constitue, lui aussi, « une partie isolée et indépendante, contrairement à ce qu'il a fait pour les autres sciences » (167, 18-19). Cf. aussi *Tafsīr Lām, Proemium*, 1400, 9-12.

Cette « séparation », à laquelle s'est d'ailleurs opposé Nicolas de Damas [1], se fonde essentiellement d'après Averroès, sur quatre raisons :

– La science dialectique et la science métaphysique ont en commun de n'être pas des sciences particulières. L'une et l'autre sont des sciences universelles ; elles ont en commun « la généralité de l'étude ».

– On confond souvent, dans la science métaphysique, les discours démonstratifs et les discours dialectiques.

– La science dialectique et la science métaphysique ont aussi en commun le même objet d'étude : l'être absolu.

– Il est de la nature des discours dialectiques de préceder les discours démonstratifs.

Ce qu'Averroès évoque en fait ici, c'est surtout la parenté entre la science dialectique et la science métaphysique. Mais c'est précisément en raison de cette parenté qu'il est nécessaire de distinguer, au sein même de la *Métaphysique*, les discours dialectiques et les discours démonstratifs c'est-à-dire, pour Averroès, les discours fondés sur la croyance et les discours fondés sur la vérité. Une des fonctions du livre Bêta consiste donc, d'après Averroès, à distinguer, *au sein de la science métaphysique*, les discours dialectiques et les discours démonstratifs. C'est pour cette raison qu'est réservé au livre Bêta l'examen des discours fondés seulement sur les opinions communes [2]. C'est ensuite aux autres livres de la *Métaphysique* que reviennent les discours fondés sur la vérité, ceux qui permettront de résoudre les apories mentionnées en Bêta, c'est-à-dire les discours démonstratifs.

Il faut cependant souligner que si la démonstration constitue la vraie connaissance scientifique, cette vraie connaissance ne peut s'obtenir, d'après Averroès, sans le concours de la dialectique. La dialectique, comme le note D. Mallet à propos d'Alfārābī, « se trouve et tout à la fois attachée à la démonstration (...) et distinguée d'elle » [3].

Il faudrait, pour déterminer ce que, d'après Averroès, la « vraie philosophie » doit réellement à l'étude dialectique, procéder à une analyse rigoureuse et minutieuse, non seulement de l'ensemble des commentaires qu'Averroès a consacré à l'*Organon* d'Aristote, mais aussi de toute la tradition logique arabe dans laquelle s'inscrit l'interprétation d'Averroès. Ce n'est pas l'objet de la présente étude. Indiquons simplement que la

1. Cf. *Tafsīr Bā'*, *Proemium*, 168, 5-9 ; *Tafsīr Lām*, *Proemium*, 1405, 7-8. Cf. aussi *Tafsīr Dāl*, *Proemium*, 476, 3-7.

2. Averroès n'hésite cependant pas, lorsque cela lui convient, à qualifier de *démonstratifs* certains raisonnements de Bêta : cf. la fin du commentaire sur la première aporie (192, 4-5) : « le discours qui aboutit à ce concept est démonstratif, alors que les discours qu'il a présentés pour le contredire sont dialectiques ».

3. D. Mallet, « *Kalām* et dialectique dans le commentaire des *Topiques* d'Alfarabi », *B.E.O.* XLVIII, 1996, p. 169.

relation qui unit la dialectique à la philosophie est très étroite car l'étude dialectique, dit Averroès dans son *Commentaire Moyen* des *Topiques*, « constitue la majeure partie de l'étude utilisée en métaphysique (*fī mā ba'd al-ṭabī'a*) pour vérifier les principes des sciences particulières » [1].

1. *Talḫīṣ Kitāb al-Ǧadal*, éd. G. Gehamy, p. 502, 21-22.

AVERROÈS

GRAND COMMENTAIRE (*TAFSĪR*) DE LA MÉTAPHYSIQUE
LIVRE BÊTA (BĀ')

| Au nom de Dieu, le Clément, le Miséricordieux **165**

GRAND COMMENTAIRE DU TROISIÈME TRAITÉ DE LA *MÉTAPHYSIQUE*, DÉCRIT[1] PAR LA LETTRE BĀ'

| T. 1 (995a24-b4) *Aristote a dit* :

Il est nécessaire que nous parcourions d'abord les questions obscures qu'il nous faut mentionner dans la science recherchée ici[2]. Il s'agit des questions à propos desquelles[3] les gens[4] ont pensé différentes choses[5], et d'autres[6] <questions> qu'ils ont négligées[7]. En effet, le premier acte[8] de ceux qui veulent saisir la science des choses et de leur principe[9] consiste à examiner rigoureusement les questions obscures[10], | car saisir ce qui <vient> après[11], c'est résoudre les questions obscures qui précèdent[12]. | **166**

1. *al-marsūma bi ḥarf al-bā'.*

2. 995a25 : on ne trouve pas, dans le texte arabe, d'équivalent au deuxième πρῶτον. Ce πρῶτον est également omis en A[b], *contra* Π, Γ, Al[c].

3. *wa hiya al-latī … fī-hā.* j : *sunt illae, de quibus.* 995a26 : περὶ αὐτῶν. Il semble que le traducteur, comme Alexandre d'Aphrodise d'ailleurs, ait compris αὐτῶν, comme l'équivalent de ὧν.

4. *qawm.* j : *quidam.* 995a26 : τινες.

5. *wa hiya al-latī ẓanna qawm fī-hā ẓunūn muḫtalifa.* j : *et sunt illae, de quibus quidam existimaverunt existimationes diversas.* 995a26 : ἄλλως (*muḫtalifa, diversas*) est compris différemment par le traducteur arabe.

6. *ġayr-hā.* j : *alia.* 995a26 : εἴ τι χωρὶς.

7. *ġafalū 'an-hā.* j : *dimiserunt.* 995a27 : παρεωραμένον.

8. *awwaliyya fi'l.* j : *prima actio.* 995a28 : προὔργου. Le traducteur arabe a décomposé le mot grec (προ-εργο) et a traduit littéralement.

9. *darak 'ilm al-ašyā' wa mabda'-hā.* j : *comprendere scientia rerum.* 995a27 : εὐπορῆσαι.

10. *šiddat al-faḥṣ 'an al-masā'il al-ġāmiḍa.* j : *perscrutari de difficilibus quaestionibus.* 995a28 : τὸ διαπορῆσαι καλῶς.

11. *li-anna al-darak al-laḏī min ba'd.* j : *comprehenduntur ea, quae sunt post.* 995a26-27 : ἡ γὰρ ὕστερον εὐπορία.

12. *ḥall al-masā'il al-ġāmiḍa al-latī min qablu.* j : *dissolutio quaestionum difficilium, quae sunt ante.* 995a29 : λύσις τῶν πρότερον ἀπορουμένον.

Celui qui ignore[1] le nœud ne peut le défaire, et le manque de compréhension[2] indique qu'il en est ainsi[3]. Car ce qu'atteint celui qui manque <de compréhension> est semblable à ce qu'atteint celui qui est fermement lié[4]; et ni celui qui manque de compréhension ni celui qui est fermement lié[5] ne peuvent aller de l'avant[6]. C'est pourquoi il faut que nous examinions d'abord toutes les difficultés, pour ce que nous avons dit[7] et parce que celui qui cherche | à connaître une chose[8] avant d'examiner d'abord l'obscurité de cette chose[9] ressemble à ceux qui ignorent l'emplacement de leurs pieds sur un chemin plan[10]. De plus[11], celui qui ne sait[12] pas ce qui est recherché ne sait forcément pas[13] s'il est atteint[14]. Car la fin de ceux qui n'examinent pas

1. *man ǧahala*. j : *qui ignorat*. 995a30 ἀγνοοῦντα Π Γ Asc[c] : ἀγνοοῦντας A[b] Al[p] Ascl[1] Jaeger Ross Christ. (NB : L : *min ǧihat:* erreur du copiste, graphies arabes très proches).

2. *nukūl al-fahm*. j : *hebetudo intellectus*. 995a30 : ἡ τῆς διανοίας ἀπορία.

3. *inna hāḏā hākaḏā*. j : *quod hoc est sic*. 995a31 : τοῦτο περὶ τοῦ πράγματος. Asṭāt a mal compris (ou avait une autre leçon).

4. *Inna-mā yuṣību al-nākil šibh mimmā yuṣību al-mawṯūq ribāṭ*. j : *hebeti autem contingit simile ei, quod contingit ligato*. 995a32 : ᾗ γὰρ ἀπορεῖ ταύτῃ παραπλήσιον πέπονθε τοῖς δεδεμένοις.

5. *al-nākil al-fahm wa al-mawṯūq ribāṭ[an]*. j : *hebes..., neque ligamentus*. 995a32 : ἀμφοτέρως. (Asṭāt explicite !).

6. L'expression arabe qui, normalement, traduit προελθεῖν εἰς το πρόσθεν (*aller de l'avant*) est *sāra qudum[an]*. Bouyges édite *yaṣīrā qudum[an]*, qu'il lit dans une deuxième graphie (B[2]) et dans le lemme (L). La leçon originelle (B[0]) porte *yasīru*, avec toutefois une retouche (B[r]) : *yaṣīru*. La leçon originelle, conforme à la langue arabe mais qui ne porte pas le duel, change le sens de la phrase. Elle permet toutefois de comprendre la fonction grammaticale de *al-fahm*, qui est objet direct de *al-nākil* et non son éventuel complément d'annexion. La phrase prend alors cette signifcation : « celui qui manque de compréhension (*al-nākil*) ne pourra pas comprendre (*al-fahm*) et celui qui est lié par un nœud ne pourra aller de l'avant ». Le duel a été ajouté pour rendre le grec ἀμφοτέρως (995a32).

7. *li-mā qulnā*. j : *propter hoc, quod diximus*. 995a34 : τούτων τε χάριν.

8. *man ṭalaba ma'rifa šay'*. j : *qui enim quarit cognoscere aliquid*. 995a35 : τοὺς ζητοῦντας.

9. *min qabl an yafḥaṣa awwal[an] 'an ġumūḍi-hi*. j : *antequam perscrutetur primo de difficultate eius*. 995a35 : τοῦ διαπορῆσαι.

10. *mawāḍi' aqdāmi-him 'alā sawā' al-sabīl*. j : *locum pedum per viam aequalem*. 995a35-36 : ποῖ δεῖ βαδίζειν.

11. *ma'a hāḏā*. j : *cum hoc*. 995a36 : πρὸς τούτοις.

12. *lam ya'lam* et un peu plus loin *lam ya'rif* servent l'un et l'autre à rendre μὴ γιγνώσκειν (995b1). j : *nescit ... nescit*. La subtile distinction entre *'arafa* et *'alima*, si elle est difficile à saisir, nous paraît difficilement traduisible, d'autant que cette distinction, dans le cas présent, ne correspond qu'à un seul terme grec. Sur la nuance entre *'arafa* et *'alima*, cf. Ch. E. Butterworth, « De la traduction philosophique », *B.E.O.* XLVIII, 1996, p. 80-81.

13. *lā maḥāla*. j : *necessario*. 995a36 οὐδέποτε J A[b] Γ Ascl : οὐδ 'εἴ πότε E. Jaeger quant à lui édite οὐδὲ πότε[ρον] (! !).

14. *iḏā uṣība*. j : *quando invenitur*. 995b1 εἰ εὕρηκεν A[b] Ascl : εὕρηκεν J Γ. Asṭāt ne traduit toutefois pas ἢ μή.

les obscurités n'est pas connue alors que la fin est clairement connue [1] pour ceux qui les examinent [2]. Il est préférable [3], pour l'auditeur [4], que tous les discours [5] des partisans et des opposants [6] soient | des jugements nécessaires et persuasifs [7].

C. 1 Commentaire

Son intention dans ce traité est de commencer par présenter [8] les discours dialectiques [9] qui affirment et infirment la seule et même chose en soi [10], pour tous les objets de recherche délicats [11] dans cette science [12]. Car l'acquisition parfaite de la science de la chose, je veux dire la science démonstrative, <veut> que | l'on commence par connaître [13] les discours contradictoires [14] à propos de cette chose, pour ensuite | connaître leur **167**
solution grâce à [15] la démonstration qui convient à cette chose [16]. Et telle est l'habitude d'Aristote pour toutes les sciences, je veux dire pour toutes les questions obscures que ces sciences comportent [17]. En effet, le propre [18] de ces questions, c'est qu'il y a, à leur propos, des discours qui suscitent le

1. *wāḍiḥa ma'rūfa*. j : *manifestus*. 995b2 : δῆλον.

2. *al-ladīna yafḥaṣūna 'an-hā*. j : *eorum, qui perscrutantur de eis*. 995b2 : τῷ δὲ προηπορηκότι.

3. *min al-afḍal*. j : *bonum est*. 995b2 : βέλτιον.

4. *'ind sāmi'*. j : *apud audientem*. 995b4 : ἀκηκοότα.

5. *ğamī' aqāwīl*. j : *omnium sermonium*. 995b3-4 : τῶν…λόγων…πάντων (?).

6. *al-mudda'īn wa al-munkirīn*. j : *affirmantium et negantium*. 995b3-4 : ἀντιδίκων καὶ τῶν ἀμφισβητούντων. Asṭāt n'a pas traduit ὥσπερ.

7. *qaḍāyā muḍṭarra wa muqni'a*. j : *propositiones necessariae, et sufficientes*. 995b2-3 : ἀνάγκη…κρῖναι (*juger* = *qaḍā*; *qaḍāyā* = *propositions* mais aussi *jugements*, *litiges*, *procès*…) (*).

8. *yataqaddama fa ya'tī bi*. j : *inducere*.

9. *al-aqāwīl al-ğadaliyya*. j : *sermones disputativos*.

10. *al-latī tuṯbitu al-šay' al-wāḥid bi-'ayni-hi wa tubṭilu-hu*. j : *qui affirmant et destruunt idem*.

11. *al-maṭālib al-'awīṣa*. j : *quaestionibus difficilibus*.

12. *hāḏā al-'ilm*. L'expression « cette science » désigne, dans la plupart des cas, la science métaphysique. Étant donné la controverse concernant les parties de cette science (science de l'être en tant qu'être, philosophie première, théologie) ainsi que son objet, nous croyons qu'il convient d'être fidèle au texte et de traduire cette locution arabe par ce que littéralement elle signifie, c'est-à-dire par « cette science ». Pour d'autres expressions désignant cette science, cf. A. Martin, *Averroès*…, p. 27 n. 7.

13. *yataqaddama al-insān fa ya'rifu*.

14. *mutanāqiḍa*.

15. *min qibal*.

16. *« iḏ kāna min tamām ḥuṣūl al-'ilm bi al-šay' a'nī al-'ilm al-burhānī an yataqaddama al-insān fa-ya'rifu al-aqāwīl al-mutanāqiḍa fī ḏālika al-šay' ṯumma ya'rifu ḥalla-hā min qibal al-burhān al-laḏī yakūnu fī ḏālika al-šay' »* : omis dans j.

17. *min-hā*. j : om.

18. *ša'n*. j : om.

doute[1]. Et on ne sait à quel point elles sont obscures[2] tant qu'on ne commence pas par s'instruire des discours dialectiques[3]. Mais dans la science naturelle[4], <Aristote> a trouvé préférable, pour l'enseignement[5], de présenter[6] l'examen dialectique | concernant chaque objet de recherche[7] au moment où il désire établir la démonstration[8] de ce seul objet de recherche[9]. Alors que dans ce livre, il a trouvé <préférable> de présenter les discours dialectiques pour tous les objets de recherche délicats qui se trouvent dans cet art, de les traiter isolément[10] et d'introduire ensuite les démonstrations propres à chaque objet de recherche, à l'endroit qui lui convient[11] parmi les traités | de cette science. Et sans doute son avis[12] sur ceci dans cette science est-il le meilleur pour l'enseignement dans cette science, parce que <cette science> et la science dialectique ont en commun la généralité de l'étude[13] – et la confusion des discours démonstratifs qui s'y trouvent et des discours dialectiques est fréquente[14] –, parce que[15] les deux sciences ont le même sujet, à savoir l'être absolu[16], et parce qu'il est de la nature des discours dialectiques de précéder[17], dans le classement[18], les discours démonstratifs. | Aristote a voulu faire de ce type d'étude[19] une partie isolée et indépendante parmi les parties de cette science, comme il l'a fait pour les noms indiquant les concepts utilisés[20] dans cette science. Je

1. *mušakkaka*. j : *sermones disputativos*.

2. *miqdāra-ha fī al-ġumūḍ*. j : *quantum sunt difficiles*.

3. *mā lam yataqaddam fa-tu'lam bi-aqāwīl ǧadaliyya*. j : *nisi sciat eas per sermones disputativos*.

4. *al-'ilm al-ṭabi'ī*, c'est-à-dire la physique. Nous avons adopté une traduction littérale pour que soit préservé le lien entre la science *naturelle* et les choses *naturelles* dont cette science s'occupe. La physique est aussi parfois appelée *al-samā'* ou *al-samā' al-ṭabi'ī*, qui traduit le grec φυσικὴ ἀκρόασις.

5. *fī al-ta'līm*. j : omis.

6. *an yuqaddima*. j : *praeponere*.

7. *fī maṭlūb maṭlūb*. j : *in singulis quaestionibus*.

8. *al-burhān*. j : *disputationem*.

9. *'inda mā yarūmu iqāmat al-burhān 'alā ḏālika al-maṭlūb al-wāḥid*. j : *quando vult facere disputationem super illam quaestionem*.

10. *an yufrida al-qawl fī-hā 'alā ḥida*. j : *et praeponere sermonem in eis per se*.

11. *al-lā'iq bi-hi*. j : *convenienti*.

12. *wa la'alla al-laḏī ra'ā min ḏālika*. j : *forte iste ordo*.

13. *li-mušārakati-hi li-'ilm al-ǧadal fī 'umūm al-naẓar*. j : *quia communicant scientiae disputativae in universalitate considerationis*.

14. « *wa iltibās al-aqāwīl al-burhāniyya al-latī fī-hi kaṯīr*an *bi-al-aqāwīl al-ǧadaliyya* » est omis dans j.

15. *li-kawn*. j : *enim*.

16. *al-mawǧūd al-muṭlaq*. j : *ens simpliciter*.

17. *tataqaddama*. j : *praeponatur*.

18. *fī al-tartīb*. j : *in ordine*.

19. *hāḏā al-naḥw min al-naẓar*. j : *iste modus considerationis*.

20. *al-musta'mala*. j : om.

veux dire que ces noms sont généraux pour tous les concepts utilisés dans cette science, de sorte qu'il a fait, pour cela aussi, une partie isolée et indépendante[1], contrairement[2] à ce qu'il a fait pour les autres sciences. Je veux dire qu'<Aristote> explique[3] les noms indiquant chacun des concepts recherchés dans | cette science-là[4] au moment où il étudie chacun des objets **168**
de recherche dont le nom nécessite une explication[5]. Alors que dans cette science, il a placé l'examen de tous les noms dans un seul traité, non pas pour distinguer le nom homonyme[6] du reste, mais pour énumérer les concepts étudiés par cette science.

| Nicolas[7] s'est opposé au classement du Sage[8] pour ces deux concepts et a procédé[9], à ce sujet, comme il[10] a procédé dans la science naturelle. Il a pensé suivre en cela le meilleur ordre[11], alors que le mieux ici, c'est ce qu'a fait Aristote, pour la raison que nous avons dite.

Quand il dit : *il est nécessaire que nous parcourions d'abord les questions obscures qu'il | nous faut mentionner dans la science recherchée ici*, il veut dire : étant donné qu'il est nécessaire, pour quiconque décide de connaître les choses recherchées dans chaque genre de science, de parcourir d'abord les questions obscures qui concernent cette science-là et de les examiner, il convient que nous le fassions pour cette science-ci. Et cela est nécessaire en vue d'acquérir[12] la science la plus parfaite. Non pas que ce classement soit nécessaire pour acquérir la science | dans l'absolu, mais pour acquérir la science parfaite qui est visée[13].

Il a ensuite mentionné quelles sont ces questions[14] et a dit : *Il s'agit des questions à propos desquelles les gens ont pensé différentes choses, et*

1. « *a'nī an takūna tilka al-asmā' 'āmma li-ǧamī' al-ma'ānī al-latī tusta'malu fī hāḏā al-'ilm fa-ǧa'ala hāḏā ayḍ*^{an} *ǧuz'*^{an} *mufrad*^{an} *bi-ra'si-hi* » est omis dans j.

2. *bi-ḫilāf*. j : *e contrario ei.*

3. *yašraḥu*. j : *exponit.*

4. « *al-dālla 'alā ma'nā ma'nan min al-ma'ānī al-latī yaṭlubu-hā fī ḏālika al-'ilm* » est omis dans j.

5. « *al-latī yaǧibu an yašraḥa mā yadullu 'alay-hi al-ism fī-hā* » est omis dans j.

6. *lā li-tamyīz al-ism al-muštarik*. j : *non ad distinguendum nomen aequivocem.*

7. Il s'agit de Nicolas de Damas (1er s. A.C.), qu'Averroès mentionne six fois dans son *Grand Commentaire*. Cf. M. Bouyges, *Notice*, p. CXXXIII ; A. Badawi, « Averroès face au texte qu'il commente », dans *Multiple Averroès*, Paris, Les Belles Lettres, 1978, p. 63, A. Martin, *Averroès...*, p. 42 n. 68.

8. *al-ḥakīm*. j : *Arist.*

9. *aǧrā al-'amr fī-hā*. j : *ordonavit.*

10. *'alā mā aǧrā-hu*. j : *secundum quod fecit Arist.*

11. *al-niẓām al-afḍal*. j : *viam meliorem.*

12. *li-makān ḥuṣūl al-'ilm.*

13. « *wa hāḏā al-iḍṭirār huwa li-makān ḥuṣūl al-'ilm al-atamm lā anna hāḏā al-tartīb huwa ḍarūrī fī ḥuṣūl al-'ilm bi-iṭlāq bal ḥuṣūl al-'ilm al-tāmm al-laḏī fī al-ġāya* » est omis dans j.

14. *ayy masā'il hiya hāḏihi al-masā'il*. j : *quae quaestiones sunt istae.*

d'autres <questions> qu'ils ont négligées. Il veut dire : ces questions sont celles à propos desquelles les gens ont eu des divergences <d'opinion>[1] dans cette science à cause de l'obscurité de <ces questions>, et d'autres questions difficiles qu'ils ont négligé d'examiner[2].

169 | Ensuite il a donné la raison pour laquelle on commence par examiner ces questions et a dit : *En effet, le premier acte de ceux qui veulent saisir la science des choses et de leur principe consiste à examiner rigoureusement les questions obscures, car saisir ce qui <vient> après, c'est résoudre les questions obscures qui précèdent.* Il veut dire : la raison pour laquelle on doit commencer par l'examen des questions | obscures, c'est que la science recherchée qui est acquise après, à partir de ces <questions>, est la science par laquelle se résout l'obscurité que comportent ces questions, en raison des doutes qui y figurent[3]. En effet, les questions à propos desquelles il y a des doutes en raison des discours opposés[4] qui s'y trouvent sont les questions obscures, ou davantage[5].

Après avoir mentionné la raison pour laquelle on commence par examiner les choses obscures, (à savoir que | l'obscurité survient avant d'être levée[6], que le côté par lequel survient l'obscurité n'est pas celui par lequel l'obscurité se lève, que le côté par lequel survient l'obscurité est comme le lien, et que le côté par lequel se résout l'obscurité est comme le déliement), il a dit : *et on ne peut résoudre par le côté*[7] *du lien, et le manque de compréhension indique qu'il en est ainsi. Car ce qu'atteint celui qui manque <de compréhension> est semblable à ce qu'atteint celui qui est fermement | lié ; et ni celui qui manque de compréhension ni celui qui est fermement lié ne peuvent aller de l'avant.* Il veut dire : puisqu'il est connu par soi que nul ne peut défaire le lien qui est dans les membres du
170 mouvement du côté par lequel le lien est survenu[8], | et puisque ce que la compréhension atteint[9] en terme de manque lors des discours contraires à

1. *iḫtalafa.* j : *diversantur.*

2. *al-latī aġfalū al-faḥṣ 'an-hā.* j : *dimiserunt perscrutari.*

3. *min qibal al-šukūk al-wārida fī-hā.* j : *per dubitationes advenientes in eis.*

4. *al-aqāwīl al-muta'āriḍa.*

5. *wa ḏālika anna al-masā'il al-latī fī-hā al-šukūk min qibal al-aqāwīl al-muta'āriḍa fī-hā hiya al-masā'il al-ġāmiḍa aw akṯar ḏālika.* j : om.

6. *wuqū' ḏālika al-ġumūḍ mutaqaddam 'alā irtifā'i-hi.* j : *adventus difficultatis praecedit ablationem eius.*

7. Il s'agit, en fait, d'une erreur dûe à la proximité graphique de deux expressions : *min ǧihat* (*du côté de*) que l'on trouve ici, dans le Lemme, et *man ǧahala* (*celui qui ignore*) que l'on trouve, conformément au texte grec (ἀγνοοῦντας), dans le Textus. Le traducteur latin (j) se rend compte de l'erreur et corrige par une sorte de compromis : *Et non potest dissolvere ex modo ligamenti, qui ignorat ligamenti.*

8. *waqa'a.* j : *cecidit.*

9. *mā yuṣību al-fahm.* j : *illud, quod accidit intellectui.*

propos de la chose[1] est semblable à ce qu'atteint celui qui est lié, alors de même que celui qui est lié ne peut pas du tout s'élever à la fin vers laquelle il désire se mouvoir et, de la même manière, si l'intellect s'est attaché de discours contraires[2], il faut que la méthode[3] par laquelle les doutes sont résolus ne soit pas | la même que celle par laquelle ils surviennent, de la même façon que le côté par lequel le lien est défait n'est pas le même que celui par lequel le lien survient.

Et il a dit : *c'est pourquoi il faut que nous examinions d'abord toutes les difficultés, pour ce que nous avons dit.* Il veut dire : pour ce que nous avons dit d'abord, à savoir que la méthode pour acquérir la science consiste en ce que ces doutes, qui sont la cause de l'obscurité de celles-ci[4], surviennent d'abord et se lèvent ensuite, du fait que[5] | le rapport[6] entre les doutes et l'âme est le même qu'entre le lien et les membres, et le rapport entre la science acquise après ces doutes <et la science qu'on avait avant> est le même qu'entre le mouvement recherché après le déliement <et le mouvement avant le dénouement>[7].

Ensuite il a donné une autre raison pour laquelle on commence par examiner l'obscurité que comportent ces questions et a dit : *et parce que celui qui cherche à connaître une chose avant d'examiner d'abord l'obscurité de cette chose ressemble à ceux qui ignorent l'emplacement de leurs pieds sur un chemin plan.* Il veut dire : en effet, | celui qui connaît la chose avant de connaître la mesure de son obscurité[8] ressemble à ceux qui sont engagés sur le droit chemin[9] mais qui ne le savent pas[10].

Ensuite il a dit : *De plus, celui qui ne sait pas ce qui est recherché ne sait forcément pas s'il est atteint.* Il veut dire : si on ne connaît pas la mesure de ce que l'on recherche[11], on ne sait pas quand on l'a atteint.

1. « *min al-nukūl 'ind al-aqāwīl al-mutaḍādda fī al-šay'* » est omis dans j.
2. *al-aqāwīl al-mutaḍādda.* j : *sermones contrarii.*
3. *al-ṭarīq.* j : *via.*
4. *ġumūḍi-hā.* On ne voit pas très bien à quoi correspond ce pronom suffixe. Grammaticalement, il peut se rapporter à *šukūk* (*doutes*), ce qui est absurde, ou à *mustaṣ'abāt* (*difficultés*), ce qui est bizarre.
5. « *an taqa'a awwal*[an] *tilka al-šukūk al-latī hiya sabab ġumūḍi-hā ṯumma tanḥulu min qibal an* » est omis dans j.
6. *nisba.* j : *proportio.*
7. *nisbat al-šukūk min al-nafs nisbat al-ribāṭ min al-a'ḍā' wa nisbat al-'ilm al-ḥāṣil ba'd tilka al-šukūk nisbat al-ḥaraka al-maṭlūba ba'd ḥall al-ribāṭ.* j : *proportio enim quaestionum ad animam similis est proportioni ligamenti ad membra : et proportio scientiae acquisitae post illas quaestiones est similis proportioni motus quaesiti post dissolutionem ligamenti.*
8. *miqdār ġumūḍi-hi.* j : *quantitatem difficultatis ei.*
9. *'alā al-sabīl al-mustaqīma.*
10. Litt. : « sans savoir que leurs pieds y sont ».
11. *miqdār mā yuṭlab.* j : *quantum quaerit.*

Ensuite, il a confirmé ce concept et[1] a dit : *de plus*[2], *la fin de ceux qui n'examinent pas | les obscurités n'est pas connue, alors que la fin est*
171 *clairement connue pour ceux qui les examinent.* | Il veut dire : celui qui examine la chose sans connaître la mesure de son obscurité[3], alors ce qu'il cherche à connaître de cette chose lui est inconnu. Et s'il l'a atteint, il ne sait pas s'il l'a atteint ou non. Quant à celui qui connaît l'obscurité de la chose, sa fin – qui est recherchée et qui est la connaissance de l'obscurité- est connue de lui. Et quand il l'a trouvée, il reconnaît ce qu'il cherchait parce que | l'objet de la recherche a été acquis par lui[4].

Ensuite il a dit : *Il est préférable, pour l'auditeur, que tous les discours des partisans et des opposants soient des jugements nécessaires et persuasifs*. Il veut dire : de même, pour celui qui veut arbitrer entre deux personnes d'opinions différentes[5] à propos d'une chose quelconque, il est préférable de connaître les jugements[6] utilisés par le partisan et par l'opposant[7]. Et c'est aussi une des choses à laquelle est contraint celui qui | veut être un arbitre vertueux[8] entre deux personnes d'opinions différentes. <Aristote> veut dire qu'il faut d'abord présenter ici les discours contraires[9] concernant les choses obscures[10].

T. 2 (995b 4-996a 17) *Aristote a dit* :

La première des questions obscures est celle sur laquelle nous nous sommes interrogés[11] au début de ce livre[12]. a) L'étude de tous les genres de causes appartient-elle à une seule science ou | à plusieurs sciences ? b) Appartient-il à la science de seulement étudier les principes premiers de la substance[13] ou lui appartient-il d'étudier aussi les principes à partir

1. « *ṯumma akkada hāḏā al-ma'nā* » est omis dans j.
2. *ma'a hāḏā* est un ajout par rapport au Textus.
3. *miqdār ġumūḍi-hi.* j : *quantum est difficile.*
4. *al-maṭlūb kāna maḥṣūl 'inda-hu.* j : *quaesitum enim erat apud illum scitum determinate.*
5. *bayna al-muḫtalifīn.* j : *inter homines diversitates.*
6. *qaḍāyā.* j : *propositiones*
7. *al-mudda'ī wa al-munkir.* j : *affirmans et negans.*
8. *man arāda an yakūna ḥakam^{an} fāḍil^{an}.*
9. *al-aqāwīl al-mutaḍādda.*
10. « *wa hāḏā ayḍan aḥad mā yuḍṭarru ilay-hi man arāda an yakūna ḥakam^{an} fāḍil^{an} bayna al-muḫtalifīna yurīdu anna-hu li-ḏālika waǧaba hāhunā an nuqaddima al-aqāwīl al-mutaḍādda fī al-ašyā' al-ġāmiḍa* » est omis dans j.
11. *sa'alnā 'an-hā.* j : *de qua quaesivimus.* 995b5 : περὶ ὧν …διηπορήσαμεν.
12. *fī ṣadr hāḏā al-kitāb.* j : *in prologo istius libri primi.* 995b5 : ἐν τοῖς πεφροιμιασμένοις.
13. *mabādi' awā'il al-ǧawhar.* j : *de principiis substantiae.* 995b7 : τὰς τῆς οὐσίας ἀρχὰς τὰς πρώτας.

desquels on démontre toute chose[1]. | Par exemple[2], si une seule chose peut, **172** en même temps, être positive et négative[3], ou non[4], et des choses semblables à cela, comme <savoir> si les choses égales à une seule chose sont équivalentes[5]. c) Et si l'étude de la substance appartient à la science, cette science est-elle une pour toutes les substances, ou y a-t-il plusieurs sciences ? d) Et s'il y a plusieurs sciences, sont-elles | toutes apparentées quant au genre[6] ou faut-il dire de certaines qu'elles sont sagesse[7] et de certaines qu'elles sont autre chose ? e) Il nous faut aussi nécessairement rechercher s'il faut dire que les substances sont seulement les choses sensibles ou dire qu'il y a d'autres substances que ces sensibles[8]. f) Les substances ont-elles un seul genre ou ont-elles plusieurs genres[9], comme disent ceux qui ont introduit les formes[10] et les mathématiques, | qui sont entre[11] celles-là et les sensibles ? Il nous faut donc examiner toutes ces choses, comme nous l'avons dit. g) Il faut examiner s'il s'agit ici de seulement étudier les substances[12], ou bien également[13] les accidents, sans les substances[14]. h) En outre, il nous faut aussi examiner ce qui est le même[15] en soi et ce qui est autre[16], le semblable et le dissemblable[17] i) les contraires[18]. *) | ce qui est avant et ce qui est après a*) et toutes les autres choses | semblables à celles- **173** ci[19], parmi ce qu'examinent les logiciens, qui ont fait[20] leurs opinions

1. *min-hā yakūnu burhān kull šay'*. j : *ex quibus sit demonstratio cuiuslibet*. 995b8 : ἐξ ὧν δεικνύουσι πάντες.
2. *ka-qawli-nā*. j : *v. g.*
3. *mūǧab [an] wa sālib [an]*. j : *affirmatiuum et negatiuum*. 995b9-10 : φάναι καὶ ἀποφάναι.
4. *am lā yumkinu ḏālika*. j : *aut non*. 995b10 : ἢ οὔ.
5. *hal al-musāwiya li-šay' wāḥid mutasāwiya*. j : *utrum aequalia eidem sint aequalia*. Aucune trace de ceci dans le texte grec : le traducteur arabe prend l'initiative d'expliciter…
6. *mutanāsiba bi al-ǧins*. j : *consimilis in genere*. 995b12 : συγγενεῖς.
7. *am yanbaġī an yuqāla li-ba'ḍi-hā ḥikma*. j : *aut debet quaedam dici Philosophia*. 995b12 : ἢ τὰς μὲν σοφίας … λεκτέον.
8. *ġayr hāḏihi al-maḥsūsāt*. j : *ab istis sensibilibus*. 995b15 : παρὰ ταύτας.
9. *hal lil-ǧawāhir ǧins wāḥid aw la-hā aǧnās kaṯīra*. j : *utrum substantiae habeant unum genus, aut plura*. 995b15-16 : πότερον μοναχῶς ἢ πλείονα γενη τῶν οὐσιῶν. Asṭāt n'a pas pris μοναχῶς adverbialement.
10. *al-laḏīna adḫalū al-ṣuwar*. j : *ponentes formas*. 995b16 : οἱ ποιοῦντες τά τε εἴδη.
11. *al-latī fī mā bayna...wa bayna*. j : *quae sunt inter*. 995b17 : μεταξὺ.
12. *fī al-ǧawāhir*. j : *de substantiis*. 995 b 19 : περὶ τὰς οὐσίας.
13. *ayḍ [an]*. j : *etiam*. 995b19 : καὶ.
14. *min dūna al-ǧawāhir*. j : om. 995 b 20 : καθ 'αὑτὰ ταῖς οὐσίαις.
15. *huwa huwa*. j : *eodem*. 995 b 21 : ταὐτοῦ.
16. *ġayr huwa*. j : *diverso*. 995 b 21 : ἑτέρου.
17. *šabīh* et *ġayr šabīh*. j : *dissimili et simili*. 995b21 : ὁμοίουκαὶ ἀνομοίου.
18. *mutaḍādda*. j : *de contrariis*. 995b21 : ἐναντιότητος.
19. *al-latī tušbihu hāḏihi*. j : *consimilibus istis*. 995b23 : τῶν τοιούτων.
20. *ṣayyarū arā'a-hum*. j : *ponunt opiniones suas*. 995b23-24 : ποιούμενοι τὴν σκέψιν (*).

seulement[1] à partir d'opinions satisfaisantes et respectables[2]. A qui l'étude de toutes ces choses revient-elle ?[3] b*) Il nous faut aussi examiner tous les accidents[4] qui adviennent à toutes ces choses que nous avons mentionnées[5] c*) et examiner | ce qu'est chacune de ces choses. Non seulement cela mais encore si les unes et les autres sont contraires entre elles[6]. d*) Les principes et les éléments sont-ils les genres par eux-mêmes[7] ou sont-ils par les choses singulières[8] en lesquelles ils[9] se divisent ? e*) Et si ce sont des genres[10], est-ce que les genres qui sont dits des individus sont les genres premiers, ou sont-ce les derniers[11]. Par exemple, l'animal ou l'homme sont-ils plus nécessairement[12] principe que leurs individus singuliers[13], ou | non ? f*) Il nous faut également bien examiner et rechercher[14] s'il y a une autre cause en soi[15] en dehors de la matière, ou non[16]. g*) Cette cause est-elle séparée de la
174 matière[17] ou non ? h*) cette cause est-elle une en nombre ou plus[18] ? | i*) Y

1. *faqaṭ*. j : om. 995b24 μόνον Π : μόνων A[b] Ascl Jaeger.

2. *min al-arā' al-murḍiyya al-šarīfa*. j : *de opinionibus laudabilibus et nobilibus*. 995b 24 : ἐκ τῶν ἐνδόξων.

3. « *wa li-man yağibu 'alay-hi al-na'ar fī ğamī' hāḏihi* » est omis dans j.

4. 995b25-26 : pas de trace de καθ 'αὑτα dans le texte arabe.

5. « *al-latī ḏakarnā* ». j : om. Ajouté au texte grec.

6. *yuḍāddu ba'ḍu-ha ba'ḍ*. j : *contradicant sibi adinuicem*. 995b27 : ἕν ἑνὶ ἐναντìον.

7. *hal al-awā'il wa al-usṭuqusāt hiya al-ağnās 'alā ḥidati-hā*. j : *utrum principia et elementa et* (!) *genera sint per se*. Pas de trace de *'alā ḥidati-hā* (*per se*) dans le texte grec (995b28).

8. *hiya bi al-munfaridāt al-latī tanqasimu fī-hā*. j : *sint per singularia, in quae dividuntur*. 995b28-29 : εἰς ᾅ διαιρεῖται ἐνυπάρχοντα ἕκαστον. NB : ἐνυπάρχοντα est interprété comme « les choses présentes *dans les genres* » et non *dans les individus*.

9. ἕκαστον désigne ici *chaque genre*.

10. *wa in kānat ağnās[an]* (indéterminé). j : *et si sint genera*. 995b29 : καὶ τὰ γένη. L'arabe porte, d'autre part, un εἰ (*si*) que ne porte pas Π. Jaeger l'édite cependant, ce qui laisse à penser qu'il s'agit là d'une leçon de Ab (Jaeger ne le mentionne pas dans son apparat critique).

11. *al-ağnās al-uwal am hiya al-aḫīra*. j : *sint prima genera, aut ultima*. 995b30 : τελευταῖα ἢ τὰ πρῶτα.

12. *awğab awwaliyya*. j : *est magis primum*. 995b31 : ἀρχή τε καὶ μᾶλλον ἔστι.

13. *min ašḫāṣi-hā al-munfaridāt*. j : *quam individua singularia*. 995b31 : παρὰ τὸ καθ' ἕκαστον.

14. *wa ayḍan yanbaġī an nukaṭṭira al-faḥṣ wa al-ṭalab*. j : *et etiam oportet nos multum perscrutari*. 995b31-32 μᾶλλον δὲ ζητητέον καὶ πραγματευτέον A[b] Ascl Jaeger : μάλιστα δὲ ζητητέον καὶ πραγματευτέον Π Γ.

15. *'alā ḥidati-hā…am lā*. j : *per se, …, aut non*. 995b33 καθ' αὑτο ἢ οὔ Π Γ Al[p] Ascl : om. A[b].

16. *hal min 'illa uḫrā 'alā ḥidati-hā siwā al-hayūlā am lā*. j : *utrum sit alia causa per se, praeter materiam, aut non*. 995b32 : ἔστι τι παρὰ τὴν ὕλην αἴτιον καθ' αὑτο ἢ οὔ.

17. *mubāyana lil-hayūlā am lā*. j : *differat a materia, aut non*. 995b33 καὶ τοῦτο χωριστὸν ἢ οὔ J, A[b], Γ, Al[p] : om. E. NB : Ross signale, à tort, que cette leçon est également omise dans J.

18. *kaṯīr*. L : *kaṯīra*.

a-t-il une chose en dehors du tout[1] (et par *le tout*, je veux dire ce par quoi est qualifiée[2] la matière) ou n'y a-t-il rien en dehors de lui, ou alors y a-t-il une chose en dehors du tout pour certaines choses et non pour d'autres ? Et que sont ces choses parmi les êtres[3]? **) De même, ces principes sont-ils définis[4] quant au nombre ou quant à la forme, et quant à l'énoncé[5] et quant au lieu[6] ? a**) Les principes des choses | corruptibles sont-ils les principes des choses incorruptibles, ou leurs principes sont-ils différents ? Tous les principes sont-ils incorruptibles ou bien ne sont corruptibles que les principes des choses corruptibles ? b**) Il faut aussi que nous examinions la question qui est plus obscure que toutes ces questions, et plus embarrassante[7] : est-ce que l'un et ce qui est en soi[8] est la substance des êtres[9] et n'est pas autre chose, comme le disaient les pythagoriciens et Platon, ou non, | mais est plutôt une autre chose <constituant> un sujet[10] comme l'amitié selon Empédocle, le feu selon un autre et, selon d'autres, l'eau et l'air[11] ? c**) Les principes sont-ils universels ou sont-ils comme les singuliers des choses particulières[12] ? d**) Sont-ils en puissance ou en acte[13] ? e**) De même, sont-ils des principes d'une autre espèce[14] ou sont-ils des principes quant au mouvement ? | Ces questions sont assurément **175**
embarrassantes et très confuses[15]. f**) Il nous faut encore examiner si le

1. *ġayr al-kull.* j : *praeter totum.* 995b34-35 : παρὰ τὸ σύνολον.

2. *tun'at.* j : *disponitur.* 995b35 : κατηγορηθῇ.

3. *mā hāḏihi al-ašyā' min al mawǧūdāt.* j : *quae sunt ista entia.* 995b36 : ποῖα τοιαῦτα τῶν ὄντων. L'arabe corrobore la leçon τοιαῦτα Π A^{b} *contra* ὁπόσα Al^{p}.

4. *maḥdūda.* j : *determinata.* 996a1 : ὡρισμέναι.

5. *bi al-kalām.* j : om. (*in numero, aut forma, et loco*). 996a1-2 ἐν τοῖς λόγοις J A^{b} Γ: αἱ ἐν τοῖς λόγοις E.

6. *bi al-mawḍi'.* j : *et loco.* 996a2 : ἐν τῷ ὑποκειμένῳ. Erreur d'un copiste : confusion entre deux termes arabes très proches graphiquement : *mawḍi'* (*lieu*, *endroit*) et *mawḍū'* (*sujet*). L'arabe semble corroborer d'autre part la leçon de J A^{b} Syr^{c} (αἱ om.) *contra* Π (αἱ ἐν τῷ ὑποκειμένῳ).

7. *al-mas'ala al-latī hiya aġmaḍ min ǧamī' hāḏihi al-masā'il wa a'ḍal.* j : *de quaestione magis difficili omnibus istis quaestionibus.* 996a5 : τὸ πάντων χαλεπώτατον καὶ πλείστην ἀπορίαν ἔχον.

8. *al-wāḥid wa al-laḏī huwa bi-'ayni-hi.* j : *unum et idem* (!). 996a6 : τὸ ἓν καὶ τὸ ὄν.

9. *ǧawhar al-huwiyyāt.* j : *substantia omnium* (!) *entium.* 996a7 : οὐσία τῶν ὄντων.

10. *šay' āḫar mawḍū'.* j : *aliud subiectum.* 996a7 : ἕτερόν τι τὸ ὑποκείμενον.

11. *wa aḫarūn qālū al-mā' wa al-hawā'.* j : *et alius aquam, et alius aerem.* 996a9 : ὁ δὲ ὕδωρ ἢ ἀέρα. Quoique puisse laisser croire le latin de j, la version arabe semble plus proche de la leçon de Π (ἢ compris comme un καὶ par le traducteur arabe) que de celle de Ab (ὁ δὲ).

12. *mufradāt al-ašyā' al-ǧuz'iyya.* j : *singularia rerum particularium.* 996a10 : τὰ καθ 'ἕκαστα τῶν πραγμάτων.

13. *hal hiya bi al-quwwa am bi al-fi'l.* j : *utrum sint potentia, vel actu.* 996a11 δυνάμει ἢ ἐνεργείᾳ Π Al^{c} : om. A^{b}.

14. *bi-naw' āḫar.* j : *alio modo.* 996a11 : ᾄλλως.

15. *mu'ḍila mubhama.* j : *difficiles et valde intricate.* 996a12 : ταῦτα ἀπορίαν ἂν παράσχοι πολλήν.

nombre[1], la longueur[2], la figure[3] et les points sont des substances ou non; et si ce sont des substances, sont-elles séparées[4] des sensibles, ou en eux[5]? La difficulté ne consiste pas seulement à saisir la vérité[6] de toutes ces choses. Mais il n'est pas facile, à leur | propos, de s'enquérir aisément de leur obscurité[7].

C. 2 Commentaire

Il dit : *l'étude de tous les genres de causes appartient-elle à une seule science ou à plusieurs sciences ?* Il veut dire par *genres de causes*, les causes des genres différents[8]. Et les causes des genres différents sont des genres différents[9], comme les principes des choses naturelles, les principes des choses | mathématiques et les principes des choses séparées[10].

Ensuite il a dit : *appartient-il à la science de seulement étudier les principes premiers de la substance ou lui appartient-il d'étudier aussi les principes à partir desquels on démontre toute chose. Par exemple, si une seule chose peut, en même temps, être positive et négative, ou non, et des choses semblables à cela, comme <savoir> si les choses égales à une seule chose sont équivalentes ?* Il veut dire : si | l'étude de tous les principes appartient à une seule science, appartient-il à cette science d'étudier les principes de la substance et, en bref[11], les êtres seulement, ou lui appartient-il en plus d'étudier les principes de la connaissance que sont les premiers
176 intelligibles, comme quand on étudie le discours énonçant | que le positif et le négatif peuvent être valides en même temps[12], et le discours de celui qui nie que les choses égales à une seule chose sont équivalentes, et, en bref[13],

1. *al-'adad* (sg !). j : *numerus*. 996a13 : οἱ ἀριθμοὶ.
2. *al-ṭūl*. j : *longitudo*. 996a13 : τὰ μήκη.
3. *al-šakl* (sg !). j : *figura*. 996a13 : τὰ σχήματα.
4. *mubāyana*. j : *abstractae*. 996a15 : κεχωρισμέναι.
5. *hiya fī-hā*. j : *sint in eis*. 996a15 ἐν τούτοις E J Γ Syr[c] : ἐνυπάρχουσαι ἐν τούτοις A[b] Jaeger.
6. *darak ḥaqīqa*. j : *comprehendere veritatem*. 996a16-17 : τὸ εὐπορῆσαι τῆς ἀληθείας.
7. *laysa bahīn an nas'ala 'an-hā 'alā ġumūḍi-hā na'man*. j : *non est facile quaerere de eis secundum difficultatem earum secundum sermonem valde*. 996a17 : οὐδὲ τὸ διαπορῆσαι τῷ λόγῳ ῥάδιον καλῶς.
8. *'ilal al-aǧnās al-muḫtalifa*. (ou : les différentes causes des genres). j : *causas diversas diversorum* (!).
9. *'ilal al-aǧnās al-muḫtalifa hiya aǧnās muḫtalifa*. j : *causae diversorum generum sunt diversae*.
10. *al-umūr al-mufāraqa*. j : *rerum abstractarum*.
11. *bi al-ǧumla*. j : *universalium*.
12. *ṣādiqatayn ma'an*. j : *insimul sunt verae*.
13. *bi al-ǧumla*. j : *universaliter*.

le discours de celui qui nie les principes, comme celui qui nie l'antériorité de la puissance sur l'acte, parmi d'autres choses que nient les sophistes [1].

| Ensuite il a dit : *de même*[2], *si l'étude de la substance appartient à la science, cette science est-elle une pour toutes les substances ou y a-t-il plusieurs sciences ?* Il veut dire : si l'étude des substances appartient à la science, celle-ci constitue-t-elle une seule science ou y a-t-il plusieurs sciences ? En effet, si les substances sont différentes des principes premiers, cela implique[3] que l'examen de celles-ci appartient à plus d'une science. Et si elles s'accordent[4] aux principes premiers, l'examen de ces choses appartiendra à une | seule science.

Ensuite il a dit : *et s'il y a plusieurs sciences, sont-elles toutes apparentées quant au genre, ou faut-il dire de certaines qu'elles sont "sagesse" et de certaines qu'elles sont autre chose ?* Il veut dire : si l'étude des êtres appartient à plusieurs sciences, sont-elles toutes des espèces entrant sous un seul genre[5], je veux dire des parties d'une seule science, ou bien de sciences différentes, au point que l'on appelle | certaines d'entre elles *sagesse*, certaines *physique* et certaines *mathématique*[6] ?

Ensuite il a dit : *il nous faut aussi nécessairement rechercher s'il faut dire que les substances sont seulement les choses sensibles, ou dire qu'il y a d'autres substances* | *que ces sensibles*. Il veut dire : il est encore plus **177** nécessaire[7] d'examiner s'il y a d'autres substances que les substances sensibles ou s'il n'y a pas d'autres substances qu'elles.

Ensuite il a dit : *les substances ont-elles un seul genre ou ont – elles plusieurs genres, comme disent ceux qui ont introduit les formes et les mathématiques, qui sont entre celles-là et les* | *sensibles. Il nous faut donc examiner toutes ces choses, comme nous l'avons dit*. Il veut dire : s'il y a une substance en dehors des substances sensibles, est-ce que cette substance est d'une seule nature[8], ou de plusieurs natures, comme l'ont dit ceux qui disent qu'il y a trois substances[9] : les séparées[10], et ce sont les formes ; les

1. « *miṯl man yankaru taqaddum al-quwwa ʿalā al-fiʿl wa ġayr ḏālika mimmā yankaru-hu al-sūfisṭāniyyūn* » est omis en j.

2. *ayḍ*^{an}. ! ! pas dans le T.

3. *lazima*. j : *continget*.

4. *in kānat muttafiqa*. j : *si fuerit convenentium*.

5. *anwāʿ dāḫila taḥt ǧins wāḥid*. j : *species unius generis*.

6. *taʿālīmī*. *Taʿālīm*, *taʿālīmiyya*, *taʿālīmī* sont les termes que l'on trouve, chez les traducteurs arabes en général, pour rendre τὰ μαθηματικὰ (Voir A. Martin, *Averroès...*, p. 33 n. 30). Mais le terme désigne aussi, dans un contexte moins philosophique, *l'enseignement, l'éducation, la doctrine*. j : *et quaedam Doctrinalis*.

7. *awǧab*.

8. *ṭabīʿa wāḥida*. j : *eadem natura*.

9. « *anna al-ǧawāhir ṯalāṯa* » est omis en j.

10. *al-mufāraqa*. j : *res abstractae*.

non-séparées, et ce sont les sensibles ; les intermédiaires entre les formes et les sensibles, et ce sont les mathématiques[1]. Il nous faut donc examiner | ces choses[2].

Ensuite il a dit : *il faut examiner s'il s'agit ici de seulement étudier les substances, ou bien*[3] *les accidents sans les substances*. Il veut dire : il nous faut aussi examiner si, dans cette science, l'étude concerne seulement les substances, ou bien seulement les accidents, ou bien les deux ensemble, comme c'est le cas dans toutes les autres sciences[4].

| Ensuite il a dit : *en outre, il nous faut aussi*[5] *examiner ce qui est le même en soi et ce qui est autre, le semblable et le dissemblable, le*
178 *contraire*[6], *ce | qui est avant et ce qui est après, et toutes les choses semblables à celles-ci, parmi ce qu'examinent les logiciens, qui ont fait leurs opinions seulement à partir des d'opinions satisfaisantes et respectables. À qui l'étude de toutes ces choses revient-elle ?* Il veut dire : il nous faut aussi examiner les attributs essentiels[7] propres à l'être | en tant qu'être[8], comme le même, l'autre[9], le semblable et le dissemblable, le contraire et le non-contraire[10]. En effet, tout être, quand il est comparé à un autre, est soit même, soit autre, soit semblable, soit dissemblable, soit contraire, soit non contraire et, en bref, comme <Aristote> le dit[11], il faut que nous examinions toutes les choses que les dialecticiens[12] ont l'habitude d'examiner par des discours satisfaisants et respectables[13], c'est-à-dire communément admis et | louables[14]. Et si c'est comme cela, c'est parce que le maître de cette science[15] partage l'examen de ces choses avec le dialecticien[16], car les deux arts étudient l'être absolu.

Ensuite il a dit : *il nous faut aussi examiner tous les accidents qui adviennent à toutes ces <choses> que nous avons mentionnées, et*

1. *al-ta'ālīmiyya*. j : *mathematicae*.
2. « *fa-inna-hu yağibu an nafḥaṣa 'an hāḏihi al-ašyā'* » est omis en j.
3. Le lemme omet *ayḍan* (*également*).
4. « *ka al-ḥāl fī sā'ir al-'ulūm* » est omis en j.
5. *ayḍan*. pas dans le T.
6. *al-taḍādd*. T : *al-mutaḍādda*. Sur l'équivalence de ces termes, cf. A. Martin, *Averroès...*, p. 40 n. 59.
7. *al-lawāḥiq al-ḏātiyya*. j : *de consequentibus essentialibus*.
8. *bi mā huwa mawğūd*. j : *quae approppriantur enti, in eo quod est ens*.
9. *al-ġayr*. j : *diversum*.
10. *al-muḍādd wa ġayr al-muḍādd*. T (*'an al-mutaḍādda*) ≠L (*al-taḍādd*) ≠C (*al-muḍādd wa ġayr al-muḍādd*).
11. « *ka mā yaqūlu* ». j : om.
12. *al-ğadaliyyīn*. T : *al-manṭiqiyyūn*. j : *Disputatores*.
13. *al-murḍiyya al-šarīfa*. j : om.
14. *al-mašhūra al-maḥmūda*. j : *famosos et laudabiles*.
15. *ṣāḥib hāḏā al-'ilm*. j : *Philosophus*.
16. *al-ğadalī*. j : *Logicus*.

examiner | ce qu'est chacune de ces choses. Non seulement cela, mais encore si les unes et les autres sont contraires entre elles. Il veut dire : la première chose qu'il nous faut aussi examiner parmi ces objets de recherche, c'est : ce qu'est chaque chose et ce que sont les accidents qui lui sont propres [1]. Et non seulement cela, mais aussi ce qui | lui est contraire ou **179**
non contraire. S'il a dit cela, c'est parce que c'est par tout ceci que se parfait [2] l'examen de la chose dont on vise la connaissance et qu'on en obtient la science, de manière parfaite [3], je veux dire la connaissance de trois choses : celles qui lui sont antérieures, celles qui lui sont postérieures et celles qui lui sont opposées [4]. Et cela s'applique généralement à tout ce que l'on cherche à connaître, si cela fait partie de ce qui possède ces choses [5].

| Ensuite il a dit : *les principes et les éléments sont-ils les genres par eux-mêmes ou sont-ils par les choses singulières en lesquelles ils se divisent ? Et si ce sont des genres, est-ce que les genres qui sont dits des individus sont les genres premiers, ou sont-ce les derniers. Par exemple, l'animal ou l'homme sont plus nécessairement principe que leurs individus singuliers, ou non ?* Il veut dire : il faut que nous examinions si les principes des choses et leurs éléments | sont les genres, ou bien les individus en lesquels se divisent en dernier lieu [6] les genres. Et si les genres sont plus véritablement principes que les individus qui sont sous eux [7], est-ce que les genres éloignés [8] des individus sont plus véritablement cela, ou sont-ce les <genres> qui leur sont proches, de sorte que le plus véritablement cela soit l'espèce, qui est ce qui se divise en individus, par essence et premièrement [9]. Par exemple, nous examinons ce qui est le plus antérieur et premier [10] : | est-ce l'animal, ou l'homme, ou les individus de l'animal et [11] de l'homme ? Et si l'animal et l'homme sont plus antérieurs que leurs individus, est-ce que l'homme est plus antérieur que l'animal, ou l'animal est-il plus antérieur que lui, je veux dire que l'être de l'un est antérieur à l'être de l'autre [12].

1. *taḫuṣṣu-hu.* j : *propria eis.*
2. *yatimmu.* j : *completur.*
3. *tāmm*[an]. j : om.
4. *al-muqābila.* j : *oppositorum.*
5. « *wa hāḏā amr 'āmm fī kull mā yuṭlabu ma'rifatu-hu iḏā kāna min al-ašyā' al-latī tūğad la-hā hāḏihi al-umūr* » n'est pas traduit en j.
6. *bi āḫira.* j : *in postremo.*
7. « *al-latī taḥta-hā* » est omis en j.
8. *al-ba'īda.* j : *remotissima.*
9. « *bi-ḏāti-hi wa awwal*[an] ». j : om.
10. *ašadd taqaddum wa awwaliyya.* j : *magis primum.*
11. *wa.* j : *aut.*
12. « *a'nī anna wuğūda-hu mutaqaddam 'alā wuğūdi-hi* ». j : om.

180 | Ensuite il a dit : *il nous faut également bien examiner et rechercher s'il y a une autre cause en soi en dehors de la matière, ou non.* Il veut dire : il faut que nous recherchions s'il y a, dans les individus de la substance, une autre cause, en dehors de la matière par laquelle ils subsistent – et c'est la forme-, ou non. Il n'a dit cela que parce que cette cause est celle dont il a découvert la substance | en vérité, à la différence des autres premiers Anciens[1].

Ensuite il a dit : *cette cause est elle séparée de la matière ou non ?* S'il a dit cela, c'est pour ne pas que l'on imagine que c'est la matière d'une certaine manière[2]. C'est pourquoi il veut examiner cela attentivement[3].

Ensuite il a dit : *cette cause est-elle une en nombre, ou plus ?* Il veut dire : | la forme est-elle une en nombre, ou plus ?

Ensuite il a dit : *y a-t-il une chose en dehors du tout (et par « le tout », j'entends ce par quoi est qualifiée la matière) ou n'y a-t-il rien en dehors de lui, ou alors y a-t-il une chose en dehors du tout pour certaines choses et non pour d'autres ? Et que sont ces choses parmi les êtres ?* Il veut dire : est-ce qu'il y a une chose en plus des corps naturels[4], ou n'y a-t-il rien de cette sorte, ou alors y a-t-il cela pour | certains et non pour d'autres ? Et par *cela*, il a seulement désigné l'âme et les choses en plus des corps naturels homéomères[5].

Ensuite il a dit : *de même, ces principes sont-ils définis quant au*
181 *nombre, ou quant à la forme et quant à l'énoncé et | quant au lieu ?* Il veut dire : il faut aussi que nous examinions les principes des choses composées, s'ils sont un quant à la forme ou plusieurs quant au nombre. Par « un quant à la forme », je veux dire un quant à l'énoncé[6] et quant à la définition. Et par « plusieurs quant au nombre », je veux dire nombreux quant au lieu[7].

Ensuite il a dit : *les principes des choses corruptibles sont-ils les principes des choses | incorruptibles, ou leurs principes sont-ils différents ? Tous les principes sont-ils incorruptibles ou bien ne sont corruptibles que les principes des choses corruptibles ?* Il veut dire : il nous faut aussi examiner si les principes des choses corruptibles sont les principes des choses incorruptibles, ou [s'] ils sont autres. Et s'ils sont

1. *hāḏā al-sabab huwa al-laḏī waqafa huwa 'alā ğawhari-hi bi al-ḥaqīqa dūna sā'ir al-qudamā' al-uwal.* j : *ista causa fuit nota ab eo solo in rei veritate inter omines Antiquos.*

2. *bi-wağh mā.* j : *quoquo modo.*

3. « *fa-huwa yurīdu an yafḥaṣa 'an ḏālika bi-'ināya* ». j : om.

4. *šay' zā'id 'alā al-ağsām al-ṭabī'iyya.* j : *aliquid additum corporibus naturalibus.*

5. *al-umūr al-zā'ida 'alā al-ağsām al-ṭabī'iyya al-mutašābiha al-ağzā'.* j : *res additas corporibus naturalibus consimilium partium.*

6. « *bi al-kalām* ». j : om.

7. *bi al-kaṯīra bi al-'adad al-muta'addada bi al-mawḍi'.* j : *secundum numerum ea, quae sunt numerata secundum locum.*

autres, sont-ils tous incorruptibles, ou bien ceux qui sont incorruptibles sont-ils les principes des choses incorruptibles, et les principes des corruptibles, corruptibles ?

| Ensuite il a dit : *il faut aussi que nous examinions la question qui est plus obscure que toutes ces questions, et plus embarrassante : est-ce que l'un et ce qui est en soi est la substance des êtres et n'est pas autre chose, comme le disaient les pythagoriciens et Platon, ou non, mais est plutôt une autre chose <constituant> un sujet, comme l'amitié selon Empédocle, le feu selon un autre et, selon d'autres, l'eau et l'air.* Il veut dire : il faut que nous examinions si l'un, | qui est le principe du nombre, est l'un qui est la substance de chacun des êtres sensibles. Ou bien, d'après les pythagoriciens [1], il est l'élément des êtres et [2] les êtres eux-mêmes sont nombre ; ou bien, d'après Platon, il est la substance universelle de tous les êtres, c'est-à-dire ce qui leur est commun [3], ou alors l'un numérique est un accident, et l'un qui est une substance et un élément de tous | les êtres est d'une autre nature **182**
que la nature de l'un, comme le dit Empédocle, d'après qui l'un qui est la substance des êtres est l'amitié ou la haine qui se trouve en eux [4], et comme le disent les anciens physiciens, d'après qui l'un qui est la substance des êtres [5] est l'élément qui est [6] feu, au dire de certains [7], | ou air et [8] eau.

Ensuite il a dit : *les principes sont-ils universels ou sont-ils les singuliers [9] des choses particulières ? Sont-ils en puissance ou en acte ?* Il veut dire : est-ce que les principes des choses sont des universaux ou des singuliers ? Sont-ils en puissance [10] ou en acte ?

Ensuite il a dit : *de même, sont-ils des principes d'une autre espèce, ou sont-ils des principes quant au mouvement ? | Cette question [11] est assurément embarrassante et très confuse.* Il veut dire : il faut aussi que nous examinions si les principes sont principes en tant [12] qu'ils sont moteurs, ou en tant qu'ils sont des principes d'une autre sorte parmi les autres sortes de causes [13]. Il vise le doute advenant à propos du premier moteur.

1. *'alā mā yaqūlu-hu al-fīṯāġūriyyūn.* j : *secundum quod dicit Pythagoras.*
2. *wa.* j : *aut.*
3. *ayy al-muštarak la-hā.* j : om.
4. « *al-mawǧūda fī-hā* ». j : om.
5. *al-wāḥid al-laḏī huwa ǧawhar al-mawǧūdāt.* j : *unumquodque, quod est substantia entium.*
6. « *al-usṭuqus al-laḏī huwa* ». j : om.
7. « *'alā qawl ba'ḍi-him* ». j : om.
8. *wa.* j : *aut.*
9. T : *miṯl al-mufradāt* (*comme les singuliers*).
10. *hal hiya mawǧūda bi al-quwwa.* j : *utrum sint potentia.*
11. *hāḏihi al-mas'ala.* T : *hāḏihi al-masā'il* (pl.).
12. *min ǧiha.* j : *secundum quod.*
13. *bi-naḥw āḫar min anḥā' al-asbāb al-bāqiya.* j : *secundum alium modum caeterarum causarum.*

Ensuite il a dit : *il nous faut encore examiner si le nombre, la longueur, | la figure et les points sont des substances, ou non ; et si ce sont des substances, sont-elles séparées des sensibles, ou en eux ?* Il veut dire : il faut aussi que nous examinions les choses mathématiques comme le nombre et la grandeur : sont-ce des substances ou des accidents ? Et si ce sont des substances, est-ce qu'elles sont séparées [1] des substances sensibles ou sont-elles en elles [2], bien qu'elles n'ont de subsistance [3] que par les substances sensibles.

183 | Ensuite il a dit : *la difficulté ne consiste pas seulement à saisir la vérité de toutes ces choses. Mais il n'est pas facile, à leur propos, de s'enquérir de leur obscurité par un énoncé aisé.* Il veut dire : tous ces objets de recherche ne sont pas difficiles parce qu'il est compliqué de saisir la vérité qui est en eux [4], mais il se peut qu'il soit pénible de découvrir leur obscurité, ou le degré d'obscurité qui est en eux [5].

| Ayant achevé [6] l'énumération de ces questions, il entreprend de présenter les discours dialectiques [7] à propos de chaque question, et commence en disant :

T. 3 (996a 18-b 25) *Aristote a dit* :

a) Disons maintenant [8] et premièrement, selon ce par quoi nous avons commencé notre questionnement [9], <à savoir> si l'étude de tous les genres de causes appartient à une seule science ou à plusieurs sciences. Comment est-il | possible, pour une seule science, de connaître les principes qui ne sont pas contraires [10] ? Et il est évident que plusieurs principes [11] n'appartiennent pas à plusieurs êtres [12]. En effet, nous ne disons pas de quelle manière il est possible que le principe [13] du mouvement soit dans [14] les

1. *mufāraqa*. j : *abstractae*.
2. *am hiya fī-hā mawǧūda*. j : *aut sint existentes in eis*.
3. *qiwām*. j : *constitutionem*.
4. *ya'tāṣ darak al-ḥaqīqa fī-hā*. j : *propter difficultatem comprehensionis in eis*.
5. *qad ya'suru al-wuqūf 'alā ġumūḍi-hi aw miqdār mā fī-hā min al-ġumūḍ*. j : *difficile est etiam scire difficultatem earum quanta sit*.
6. *faraġa*. j : *complevit*.
7. *al-aqāwīl al-ǧadaliyya*. j : *sermones Logicos*.
8. *al-ān*. j : *nunc*. Pas de trace de ceci dans le texte grec, à moins que l'on ne conjecture un νυν à la place de οὖν.
9. *'alā mā ibtada'nā min mas'alati-nā*. j : *de prima quaestione*. 996a18 : περὶ ὧν πρῶτον εἴπομεν.
10. *al-latī laysat bi-mutaḍādda*. j : *quae non sunt contraria*. 996a20 : μὴ ἐναντίας οὔσας.
11. *kaṯīran min al-awā'il*. j : *omnia multa principium*. 996a22 : πᾶσαι.
12. *li-kaṯīr min al-huwiyyāt*. j : *omnium entium*. 996a21 : πολλοῖς τῶν ὄντων.
13. *ibtidā'* j : *principium*. 996a22 : ἀρχὴν.
14. *fī*. j : *in*. 996a23 : le ἐν est ajouté par Jaeger (fort. Al, Ascl).

choses qui ne se meuvent pas, ni comment la nature du bien [1] se trouve dans toutes les choses qui ne se meuvent pas [2], si <il est vrai que> tout ce qui est un bien par son essence [3] et par sa nature [4] est une fin et une perfection [5] et est, de cette manière, une cause car c'est en raison de cela [6] que les autres choses | sont [7]. En effet, la fin [8], qui est ce en raison de quoi une autre chose est [9], est perfection [10] d'une certaine action. Et toutes les actions sont par un mouvement. De sorte qu'il est évident qu'il est | impossible que cette **184** cause [11] soit, dans les choses qui ne se meuvent pas, un mouvement vers la complétude [12], ni que soit en elles un bien par essence [13]. C'est pourquoi, dans les sciences mathématiques, on n'explique rien [14] par cette cause et aucune démonstration ne se fait par elle, ni parce qu'elle est meilleure, ni parce qu'elle est pire. En bref, | absolument personne ne saisit [15] quelque chose de semblable à cette cause [16] dans les sciences mathématiques. C'est pourquoi certains sophistes ont refusé [17] cette cause [18], comme l'a fait Aristippe. Dans les autres métiers et les arts inférieurs [19], comme la menuiserie et l'art des cordonniers, on dit là *meilleur* et *pire* [20], alors que les gens de cet art [21] n'examinent absolument pas les choses bonnes et

1. *ṭabī'at al-ḫayr.* j : *natura boni.* 996a23 : τὴν τἀγαθοῦ φύσιν.

2. j : *in omnibus rebus immobilibus.* Le texte grec ne répète pas cette phrase. L'arabe se veut plus explicite.

3. *kull mā huwa ḫayr bi ḏāti-hi.* j : *omne quod est bonum per se.* 996a23-24 : ἅπαν ὃ ἂν ᾖ ἀγαθὸν καθ'αὑτὸ.

4. *wa ṭabī'atu-hu.* j : *et per suam naturam.* 996a24 : διὰ τὴν αὑτοῦ φύσιν.

5. *ġāya wa tamām.* j : *finis et complementum.* 996a24 : τέλος.

6. *bi sababi-hi.* j : *propter illud.* 996a25 : ἐκείνου ἕνεκα.

7. *li-anna al-ašyā' al-uḫar takūnu bi-sababi-hi.* j : *res enim sunt propter illud.* 996a25 : ὅτι ἐκείνου ἕνεκα καὶ γίγνεται καὶ ἔστι τἆλλα.

8. *al-ġāya.* j : *finis.* 996a26 : τέλος.

9. *yakūnu šay' āḫar.* j : *aliud est.* 996a26 : cette traduction est sous-entendue par la formule τὸ οὗ ἕνεκα.

10. *tamām.* j : *complementum.* 996a26 : τέλος.

11. *hāḏihi al-'illa.* j : *iste finis.* Le lemme, dont s'inspire j, transforme le textus en remplaçant *al-'illa* (*la cause*) par *al-ġāya* (*la fin*). 996a28 : ταύτην τὴν ἀρχὴν.

12. *ḥaraka naḥw al-istikmāl.* Ceci ne se trouve ni dans j ni dans le texte grec lui-même (*ca* 996a28).

13. *šay' ḫayr bi-ḏāti-hi.* j : *aliquod bonum per se.* 996a28 : τι αὐτο αγαθόν.

14. *lā yakūnu … īḍāḥ šay' min al-ašyā'.* j : *nihil declaratur.*

15. *yudriku.* Bouyges conjecture *yaḏkuru* (*il mentionne*), dont la graphie en arabe est proche de *yudriku* (*il saisit*) et qui correspond au sens du texte grec (996a31 : μέμνηται). j : *invenit.*

16. *šay'an miṯl hāḏihi al-'illa.* j : *istam talem causam.* 996a31 : οὐθενὸς τῶν τοιούτων.

17. *kāna …yarfuḍūna.* j : *dimiserunt.* 996a33 : προεπηλάκιζεν.

18. *'illa.* j : om. 996a33 : αὐτάς.

19. *al-ṣinā'āt al-daniyya.* j : om. 996a34 καὶ ταῖς βαναύσοις Π : βαναύσοις αὐταῖς A^{b}.

20. 996a35 : πάντα n'est pas traduit.

21. *ahl hāḏihi al-ṣinā'a.* j : *artifices istius artis.* 996a35 : τὰς δὲ μαθηματικὰς.

mauvaises[1]. Et il est donc évident qu'il y a plusieurs sciences | des causes[2] et qu'il y a une science différente[3] pour chaque cause première et principe[4]. Il nous faut donc rechercher[5] laquelle de ces sciences mérite d'être appelée sagesse[6], et quel savant de l'une des sciences mérite d'être appelé sage. Alors la chose que nous sollicitons[7] là sera connue. Car il n'est pas possible[8] que les sortes de toutes les causes[9] appartiennent à une seule chose, comme c'est le cas pour la maison. Pour la maison, en effet, la cause d'où vient le mouvement est le métier et le maçon[10]; | la cause en vue de quoi[11] est la maison, c'est l'œuvre[12]; la matière de la maison, c'est la boue
185 et la pierre; | et la forme de la maison, c'est sa définition[13]. De sorte que, conformément à ce que[14] nous avons distingué en disant laquelle des sciences il convient d'appeler sagesse, il faut que chaque science[15] s'appelle sagesse. Quant à la sagesse élevée, antérieure et suprême de laquelle les autres sciences dépendent et par laquelle elles sont reconnues, il faut que ce soit la science de la cause de la perfection et du bien[16] car les autres causes sont en raison de cette cause[17]. | Et nous avons certes d'abord dit que la sagesse des causes premières et de la chose très connue[18] est la science de la

1. *al-ašya' al-ǧayyida wa al-radiyya.* j : *de bonis et malis.* 996b1 περὶ ἀγαθῶν καὶ κακῶν Π Al[c] : περὶ ἀγαθῶν καὶ καλῶν A[b].

2. *fa-ma'lūm anna 'ulūm al-'ilal kaṯīra.* j : *manifestum est igitur, quod scientiae causarum sunt multae.* La version arabe et sa traduction latine omettent le εἴ (*si*) de 996b2.

3. *'ilm āḫar.* j : *aliam scientiam.* 996b2 ἑτέρα Π Al[p] : ἕτεραι A[b].

4. *li-kull 'illa awwaliyya mabda'.* j : *omnis causa, et principium.* 996b2-3 : ἑτέρας ἀρχῆς. j ajoute ici : *scilicet principium alterius scientiae.*

5. *fa-yanbaġī la-nā an naṭluba.* j : *quaerendum est igitur.* 996b3 : φατέον εἶναι τὴν ζητουμένην (*).

6. *yasta'hilu an yusammā ḥikma.* j : *est digna, ut dicatur Philosophia.* Ajouté au grec.

7. *al šay' al-laḏī naltamisu-hu.* j : *illud, quod quaerendum est.* 996b4 τοῦ ζητουμένου Π Al[c] : om. A[b].

8. *lā yumkinu* (!). j : *impossibile est.* 996b5 : ἐνδέχεται.

9. *anwā' ǧamī' al-'ilal.* j : *species omnium causarum.* 996b5 : πάντας τοὺς τρόπους τῶν αἰτίων.

10. *al-mihna wa al-bannā'.* j : *artificium et aedificator.* 996b6-7 : ἡ τέχνη καὶ ὁ οἰκοδόμος.

11. *al-'illa al-latī min aǧli-hi.* j : *causa, propter quam sit.* 996b7 : οὗ δ' ἕνεκα.

12. *'amal.* j : *operatio.* 996b7 : τὸ ἔργον.

13. *ḥaddu-hu.* j : *terminus eius.* 996b8 : ὁ λόγος.

14. *fa 'alā qadr mā.* j : *secundum igitur quod.* 996b8 : ἐκ μὲν οὖν.

15. *kull 'ilm.* j : *omnis scientia.* 996b9 : ἑκάστην.

16. *'ilm 'illat al-tamām wa al-ḫayr.* j : *causa complementi et boni.* 996b12 : ἡ τοῦ τέλους καὶ τἀγαθοῦ τοιαύτη.

17. *fa-inna baqiyya al-'ilal hiya bi-sabab hāḏihi al-'illa.* j : *aliae enim causae sunt propter istam causam.* 996b12-13 : τούτου γὰρ ἕνεκα τἆλλα.

18. *al-šay' al-ma'lūm ǧiddan.* j : *illud, quod est valde scitum.* 996b13 : τοῦ μάλιστα ἐπιστητοῦ.

substance[1]. La chose[2] se connaît en effet de plusieurs manières mais ce par quoi elle est le plus connue, c'est à partir de sa substance. *Blanc dans le grec*[3].

Et quand nous voulons connaître chacune des choses qui ont une démonstration, nous croyons les connaître quand nous savons ce qu'elles sont. Par exemple, quand nous disons ce qu'est la quadrature[4], nous disons que la quadrature est l'être de la médiane[5]. Et il en va de même pour les autres choses. Quant aux | générations, aux actions et à tout changement, nous ne les connaissons que quand nous connaissons le principe[6] du mouvement. Et cette cause est différente de la cause de la perfection[7], et opposée à elle[8], de sorte qu'il est évident qu'il y a une science différente pour la connaissance de chacune de ces causes.

C. 3 Commentaire

Il veut dire, par *tous les genres de causes*[9], les quatre causes, de sorte que c'est comme s'il disait : | l'examen des genres de causes des êtres appartient-il à une seule science ou à plusieurs sciences ?

Ensuite il a dit : *comment est-il possible, pour une seule science, de connaître les principes qui ne sont pas contraires*[10] *?* Ceci est une prémisse communément admise[11], qui dit que la science des contraires[12] est une. | Et **186**
dire que la science des contraires est une n'implique pas[13] que ce qui n'est pas contraire n'a pas de science une, si ce n'est pour le communément admis et à première vue[14]. C'est pourquoi ce discours est dialectique[15], comme il a été stipulé que le sont les discours utilisés dans ce traité. Et le discours ne serait

1. 996b14 : ἂν εἴη τοιαύτη n'est pas traduit.

2. *al-šay'*. j : *res*. 996b15 : τὸ αὐτὸ.

3. Lacune correspondant à 996b17-18. Cette lacune n'est pas signalée dans j.

4. *al-tarbī'*. j : *quadratura*. 99621 : τὸ τετραγωνίζειν.

5. *wuǧūd al-wasaṭ*. j : *medium invenire*. 996b21 : μέσης εὕρεσις. NB : la racine *wǧd*, de laquelle vient *wuǧūd*, *être*, signifie *être*, *exister* mais aussi *se trouver*.

6. *ibtidā'*. j : *principium*. 996b23 : τὴν ἀρχὴν.

7. *ġayr 'illat al-tamām*. j : *alia a causa complementi*. 996b24 : ἕτερον ... τῷ τέλει.

8. *muḫālifa la-hā*. j : om. 996b24 : ἀντικείμενον.

9. *ǧamī' aǧnās al-'ilal*. j : *omnia genera causarum*.

10. *mutaḍādda*. j : *contraria*.

11. *muqaddima mašhūra*. j : *propositio probabilis* (!).

12. *aḍdād*, pl. de *ḍidd*. j : *contrariorum*.

13. *laysa yalzamu*. j : *non sequitur ex hoc*.

14. *illā fī al-mašhūr wa bādi'al-ra'y*. j : *nisi superficietenus et secundum quod apparet exterius*. Sur *bādī al-ra'y*, cf. M. Aouad, « Définition par Averroès du concept de "point de vue immédiat" dans le *commentaire moyen de la Rhétorique* », *B.E.O.* 48, 1996, p. 115-130.

15. *ǧadalī*. j : *Logicus*.

nécessaire que s'il s'avérait[1] que les choses dont la science est une sont | contraires, qui est une converse de : la science des contraires est une.

Ensuite il a dit : *il est évident que tous*[2] *les principes n'appartiennent pas à plusieurs êtres. En effet, nous ne disons pas de quelle manière il est possible que le principe*[3] *du mouvement soit dans les choses qui ne se meuvent pas.* Il veut dire : aussi, il est évident par soi que toutes les quatre causes ne se trouvent pas dans tous les genres d'êtres[4], par exemple les choses qui ne se meuvent pas. | Personne en effet n'y recherche la cause motrice et il est impossible de dire de quelle manière[5] il se peut que la cause motrice soit en elles. Et par *elles*, il a voulu dire les mathématiques, car même si[6] elles étaient dans un mobile, elles seraient mobiles par accident.

Ensuite il a dit : *ni comment la nature du bien se trouve dans toutes les choses qui ne se meuvent pas, si <il est vrai que> tout ce qui est un bien par son essence et par sa nature est une fin et une perfection.* | Il veut dire : comment trouver la cause qui est une fin dans les choses immobiles, étant donné que ce qui est par essence et par nature une fin est ce vers quoi se meut ce qui se complète par lui[7], afin de parfaire son être en se complétant par lui. Ce discours ne vaut[8] que pour les choses naturelles et mobiles. Après avoir considéré cette proposition comme valide[9], il considère la converse[10] comme valide également.

187 | Il a dit : *et est, de cette manière, une cause parce que c'est en raison d'elle que les autres choses sont.* Il veut dire : et c'est de cette manière que cette cause[11], la cause finale, est une cause[12], en ce sens que ce qui se meut

1. *kāna yakūnu al-qawl lāziman law ṣaḥḥ* ... j : *iste autem sermo esset vero, si esset verum.*

2. *ǧamī' l-awā'il.* T : *kaṭīran min al-awā'il (plusieurs des principes).* Le lemme est conforme au texte grec.

3. *ibtidā'* traduit ici ἀρχὴν. Cf. A. Martin, p. 28 n. 9 : « pour rendre la notion de ἀρχή, les traducteurs usent le plus souvent de dérivés de la racine BD', qui note l'idée de *commencement.* C'est le mot *ibtidā'* qui, sous la plume d'Asṭāt, rend ordinairement le grec ἀρχή, soit dans le sens de *commencement*, soit dans celui de *principe.* C'est ce mot, à l'exclusion de tout autre, qui est utilisé dans le premier chapitre de Δ, consacré à la définition du mot ἀρχή (*Tafsīr*, 473-474). Mais ce n'est pas ce mot qui a prévalu en arabe dans le sens de *principe...* ».

4. Litt. : *tous les genres des êtres.*

5. *bi-ayy naḥw.* j : *quomodo.*

6. *wa in.* j : *licet.*

7. *huwa al-laḏī ilay-hi yataḥarraku al-mustakmal bi-hi.* j : *est illud, ad quod movetur illud, quod innatum est perfici per illud.*

8. *yaṣduqu... 'alā.*

9. *lamma aḫaḏa hāḏihi al-muqaddima ṣādiqa.* j : *cum proposuit has propositiones pro veris.*

10. *'aksa-ha.* j : *conversas earum.*

11. *sabab.* j : *causa.*

12. *'illa.* j : *causa.*

vers elle est ce qui se complète par elle [1]. Car ce qui précède une chose en est la cause. Et cela est évident à propos de la cause qui est à la manière de la fin [2].

| Ensuite il a dit : *en effet la fin, qui est ce en raison de quoi une autre chose est, est perfection d'une certaine action. Et toutes les actions sont par un mouvement.* Il veut dire : s'il est nécessaire que la fin soit dans les choses mobiles, c'est parce que la fin n'est une fin que pour un acte et un mouvement. Dès lors, ce qui n'a pas de mouvement en lui n'a pas de fin, si ce n'est par homonymie [3].

Ensuite il a dit : *de sorte qu'il est évident qu'il est impossible que cette fin* [4] *soit dans les choses qui | ne se meuvent pas* [5], *ni que soit en elles un bien par essence*. Il veut dire : grâce à ces discours que nous avons énoncés. Et s'il a dit *par essence*, c'est parce qu'il se peut qu'il y ait, dans les choses qui ne se meuvent pas, un bien qui ne soit pas par essence. Et il faut savoir que ce que l'on décrit comme bien et excellent [6], c'est la cause finale. En effet, le bien est objet du désir et la cause finale est objet du désir.

| Ensuite il a dit : *c'est pourquoi, dans les sciences mathématiques, on n'explique rien par cette cause et aucune démonstration ne se fait par elle.* Il veut dire : parce que cette cause ne se trouve pas dans les mathématiques, on n'y trouve pas donnée la cause d'une des choses recherchées dans cette science grâce à la cause finale [7], et aucune démonstration | dont le moyen **188**
terme [8] soit cette cause n'en provient [9]. Et il a dit, dans le traité où il parle des principes mathématiques, que la cause excellente peut se trouver en ces choses, et c'est l'ordre [10] qui est dans les nombres, les largeurs et l'agencement [11]. En cela, il y a lieu d'examen [12].

Ensuite il a dit : *c'est pourquoi certains sophistes ont refusé cette cause, | comme l'a fait Aristippe.* Il veut dire qu'ils ont nié son existence [13]

1. *mā yustakmal bi-hi.* j : *quod perficitur per illam.*
2. *min amr al-sabab al-laḏī 'alā ṭarīq al-ġāya.* j : *de causa finalis.*
3. *bi-ištirāk al-ism.* j : *equivoce.*
4. *hāḏihi al-ġāya.* T : *haḏihi al-'illa* (*cette cause*). j : *iste finis.*
5. Le lemme omet ici une partie du T : *ḥaraka naḥw al-istikmāl* (*un mouvement vers la complétude*). La version latine j ne cite cette partie ni dans le lemme ni dans le Textus lui-même.
6. *al-laḏī yūṣaf bi al-ḫayr wa al-ǧayyid.* j : *illud, quod disponitur per bonum.*
7. *laysa yulfā fī-hā i'ṭā' sabab šay' min al-ašyā' al-maṭlūba fī ḏālika al-'ilm min qibal al-sabab al-ġā'iyy.* j : *non datur in eis in aliqua re quaesita finalis causa* (!).
8. *ḥaddu-hu al-awsaṭ.*
9. *lā yata'attā fī-ha burhān.* j : *neque in eis sit demonstratio.*
10. *niẓām.* j : *ordinatio.*
11. *tartīb.*
12. *wa fī-hi mawḍi' faḥṣ.* j : *indiget hoc perscrutatione.*
13. *yaǧḥadūna wuǧūda-hu.* j : *negabant eam esse.*

dans toutes les sciences parce qu'ils[1] ne l'ont pas trouvée dans la plus sûre des sciences, les mathématiques.

Ensuite il a dit : *dans les autres métiers et les arts inférieurs comme la menuiserie et l'art des cordonniers, on dit là « meilleur » et « pire »*. Il veut dire qu'ils reconnaissaient l'existence[2] de la cause finale dans les métiers et les arts. En effet, le meilleur et le pire | ne sont que grâce à cette cause[3].

Il a dit : *alors que les gens de cet art n'examinent absolument pas les choses bonnes et mauvaises*. Il veut dire par là les gens de l'art des mathématiques.

Ensuite il a dit : *il est donc évident qu'il y a plusieurs sciences des causes et qu'il y a une science différente pour chaque cause première et principe*. Il veut dire : puisque certains genres de causes sont propres à certains êtres | sans l'être à d'autres[4], il faut que les causes[5] soient différentes en raison de leur différence de principe, et que les espèces[6] de démonstrations utilisées dans un art soient autres que les espèces de démonstrations utilisées dans un autre art. S'il en est ainsi, il y a plusieurs arts et sciences.

Ensuite il a dit : *il nous faut donc rechercher laquelle de ces sciences mérite d'être appelée | sagesse et quel savant de l'une des sciences mérite*
189 *d'être appelé sage.* | *Alors la chose que nous sollicitons là sera connue*. Il veut dire : puisqu'il a été établi qu'il y a plusieurs sciences et qu'il est communément admis qu'il y a une science qu'il faut appeler sagesse, il faut que nous recherchions de quelle science il s'agit. En effet, s'il y a une seule science pour toutes les choses, cette science est celle qui mérite d'être appelée sagesse.

| Ensuite il a dit : *car il n'est pas possible que les sortes de toutes les causes appartiennent à une seule chose, comme c'est le cas pour la maison. Pour la maison, en effet, la cause d'où vient le mouvement est le métier et le maçon ; la cause en vue de quoi est la maison, c'est l'œuvre ; la matière de la maison, c'est la boue et la pierre ; et la forme de la maison, c'est sa définition*. Il veut dire : s'il est nécessaire que certaines sciences

1. *min qibal*. j : *quia*.

2. *wuğūd*. j : *esse*.

3. *inna-mā huwa min qibal hāḏā al-sabab*. j : *proveniunt ab hac causa*.

4. *iḏā kāna ba'ḍ al-mawğūdāt taḫtaṣṣu min ağnās al-'ilal bi ba'ḍ dūna ba'ḍ*. j : *cum qaedam entia habent propria quaedam generum causarum, et non quaedam*.

5. *al-'ilal*. j : *scientiae* (!). Le traducteur latin a sans doute raison de corriger : c'est bien de sciences différentes qu'il s'agit ici. Bouyges ne signale cependant rien de particulier à cet endroit. Il doit donc vraisemblablement s'agir d'un lapsus d'Averroès, ou de l'erreur d'un copiste.

6. *anwā'*. j : *modi*.

soient plus propres à donner une cause plutôt qu'une autre[1], c'est parce qu'on ne trouve pas les quatre causes | en chacun des genres que les sciences étudient, comme c'est le cas pour la maison, c'est-à-dire qu'on ne trouve cela que dans la science physique.

Ensuite il a dit : *de sorte que, conformément à ce que nous avons distingué en disant laquelle des sciences il convient d'appeler sagesse, il faut que chaque science s'appelle sagesse.* Il veut dire que s'il y a plusieurs sciences, si la sagesse est la connaissance des causes et si chaque science | possède la connaissance des causes qui sont dans ce genre, alors nous serait exposé le contraire[2] de ce que nous recherchons, c'est-à-dire que chaque science devrait être appelée sagesse. Or nous avons déjà supposé qu'il y a une science une, différente des sciences particulières, qui s'appelle sagesse. Ceci est un doute.

| Ensuite il a dit : *quant à la sagesse élevée, antérieure et suprême, de* **190**
laquelle les autres sciences dépendent et par laquelle elles sont reconnues, il faut que ce soit la science de la cause du bien[3] *car les autres causes sont en raison de cette cause.* Il veut dire : mais si nous admettons que chaque science s'appelle sagesse, il faut que la science qui s'appelle sagesse de manière absolue soit celle qui étudie, | parmi les causes, la cause finale la plus éloignée pour tous les êtres. Car toutes les causes sont grâce à cette cause, c'est-à-dire en raison d'elle[4].

Ensuite il a dit : *et nous avons certes d'abord dit que la sagesse des causes premières et de la chose très connue est la science de la substance. La chose se connaît en effet de plusieurs manières, mais ce par quoi elle est la plus connue, c'est à partir de sa substance.* Il veut dire : ce qu'on appelle sagesse, c'est ce qui fait aussi connaître, avec la cause | finale première, la cause première qui est la forme et la substance. Car la science qui se rapporte[5] à la connaissance des causes premières qui, au plus haut point, font connaître les choses, est aussi la science qui est la plus digne de s'appeler sagesse. En effet, la chose, comme l'a dit <Aristote>, se connaît de plusieurs manières, mais ce par quoi on la connaît le plus parfaitement, c'est par sa substance. En raison de ce qu'<Aristote> a dit, il est nécessaire que cette science soit appelée *sagesse*, et non la science naturelle. | En effet, la science naturelle étudie aussi les deux causes premières, le moteur et la matière, tandis que cette <science> étudie les deux causes les plus

1. *baʿḍ al-ʿulūm taḫtaṣṣu bi iʿṭā' sabab dūna sabab.* j : *quaedam scientiae sint propriae ad dandam aliquam causam sina alia.*

2. *ḍidd.*

3. *ʿilm ʿillat al-ḫayr.* T : *ʿilm ʿillat at-tamām wa al-ḫayr.*

4. *min ağli-hi.*

5. *yansibu ilā.* j : *attribuitur.*

éloignées, la forme et la fin. Et c'est en raison de la supériorité[1] de ces deux causes sur les deux autres que cette science est supérieure à la science
191 naturelle. La fin, quant à elle, est supérieure aux causes parce que | les autres causes sont en raison d'elle[2]. Quant à la forme, elle est supérieure au reste[3] parce que la science que, par elle, on a de la chose est supérieure à la science qu'on en a par le reste des choses qui sont en elle.

Ensuite il entreprend de justifier la supériorité de la science de la substance sur une science par laquelle on connaît une des choses qui sont dans la chose. Et il a dit : *quand nous voulons connaître | chacune des choses qui a une démonstration, nous croyons les connaître quand nous savons ce qu'elles sont.* Il veut dire : ce qui indique que la science de la substance est la science la plus parfaite qui soit de la chose, c'est que quand nous cherchons à connaître chacune des choses par une démonstration, nous ne croyons la connaître que quand nous croyons la connaître par ce qu'elle est[4], c'est-à-dire par sa substance et sa définition.

Ensuite il donne un exemple de cela et dit : *quand nous disons ce qu'est la quadrature, nous disons que la quadrature est | l'être de la médiane. Il en va de même pour les autres choses.* Il veut dire : de la même façon, nous ne considérons connaître le carré équivalent à la surface que quand nous savons qu'il est ce dont le côté est médian dans le rapport entre les deux côtés de la surface, je veux dire que si on dit ce qu'est le carré équivalent à la surface, on dit ce dont le côté est médian dans le rapport[5] entre les deux côtés de la surface qui lui est équivalente.

| Ensuite il a dit : *quant aux générations, aux actions et à tout changement, nous ne les connaissons que quand nous connaissons le principe du mouvement.* Il veut dire : quant aux générations et aux actions qui appartiennent aux êtres engendrés, nous ne les connaissons d'une véritable connaissance que quand nous connaissons la matière[6] du mouvement et son agent.

Il a dit : *et cette cause est différente de la cause de la perfection, et opposée à elle*, c'est-à-dire la cause qui est | le principe de l'affection[7], et c'est le sujet et la matière.

192 | Ensuite il a dit : *de sorte qu'il est évident qu'il y a une science différente pour la connaissance de chacune de ces causes.* Il veut dire : il ressort manifestement de ceci qu'il y a une science propre à la connaissance

1. *faḍl.*
2. *min ağli-hi.* j : *propter illam.*
3. *siwā-ha.* j : *aliis.*
4. *bi mā huwa.* j : *secundum quid.*
5. *fī al-nisba.*
6. *hayūlā.* j : *naturam.*
7. *mabda al-infi'āl.* j : *principium passiones.*

de chacun des genres de ces causes, et qu'il y a une seule science appelée sagesse. C'est celle qui a en propre l'étude de la forme première et de la fin première. Le discours qui aboutit à ce concept est | démonstratif alors que les discours qu'<Aristote> a présentés pour le contredire[1] sont dialectiques.

T. 4 (996 b 26) *Aristote a dit* :

b) Aussi, [savoir] si les principes de la démonstration appartiennent à une seule science ou à plusieurs sciences est confus et prête aux doutes[2]. Par principes de la démonstration, j'entends ce que l'on prend parmi les opinions générales[3], à partir desquelles on se met à solliciter la démonstration pour toute chose[4], comme on dit qu'il est nécessaire que toute prémisse | soit ou bien positive ou bien négative[5], et qu'il n'est pas possible d'affirmer et de nier en même temps[6], et d'autres prémisses[7] semblables à celles-ci. Nous examinons donc <la question> de savoir si la science de ces principes[8] et la science de la substance sont une ou si la science de ces principes est différente de la science de la substance. Et si la science de ces choses n'est pas une, quelle est alors celle d'entre elles à qui il faut donner le nom de la science recherchée en ce moment ? Et il n'est pas nécessaire[9] | que toutes les choses appartiennent à une seule science. *Lacune dans le grec*[10]. De plus, de quelle manière une seule science appartient-elle à ces choses ? Nous connaissons certes maintenant l'être[11] de chacune | **193**
d'entre elles, et les autres sciences[12] les utilisent comme des choses bien connues[13]. Et si elles ont une démonstration, il faut qu'elles aient un genre parmi les genres, qui soit leur sujet, et que certaines d'entre elles soient des

1. *munāqiḍa la-hu.*
2. *muštabah maškūk fī-hi.* j : *est dubium.* 996b27 : ἀμφισβητήσιμόν.
3. *min al-ārā' al-'āmmiyya.* j : *de propositionibus universalibus.* 996b28 : τὰς κοινάς δόξας.
4. *'alā kull šay'.* j : *super omne quid.* 996b28 : ἅπαντες (*). Le traducteur a fait un contre-sens.
5. *immā mūğiba wa immā sāliba.* j : *quolibet affirmatio, vel negatio.* 996b29 : ἢ φάναι ἢ ἀποφαναι.
6. *wa lā yumkinu an yakūna al-iṯbāt wa al nafī ğamī'an ma'an.* j : *et impossibile est affirmare, et negare insimul.* 996b30 : ἀδύνατον ᾅμα εἶναι καὶ μη· εἶναι.
7. *muqaddimāt.* j : *propositiones.* 996b31 : προτάσεις.
8. *'ilm hāḏihi al-awā'il.* j : *scientia istorum principiorum.* 996b31 : τούτων έπιστήμη.
9. *laysa bi-wāgib.* j : *non enim necesse est.* 996b33 : οὐκ εὔλογον.
10. Lacune correspondant à 996b34-997a1.
11. *kaynūna.* j : *esse.* 997a4 : ὂν.
12. *sā'ir al-'ulūm.* j : *aliae scientiae.* 997a5 : ᾅλλαι τέχναι.
13. *al-ma'rūfa wa al-ma'lūma.* j : *sicut cognitione nota.* 997a4 : ὡς γιγνωσκομένοις.

affections[1] et d'autres des opinions générales et manifestes[2]. Il n'est pas possible en effet que toutes les choses aient une démonstration. Il est nécessaire en effet qu'une démonstration soit à partir de certaines choses, | pour certaines d'entre elles ou pour une d'entre elles[3], de sorte qu'il est évident qu'il arrive qu'il y ait un seul[4] genre-sujet[5] pour toutes les choses qui ont une démonstration. En effet, tous les types de démonstration utilisent les opinions communes et évidentes[6]. Aussi, si la science de la substance est différente de la science des principes de la démonstration[7], quelle science parmi ces sciences est antérieure aux autres quant à la noblesse et la vertu, et quelle est celle d'entre elles qui sera ferme par nature[8] ? Car les opinions | communes en général[9] sont les principes de toutes les sciences[10], et si la connaissance de ces principes n'appartient pas au philosophe, à qui donc appartient-elle ? *Lacune dans le grec*[11]. Certes, pour tous les accidents, il y a une science une parmi les sciences de la démonstration, étant donné que toute démonstration à partir des opinions communes fait connaître les accidents singuliers concernant une chose sujet. De sorte qu'il est évident que la science de la démonstration ne fait connaître, à partir des opinions générales, que les accidents singuliers qui
194 adviennent | à un seul genre. En effet, s'il appartient à une seule science de

1. *ālām.* j : *latentia.* 997a6-7 : τά μὲν πάθη.
2. *ārā' 'āmmiyya bayyina.* j : *manifesta universalia.* 997a7 : τὰ δ 'ἀξιώματ '.
3. *li-ba'ḍi-hā aw li-wāḥid min-hā.* j : *ad quaedam, aut unum eorum.* 997a8 : περί τι καὶ τινῶν.
4. *wāḥid.* j : *unum.* 997a9 ἕν Π Al[c] : om. A[b].
5. *ya'riḍu an yakūna ǧins mawḍū' wāḥid.* j : *accidit ut unum genum sit subjectum* (!). 997a9 : ὥστε συμβαίνει πάντων εἶναι γένος.
6. *al-ārā' al-'āmmiyya al-wāḍiḥa.* j : *propositionibus manifestis universalibus.* 997a11 : τοῖς ἀξιώμασιν.
7. *awā'il al-burhān.* j : *principiorum demonstrationis.* 997a12 : τούτων.
8. *bi-ṭibā'i-hi.* j : *per suam naturam.* 997a12 : πέφυκεν.
9. *fī al-ǧumla* (*en général*) traduit maladroitement καθόλου. L'expression est d'ailleurs omise dans le lemme. j traduit cependant par *universales.* (!)
10. *awā'il ǧamī' al-'ulūm.* j : *principia omnium scientiarum.* 997a13 : πάντων ἀρχαι.
11. Lacune correspondant à 997a15-17 (τὸ ἀληθὲς καὶ τὸ ψεῦδος...οὐκ εὔλογον). Averroès signale cette lacune en 197, 14 ainsi qu'en 198, 18 et en 200, 17. D'autre part, Bouyges signale la présence ici d'une note marginale relative à la présence anormale, à la fin du Textus 4, des lignes 193, 11-194, 4 (997a18-25), c'est-à-dire des lignes qui suivent la mention de la lacune (*Notice*, p. LX). Ces huit lignes ne se trouvaient en effet pas à cet endroit à l'époque d'Averroès, puisqu'il ne les a pas commentées dans le C. 4, ni au moment où le texte a été traduit en latin, puisqu'elles ne sont pas non plus reproduites à cet endroit dans j. On trouve en fait ces huit lignes dans le T. 5, qu'elles constituent entièrement. Nous nous sommes donc contenté ici de simplement traduire le texte. Les notes concernant le texte grec et la traduction latine figurent au T. 5.

connaître la chose, qu'elle est[1], et à une autre science de connaître à partir de quelles choses est cette chose-là (et c'est soit la science de la démonstration, soit une autre science, différente[2]), il est évident que la connaissance des accidents appartient soit à la science de la démonstration universelle, soit à un seul type parmi les types de démonstration.

| C. 4 Commentaire

Après avoir fait connaître que la science qui s'appelle sagesse en vérité est celle qui étudie la cause finale la plus éloignée et la cause formelle substantielle la plus éloignée[3], il veut également examiner si l'étude des principes de la démonstration revient à cette science ou à une autre science. Si une science quelconque étudie les principes et s'il appartient à une science d'étudier les principes | de la démonstration, quelle est l'espèce d'étude qui les étudie et de quel genre est-elle ? Et il commence en disant : *aussi, <savoir> si les principes de la démonstration appartiennent à une seule science ou à plusieurs sciences, est confus et prête au doute*. Il veut dire : quand nous disons qu'il y a une étude des principes des sciences, <savoir> si cela appartient à une science ou à plusieurs sciences est très confus.

Ensuite il entreprend d'expliquer ce qu'il entend par principes de la démonstration et il dit : *et j'entends, par principes de la démonstration, | ce que l'on prend parmi les opinions générales, à partir desquelles on entreprend de solliciter la démonstration de toute chose, comme on dit qu'il est nécessaire que toute prémisse soit ou bien positive ou bien négative, et qu'il n'est pas | possible de nier et d'affirmer en même temps,* **195**
et d'autres prémisses semblables à celle-ci. Il veut dire : j'entends, par principes de la démonstration, les premières propositions universelles à partir desquelles on est en mesure de solliciter la démonstration[4], pour toute chose que l'on cherche à connaître.

Ensuite il a dit : *nous examinons donc [la question] de savoir si la science de ces principes et la science de la substance | sont une ou si la science de ces principes est différente de la science de la substance*. Il veut dire : nous examinons, au cas où il y a une science des principes, si la

1. *in kāna li-'ilm wāḥid ma'rifat al-šay' inna-hu*. 997a22-23 : περὶ γὰρ τὸ ὅτι μιᾶς. Cette leçon, que l'on ne trouve pas dans le T. 5, correspond à ce que l'on trouve en Π, Γ et chez Syrianus. Ab et Alc portent quant à eux περί τε γὰρ ὃ μιᾶς. Dans le T. 5 (199, 6) et dans sa traduction latine (j), on lit : *s'il appartient à une seule science de connaître la démonstration* (*in kāna li-'ilm wāḥid ma'rifat al-burhān; si scientiae fuerit cognitio demonstrationis*).

2. *ġayri-hi* (*différente*) est omis dans le T. 5 (199, 7).

3. *al-sabab al-ġā'iyy wa al-sabab al-ṣuwariyy al-ǧawhariyy al-aqṣayayn*. j : *de causa formali et finali ultimis*.

4. *yatahayyā la-nā iltimās al-burhān*. j : *adaptatur nobis quaerere demonstrationem*.

science de ces principes et la science de la substance, qui est la forme, relèvent d'une seule science, ou bien <si> la science de ces principes relève d'une science et la science de la substance d'une autre science [1].

Ensuite il a dit : *et si la science de ces choses n'est pas une, quelle est alors celle d'entre elles à qui il faut donner le nom de la science recherchée en ce moment ? Et il n'est pas nécessaire que toutes les choses appartiennent à une seule science.* Il veut dire : si la science des principes des sciences relève d'une seule science et la science | de la substance d'une autre science, quelle est alors celle d'entre elles qu'il faut appeler sagesse dans l'absolu. Et il n'est pas nécessaire que toutes les sciences des choses relèvent d'une seule science.

Ensuite il dit : *de plus, de quelle manière une seule science appartient-elle à ces choses ? Nous connaissons certes maintenant l'être* [2] *de chacune d'entre elles et les autres sciences les utilisent comme des choses | connues.* Il veut dire : avant cela, il faut que nous examinions, dans le cas où il y a une science de ces principes, quelle espèce de science leur revient, étant donné que la science de leur être nous est connue par nature. Et les autres sciences les admettent de cette manière, je veux dire qu'elles les admettent par le fait que <ces principes> sont connus par soi.

196 | Ensuite il confirme ce doute en disant : *si elles ont une démonstration, il faut qu'elles aient un genre parmi les genres, qui soit leur sujet, et que certaines soient des affections par rapport à d'autres* [3] jusqu'à *ou pour une d'entre elles*. Il veut dire : si ces choses ont une démonstration, il faut qu'elles aientt un genre sujet qu'étudie l'art qui étudie ces choses, comme c'est le cas pour les autres | arts démonstratifs, et que certaines soient plus connues que d'autres, je veux dire qu'il y ait des choses connues en soi à leur propos et des choses qui deviennent manifestes grâce à ces choses connues.

Ensuite il a dit : *il est impossible que toutes les choses aient une démonstration. Il est nécessaire en effet qu'une démonstration soit à partir de certaines choses, pour certaines d'entre elles ou pour une d'entre elles.* Il veut dire : il est impossible que tous les discours décisifs [4] aient une démonstration mais | il faut nécessairement que la démonstration se fasse à partir de certains pour d'autres [5] ou pour un d'entre eux au moins. En effet, la définition de la démonstration ne se fait qu'à partir des principes connus

1. j : *utrum scientia istorum principiorum, et scientia substantia, quae est forma, sint eaedem, aut diversae.*

2. *kaynūna.*

3. *min ba'ḍ:* ajouté par rapport au Textus.

4. *al-aqāwīl al-ğāzima.*

5. *'alā ba'ḍ.* j : *ad quaedam.*

en soi. Il veut dire ce qui a été dit de sa définition de celle-ci, à savoir que c'est un raisonnement se composant de prémisses sûres [1].

Ensuite il a dit : *de sorte qu'il est évident qu'il arrive qu'il y ait un*[2] *genre sujet pour toutes les choses qui ont une démonstration. En effet, tous les types de démonstration utilisent les opinions | communes et évidentes.* Il veut dire : comment cela est-il possible puisqu'il est évident qu'il faut qu'il y ait un genre sujet pour toutes les choses qui ont une démonstration et que la démonstration dans ce genre ait des principes connus en soi et des choses non connues en soi que l'on démontre à partir de ces principes. Et tout cela est absent [3] dans les | premières prémisses, je **197**
veux dire que l'on y trouve le connu en soi et le non-connu en soi [4]. Mais si c'est le cas, par où en obtient-on la science ?

Ensuite il a dit : *aussi, si la science de la substance est différente de la science des principes de la démonstration, quelle science parmi ces sciences est antérieure aux autres quant à la noblesse et à la vertu et quelle est | celle d'entre elles qui sera ferme par nature ? Car les opinions générales*[5] *sont les principes de toutes les sciences.* Il veut dire : si la science des principes de la substance est différente de la science des principes des sciences, laquelle de ces deux sciences est antérieure à l'autre et à toutes les sciences quant à la noblesse et à la vertu, et quelle science parmi elles est première par nature et connue par essence. On croit en effet que les opinions générales correspondent à cette description puisqu'elles sont principes pour toutes les sciences.

| Ensuite il dit : *et si <la connaissance>*[6] *de ces opinions*[7] *n'appartient pas au philosophe, à qui donc appartient-elle ?* Il veut dire : si l'étude de ces opinions générales et propositions premières n'appartient pas au philosophe, à qui revient-il de les étudier ? Cela veut dire qu'il ne reviendra à personne de les étudier, ce qui est absurde.

Ensuite on tombe sur une lacune dans la traduction qui suit et ce qui manque [8] est l'examen | de l'objet de recherche qu' <Aristote> a mentionné après ceci, lorsqu'il a énuméré les objets de recherche au début de ce traité.

1. *muqaddimāt yaqīniyya.* j : *propositionibus necessariis.*
2. *ğins mawḍū'.* T : *ğins wāḥid mawḍū'* (*un seul genre sujet*).
3. *hāḏā kullu-hu ma'dūm.* j : *non accidit hoc.*
4. *an yakūna fī-hā al-ma'rūf bi nafsi-hi wa al-ġayr ma'rūf bi nafsi-hi.* j : *ut quaedam sint manifestae per se et quaedam non.*
5. Le lemme omet *fī al-ğumla* (*en général*).
6. omis dans le L et dans j. Présent dans le T.
7. *al-ārā'.* j : *propositiones.* T : *awā'il* (*principes*).
8. *ṯumma waqa'a fī al-tarğama ba'd hāḏā nuqṣān wa al-laḏī naqaṣa huwa…* j : *Et in hoc loco accidit in translatione diminution. Et hoc, quod diminuitur, est…*

Et il dit[1] : *si l'étude de la substance appartient à la science, revient-il à une ou à plusieurs sciences d'étudier toutes les substances*[2] *? Et si c'est à plusieurs sciences*[3], *est-ce que toutes ces <sciences> sont apparentées*
198 *quant au genre ou faut-il dire que certaines sont sagesse | et d'autres, autre chose ?* Le doute au sujet de cet objet de recherche advient de cette manière. Si en effet la science de la substance est une, il s'ensuit que toutes les substances <proviendront> d'un seul genre, de sorte que toutes les choses seront des engendrés corruptibles, et cela est absurde. On pense en effet qu'il est nécessaire que les principes des corruptibles soient incorruptibles, et si la connaissance de la substance revient à | plusieurs sciences, il s'ensuit que les natures des substances sont différentes. Et si elles sont différentes, c'est soit qu'elles sont en relation[4], soit que le nom de substance est dit d'elles par homonymie. Et si elles sont en relation, il s'ensuit que les sciences des substances sont des espèces d'une seule science. Si elles ne sont pas en relation, alors le nom de substance se dit d'elles par pure homonymie. Et si c'était le cas, les sciences des substances ne s'élèveraient alors pas vers une seule science, ce qui est absurde.

| Il est probable qu'<Aristote> veuille dire : est-ce que la méthode logique[5] par laquelle sont connues les substances consiste en une seule méthode, c'est-à-dire par les définitions, ou en plusieurs méthodes ? S'il y a une seule méthode, il faut alors dire ce qu'est cette méthode. Et s'il y a plusieurs méthodes, au point qu'il y ait plusieurs méthodes de découverte, il faut dire ce que sont ces méthodes et combien il y en a. Et ceci est plus manifeste au moyen du concept. En effet, cet examen-même est | ce qui a été examiné dans *le livre de l'âme*[6] et dans *le livre de la démonstration*[7]. Et cet examen est un examen logique, et le principe est ce qu'examine cette science et qui est le plus manifeste.

1. Ce qui suit est un lemme reprenant le textus 2, en 172, 4. Averroès reprend ici l'aporie c) (=995 b 10) citée dans le T en 172, 4 et commentée en 176, 6. Averroès cite en fait son propre commentaire, déjà exposé en 176, 6.

2. Ajouté par rapport à 176,6.

3. il s'agit maintenant du texte d'Aristote (172,5).

4. *mutanāsiba*. j : *consimiles*.

5. *al-ṭarīqa al-manṭiqiyya*. j : *via Logicalis*.

6. *Kitāb al-nafs*. Averroès connaissait bien le *De Anima* puisqu'il l'a commenté trois fois (*compendium*, *commentaire moyen* et *grand commentaire*). La question d'une définition commune, et donc d'un genre commun, pour l'âme intellective, l'âme végétative et l'âme sensitive est en effet évoquée par Aristote en *De anima*, I, 1, 402 b 5-8 et II, 3, 414 b 20-28.

7. *fī kitāb al-burhān*, c'est-à-dire les *Seconds Analytiques*. Averroès a aussi donné une série de trois commentaires (*comp.*, *c. m.*, *g. c.*) sur cet ouvrage. j : *in Posterioribus analyticis*. Dans les *Seconds Analytiques*, Aristote demande en effet s'il y a une science des principes immédiats et si la science de ces principes constitue un genre différent de la science de la démonstration (cf. I, 3, 72 b 19 ; I, 10, 76 b 16 ; II, 19).

Ensuite, après ces questions, <Aristote> mentionne plusieurs questions qui ne sont pas attestées parmi les questions énumérées au début de ce traité[1]. Parmi cela, il commence par une question dont le début est lacunaire[2]. Voici ce qui est attesté de cette question :

| T. 5 (997a18-25) *Aristote a dit* : 199

Certes, pour tous les accidents, il y a une science une parmi les sciences de la démonstration[3], étant donné que toute démonstration à partir des opinions générales[4] fait connaître les accidents singuliers[5] concernant une chose qui est sujet[6]. De sorte qu'il est évident que la science de la démonstration ne fait connaître, à partir des opinions générales[7], que | les accidents singuliers[8] qui adviennent à un seul genre[9]. En effet, s'il appartient à une science[10] de connaître la démonstration[11], et à une autre science de connaître à partir de quelles choses est cette chose-là (et c'est soit la science de la démonstration[12], soit une autre science[13]), il est évident que la connaissance des accidents appartient soit à la science de la démonstration universelle[14], soit à un seul type parmi les types de démonstration[15].

1. *lam tuṭbat fī ta'dīd al-masā'il.* j : *quas non numeravit in capitulo quaestionum.*

2. *bi-mas'ala naqaṣa awwalu-hā.* j : *quaestione, cuius initium est diminutum in libro sic.*

3. *min 'ulūm al-burhān.* j : om.

4. *min al-ārā' al-'āmmiyya.* j : *ex universalibus propositionibus.* 997a20-21 : ἐκ τῶν κοινῶν δοξῶν.

5. *al-a'rāḍ al-mufrada. j : accidentia singularia.* 997a20 : τὰ καθ' αὑτὰ συμβεβηκότα.

6. *fī šay' huwa mawḍū'.* j : *in aliquo subjecto.* 997a19-20 : περί τι ὑποκείμενον.

7. *min al-ārā' al-'āmmiyya.* j : *ex propositionibus universalibus.* 997a22 : ἐκ τῶν αὐτῶν δοξῶν.

8. *al-a'rāḍ al-mufrada.* j : *accidentia singularia.* 997a21 : τὰ καθ 'αὑτὰ συμβεβηκότα.

9. *al-latī ta'riḍu li-ğins wāḥid.* j : *quae accidunt uni generi.* 997a21 : περὶ οὖν τὸ αὐτὸ γένος τὰ συμβεβηκότα.

10. *li-'ilm.* T. 4, 194, 1 : *li-'ilm wāḥid* (*à une seule science*). j : *si scientiae.* 997a22-23 : περί τε γὰρ ὃ μιᾶς.

11. *ma'rifat al-burhān.* j : *cognitio demonstrationis.* A la fin du T. 4, 194, 1, on trouve *ma'rifat al-šay' inna-hu* (*connaître la chose, qu'elle est*). 997a23 : περί τε γὰρ ὃ μιᾶς.

12. *immā 'ilm al-burhān.* j : *scientia, aut demonstrationis cognitio, aut...* 997a 23 : εἴτε τῆς αὐτῆς (*).

13. *'ilm āḫar.* Dans le T. 4, en 194, 3, on a : *'ilm āḫar ġayri-hi* (*une autre science, différente*). j : *aut alia.* 997a22-23 : εἴτε ἄλλης.

14. *immā li-'ilm al-burhān al-kullī.* j : *aut scientia demonstrationis universalis.* 997a24 : cette leçon semble correspondre à εἴθ αὗται (A^b, Γ, Al^c, Syr) où αὗται correpond à *ces choses-là*, c'est-à-dire *l'universel*, *contra* εἴτ 'αὐταὶ (Π).

15. *immā li-ṣinf wāḥid min aṣnāf al-burhān.* j : *aut unius modi modorum demonstrationis.* 997a25 : εἴτ 'ἐκ τούτων μία.

C. 5 Commentaire

| Cette question est manifestement[1] celle qui demande : est-ce que la science des accidents qui se trouvent dans chacun des genres des êtres[2] revient à une seule ou à plusieurs sciences parmi les sciences des arts théoriques ?

Ensuite il a dit : *certes, pour tous les accidents, il y a une science une parmi les sciences de la démonstration*. Il veut dire : | il apparaît que la connaissance des accidents revient à une seule science parmi le genre des sciences spéculatives, et non à plusieurs sciences, et c'est la science qui étudie le genre dans lequel se trouvent[3] les accidents.

200 | Il donne ensuite la cause de cela et dit : *étant donné que toute démonstration à partir des opinions générales fait connaître les accidents singuliers concernant une chose qui est sujet*. Il veut dire : étant donné que toute démonstration à propos des accidents ne fait connaître que les accidents singuliers à partir des prémisses générales qui se trouvent dans une chose qui est sujet[4] pour ces accidents.

| Ensuite il a dit : *de sorte qu'il est évident que la science de la démonstration ne fait connaître, à partir des opinions générales, que les accidents singuliers qui adviennent à un seul genre*. Il veut dire : si c'est comme cela, alors il est alors évident que la science de la démonstration ne fait connaître, à partir des opinions générales, que les accidents singuliers qui adviennent à un seul genre. Il veut dire : alors la science des accidents revient à une seule science parmi les genres de sciences.

| Ensuite il a dit : *en effet, s'il appartient à une science de connaître la démonstration et à une autre science de connaître à partir de quelles choses est cette chose-là (et c'est soit la science de la démonstration soit une autre science), il est évident que la connaissance des accidents revient soit à la science de la démonstration universelle, soit à un seul type parmi les types de démonstration*. Il veut dire : si certaines démonstrations donnent l'être de la chose[5] et d'autres la raison de la chose[6] et sa cause, il est évident que la science des accidents revient | soit aux types de la démonstration universelle, soit à un seul type d'entre eux de sorte que la connaissance des accidents reviendrait donc à une seule science.

1. *al-ẓāhir min hāḏihi al-mas'ala*. j : *apparet mihi, quod ista quaestio*.

2. *al-'ilm bi al-a'rāḍ al-mawǧūda fī ǧins ǧins min aǧnās al-mawǧūdāt*. j : *scientia accidentium existentium in unoquoque generum entium*.

3. *tūǧad fī-hā*. j : *existunt*.

4. *fī šay' huwa mawḍū'*. j : *in re subiecta*.

5. *wuǧūd al-šay'*. cette interprétation pourrait peut-être correspondre à ce que l'on lit à la fin du T. 4 (*ma'rifat al-šay' inna-hu*) et en Π (997a23 : τὸ ὅτι).

6. *tu'ṭī wuǧūd al-šay' wa ba'ḍu-hā sabab al-šay' wa 'illata-hu*. j : *dant quia, et quaedam propter quid*.

Il manque à ce discours le discours opposé qui a été déterioré au début du chapitre, à savoir que l'on trouve certaines sciences qui ne donnent des accidents du genre unique que l'être de ceux-ci[1], et d'autres qui donnent de ces accidents les causes de ceux-ci[2]. Ce sont les sciences | qui sont dans le **201**
champ du défaut[3] avec les sciences qui sont dans le champ de l'excès[4], comme l'art des perspectives avec l'art de l'architecture[5], et l'art de la musique auprès de l'art du nombre[6]. Si on prend le discours de manière générale pour chaque science, cette science devient dialectique[7]. Et si on entre dans les détails, la science devient valide[8].

| T. 6 (997a25-33) *Aristote a dit* :

Aussi, nous examinons [la question de] savoir s'il revient à cette science recherchée ici[9] de seulement[10] étudier les substances ou s'il lui revient aussi d'étudier les accidents qui adviennent à ces substances. Par exemple, si le corps[11] est une substance et des lignes[12] et des surfaces, est-ce que la connaissance de ces choses[13] et la connaissance des accidents qui adviennent | à chacun des genres que les sciences mathématiques rendent explicites[14] appartiennent à une seule science, ou la connaissance des accidents appartient-elle à une autre science, différente de la science de la substance[15]. En effet, si la connaissance de ceux-ci appartient à une seule science, alors la science des substances[16] comptera[17] également parmi les sciences de la démonstration. Excepté que nous ne croyons[18] pas qu'une quelconque démonstration appartienne au discours dans lequel on dit ce

1. *wuğūda-hā faqaṭ*. j : *quia tantum*.
2. *asbāba-hā*. j : *propter quid*.
3. *fī bāb al-nuqṣān*. j : *subalternantes*.
4. *fī bāb al-ziyāda*. j : *subalternatae*.
5. *ṣinā'at al-manā'ir ma'a ṣinā'at al-handasa*. j : *Perspectiva ad Geometria*.
6. *ṣinā'at al-mūsīqā 'ind ṣinā'at al-'adad*. j : *Musica ad Arithmeticam*.
7. *atā ğadaliyy*[an]. j : *erit Logicus*.
8. *wa iḏā fuṣila al-amr kāna ḥaqqan*. j : *Et si determinate, erit verus*.
9. *al-maṭlūb ḥīna-nā* (!). j : *quaesita hic*. Ajouté au grec (997a25 : ἡ θεωρία).
10. *faqaṭ*. j : *tantum*. 997a26 : μόνον.
11. *al-ğirm*. j : *corpus*. 997a27 : τὸ στερεὸν.
12. *wa ḫuṭūṭ*[an]. j : *et lineae*. 997a27 : καὶ γραμμαὶ.
13. *ma'rifat hāḏihi al-ašyā'*. j : *cognitio substantiarum*. 997a28 : ταῦτα γνωρίζειν.
14. *tuwaḍḍiḥu-hā*. j : *declarant*. 997a30 : δεικνύουσιν.
15. *li-'ilm āḫar ġayr 'ilm al-ğawhar*. j : *est scientia alterius a scientia substantiae*. 997a30 : ἢ ἄλλης.
16. *'ilm al-ğawāhir*. j : *scientia substantiarum*. 997a31 : ἡ τῆς οὐσίας. L : *'ilm al-ğawhar* (*la science de la substance*).
17. *sa-yakūnu min*. j : *erit ex*.
18. *lā naẓunnu*. j : *non existimamus*. 997a31 : οὐ δοκεῖ.

qu'est la chose. Et si la science des accidents est différente de la science de la substance[1], alors expliquer ce discours est très embarrassant[2].

| C. 6 Commentaire

Après avoir examiné si la connaissance des substances appartient à une seule science ou à plusieurs sciences et avoir examiné également si la connaissance des accidents appartient à une seule science ou à plusieurs
202 sciences, <Aristote> veut examiner | également si la connaissance des substances et des accidents appartient à une seule science, c'est-à-dire la science étudiée ici[3]. Il dit : *aussi, nous examinons <la question de> savoir s'il revient à cette science recherchée ici de seulement étudier les substances ou s'il lui revient aussi d'étudier les accidents qui adviennent à ces substances*. Il veut dire : si cette science est celle étudiant les substances, | qui s'opposent[4] aux accidents, est-ce qu'il lui appartient, avec l'étude des substances, d'étudier[5] leurs accidents, ou la science qui étudie les substances est-elle différente de la science qui étudie les accidents des substances ?

Ensuite il donne un exemple de cela et dit : *Par exemple, si le corps est une substance et des lignes et des surfaces, est-ce que la connaissance de ces choses et la connaissance des accidents qui adviennent | à chacun des genres que les sciences mathématiques rendent explicites appartiennent à une seule science, ou la connaissance des accidents appartient-elle à une autre science, différente de la science de la substance*. Il veut dire : par exemple[6], si les corps[7], les surfaces et les lignes sont des substances, comme le disent certains, est-ce que la connaissance de ces choses et la connaissance des accidents, qui adviennent à chacun de ces genres et <qui> sont ceux qu'examinent les sciences | mathématiques[8], appartiennent à une seule science, c'est-à-dire à un seul art ou une seule méthode[9], ou bien la connaissance des accidents de ces choses appartient-elle à une science

1. *in kāna ʿilm al-aʿrāḍ ġayr ʿilm al-ǧawhar*. j : *si scientia accidentium est alia a scientia substantiarum*. 997a32-33 : εἰ δ' ἑτέρας τίς ἔσται ἡ θεωροῦσα περὶ τὴν οὐσίαν τὰ συμβεβηκότα.

2. *fa-šarḥ hāḏā al-qawl ʿasir ǧiddan*. j : *tunc expositio istius sermonis est valde difficilis*. 997a33 : τοῦτο γὰρ ἀποδοῦναι παγχάλεπον.

3. *al-manẓūr fī-hi hāhunā*. j : *in qua modo consideratur*.

4. *al-latī tuqābilu al-aʿrāḍ*. j : *quae opponuntur accidentibus*.

5. j ajoute ici *etiam*.

6. *miṯāl ḏalika*. j : *v. g.*

7. *al-aǧsām*. j : *corpus*.

8. *al-ʿulūm al-taʿālīmiyya*. j : *scientiae Mechanicae* (!).

9. *ayy li-ṣināʿa wāḥida aw bi-ṭarīq wāḥid*. j : *i. unius artis, aut per unam viam*.

différente de la science qui revient à ces choses, je veux dire les corps, les surfaces et les lignes, que nous supposons substances[1] ?

Ensuite il introduit le doute qu'implique nécessairement[2] le fait d'admettre que la connaissance de ces choses[3] revient à une seule science, c'est-à-dire à un seul art, et il dit : *en effet, si la connaissance de ceux-ci appartient à une seule science, alors la science de la substance comptera également* | *parmi les sciences de la démonstration*. Il veut dire : mais si 203 nous admettons que leur connaissance appartient à une seule science c'est-à-dire à un seul art, alors leur définition sera connue par les démonstrations absolues.

Ensuite il dit : *excepté que nous ne croyons pas qu'une quelconque démonstration appartienne au discours qui dit ce qu'est la chose*. Il veut dire : excepté que l'on pourrait croire qu'une démonstration ne porte pas[4] sur la quiddité des substances, c'est-à-dire | leur définition, et porte sur la quiddité des accidents.

Après avoir mentionné ce à quoi on se heurte nécessairement, en fait de doute, si on pose qu'il y a une seule science de <ces choses>, il mentionne ce à quoi l'on se heurte également nécessairement, en fait d'indignité, si on pose qu'il y a deux sciences de <ces choses> et il dit : *et si la science des accidents est différente de la science de la substance, alors expliquer cela*[5] *est embarrassant*. Il veut dire qu'il est embarrassant de dire comment les deux sciences se distinguent[6], je veux dire si on dit que l'art qui examine la substance est différent de[7] celui qui | examine les accidents.

T. 7 (997a34-b24) *Aristote a dit* :

Nous examinons également la question de savoir s'il faut dire que seules les substances sensibles ont un être[8] ou s'il faut dire qu'il y a d'autres substances, en dehors de ces substances sensibles, et <la question de savoir> si le genre des substances est un ou si elles ont plusieurs genres[9], | comme le disent ceux qui disent que les formes et ce qui se trouve

1. *al-latī faraḍnā-hā ğawāhir*. j : *quas posuimus esse substantias*.

2. *al-šakk al-lāzim*. j : *dubitationem contingentem*.

3. *ma'rifatu-hā*. j : *cognitio eorum*.

4. *qad yuẓannu anna-hu laysa yaqūmu 'alā burhān*. j : *non existimamus quod demonstratio potest fieri*.

5. *ḏālika*. T : *hāḏā al-qawl* (*ce discours*).

6. *inna al-qawl bi-kayfiyya iftirāq al-'ilmayn 'asir*. j : *quomodo differunt hae duae scientiae, valde est difficile*.

7. *ġayr*. j : *alia ab*.

8. *`kaynūna*. j : *esse*. 997a34 : εἶναι.

9. *hal ğins al-ğawāhir wāḥid am ağnāsu-hā kaṯīra*. j : *et utrum genus substantiarum est unum, aut plura*. 997a35 : καὶ πότερον μοναχῶς ἢ πλείω γένη τετύχηκεν ὄντα τῶν οὐσιῶν.

entre elles et les sensibles sont des substances[1] et que les sciences mathé-
204 matiques sont ces substances qui sont entre les formes | et les sensibles[2]. Quant à nous, notre discours a déjà été présenté dans les discours[3] où nous avons dit, à propos des formes, en quel sens nous disons[4] que les formes par elles-mêmes[5] sont des causes et des substances[6]. Quant aux discours de ceux-là[7], ils sont attachés d'indignité de plusieurs manières[8], surtout les discours de celui qui dit qu'il y a d'autres substances, en dehors des substances[9] qui sont à l'intérieur du ciel[10], que ces | substances-là sont comme les substances sensibles, excepté que celles-là sont éternelles, et que ces <substances> sensibles sont usées et corruptibles[11]. Et ils prétendent que l'homme dans ces substances-là[12] est comme l'homme sensible ici-bas[13], de même le cheval et le taureau[14]. Et le discours de ceux-là ressemble au discours de ceux qui prétendent qu'il y a des dieux[15] et que leurs formes sont comme les formes des hommes. En effet, ceux-là ne disent rien d'autre sinon qu'il y a des hommes éternels et ceux-ci aussi, | tel est leur discours[16]. De même, si quelqu'un prétend qu'il y a, en dehors des formes sensibles[17], des substances qui se trouvent entre les formes et les substances sensibles, son discours s'attache alors nécessairement de plusieurs questions obscures car s'il y a d'autres substances entre les formes

1. *ğawāhir* (!). j : *sunt substantiae*. Ajouté au grec.

2. *wa anna al-'ulūm al-ta'ālīmiyya hiya hāḏihi al-ğawāhir al-latī fī mā bayna al-ṣuwar wa al-maḥsūsāt*. j : *et quod scientiae Mathematicae sunt istae substantiae, quae sunt inter formas, et sensibilia*. 997b2-3 : περὶ ᾇ τὰς μαθηματικὰς εἶναι φασιν έπιστήμας.

3. *fa-qad taqaddama qawlu-nā fī al-aqāwīl*. j : *Nos autem iam diximus in sermonibus*. 997b4 : εἴρηται έν τοῖς πρώτοις λόγοις. Pas d'équivalent, dans la traduction arabe, de πρώτοις.

4. *bi-ayy naw' naqūlu*. j : *quomodo dicimus*. 997b3 : ὡς μὲν οὖν λέγομεν.

5. *bi ḏāti-hā*. j : om. 997b4 : καθ 'έαυτὰς.

6. *'ilal wa ğawāhir*. j : *substantiae et causae*. 997b3 : τὰ εἴδη αἴτιά.

7. *ammā aqāwīl hā'ulā'*. j : *Sermonibus autem istorum*. 997b5 : δὲ έχόντων.

8. *min wuğūh kaṯīra*. j : *multis modis*. 997b5 πολλαχῇ ...δυσκολίαν Π Ascl Syr : πολλὰς ...δυσκολίας A^b, Al^p.

9. *inna ğawāhir uḫar ġayr al-ğawāhir*. j : *quod aliae sunt substantiae a substantiis*. 997b6 : εἶναι τινας φύσεις παρὰ τὰς.

10. *dāḫil al-samā'*. j : *intra coelum*. 997b6-7 : έν τῷ οὐρανῷ.

11. *bāliya fāsida*. j : *corruptibiles*. 997b8 : φθαρτὰ.

12. *al-insān fī tilka al-ğawāhir*. j : *homo in illis substantiis*. 997b8 : αὐτὸ γὰρ ᾄνθρωπόν.

13. *al-insān al-maḥsūs hāhunā* (!). j : *homo sensibilis hic*. Ajouté au grec.

14. *al-ṯawr*. j : *taurus*. Confusion vraisemblable dans la graphie arabe. Voir apparat critique de Bouyges.

15. *ilāha*. 997b10 θεοὺς Π Al : τοὺς θεοὺς A^b.

16. *wa hā'ulā' ayḍan ka-ḏālika qawlu-hum*. j : *et isti etiam sic dixerunt*. 997b11 : οὔθ' οὗτοι. L'arabe omet ensuite τὰ εἴδη ᾄλλ' ἢ αἰσθητὰ άίδια.

17. *ġayr al-ṣuwar al-maḥsūsa*. j : *alias a formis sensibilibus*. 997b12-13 : παρὰ τὰ εἴδη καὶ τὰ αἰσθητὰ. Le καὶ n'a pas été traduit.

et les sensibles, en dehors d'elles[1], il est évident que, pareillement, il y a alors aussi des lignes en dehors des lignes des formes[2] et en dehors des lignes sensibles et pareillement, chacun des autres | genres. Et si l'astronomie[3] est une de ces choses, il y aura un autre ciel en dehors du ciel sensible et pareillement, un autre soleil[4], et une lune, et le reste des choses qui sont dans le ciel sensible[5]. Mais comment faut-il | que nous croyions **205**
ceux-là ? Car il n'est pas nécessaire[6] que ce ciel qu'ils invoquent soit immobile. De même, il est absolument impossible qu'il soit mobile. Et nous disons de même à propos des choses qu'utilise l'optique[7], c'est-à-dire la science de la vision[8], et [à propos des choses] qu'utilise la science de la composition mathématique de mélodies[9]. En effet, il est impossible que | ces choses soient en dehors de ces sensibles, pour les raisons que nous avons dites[10]. Car s'il y a des choses sensibles qui se trouvent entre les formes et les choses usées et corruptibles[11], il est évident qu'il y aura alors aussi des sens[12] et des animaux entre les formes et les choses corruptibles[13].

C. 7. Commentaire

Il dit : *Il faut également que nous examinions s'il y a des substances séparées en dehors | des substances sensibles ou bien s'il n'y a pas de substances si ce n'est les sensibles seulement. Et s'il y a des substances en dehors des substances sensibles, est-ce que ces substances sont un seul genre, ou plusieurs genres, comme ceux qui disent qu'il y a trois*

1. L'arabe se répète.

2. *ġayr ḫuṭūṭ al-ṣuwar*. j : *aliae a lineis formarum*. 997b14 παρ' αὐτὰς E J Γ : παρὰ ταύτας A[b].

3. *'ilm al-nuğūm*. j : *scientia stellarum*. 997b16 : ἡ ἀστρολογία.

4. *šams āḫar*. j : *alius sol*. 997b17 : ἥλιός.

5. *wa sā'ir al-ašyā' al-latī fī al-samā' al-maḥsūsa*. 997b18 : τὰ κατὰ τὸν οὐρανόν.

6. *laysa min al-wāğib*. j : *non est rectum*. 997b19 : οὐδὲ … εὔλογον.

7. *al-ubṭīqā* (calque du grec). j : *ars Perspectiva*. 997b20 : ἡ ὀπτικὴ.

8. *ya'nī 'ilm al-baṣar*. Asṭāt rend explicite, en arabe, ce qu'il a d'abord rendu par un calque du grec. j : om.

9. *'ilm ta'līf al-luḥūn al-ta'līmiyy*. j : *Musica*. 997b21 : ἡ ἐν τοῖς μαθήμασιν ἁρμονική.

10. *lil-'ilal al-latī qulnā*. j : *propter causas, quas diximus*. 997b22-23 : διὰ τὰς αὐτὰς αἰτίας.

11. *fī mā bayna al-ṣuwar wa al-ašyā' al-bāliya al-fāsida*. j : *inter formas, et res corporeas*. 997b23 : μεταξὺ.

12. *ḥiwās*. j : *sensus*. 997b23 : αἰσθήσεις.

13. *fī mā bayna al-ṣuwar wa al-ašyā' al-fāsida*. j : *inter formas, et res corporales*. 997b24 : μεταξὺ αὐτῶν τε καὶ τῶν φθαρτῶν.

substances : les sensibles, les formes et celles qui sont entre elles, et dont ils disent que ce sont celles qu'étudient les mathématiques[1].

| Ensuite il dit : *Quant à nous, nous avons déjà proposé notre discours dans les discours où nous avons dit, à propos des formes, en quel sens nous disons que les formes par elles-mêmes sont des causes et des substances*. Il veut dire : quant à nous, nous avons déjà exprimé et montré de quelle manière il est correct de parler des formes[2] et la manière dont elles
206 sont des causes[3] | pour les autres êtres, et la manière par laquelle il n'est pas correct[4] qu'elles soient des causes, je veux dire quand on les pose séparées, comme le font les partisans des formes. Ceci se trouve dans les traités de la substance de ce livre.

Ensuite il dit : *Quant aux discours de ceux-là, ils sont attachés d'indignité de plusieurs manières, | surtout les discours de celui qui dit qu'il y a d'autres substances, en dehors des substances qui sont à l'intérieur du ciel, et que ces substances-là sont comme les substances sensibles*. Il veut dire : quant à ceux qui disent qu'il y a des substances séparées[5] qui sont les formes des choses, ils se heurtent à de nombreuses absurdités, surtout ceux qui disent[6] que ces substances-là et les <substances> d'ici-bas sont une quant au nom et à la définition, et que les deux se distinguent[7] seulement par le fait que celles-là sont éternelles et celles-ci générables et corruptibles.

| Ensuite il commente leur discours et dit : *Et ils prétendent que l'homme dans ces substances-là est comme l'homme sensible ici-bas, de même le cheval et le taureau*. Il veut dire qu'ils admettent que l'homme qui est dans ces substances séparées[8] est comme l'homme qui est ici-bas, [qu'] il n'y a pas de différence[9] entre les deux, ni dans le nom ni dans la définition.

Ensuite il dit : *Et le discours de ceux-là ressemble au discours de ceux qui prétendent qu'il y a des dieux et que leurs formes sont | comme les formes des hommes. En effet, ceux-là ne disent rien d'autre sinon qu'il y a des hommes éternels et ceux-ci aussi, tel est leur discours*. Il veut dire que le discours de ceux qui admettent les formes <séparées> est semblable au discours de ceux qui prétendent que le dieu et les dieux sont comme les

1. Ce passage n'est pas une citation du Textus. Il semble s'agir d'un commentaire assez libre dont le contenu s'apparente à celui que l'on trouve déjà, à propos de 995b15-18, en C. 2, p. 177, ligne 6.

2. *yaṣiḥḥu an yuqāl bi al-ṣuwar*. j : *quomodo verum est dicere formas esse*.

3. *'ilal*[an] *wa asbāb*[an] : *muzāwaǧa*.

4. *al-wuǧh al-laḏī lā yaṣiḥḥu min qibali-hi*. j : *et quomodo non*.

5. *mufāriqa*. j : *abstractas*.

6. *man qāla min-hum*. j : *dicentibus*.

7. *lā taftariqāni*. j : *non differunt*.

8. *al-mufāriqa*. j : *abstractis*.

9. *farq*. j : *differentia*.

formes des hommes[1], comme c'est le cas dans les lois existant à notre époque[2]. En effet, ces deux discours ressemblent à ce que disent ceux qui réunissent les deux : ils posent des hommes immortels[3] et des hommes générables et corruptibles, en faisant coïncider les deux | quant à la définition et au nom[4].

| Après avoir mentionné l'absurdité à laquelle se heurte nécessairement **207**
celui qui professe les formes[5], il entreprend de mentionner l'absurdité à laquelle se heurte nécessairement celui qui professe les formes intermédiaires entre les sensibles et les formes séparées[6] et il dit : *De même, si quelqu'un prétend qu'il y a, en dehors des formes sensibles, des substances qui se trouvent entre les formes et les substances sensibles, son discours s'attache alors nécessairement de plusieurs questions obscures.* | Il veut dire que son discours se heurte nécessairement à plusieurs doutes qu'il ne peut résoudre.

Ensuite il commence à mentionner les doutes et les absurdités auxquels ceux-là se heurtent nécessairement et dit : *car s'il y a d'autres substances entre les formes et les sensibles, en dehors d'elles, il est évident que, pareillement, il y a alors aussi des lignes en dehors des lignes des formes et en dehors des lignes sensibles et pareillement, chacun des autres genres.* Il veut dire : en effet, s'il y a des | formes intermédiaires entre les formes séparées et les formes sensibles, il y aura alors, par exemple pour le solide, la surface, la ligne et les autres sujets des mathématiques, trois sortes de formes : des formes séparées, des formes sensibles et des formes intermédiaires entre les séparées et les sensibles ; on aura donc trois sortes de corps, trois sortes de surfaces et de lignes[7]. Et il en ira de même au sujet des autres genres qu'étudient | les mathématiques.

Après avoir mentionné cela, il entreprend de mentionner les autres absurdités auxquelles se heurte nécessairement cette position et dit : *De sorte que*[8] *si l'astronomie est une de ces choses, il y aura un autre ciel en dehors du ciel sensible et pareillement, un autre soleil, et une lune, et le*

1. *man za'ama anna al-ilāh wa al-āliha 'alā ṣuwar al-nās.* j : *fingentibus Deum, aut Deos esse in formis hominum.*

2. *ka-mā yūğad ḏālika fī al-šarā'i' al-mawğūda fī zamani-nā haḏā.* j : *sicut invenitur in legibus Mahumeti.*

3. *īnās*[an] *ẖālidīn.* j : *homines aeternos.*

4. *ma'a ittifāqi-himā fī al-ḥadd wa al-ism.* j : *cum hoc, quod conveniunt in definitione et nomine.*

5. *man qāla bi al-ṣuwar.* j : *dicentibus formas esse.*

6. *man qāla bi al-ṣuwar al-mutawassiṭa bayna al-maḥsūsāt wa al-ṣuwar al mufāriqa.* j : *dicentibus formas medias esse inter sensibilia et formas abstractas.*

7. *ṯalāṯa anwā' min al-ağsām wa ṯalāṯa anwā' min al-suṭūḥ wa al-ẖuṭūṭ.* j : *tres modi corporum, et tres modi superficierum, et tres modi linearum.*

8. *fa-in.* T : *wa-in.*

reste des choses qui sont dans le ciel sensible. Il veut dire : si c'est le cas et
208 si la science | des astres stellaires[1] compte parmi les sciences mathématiques, il y aura alors un ciel en dehors du ciel sensible et il en ira de même pour la lune, le soleil, et les autres sphères et astres[2].

Puisque l'échec de ce discours est comme connu en soi[3], il dit : *Mais comment | faut-il que nous croyions ceux-là ? Car il n'est pas nécessaire qu'existe ce ciel qu'ils prétendent immobile*. Il veut dire que leur discours ne se justifierait que s'il était possible que le ciel qu'ils prétendent séparé fût immobile. Mais cela leur est impossible puisqu'ils posent que le ciel séparé coïncide avec celui-ci, quant au nom et à la définition. Et il n'est pas possible que le séparé ait en lui un mouvement.

| Il dit : *Et nous disons de même à propos des choses qu'utilise l'optique, c'est-à-dire la science de la vision, et <à propos des choses> qu'utilise la science de la composition mathématique de mélodies*. Il veut dire : ils se heurtent nécessairement à de telles absurdités concernant les sciences des perspectives[4] et les sciences de la musique, je veux dire le fait qu'ils admettent qu'il y a des rayons et des sons[5] en dehors des sensibles.

Ensuite il dit : *En effet, il est impossible que ces choses soient en dehors des sensibles, | pour les raisons que nous avons dites*. Il veut dire : en effet, il est impossible que ces sciences étudient une chose en dehors de ces sensibles, en raison des absurdités que nous avons dites.

209 | Ensuite il introduit la chose la plus absurde découlant nécessairement de cela et dit : *Car s'il y a des choses sensibles qui se trouvent entre les formes et les choses usées et corruptibles, il est évident qu'il y aura alors aussi des sens et des animaux entre les formes et les choses corruptibles*. Il veut dire qu'ils se heurtent nécessairement à cela parce qu'ils admettent que les mathématiques étudient des choses sensibles, <qu'> ils admettent | que ces choses sont intermédiaires entre les formes intelligibles[6] et ces sensibles générables et corruptibles et <qu'> ils disent que ce sont des sensibles éternels en dehors des sensibles générables et corruptibles. Et s'il y a des sensibles éternels en dehors de ces sensibles, cela implique qu'il y a des sens en dehors de ces sens et qu'ils sont également éternels parce que le sens est un relatif[7]. Et si il y avait des sens éternels, il y aurait inévita-

1. *'ilm aflāk al-nuǧūm*. j : *scientia Stellarum*.
2. *al-kawākib wa al-aflāk*. j : *stellis et orbibus*.
3. *lammā kāna ka al-ma'lūm bi-nafsi-hi suqūṭ hāḏā al-qawl*. j : *Et qui manifestus est per se, quod istae sermo est falsus*.
4. *'ulūm al-manāẓir*. j : *scientiis Perspectivis*.
5. *šaʿāʿāt wa aṣwāt*. j : *radios et sonos*.
6. *al-ṣuwar al-maʿqūla*. j : *formas intellectas abstractas* (!).
7. *min al-muḍāf* : « C'est le terme ordinaire qui, dans la *Métaphysique* arabe, traduit la locution τὰ πρός τι ». Cf. A. Martin, *Averroès*, p. 141 n. 8. j : *in capitulo relationis*.

blement | des animaux éternels. Ceci est la mesure des absurdités[1] auxquelles ceux-là se heurtent nécessairement.

T. 8 (997b25-998a6) *Aristote a dit* :

Il est digne que celui qui interroge une question obscure dise pour[2] quelles choses il faut solliciter[3] ces sciences. En effet, s'il y a une quelconque séparation[4] entre la géométrie et la géodésie[5], à savoir que des deux, l'une est la science de ces choses sensibles | et l'autre des choses non **210**
sensibles[6], il est alors évident qu'il y aura une autre médecine, en dehors de la médecine sensible[7]. Cette médecine sera entre la médecine qui est dans les formes[8] et cette médecine sensible[9], et <il en ira> de même pour chacune des autres sciences. Mais comment cela est-il possible ? En effet, s'il peut y avoir | une autre médecine, en dehors de la médecine sensible[10], il faut alors qu'il y ait des choses guérissables[11] en dehors des choses sensibles, et qu'il y ait un sain en dehors du sain sensible[12]. En outre, nous disons qu'il n'est pas vrai de dire que la géodésie[13] est la science des corps sensibles usables et corruptibles[14] (car s'il en allait ainsi, elle s'userait et se

1. *hāḏā miqdār mā yalzamu hā'ulā' min al-šanā'a*. j : *necessario etiam haec inopinabilia contingunt istis.*

2. *fī*. j : *in*. 997b25 περὶ A[b] Γ Al[1] Syr[1] : παρὰ Π Ascl[1].

3. *yanbaġī an naltamisa*. j : *oportet quaerere*. 997b25 : δεῖ ζητεῖν.

4. *farq mā*. j : *differentia*. 997b26 : διοίσει. μόνον (997b27) n'est pas traduit.

5. *wa al-ǧārudūsiyā*. j : *et Medicinam*. k (cité par Bouyges) : *et musicam*. Le terme *ǧārudūsiya* n'est attesté nulle part ailleurs. Bouyges suppute *al-ǧā'udūsiya*, qui constitue un calque du terme grec (997b26 : γεωδαισίας), et qui est très proche graphiquement du premier terme (proximité graphique entre le *rā'* et le *waw*).

6. *aḥadu-humā 'ilm hāḏihi al-ašyā' al-maḥsūsa wa al-āḫar li-ašyā' ġayr maḥsūsa*. j : *una earum est scientia media rerum sensibilium et alia in sensibilium* (!). 997b27-28 : ἡ μέν τούτων ἐστὶν ὧν αἰσθανόμεθα ἡ δ' οὐκ αἰσθητῶν.

7. *ġayr al-ṭibb al-maḥsūs*. j : *ab arte Medicinae sensibili*. 997b28 : παρ' ἰατρικὴν.

8. *al-ṭibb al-laḏī fī al-ṣuwar*. j : *Medicinam, quam est in formis*. 997b29 : αὐτῆς τε ἰατρικῆς.

9. *hāḏā al-ṭibb al-mahṣūs*. j : *hanc medicinam sensibilem*. 997b30 : τῆσδε τῆς ἰατρικῆς.

10. « En effet… médecine sensible » : on ne trouve pas d'équivalent à cette phrase dans le texte grec. La version latine j, après *quoniam, si possibile fuerit, ut Medicina alia sit a Medicina sensibile*, ajoute encore : *et ut sit etiam agens sanitatem aliud ab agente sensibili.*

11. ou : *susceptibles de santé. ašyā' qābila lil-bir'*. j : *recipientes sanitatem*. 997b31 : ὑγιειν' ἄττα.

12. *wa an yakūna mabri' ayḍan ġayr al-mabri' al-maḥsūs*. j : *et ut sit etiam aliud principium a principio sensibili*. Il semble, comme le suggère Bouyges dans sa *Notice*, que le traducteur latin ait lu *mabdā'* (*principe*) au lieu de *mabri'* (*sain* : 997b32 : ὑγιεινόν).

13. Voir note 5. j : *Medicina*.

14. *'ilm al-aǧrām* (!) *al-maḥsūsa al-bāliya al-fāsida*. j : *scientia eorum corporum sensibilium corruptibilium*. 997b32-33 : τῶν αἰσθητῶν ἐστι μεγεθῶν καὶ φθαρτῶν.

corromprait par l'usage des corps usables et corruptibles) | ni non plus <de dire que> la science des étoiles de ce ciel[1] porte sur les corps[2] sensibles (en effet, ce ne sont pas des lignes[3] sensibles comme ce que décrit[4] le géomètre, car aucune des choses sensibles n'est une ligne droite, ni courbe, à la manière dont l'énonce le géomètre[5], car le cercle ne touche pas la valeur[6] en
211 un point, mais au contraire il le touche en une ligne[7], comme l'a dit | Protagoras dans sa réfutation des géomètres), ni <de dire que> les mouvements du ciel et ses cercles sont comme ce que décrit la science des étoiles[8], ni <que> les points coïncident par nature[9] avec les astres[10].

C. 8. Commentaire

Son intention dans ce chapitre[11] est d'introduire les arguments opposés[12] qui concernent | cette question, c'est-à-dire concernant le discours selon lequel les mathématiques étudient une nature intermédiaire et il dit : *pour quelle chose*[13] *il faut solliciter ces sciences*. Il veut dire qu'il faut rechercher ce que sont les sujets de ces sciences qu'étudient les mathématiques car il apparaît, d'après ceux qui disent qu'elles étudient une nature intermédiaire, qu'il est nécessaire que l'étude porte sur une seule chose en soi, dans différents sujets[14].

| Ensuite il dit : *En effet, s'il y a une quelconque séparation entre la géométrie et la géodésie, à savoir que des deux, l'une est la science de ces choses sensibles et l'autre des choses non sensibles, il est alors évident qu'il y aura une autre médecine, en dehors de la médecine sensible*. Il veut dire que quand on admet que la différence entre la science qui étudie les

1. *'ilm nuğūm hāḏihi al-samā'*. j : *scientia stellarum, et coeli istius*. 997b35 : περὶ τὸν οὐρανὸν ἡ ἀστρολογία τόνδε (περὶ a mal été compris).

2. *li-ağrām*. j : *corporum*. 997b34 : μεγεθῶν.

3. *ḫuṭūṭ*^{an} est un cas direct (*ḫabar laysa*). On ne peut dès lors considérer *lignes* comme sujet.

4. *miṯl al-laḏī yaṣifu al-māsiḥ*. j : *sicut ponit Geometer*. L : *miṯl al-laḏī yaḍa'u-hu al-māsiḥ*. 998a1 : οἵας λέγει.

5. *'alā miṯl qawl al māsiḥ*. j : *sicut ponit Geometer*. 998a2 : οὕτως.

6. *miqdār*. j : *mensuram*. 998a3 : τοῦ κανόνος.

7. *bal tumāssu-hā bi-ḫaṭṭ*. j : *sed per lineam*. Ajouté au grec (998a3).

8. *miṯl mā yaṣifu 'ilm al-nuğūm*. j : *sicut disponit scientia stellarum*. 998a5-6 : ὅμοιαι περὶ ὧν ἡ ἀστρολογία ποιεῖται τοὺς λόγους.

9. *tawāfaqa al-nuqaṭ lil-kawākib bi al-ṭibā'*. j : *conveniunt puncta...in natura*. 998a6 : τὴν αὐτὴν ἔχει φύσιν.

10. *al-kawākib*. j : *cum stellis*. 998a6 : τοῖς ἄστροις.

11. *fī hāḏā al-faṣl*. j : *in hoc cap*.

12. *al-ḥuğağ al-muta'āriḍa*. j : *raciones contrarias*.

13. au pluriel dans le T.

14. *fī mawḍū'āt muḫtalifa* (ou : *dans différents domaines*). j : *in diversis subiectis*.

choses sensibles et d'autres choses parmi les bienfaits naturels[1] et celle qui étudie ces choses dans les mathématiques[2], c'est que | celle qui étudie ces choses[3] dans les mathématiques n'étudie qu'une nature intermédiaire entre les sensibles et les formes. De sorte qu'il faut nécessairement que l'étude de chaque sensible soit | double : l'une pour la nature du sensible en tant qu'il **212**
est sensible, l'autre pour la nature de l'intermédiaire entre les formes et la nature sensible. Chaque sensible aura donc en lui deux natures, qu'il faudra étudier : la nature sensible et la nature intermédiaire entre la nature sensible et la nature séparée[4], de sorte qu'il y aura là une médecine en dehors de | la médecine sensible.

Ensuite il dit : *Mais comment cela est-il possible ? En effet, s'il peut y avoir une autre médecine, en dehors de la médecine sensible, il faut alors qu'il y ait des choses guérissables en dehors des choses sensibles, et qu'il y ait un sain en dehors du sain sensible.* Il veut dire : cette position absurde implique nécessairement, s'il y a | une médecine sensible en dehors de cette médecine, qu'on ait des matières susceptibles de santé en dehors de ces matières sensibles[5] et qu'on ait un agent du sain en dehors de l'agent sensible.

Après avoir mentionné les indignités qu'implique nécessairement cette position, il entreprend de mentionner également les arguments qui ont conduit certains à parler de la nature intermédiaire[6] et il dit : *En outre,* | *nous disons aussi*[7] *qu'il n'est pas vrai de dire que la géodésie est la science des choses*[8] *sensibles usables et corruptibles (car s'il en allait ainsi, elle s'userait et se corromprait par l'usage des corps usables et corruptibles).* Il veut dire : mais en outre, nous trouvons également des arguments auxquels s'accrochent les partisans de la nature intermédiaire. En effet, | si la science des mathématiques n'examinait que les choses **213**
sensibles, générables et corruptibles, la science de ces choses s'userait et se corromprait lorsque ces choses sensibles se corrompent. Or nous constatons que la science de ces choses est ferme et inchangeante, bien qu'elle

1. *ġayr ḏālika min al-ṣanā'i' al-ṭabī'iyya.*

2. *wa bayna al-laḏī yanẓuru fī hāḏihi al-ašyā' fī al-ta'ālīm.* j : *et inter considerantem in istis rebus mathematicis.*

3. *yanẓuru … fī hāḏihi al-ašyā'.* j : *considerans…in istis rebus.*

4. *al-ṭabī'a al-mufāriqa.*

5. *mawādd qābila lil-bur' ġayr hāḏihi al-mawādd al-maḥsūsāt.* j : *hae Medicinae recipientes sanitatem, aliae ab istis Medicinis sensibilibus.*

6. *al-latī ḥarakat al-qā'ilīn ilā al-qawl bi al-ṭabī'a al-mutawassiṭa.* j : *moventes eos ad dicendum naturam mediam esse.*

7. *ayḍan* n'est pas dans le T.

8. *ašyā'.* T : *ağrām* (*corps*).

concerne des choses sensibles. Il faut donc que <la science> appartienne à des choses immuables[1].

| Ensuite il dit : *ni non plus <de dire que> la science*[2] *de ce ciel porte sur les corps sensibles (en effet, ce ne sont pas des lignes sensibles*. Il veut dire : ni non plus <de dire que> la science de la configuration des astres[3] et des mouvements des sphères[4] porte sur ces corps sensibles qui apparaissent[5]. En effet, les cercles qu'utilise le maître de cette science[6], et les lignes, ne sont pas des lignes sensibles. Il ne reste donc que <deux possibilités> : soit les cercles que le maître de cette science étudie sont | des inventions mensongères[7], soit ils ont un être[8] en dehors de l'être des choses sensibles, qui sont prises comme leur substitut[9].

Ensuite il dit : *comme ce que pose*[10] *le géomètre, car aucune des choses sensibles n'est une ligne droite, ni courbe, à la manière dont l'énonce le géomètre, car le cercle ne touche pas la valeur en un point, mais au contraire il le touche en une ligne, comme l'a dit Protagoras dans | sa réfutation des géomètres)*. Il veut dire : la raison pour laquelle on croit que[11] le sujet étudié par le maître de la science des mathématiques[12] ne compte pas parmi les choses sensibles, c'est que ce qui est démontré dans la science des mathématiques ne s'applique pas aux choses sensibles, <que> la nature de ce qui est examiné dans les mathématiques n'est pas la nature des choses sensibles. Par exemple, on ne rencontre pas la ligne droite dans les sensibles, au sens parfait du droit[13], tel que le pose | le maître de la
214 science mathématique. En effet, le géomètre[14] démontre que la ligne droite | ne touche le cercle qu'en un point, et la ligne sensible ne touche le cercle sensible qu'en une ligne, c'est-à-dire en une partie divisible[15]. Pareillement, il pose que la sphère[16] touche la surface en un point, et la sphère sensible touche la surface sensible en une surface. Sur cela, Protagoras le

1. Averroès parle ici au nom des défenseurs de cette opinion, non en son nom propre.
2. *'ilm hāḏihi al-samā'*. T : *'ilm nuǧum hāḏihi al-samā'* (*la science des étoiles de ce ciel*).
3. *'ilm hay'at al-aflāk*. j : *scientia formarum orbium*.
4. *ḥarakāt al-kawākib*. j : *motuum stellarum*.
5. *al-latī taẓharu* (ou : *qui se manifestent*). j : om.
6. *ṣāḥib hāḏā al-'ilm*. j : *Astrologus*.
7. *muḫtari'a kāḏiba*. j : *ficti aut falsi*.
8. *wuǧūd*. j : *esse*.
9. *al-latī uḫiḏat badal^an min-hā*. j : om.
10. *yaḍa'u-hu*. T : *yaṣifu* (*décrit*).
11. *mimmā yaẓunnu min qibali-hi*. j : *existimabitur*.
12. *ṣāḥib 'ilm al-ta'ālīm*. j : *Mathematicus*.
13. *tāmm al-istiqāma*.
14. *al-muhandis*. j : *Geometer*.
15. *'alā ǧuz' munqasam*.
16. *kurra*. j : *sphaera*.

sophiste a réfuté les géomètres, | c'est-à-dire qu'il a argumenté contre eux que leurs sciences était fausse[1], vu ce qui leur arrivait. S'il en est ainsi, il reste que de deux choses l'une : soit ces sciences sont mensongères, soit elles ont pour sujet des choses non sensibles.

Et il dit : *ni <de dire que> les mouvements du ciel et ses cercles sont comme ce que pose*[2] *la science des étoiles, ni <que> les points coïncident par nature avec les astres.* Il veut dire : ce qui renforce la doctrine[3] de ceux qui disent que le sujet des sciences mathématiques est en dehors des choses sensibles, c'est que les mouvements du ciel et ses cercles ne coïncident pas aux mouvements que le maître de la science de la configuration[4] pose comme leurs substituts[5], et <que> les natures des astres ne sont pas les natures des points que le maître de la science de la configuration établit en substitut des astres[6].

T. 9 (998a7-21) *Aristote a dit :*

| Certains[7] prétendent que ces choses, qu'on dit être entre les formes et les sensibles, ont un être[8], mais qu'elles ne sont pas séparées[9] des sensibles mais au contraire dans les sensibles. | De sorte que si nous voulions **215**
parcourir[10] toutes les impossibilités advenant au discours de ceux-là, nous aurions besoin[11] de plusieurs discours[12] ; mais nous nous bornerons, parmi ceux-ci, à ce que nous disons. En effet, il n'est pas nécessaire[13] que ces intermédiaires[14] ne soient que dans les sensibles[15], mais il est évident que, s'il se peut que les intermédiaires soient dans | les sensibles[16], il se peut aussi que les formes soient dans les sensibles, car le discours sur les formes et sur les intermédiaires[17] est le même[18]. Aussi, s'il en est ainsi, il est

1. *bāṭila.* j : *falsa.*
2. *yaḍa'u-hu.* T : *yaṣifu* (*décrit*).
3. *mimmā yaqwī maḏhab man yaqūl.* j : *affirmat opinionem dicentium* (!).
4. *ṣāḥib 'ilm al-hay'a.* j : *Astrologus.*
5. *badala-hā.* j : *loco istorum.*
6. *badal al-kawākib.* j : *loco stellarum.*
7. *aqwām.* j : *quidam.* 998a7 : τινες.
8. *kaynūna.* j : *esse.* 998a7 : εἶναι.
9. *mubāyana.* j : *separata.* 998a8 : χωρίς.
10. *nataṣaffaḥu.* j : *numerare.* 998a10 : διελθεῖν.
11. *iḥtağnā.* j : *indigebimus.* 998a10 : θεωρῆσαι.
12. *aqāwīl kaṯīra.* j : *multis sermonibus.* 998a10 : πλείονος λόγου.
13. *laysa bi-wāğib.* j : *non enim est necesse.* 998a11 : οὔτε ...εὔλογον.
14. *hāḏihi al-mutawassiṭāt.* j : *haec media.* 998a11 : ἐπὶ τούτων.
15. *fī al-maḥsūsāt faqaṭ.* j : *in sensibilibus tantum.* 998a11 : οὕτω μόνον.
16. L'arabe se répète.
17. *fī al-ṣuwar wa fī al-awsaṭ.* j : *de formis et mediis.* 998a13 : ἀμφότερα ταῦτά.
18. *wāḥid.* j : *idem.* 998a13 : τοῦ αὐτοῦ.

nécessaire que deux corps[1] soient impérativement[2] dans un seul lieu et <que> les intermédiaires immobiles soient dans les sensibles mobiles. En bref, nous disons : pour quelle raison prétend-t-on que ces intermédiaires ont un être[3] et qu'ils sont dans les sensibles ? | En plus de ce que[4] nous avons dit qu'il arrive aux discours de ceux-ci, il leur arrive aussi d'autres indignités[5], à savoir qu'il y aura un autre ciel en dehors de ce ciel, mais il ne sera pas séparé[6] de ce ciel mais, au contraire, avec lui dans un même lieu[7]. Cela est plus improbable[8] que ce que nous avons dit d'abord, de sorte que ces choses sont très obscures et que saisir leur vérité pose de très nombreuses difficultés[9].

| C. 9 Commentaire

Il dit[10] : *d'aucuns*[11] *ont déclaré que ces formes intermédiaires*[12] *entre les formes et les sensibles ont un être*[13] *mais qu'elles ne sont pas séparées*[14] *des sensibles mais qu'elles se trouvent*[15] *dans les sensibles, contrairement au dire du parti précédent*[16].

216 | Ensuite il dit : *De sorte que si nous voulions parcourir toutes les impossibilités advenant au discours de ceux-là, nous objecterions plusieurs discours ; mais nous nous bornerons, parmi ceux-ci, à ce que nous disons*. Il veut dire que si on mentionne toutes les absurdités qui adviennent à ceux-ci ou davantage, on prolongera le discours[17] en énonçant

1. *ǧirmāni*. j : *duo corpora*. 998a13 : δύο στερεά.

2. *waǧaba … iḍṭirār*^{an}. j : *continget*. 998a14 : ἀναγκαῖον.

3. *kaynūna*. j : *esse*. 998a16 : εἶναι.

4. *ma'a mā* (!). j : *et cum hoc*. Ajouté au grec.

5. *šanā'a uḫrā* (!). j : *aliud impossibile*. Ajouté au grec.

6. *laysat mubāyana*. j : *non separatum*. 998a18 : οὐ χωρὶς.

7. *fī makān wāḥid*. j : *in eodem loco*. 998a18-19 : ἐν τῷ αὐτῷ τόπῳ.

8. *a'sar imkān*^{an}. 998 a 17 : ἄτοπα.

9. *hāḏihi al-ašyā' ġāmiḍa ǧiddan wa fī darak ḥaqīqati-hā ṣu'ūba kaṯīra ǧiddan*. j : *Istae igitur sunt res valde difficiles in comprehendo veritates eorum*. 998a19-21 (avec le début de B3) : ὅπερ ἐστὶν ἀδυνατώτερον περὶ τε τούτων οὖν ἀπορία πολλὴ πῶς δεῖ θέμενον τυχεῖν τῆς ἀληθείας.

10. Le passage qui suit ne cite pas ce que l'on trouve dans le Textus. Il s'agit plutôt d'un résumé libre.

11. *qawm*. T : *aqwām*.

12. *li hāḏihi al-ṣuwar al-mutawassiṭa*. T : *li hāḏihi al-ašyā' al-latī tuqāl inna-hā* (*ces choses qu'on dit être*).

13. *wuǧūd*. T : *kaynūna*.

14. *ġayr mufāriqa*. T : *laysat bi-mubāyana*.

15. *lākinna-hā mawǧūda*. T : *bal hiya*.

16. *bi-ḫilāf qawl al-farīq al-mutaqaddam*. j : *sicut praedicta secta dicebat formas medias esse non abstractas, sed existentes in sensibilibus*.

17. *ṭāla al-kalām*. j : *prolongabitur sermo*.

plusieurs arguments ; mais nous nous bornerons, parmi ceux-ci, à ce qui | suffit pour les rendre faux[1].

Ensuite il entreprend de mentionner une de ces absurdités et dit : *En effet, il n'est pas nécessaire que ces intermédiaires ne soient que dans les sensibles, mais il est évident que, s'il se peut que les intermédiaires soient dans les sensibles, il se peut aussi que les formes soient dans les sensibles.* Il veut dire : la première chose qu'implique nécessairement <leur discours>, c'est que s'il est possible que | les formes intermédiaires soient dans les sensibles, il n'est alors pas nécessaire qu'elles seules se trouvent dans les sensibles : il faut que les formes aussi se trouvent pareillement dans les sensibles. Car toutes les deux sont éternelles, ni générables, ni corruptibles, et l'on tient le même discours pour les deux.

Ensuite il dit : *Aussi, s'il en est ainsi, il est nécessaire que deux corps soient impérativement dans | un seul lieu.* Il veut dire : le corps sensible et le corps intermédiaire[2].

Ensuite il dit : *et <que> les intermédiaires immobiles soient dans les sensibles mobiles.* Il veut dire : la position selon laquelle les formes intermédiaires sont dans les matières implique que des choses immobiles se trouvent dans des choses mobiles et cela est absurde au plus haut point[3]. Et ceci n'implique cela[4] que parce que ce qui est séparé[5] est immobile.

| Ensuite il dit : *En bref, nous disons : pour quelle raison prétend-on que ces intermédiaires ont un être et qu'ils sont dans les sensibles ?* Il veut dire : Aussi celui qui dit cela ne peut invoquer aucune raison pour prétendre qu'il existe ici des formes intermédiaires. En effet, il faut qu'elles soient dans les sensibles, c'est-à-dire dans les corps sensibles. Et s'il a dit cela, c'est parce que | les poser inchangeantes est en contradiction avec le fait de les poser dans une <chose> changeante[6]. **217**

Ensuite il dit : *En plus de ce que nous avons dit qu'il arrive aux discours de ceux-ci, il leur arrive aussi d'autres indignités, à savoir qu'il y aura un autre ciel en dehors de ce ciel, mais il ne sera pas séparé de ce ciel mais, au contraire, avec lui dans un seul lieu. Cela est sans doute plus embarrassant que ce que nous avons dit*[7]. Il veut dire que celui qui tient[8] ce discours se heurte nécessairement à ceci : il y aura | deux ciels ensemble

1. *'alā mā fī-hi kifāya fī ibṭāli-hā*. j : *quod sufficit in destructione eorum.*

2. j ajoute : *sint in eodem loco.*

3. *ġayat al-šanā'a*. j : *est valde inopinabile.*

4. *inna mā lazima hāḏā*. j : *contingit hoc.*

5. *mā huwa mufāriq*. j : *illud, quod est abstractum.*

6. *waḍ'u-hā ġayr mutaġayyira yunāfiḍu waḍ'u-hā mutaġayyira*. j : *ponere enim eas transmutabiles contradicit positioni earum in re transmutabili* (!).

7. Le Textus porte ici *awwal*^{an} (*d'abord*).

8. *ṣāḥib hāḏā al-qawl*. j : *dicentibus hoc.*

dans un même lieu. Quant à la raison pour laquelle[1] il dit que ce discours est sans doute plus embarrassant que ce qui précède, il indique par là les absurdités qui s'attachent à celui qui dit qu'elles sont séparées[2] et ne sont pas dans les sensibles.

Il dit : *de sorte que ces choses sont très obscures*. Par là, il veut dire cette recherche et les autres. En effet, découvrir la saisie de la vérité[3] et résoudre ces doutes posent | de très nombreuses difficultés.

T. 10 (998a21-b28) *Aristote a dit* :

Et connaître les principes est également difficile. En effet, nous examinons la question de savoir si[4] l'on doit croire que les éléments et les
218 principes sont les genres ou s'ils sont ce | à partir de quoi toutes les choses[5] ont l'être[6]. Par exemple[7], est-ce que les éléments et les principes du son sont ces choses desquelles sont composés tous les sons[8] ou est-ce le son général universel[9] ? et est-ce que[10] les éléments des prémisses[11] sont les prémisses dont la démonstration a un être avec[12] la démonstration des autres propositions[13] ou bien est-ce que les éléments de celles-ci consistent en la démonstration de | toutes les propositions, ou de plusieurs d'entre elles[14] ? Aussi, ceux qui disent, c'est-à-dire qui affirment, qu'il y a plusieurs éléments et ceux qui affirment qu'il n'y en a qu'un disent que les principes des corps sont les choses à partir desquelles <ces corps> ont été

1. *li-mā*.

2. *mufāriqa*. j : *abstractas*.

3. *al-wuqūf 'alā darak al-ḥaqīqa*.

4. *hal*. j : *utrum*. 998a21 πότερον A^b, Γ : πότερα Π.

5. *ǧamī' al-ašyā'* (!). j : *omnia*. 998a22-23 : ἕκαστον. NB : ni πρώτων (E^2, Al, Ross) ni πρῶτον (Π, A^b) n'est traduit en arabe.

6. *kaynūna*. j : *fiunt*. 998a22-23 : ἐστιν. Rien, dans l'arabe, ne correspond à ἐνυπαρχόντων (Π) ou à ὑπαρχόντων (A^b).

7. *ka qawli-nā*. j : *v. g.* 998a23 : οἷον.

8. *ǧamī' al-aswāṭ*. j : *omnes voces*. 998a24 φωναὶ πᾶσαι E J Γ Ascl : φωναὶ A^b et ut *vid.* Al. πρώτων (998a25) n'est pas traduit en arabe.

9. *am hiya al-ṣawt al-'āmm al-kulliyy*. j : *aut sit vox universalis*. 998a25 : ἀλλ' οὐ τὸ κοινὸν ἡ φωνή. Le traducteur arabe a lu ἤ au lieu de ἀλλ' οὐ.

10. λέγομεν (998a26) n'est pas traduit.

11. *muqaddamāt*. j : *propositiones*. 998a25 : διαγραμμάτων.

12. *li-burhāni-hā kaynūna ma'a*. j : *quarum demonstratio habet esse cum*. 998a26 : ὧν αἱ ἀποδείξεις (pl.) ἐνυπάρχουσιν ἐν.

13. *sā'ir al-muqaddimāt*. j : *aliarum propositionum*. 998a27 τῶν ἄλλων Π Ascl^c : τούτων A^b.

14. *li-akṯari-hā*. j : *plurium*. 998a27 : τῶν πλείστων.

composés et subsistent[1], comme l'a dit Empédocle. Celui-ci a en effet affirmé que les éléments sont l'eau et le feu[2], non ce qui les comprend[3], et que les êtres composés[4] le sont à partir d'eux et en eux[5]. Mais il ne dit pas que ces éléments sont | semblables aux genres des êtres engendrés[6]. De plus, si quelqu'un veut connaître la nature des autres choses, qu'il cherche à savoir[7] de quelles choses elles sont composées ; par exemple, si quelqu'un veut connaître la nature du lit, qu'il cherche à savoir de quelles choses est composé le lit. En effet, si on sait de quelles parties est composé[8] le lit et comment il subsiste[9], on connaît sa nature. De sorte que de ces discours[10], il apparaît clairement que les genres des êtres | ne sont pas des principes. Car si[11] nous connaissons toutes les choses à partir des définitions et <si> nous savons[12] | que les genres sont les principes des définitions, alors les 219
genres sont nécessairement les principes des choses définissables également[13]. Et si l'on peut connaître les êtres par les formes par lesquelles les êtres sont déterminés[14], et <si> les genres sont les principes des formes, alors les genres sont les principes de la science des êtres[15]. Et certains de ceux qui affirment que les éléments des | êtres sont l'un, l'être[16], le grand[17], le petit, les utilisent et les font devenir comme les genres. Mais il est impossible que les principes se disent de deux manières[18] car

1. *rakkabat min-hā wa qawwamat*. j : *componuntur et constituuntur*. 998a29 : ἐξ ὧν σύγκειται καὶ ἐξ ὧν συνέστηκεν. Tous les manuscrits ainsi que la traduction arabe porte ἐξ ὧν συνέστηκεν. La mise entre crochets que fait Jaeger n'a donc pas lieu d'être (! !).

2. *al-mā' wa al-nār*. j : *aqua, et ignis*. 998a30 : πῦρ καὶ ὕδωρ (inversion des termes).

3. *lā mā ya'ummu-humā*. j : *non universalia eorum*. 998a30-31 : τὰ μετὰ τούτων. Le traducteur arabe ajoute une négation (!).

4. *al-huwiyyāt al-murakkaba* (!). j : *composita*. 998a31 : τὰ ὄντα.

5. *fī-hā*. j : *in eis*. 998a31 : ἐνυπαρχόντων (*).

6. *aǧnās al-akwān*. j : *genera entium*. 998a32 : γένη... τῶν ὄντων.

7. *fal-yafḥaṣ li-ya'lam*. j : *debet perscrutari*. Le traducteur brode un peu !

8. *min ayy al-aǧzā' rukkiba*. j : *ex quibus partibus componitur*. 998b2 : ἐξ ὧν μορίων συνέστηκε.

9. *kayfa quwwima*. j : *quomodo constituitur*. 998b2 : πῶς συγκειμένων (*).

10. *fa-min hāḏihi al-aqāwīl*. j : *ex his igitur sermonibus*. 998b3 : ἐκ μὲν οὖν τούτων τῶν λόγων.

11. *in*. j : *si*. 998b4 εἰ A[b] Ascl Syr : ἦ Π Γ Al. Notez que ce n'est pas à cause d'Alexandre qu'A[b] porte ce qu'il porte.

12. *wa na'lamu*. Ajouté au grec (!).

13. *ayḍan* ; j : om. 998b6 : καὶ.

14. *al-latī tun'itu bi-hā*. j : *per quas disponuntur*. 998b8 καθ' ἃ λέγονται Π Al[p] : καθὸ λέγονται A[b].

15. *fa al-aǧnās hiya awā'il 'ilm al-huwiyyāt*. j : *tunc genera erunt principia scientiae entium*. Cette conclusion ne correspond à rien dans le grec (!).

16. *al-wāḥid wa al-huwiyya*. j : *unum et ens*. 998b10 τὸ ἓν καὶ τὸ ὂν A[b] : τὸ ἓν ἢ τὸ ὂν Π.

17. *wa al-kabīr* (!). j : *et magnum*. 998b10 : ἢ τὸ μέγα.

18. *'alā waǧhayn*. j : *duobus modis*. 998b11 : ἀμφοτέρως.

la définition de la substance est une. Si l'on dit que les principes sont de
deux façons[1], cela implique que la définition par les genres est différente de
la définition qui définit la chose par les choses à partir desquelles elle est et
qui sont dans sa définition[2]. De plus, nous disons, puisque | les genres
sont[3] les principes, est-ce qu'il faut étudier quels genres[4] sont principes :
sont-ce les genres premiers ou les genres derniers qui sont définis en
nombre[5] ? Il y a là une incertitude[6] car si les choses universelles sont
incontestablement[7] davantage principe[8] que le reste, il est alors évident que
les principes sont les genres les plus élevés, car ces genres sont dits par
convention[9] de tout ce qui est sous eux[10]. Le nombre | des principes des
220 êtres sera donc égal au nombre des genres premiers, et l'un et l'être seront |
les principes et les substances des êtres. En effet, ceux-ci sont le plus dits[11]
de tous les êtres. Mais il n'est pas possible que le genre des êtres soit l'un[12]
ni l'être car les différences de toutes les choses[13] ont nécessairement un
être[14], et chaque différence est une selon le nombre. Et il n'est pas possible
que les formes soient prédiquées du genre[15] ni des différences | qui leur sont
spécifiques[16]. Et le genre ne se prédique pas si ce n'est des formes qui lui
appartiennent. Et il est évident que si l'un et l'être sont des genres, aucune

1. *In qīla inna al-awā'il 'alā naḥwayn.* j : *et si dictum fuerit quod principia sunt duobus modis.* Le traducteur arabe se répète.

2. *wa hiya fī ḥaddi-hi.* j : *et sunt in definitione eius.* 998b13 : ἐνυπαρχόντων. Le traducteur arabe brode un peu.

3. ὅτι μάλιστα n'est pas traduit.

4. *ayy aǧnās.* j : *quae genera.* Cette leçon suppose, en 998b15, un πότερα (Π, Γ) en plus de πότερον (*hal*, j : om.) (Ab ?, Jaeger, Ross).

5. *tuḥṣā bi al-'adad* (littéralement : *énumérables par le nombre*). j : *numerantur numero.* 998b16 : κατηγορούμενα ἐπι τῶν ἀτόμων. (!).

6. *šubha.* j : *dubium.* 998b17 : ἀμφισβήτησιν.

7. *lā maḥāla.* j : om. 998b17 δεῖ A^b : ὅτι Π Ascl Syr : ἀεὶ Al^p Bonitz Jaeger.

8. *awǧab awwaliyya.* j : *magis prima.* 998b17 : μᾶλλον ἀρχαί.

9. Voir note suivante.

10. *hāḏihi al-aǧnās tuqāl bi naw' al-mulā'ima 'alā ǧamī' mā taḥta-hā.* j : *conveniunt, idest univoce dicuntur, de omnibus, quae sunt sub eis.* 998b19 : ταῦτα γὰρ κατὰ πάντων λέγεται (?). NB : ταῦτα...λέγεται om. Al.

11. *hāḏihi akṯar ḏālika tuqāl 'alā ǧamī' al-huwiyyāt.* j : *haec enim in maiore parte dicuntur de omnibus entibus.* 998b21 : ταῦτα γὰρ κατὰ πάντων μάλιστα λέγεται τῶν ὄντων.

12. *an yakūna ǧins al-huwiyyāt al-wāḥid.* j : *ut genus entium sit unum.* 998b22 τῶν ὄντων ἕν εἶναι γένος Π : om. τῶν ὄντων ἕν A^b .

13. *li-fuṣūl ǧamī' al-ašyā'.* j : *differentia vero omnium generum rerum.* 998b23 : τὰς διαφορὰς ἑκάστουγένους (!).

14. *kaynūna.* j : esse. 998b23 : εἶναι.

15. *lā yumkinu an tuḥmal al-ṣuwar 'alā al-ǧins.* j : *impossibile est ut genus praedicetur de formis diversis.* (!) 998b24 : ἀδύνατον δὲ κατηγορεῖσθαι ἢ τὰ εἴδη τοῦ γένους (!).

16. *wa lā 'alā al-fuṣūl al-latī hiya la-hā ḫāṣṣ.* j : om. 998b25 : ἐπὶ τῶν οἰκείων διαφορῶν (!).

différence ne devra être une ni être[1]. Mais si l'un et l'être ne sont pas des genres, alors ils ne sont pas principes puisque les principes sont des genres.

C. 10 Commentaire

| En disant : *Et connaître les principes est également difficile* jusqu'à *ou est-ce le son général universel ?* Il veut dire : dans la connaissance des principes, il y a une question difficile : est-ce que les principes et les éléments des choses sont les genres et les universaux qui appartiennent aux choses engendrées[2], ou sont-ce les causes désignées[3] par lesquelles subsistent[4] les choses particulières qui sont dans ces genres, et non les universaux de ces causes ni leurs genres[5]. | Par exemple on se demande si les éléments des mots[6] sont les lettres désignées[7] du lexique, je veux dire les sons audibles qui sont appelées lettres, à partir desquelles | chaque mot **221**
subsiste, ou est-ce le son universel et la lettre universelle qui est comme un genre pour ces choses.

Ensuite il dit : *et est-ce que les éléments des prémisses* jusqu'à *ou de plusieurs d'entre elles ?* Il veut dire : De la même façon, on se demande aussi si les principes des prémisses sont les prémisses particulières qui sont utilisées | dans chaque démonstration ou si leurs principes sont la démonstration absolue générale qui fait partie des prémisses générales[8].

Après avoir mentionné ces deux sens, il entreprend de mentionner la différence[9] professée par chacune des deux doctrines. Il commence par ceux qui disent que les principes sont les particuliers, non les universaux, et il dit : *Aussi, ceux qui affirment qu'il y a plusieurs éléments et ceux qui | affirment qu'il y a un seul élément disent que les principes des corps sont ce à partir de quoi [ces corps] ont été composés et subsistent.* Il veut dire que les Anciens[10] qui ont affirmé qu'il y a plusieurs éléments ainsi que ceux qui ont affirmé qu'il y a un seul élément croyaient que les principes

1. *lā yağibu an yakūna faṣl min al-fuṣūl wāḥid wa huwiyya.* j : *non necesse est ut aliqua differentia sit unum et ens.* 998b26-27 : οὐδεμία διαφορὰ οὔτε ὂν οὔτε ἓν ἔσται.

2. *wa al-kulliyyāt al-latī lil-ašyā' al-mukawwana.* j : *et universalia eorum.*

3. *al-asbāb al-mušār ilay-hā.* j : *causae individuales.*

4. *al-latī min-hā taqawwamat.* j : *ex quibus constituuntur.*

5. *lā kulliyyāt tilka al-asbāb wa lā ağnāsu-hā.* j : *non universalia genera illarum causarum.*

6. *usṭuqusāt al-alfāẓ.* j : *elementa dictionum.*

7. *ḥurūf al-mu'ğam al-mušār ilay-hā.* j : *literae individuales.*

8. *al-burhān al-muṭlaq al-'āmm al-laḏī huwa min muqaddimāt 'āmma.* j : *aut demonstratio simpliciter et universalis, quae est ex propositionibus universalibus.*

9. *farq.*

10. *al-nās al-mutaqaddimīn.* j : *Antiqui.*

sont les choses individuelles, desquelles les choses sensibles sont constituées[1].

Ensuite il mentionne celui d'entre eux qui croyait cela et dit : *comme l'a affirmé Empédocle. Celui-ci a en effet affirmé | que les éléments sont l'eau et le feu, non ce qui les comprend, et que les êtres composés le sont à partir d'eux et en eux.* Il veut dire : Par exemple Empédocle. En effet, il a affirmé que les éléments des choses composées sont cette eau, ce feu, cet air et cette terre désignés, non ce qui les comprend[2], comme le corps, et que toutes les choses composées désignées sont composées à partir d'eux et subsistent par eux. Et il n'a pas considéré que les genres de ces choses ni leurs universaux intelligibles sont les éléments universaux, | et c'est ce qu'il a indiqué en
222 disant : *Mais il ne dit pas que ces éléments | sont semblables aux genres des êtres engendrés.* Il veut dire : mais il ne dit pas que ces choses ne deviennent des éléments qu'en tant qu'elles sont comme le genre de tous les engendrés[3].

Après avoir énuméré les gens qui considéraient que les principes sont les singuliers, non les universaux, il entreprend de mentionner également l'argument de ceux-là et dit : *De plus, si quelqu'un veut | connaître la nature des autres choses, qu'il cherche à savoir de quelles parties*[4] *elles sont composées ; ainsi nous disons : si quelqu'un veut connaître la nature du lit, qu'il cherche à savoir de quelles parties*[5] *est composé le lit. En effet, si on sait de quelles parties est composé le lit et comment il subsiste, on connaît sa nature.* Il veut dire : un des arguments de ceux qui disent que les choses désignées[6] sont les principes, et non les intelligibles qui leur appartiennent, c'est que quand on veut | savoir ce qu'est un lit, ce sont les choses dont le lit est composé que l'on examine, de sorte que quand on sait de quelles choses il est composé et comment il est composé, on connaît la nature du lit.

Ensuite il dit : *De sorte que de ces discours, il apparaît clairement que les genres des êtres ne sont pas des principes.* Il veut dire : de ces arguments et de semblables, on est convaincu que les universaux des choses ne sont pas | leurs principes.

Après avoir mentionné ces <arguments>, il entreprend de mentionner les arguments imposant que les universaux sont les principes et il dit :

1. *taqawwamat*. j : *constituuntur.*
2. *hāḏā al-mā' wa al-nār wa al-hawā' wa al-arḍ al-mušar ilay-hā lā al-laḏī ya'ummu-hā*. j : *aqua, et ignis, et aer, et terra, scilicet ista individualia, non universalia eorum.*
3. *lākinna-hu lā yaqūlu inna hāḏihi inna-mā ṣārat usṭuqusāt min ḥayṯu hiya ka al-ğins li-ğamī' al-mukawwanāt*. j : *sed non dicit, quod ista sunt elementa, sed quod sunt quasi genus omnium generabili.*
4. *min ayy al-ağzā'*. T : *min ayy al-ašyā'* (*de quelles choses*).
5. *min ayy al-ağzā'*. T : *min ayy al-ašyā'* (*de quelles choses*).
6. *al-ašyā' al-mušār ilay-hā*. j : *singularia.*

Car si nous connaissons toutes les choses à partir des définitions et <si> nous savons que les genres sont les principes des définitions, alors les genres sont les principes des choses définissables. Cet argument est également convaincant. En effet, si l'on admet que la science des choses | 223
n'a lieu que grâce à leurs définitions et <si> l'on admet que les définitions ne sont connues que grâce aux genres, cela implique manifestement que la science des choses n'a lieu que grâce à leurs genres. Et si on ajoute à cela que la science de la chose n'a lieu que grâce à ses principes, on en conclut que les genres des choses sont leurs principes.

| Ensuite il dit : *Et aussi, si l'on peut connaître les êtres par les formes par lesquelles les êtres sont déterminés, et [si] les genres sont les principes des formes, alors les genres sont les principes de la science des êtres.* Ce qu'implique ce discours est également manifeste. En effet, si l'on pose que les êtres sont connus par leurs formes, par lesquelles ils sont déterminés et décrits au moyen de ce qu'ils sont, et <si> on pose que les genres sont les principes de ces formes, on en conclut, | selon la première figure, que les êtres ne sont connus que par leurs genres. De sorte que si on ajoute à cela que ce par quoi les choses sont connues, ce sont les principes, on en conclut que les genres sont les principes. Mais les principes de la connaissance ne sont pas les principes de l'être[1].

Ensuite il dit : *Et certains de ceux qui affirment que les éléments des êtres sont l'un, l'être, le grand, le petit, les utilisent et les font devenir comme les genres.* Il veut dire | que ceux qui professent les genres font en sorte que ce qui compte parmi eux, comme l'un, l'être, le grand, le petit et, en bref, les genres qui ne sont pas dits par synonymie[2], soient | les 224
principes. Et il semble qu'il n'a dit cela que parce que certains d'entre eux n'admettent pour principes que les genres dits par synonymie.

Ensuite il dit : *Mais il est impossible que les principes soient*[3] *de deux manières car la définition de la substance est une.* Il veut dire : mais il est impossible de concilier[4] ces discours opposés[5] | afin que les principes soient pris de deux façons à la fois. En effet, les principes sont des substances et la substance est d'une seule nature. Et l'universel et la chose désignée sont de deux natures parce que l'une de ces deux choses est intelligible et l'autre est sensible.

1. *intataǧa min ḏālika anna al-aǧnās hiya al-awā'il lakinna awā'il al-ma'rifa laysat hiya awā'il al-wuǧūd.* j : *concludetur quod genera, quae sunt principia cognitionis, non sunt principia essendi.*

2. *al-aǧnās al-latī lā tuqāl bi tawāṭu'.* j : *genera quae dicuntur univoce* (!).

3. *takūna.* T : *tuqāl* (*se disent*).

4. *yaǧma'.* j : *congregare et facere convenire.*

5. *muta'āriḍa.* j : *sibi contradicentes.*

Ensuite il dit : *Si l'on dit que les principes sont de deux façons, cela implique que la définition par les genres est différente de la définition qui définit la chose par les choses à partir desquelles elle est | et qui sont dans sa définition.* Il veut dire : il s'ensuit nécessairement que les définitions des principes sont différentes parce que la définition qui appartient aux principes en tant qu'ils sont des genres et des universaux est différente de la définition qui leur appartient en tant qu'ils sont des parties de la chose prise dans sa définition[1].

Après avoir mentionné les doutes qui adviennent quand on pose les principes comme des genres ou comme autre que des genres, il entreprend de mentionner également les recherches et les complications auxquelles on se heurte quand on pose que ce sont | des genres, et il dit : *De plus, nous disons, puisque les genres sont les principes, est-ce qu'il faut étudier quels genres sont les principes : sont-ce les genres premiers ou les genres derniers ?* Il veut dire : de plus, admettre que les genres sont les principes
225 donne lieu à un <nouveau> sujet d'examen et de complication : est-ce que | les principes sont les genres premiers, qui sont les plus généraux, ou sont-ils les derniers, au sein desquels les individus se divisent[2], c'est-à- dire les espèces dernières[3].

Ensuite il dit : *Il y a là une incertitude car si les choses universelles sont incontestablement davantage premières que le reste, il est alors évident que les principes sont les genres les plus élevés, | car ces genres sont dits de tout ce qui est sous eux par convention.* Il veut dire : car si les principes des genres sont plus nécessairement premiers, les genres très élevés seront nécessairement les principes, puisque les principes des genres sont les genres élevés.

Et il dit : *car ces genres sont dits de tout ce qui est sous eux par convention.* Il veut dire qu'ils sont prédiqués de tout ce qui est sous eux au moyen de la synonymie et de la concordance[4], c'est-à-dire au | moyen de ce qu'ils sont.

Ensuite il dit : *et l'un et l'être seront les principes*[5]. Il veut dire : cela implique que l'un et l'être[6] sont les principes des êtres[7] parce que ceux-ci sont les genres des êtres les plus généraux, qui sont prédiqués de tous les êtres au moyen de la convention[8].

1. *ağzā' al-šay' al-ma'ḫūḏ fī ḥaddi-hi.* j : *partes rei definibilis.*
2. *al-latī tanqasimu ilay-hā al-ašḫāṣ.* j : *quae dividuntur in individua* (!).
3. *al-anwā' al-aḫīra.* j : *specialissima.*
4. *'alā ṭarīq al-tawāṭu' wa al-muwāfaqa.* j : *univoce.*
5. Averroès coupe la phrase à son gré !
6. *mawğūd.* j : *ens.*
7. *huwiyyāt.* j : *entia.*
8. *'alā ṭarīq al-mulāwama.* M. Bouyges note (*Index*, p. 300) que le *maṣdār mulāwama* « était condamné par les puristes du IXe siècle ». « La langue classique, précise A. Martin

Ensuite il dit : *Mais il n'est pas possible que le genre des êtres soit l'un ni | l'être car les différences de tous les êtres*[1] *ont nécessairement un être, et chaque différence est une selon le nombre*. Il veut dire : mais il n'est pas possible que l'un et l'être[2] soient un genre pour toutes les choses parce que il y a des genres élevés dont certains n'entrent pas sous d'autres[3] et chacun se singularise par une seule différence qui lui est propre, sans participer[4] à | **226**
une nature une. Car le nom d'être, qui se dit des deux, n'en fait pas connaître une nature une puisque leur nature est différente.

Ensuite il dit : *Et il n'est pas possible que le genre soit prédiqué des formes*[5] *ni des différences qui leur sont spécifiques. Et le genre ne se prédique pas si ce n'est des formes qui lui appartiennent.* Il veut dire : | et il n'est pas possible que quelque chose de la prédication du genre soit prédiqué de choses possédant des formes distinctes[6] qui ne participent pas à une forme une par le nombre. Au contraire, le genre ne se prédique que des formes qui participent à une forme une par le nombre.

Ensuite il dit : *Et il est évident que si l'un et l'être sont des genres, aucune différence ne devra être une ni être*. Il veut dire que si l'un | et l'être sont un genre qui comprend[7] les dix catégories, c'est-à-dire qui est dit d'elles par synonymie[8], il n'est pas[9] nécessaire que les catégories[10] aient des différences par lesquelles elles se distinguent[11] les unes des autres concernant[12] toutes leurs natures. Ensuite, la nature de la substance et de la qualité[13] seront d'une seule nature.

Ensuite il dit : *Mais si l'un et l'être ne sont pas des genres, alors ils ne sont pas principes puisque les principes sont des genres*. Il veut dire : <le discours> de ceux-là implique, si l'un | et l'être ne sont pas des genres, que l'un et l'être ne sont pas des principes. Ils posent en effet | que les principes **227**

(*Averroès...*, p. 132 n. 21) exigerait *mulā'ama*. Cette confusion entre les deux racines (...) semble une particularité de la langue vulgaire. Averroès emploie indifféremment les deux racines dans le même sens, et les traducteurs de la *Métaphysique* commettaient déjà la faute ». j : *secundum convenientiam*.

1. *al-mawǧūdāt*. T : *al-ašyā'* (*les choses*).
2. *al-wāḥid wa al-mawǧūd*. j : *unum et ens*.
3. *laysa ba'ḍu-ha dāḫilan taḥt ba'ḍ*. j : *quorum neutrum collocatur sub altero*.
4. *min ġayr an yaštarika*. j : *quod conveniant in unam naturam* (!).
5. On trouve exactement l'inverse dans le Textus : *il n'est pas possible que les formes soient prédiquées du genre*. Averroès corrige.
6. *mutabāyina*. j : *diversas*.
7. *ya'ummu*. j : om.
8. *bi-tawāṭu'*. j : *univoce*.
9. *fa lā yaǧibu*. j : *necesse esset* (!).
10. *lil-maqūlāt*. j : *intellecta* (!). Le traducteur latin a lu *ma'qūla* au lieu de *maqūla*.
11. *tabāyana bi-hā*. j : *different*.
12. *fī*. j : *in*.
13. *al-kayf*. j : *qualitatis*.

sont des genres et cela découle nécessairement de l'affirmation selon laquelle les principes sont l'un et l'être.

T. 11 (998b28-999a23) *Aristote a dit* :

Nous examinons aussi la question de savoir si les choses qui sont connues[1] avec les différences, et qui sont entre | le genre le plus élevé et les individus[2], sont des genres ou [si] on croit que certaines sont des genres, alors que pour d'autres, on ne le croit pas. De plus, est-ce que les différences sont plus nécessairement principe ou sont-ce[3] les genres ? En effet, si les différences[4] sont des principes, les principes seront, d'après ce discours[5], également infinis. Ce discours n'est pas[6] non plus une conséquence pour celui qui dit que les principes sont les genres premiers. Aussi, si l'un est un principe plus nécessairement principe que le | reste, et <si> l'un est indivisible, et <si> tout divisible[7] se divise soit selon la quantité, soit selon la forme, et <si> ce qui se divise[8] selon la quantité est avant ce qui se divise selon la forme, et <si> les genres se divisent selon la forme[9], et la forme selon la quantité, alors le dernier un prédiqué est plus nécessairement un que le reste. En effet, l'homme n'est pas un genre pour chacun des hommes. De même, nous disons que pour[10] les genres des choses qui ont
228 l'antérieur et le premier[11], il n'est pas | possible qu'il y ait[12] autre chose en dehors des formes de ces choses. Par exemple, si le premier nombre est la

1. *tu'lam*. j : *sciuntur*. 998b28 : συλλαμβανόμενα.

2. *wa hiya bayna al-ǧins al-a'lā wa al-ašḫāṣ*. j : *et sunt inter altissimum genus et individua*. 998b28-29 : τὰ μεταξὺ …γένη μέχρι τῶν ἀτόμων.

3. *am*. j : *quam*. 998b31 : ἢ.

4. *al-fuṣūl*. j : *differentiae*. 998b31 αὗται Ab Γ : αὐται E (et non Π comme le signalent Ross et Jaeger) : αυται J.

5. *'alā hāḏā al-qawl*. j : *secundum hunc sermonem*. 998b32 : ὡς εἰπεῖν.

6. *lā yalzamu hāḏā al-qawl ayḍan man yaqūlu*. Le *textus* arabe porte ici une négation (*lā*), ce qui va à l'encontre du raisonnement d'Aristote. Averroès, perspicace, corrigera cette erreur dans le Lemme (230, 17-231, 5). Noter que le traducteur latin, quant à lui, corrige directement le *textus*, ce qui rend inintelligible l'explication que donne Averroès quand il corrige le lemme : j : *iste sermo sequitur dicentes*.

7. *munqasim*. j : *divisibile*. 999a2 : ἀδιαίρετον (!).

8. *al-laḏī yanqasimu*. j : *quod dividitur*.

9. On trouve un pluriel dans la version grecque (999a4 : εἴδη). Le pluriel semble être « récupéré » par la phrase qui suit (*et la forme selon la quantité*) et qui ne se trouve pas dans le grec.

10. *fī*. j : om.

11. *qabl wa awwal*. j : *ante et post* (#). k, cité par Bouyges : *primum et ante*. 999a6 : τὸ πρότερον καὶ ὕστερόν.

12. 999a7 : ἐπὶ τούτων n'est pas traduit.

dyade, alors le nombre n'est rien d'autre en dehors des formes du nombre[1], et, pareillement, il n'y a pas de figure en dehors des formes des figures. S'il en est ainsi, il n'est pas possible que les genres soient autre chose en dehors de leurs formes parce qu'on pense davantage[2] | que les genres sont les formes. Quant aux individus, certains ne sont pas antérieurs à d'autres. Aussi, <pour> les choses dont certaines sont meilleures et d'autres pires, le meilleur d'entre elles est toujours antérieur au pire, de sorte qu'il est évident que le genre n'est pas non plus principe en ce sens. Mais il nous a déjà été expliqué, parmi ces sens, que les choses prédiquées des individus sont les principes des genres[3]. Et nous disons aussi : comment faut-il penser que ces formes sont | des principes. En effet, ce discours[4] n'est pas facile car il faut que le principe et la cause[5] soient en dehors des choses dont ils sont principe et cause[6] et qu'ils aient un être[7] quand ils se séparent[8] des choses. Mais comment peut-on imaginer une telle chose en dehors[9] du genre universel prédiqué de toutes les choses. Car s'il est nécessaire de dire que les choses universelles sont des principes parce qu'elles sont universelles, alors il faut que | les principes soient les choses qui soient **229**
nécessairement plus universelles que les formes, et d'après ce discours, les principes seront les genres premiers.

C. 11 Commentaire

Après avoir introduit les discours qui affirment[10] que les universaux sont les principes et ceux qui affirment | le contraire[11], à savoir que les particuliers sont les principes, (et <que> certains universaux sont plus généraux que d'autres, <que> l'universel qui n'est pas plus général qu'un autre dans une certaine nature est ce qu'on appelle, dans cette nature, le genre, et <que> ceux qui posent que les universaux sont les principes ne les

1. *ṣuwar al-'adad*. j : *formae numerorum*. 999a8-9 : τὰ εἴδη τῶν ἀριθμῶν.

2. *akṯar ḏālika*. j : *in maiore parte*. 999a11 : μάλιστα.

3. *al-maḥmūla 'alā al-ašḫāṣ hiya awā'il al-aǧnās*. j : *praedicabilia de individuis sunt principia generum*. 999a15-16 : μᾶλλον n'a pas été traduit. On trouve donc une traduction littérale de ἀρχαὶ εἶναι τῶν γενῶν.

4. *hāḏā al-qawl*. j : *iste sermo*. 999a17 εἰπεῖν Π : om. A[b].

5. *al-awwal wa al-'illa*. Il semble qu'on ait affaire ici à un type de *muzāwaga*, ce qui expliquerait que l'on trouve *huwa* au lieu de *hiya*.

6. *ġayr al-ašyā' al-latī huwa la-hā awwal wa 'illa*. j : *aliud ab eis, quorum est primum et causa*. 999a18 : ὧν ἀρχή.

7. *anniyya*. j : *essentiam*. 999a19 : εἶναι.

8. *iḏā bānat*. j : *quando fuerint separata*. 999a19 : χωριζομένην.

9. *mā ḫalā*. j : *praeter*. 999a20 : παρὰ.

10. *bi al-aqāwīl al-latī taṯbutu*. j : *sermones probantes*.

11. *wa al-latī taṯbutu naqīḍa-ha*. j : *et contradicentes illis*.

posent de cette façon[1] qu'en tant qu'ils sont des genres), il veut examiner si les universaux qui sont entre le genre premier et les individus sont | des genres ou non. Si ce sont des genres, quels genres sont le plus proprement principe[2] : est-ce le plus général ou le plus spécifique ? Il dit : *Nous examinons la question de savoir si les choses qui sont connues avec les différences, et qui sont entre le genre élevé*[3] *et les individus, sont des genres ou <si> on pense que certaines sont des genres, alors que pour d'autres, on ne le pense pas*. S'il a dit de cet intermédiaire qu'il est connu avec les différences, c'est parce que le genre élevé est simple | alors que cet intermédiaire est composé du genre qui est au-dessus de lui et de la différence en laquelle se divise ce genre. Et, comme il l'a dit, cet intermédiaire n'est connu que par les différences, c'est-à-dire les différences auxquelles il est uni[4]. De sorte qu'il examine si ce sont tous des genres, ou si certains sont des genres et d'autres non. Et il n'a dit cela qu'à cause de l'espèce dernière car elle n'est pas un genre.

230 | Après avoir mentionné cela, il mentionne l'examen qui est comme le principe de cet examen, à savoir : est-ce que les différences sont plus proprement principes que les genres, ou les genres le sont-ils plus qu'elles[5] ? S'il a ajouté cet examen, c'est parce que ces intermédiaires sont composés des genres qui sont au-dessus d'eux et des différences. Et si les différences sont antérieures | aux genres, ces intermédiaires sont alors antérieurs au genre élevé, et chaque fois que le genre est plus composé que les différences, il est plus proprement principe. Et si le genre est antérieur à la différence, le genre premier est plus proprement principe, et ce qui est le moins différencié est plus proprement principe.

Il dit : *En effet, si les différences sont des principes, les principes seront, d'après ce discours, également* | *infinis*. Il est probable qu'<Aristote> veuille dire que nous n'avons pas de moyen[6] de dénombrer les principes, de sorte qu'ils ne sont pas connus pour nous. En effet, les différences, même si nous ne pouvons les dénombrer, nous ne doutons pas qu'elles sont restreintes et finies selon la nature. Et il semble qu'il ne les a posées infinies que d'après ce qui est communément admis[7]. En effet son propos[8] n'a de place ici qu'en tant qu'il est communément admis[9]. Il est probable qu'<Aristote> veut dire que si on admet que | le propre est plus

1. *bi hāḏihi al-ṣifa*. j : *non ponunt esse ea, nisi secundum quod sunt genera.*
2. ou : *premier.*
3. *al-ʿālī*. T : *al-aʿlā* (*le plus élevé*).
4. *muqtarina bi-hā*. j : *adiunctis cum eis.*
5. *am al-ağnās aḥaqq min-hā*. j : *aut econverso.*
6. *sabīl* (litt. : *chemin*). j : *viam.*
7. *bi-ḥasb al-mašhūr*. j : *secundum quod est famosum.*
8. *kalāmu-hu*. j : *sermo eius.*
9. *min ḥayṯu al-mašhūr*. j : *secundum probabilitatem hominum.*

véritablement principe que le général, cela implique que les formes des individus soient les principes, de sorte que les principes seront infinis.

Ensuite il dit : *Ce discours est une conséquence*[1] *pour celui qui dit que les principes sont les genres premiers.* Voici ce qui est arrivé dans *Lām*[2] : il semble qu'une particule négative[3] fasse défaut dans | cette citation[4], et la 231
citation retrouve sa clarté et il semble, s'il est vrai que <tel> soit son sens, que <la citation> repose sur ce doute, « et que cela est une conséquence pour celui qui dit que les principes sont les genres ». En effet, si les principes sont finis, les différences infinies et les genres finis, cela implique nécessairement que | les principes soient les genres.

Ensuite, il introduit l'argument de ceux qui disent que les différences sont plus proprement principes que les genres premiers et il dit : *Aussi, si l'un est un principe plus nécessairement principe que le reste, et <si> l'un est indivisible, et <si> tout divisible se divise soit selon la quantité, soit selon la forme, et <si> ce qui se divise selon la quantité est avant l'un*[5] *qui se divise selon la forme, et <si> les genres | se divisent selon la forme, et la forme selon la quantité, alors le dernier un prédiqué est plus nécessairement un que le reste.* Il veut dire : étant donné que ce qui se divise selon la forme, à savoir le genre premier, se divise en ce qui est un selon la forme, et que la division en l'un selon la quantité prend fin dans l'un selon la forme, ce qui est indivisible selon la quantité a nécessairement plus d'unité que ce qui est indivisible selon la forme. S'il en est ainsi, ce qui | est moins divisé est plus proche de la nature de l'un qui est la cause du multiple. Et s'il en est ainsi, ce qui est moins divisé est antérieur à ce qui est plus divisé, de sorte que l'espèce dernière est plus véritablement antérieure à tout ce qui est au-dessus d'elle, comme l'homme qui se divise en chacun des hommes, non en plusieurs espèces.

| Ensuite il dit : *De même, nous disons que*[6] *les genres des choses qui* 232
ont l'antérieur et le postérieur[7] *ne peuvent être autre chose en dehors des*

1. *yalzamu hāḏā al-qawl.* T : *lā yalzamu* (*n'implique pas*). Averroès va relever cette erreur.

2. *kaḏā waqa'a fī al-lām, lām* étant l'équivalent arabe de la lettre grecque *Lambda* (Λ). Il est étonnant qu'Averroès parle du livre Lambda, alors qu'il est en train de commenter le livre Bêta. Peut-être s'aidait-il du livre Lambda, dernier livre de la *Métaphysique* d'après Averroès, pour commenter le livre des apories. j : *ita invenitur in exemplari.*

3. *ḥarf lā.* j : *haec particula, non.*

4. Averroès relève une erreur dans le Lemme. La négation dont il parle se trouve bien dans le Textus (p. 227, 8). Cette discordance entre Textus et Lemme et, a fortiori, les remarques que fait Averroès à ce propos, semblent remettre en question la thèse de Bouyges selon laquelle Averroès aurait lui-même copié ou fait copier les Textus.

5. *al-wāḥid,* omis dans le T.

6. T : *fī* (pour), omis dans le L.

7. *qabl wa ba'd.* Averroès corrige le Textus qui porte : *qabl wa awwal.*

formes de ces choses. C'est comme dire que si le premier nombre est la dyade, alors le nombre n'est rien d'autre en dehors des formes du nombre, et, pareillement, il n'y a pas de figure en dehors des formes des figures. Il veut dire que les genres antérieurs à | leurs différences n'ont pas d'être si ce n'est avec leurs différences, et ce sont les formes en lesquelles ils se divisent. Par exemple, *animal* n'a pas d'être en acte si ce n'est dans les espèces en lesquelles il se divise. Il en va de même pour la couleur : elle n'a pas d'être si ce n'est dans les espèces des couleurs, et le nombre n'a pas d'être si ce n'est dans le premier des nombres, à savoir la dyade, ensuite dans les autres espèces des nombres. En effet, la dyade est la première des formes | des nombres.

Ensuite il dit : *S'il en est ainsi, il n'est pas possible que les genres soient autre chose en dehors de leurs formes.* Il veut dire que les genres n'ont pas d'être si ce n'est avec les formes.

Il dit : *Quant aux individus, certains ne sont pas antérieurs à d'autres.* Il veut dire : il arrive que l'être de certains soit dans d'autres, mais chacun d'entre eux est un être en acte[1], non | par le fait qu'il y a en eux <quelque chose de> postérieur <venant> de <quelque chose d'> antérieur par lequel l'antérieur serait un être.[2].

Ensuite il introduit un troisième argument et dit : *Aussi, <pour> les choses dont certaines sont meilleures et d'autres pires, le meilleur d'entre elles est toujours antérieur au pire, de sorte qu'il est évident que le genre n'est pas non plus principe en ce sens. Mais il nous a déjà été expliqué,*
233 *parmi ces sens, que les choses prédiquées des individus | sont les principes des genres.* Il veut dire : Aussi, puisqu'il est connu par soi que le meilleur est antérieur au pire, et qu'il apparaît que l'espèce est plus digne que le genre, il est manifeste qu'il faut que l'espèce soit antérieure au genre, et l'antérieur plus proprement[3] principe que le postérieur. Et si <Aristote> a dit cela, c'est parce que l'espèce | est la perfection[4] du genre. Et il dit : *de sorte qu'il est évident que le genre n'est pas principe en ce sens. Mais il nous a déjà été expliqué, parmi ces sens, que les choses prédiquées des individus sont les principes des genres.* Il veut dire : de sorte qu'il est évident, d'après ce discours, que le genre ne doit pas être antérieur à l'espèce. Au contraire, il nous apparaît, d'après ce sens et d'après ce qui précède, que l'espèce dernière est plus véritablement antérieure, et c'est ce

1. *kull wāḥid min-hā huwa mawǧūd bi al-fiʿl.* j : *unumquodque eorum est existens in actu per se.*

2. *lā min qibal anna fī-hā mutaʾaḫḫir*[an] *ʿan al-mutaqaddim bi-hi ṣāra al-mutaqaddam mawǧūd*[an]. j : *et non est in eis posterius, quod constituatur per prius.*

3. *aḥrā.* j : *magis est.*

4. *kamāl.* j : *perfectio.*

qu'il visait en disant *les choses prédiquées des individus*[1], | c'est-à-dire les espèces dernières.

Après avoir épuisé les arguments imposant que l'espèce est plus antérieure que le genre, il introduit également un argument imposant que le genre est proprement antérieur, et il dit : *Et nous disons aussi : comment faut-il penser que ces formes sont des principes. En effet, ce discours n'est pas facile car il faut que le principe et la cause soient autre que les choses dont ils sont principe | et cause et qu'ils aient un être quand ils se séparent des choses*. Il veut dire : mais pour celui qui dit comment il nous est permis de dire que les formes des espèces sont plus aptes[2] que | les genres à être[3] **234**
principes. En effet, les principes doivent être en dehors des choses dont ils sont principes, et être, par leur nature, isolés[4].

Ensuite il dit : *Mais comment peut-on imaginer une telle chose en dehors du genre universel prédiqué de toutes les choses*. Il veut dire : mais comment | est-il possible pour l'homme d'imaginer, à propos de ces choses, que le principe est en dehors de la chose dont il est principe selon la définition, si ce n'est que l'on imagine cela pour le genre avec l'espèce[5]. Il veut dire en effet que si l'espèce est un principe, on n'imagine pas que, selon la définition et la quiddité, elle soit en dehors de la chose dont elle est principe. S'il en est ainsi, le genre premier universel prédiqué de toutes les choses sera le principe .

| Ensuite il dit : *Car s'il est nécessaire de dire que les choses universelles sont des principes parce qu'elles sont universelles, alors il faut que les principes soient les choses qui soient nécessairement plus universelles que les formes*. Il veut dire : s'il est nécessaire que les universaux soient plus aptes à être des principes en tant qu'ils sont universaux, alors il est nécessaire que ce qui est le plus universel au sein des formes soit plus proprement principe que ce qui est moins universel en elles. S'il en est | ainsi, il faut que les genres soient plus proprement principes que les espèces.

Ensuite il dit : *et d'après ce discours, les principes seront les genres premiers*. Il veut dire : il découle nécessairement de cela que les genres premiers seront les principes, puisqu'il n'y a pas de formes plus générales qu'eux[6].

1. j ajoute ici : *sunt principia.*
2. *awlā*. j : *digniores.*
3. *bi kawni-hā*. j : *ad essendum.*
4. *wa an takūna bi-ṭabī'ati-hā munfarida*. j : *et ut sint habentes naturam separatam.*
5. *bi al-ḥadd illā an yatawahhama ḏālika fī al-ǧins ma'a al-naw'*. j : *secundum definitionem primam : et non existimatur hoc in genere cum specie* (!).
6. *iḏ kāna lā tūǧada ṣuwar a'amm min-hā*. j : *cum sint universaliora omnibus.*

235 | T. 12 (999 a 24-b 20) *Aristote a dit* :

Cette question obscure est suivie d'une autre question, plus difficile que toutes, qu'il nous faut nécessairement étudier, et c'est la question que nous énonçons maintenant, à savoir : si[1] il n'y a rien en dehors des choses particulières, et les choses particulières sont infinies, | comment peut-on appréhender[2] la science de ce qui est infini ? En effet, nous connaissons toutes les choses par quelque chose d'un, d'universel, restant tel quel[3]. Et si ce discours est nécessaire, il faut qu'il y ait autre chose en dehors des choses particulières, de sorte que, nécessairement, les genres derniers et premiers seront en dehors des choses particulières. Nous avons déjà dit[4] plus haut que cela est impossible. Aussi, quand nous devons affirmer une autre chose universelle[5] en dehors de toutes | les choses particulières[6], nous disons : quand une chose est dite de la matière, est-ce que[7] cette chose est en dehors de toutes les choses particulières[8] ou bien est-elle en dehors de certaines sans l'être de certaines autres, ou n'est-elle rien en dehors d'elles ? En effet, s'il n'y a rien en dehors des particuliers, il n'y aura rien d'intelligible, mais toutes les choses seront sensibles et on ne pourra rien connaître par une science, à moins de prétendre que la sensation est une science. Pareillement rien ne pourra être | éternel ni immobile car tous les sensibles sont corruptibles[9] et ont un mouvement. Mais si rien n'est éternel ni immobile, il ne pourra non plus y avoir génération. En effet, il faut
236 nécessairement qu'il y ait l'engendré[10] | et ce à partir de quoi il y a génération, et que le principe de ces choses ne soit pas engendré[11], si elles cessent. Et il est impossible que quelque chose soit engendré à partir de rien car s'il y a génération, le mouvement a nécessairement une fin. En effet, aucun mouvement n'est infini mais tout mouvement a une fin et une

1. *In.* j : *si.* 999a26 εἰ A^{b} Γ : εἴτε Π. Il s'agit sans doute d'une *lectio facilior*.

2. *kayfa yumkinu an yadrika.* j : *quomodo est possibile comprendatur.* 999a27 : πῶς ἐνδέχεται λαβεῖν.

3. *bāq 'alā ḥāli-hi.* j : *permanens in sua dispositione.* 999a28 : καὶ ταὐτόν.

4. *qad qulnā.* j : *iam diximus.* 999a32 : διηπορήσαμεν.

5. *šay'^{an} kulliyy^{an}.* j : *universale esse.* 999a32 : ἔστι τι. NB : Il va de soi, pour le traducteur arabe, que ce qui est prédiqué est nécessairement un universel. D'autre part, μάλιστα n'est pas traduit.

6. *ġayr ǧamī' al-ašyā' al-ǧuz'iyya.* j : *aliud ab omnibus particularibus.* 999a33 : παρὰ τὸ σύνολον (!).

7. 999a34 : l'arabe ne traduit pas εἰ ἔστι.

8. *hal ḏālika al-šay' ġayr ǧamī' al-ašyā' al-ǧuz'iyya.* j : *utrum illud sit aliud ab omnibus particularibus.* 999a34 : πότερον, (εἰ ἔστι), παρὰ πάντα δεῖ εἶναί τι.

9. *tublā.* j : *corruptibilia.* 999b5 : φθείρεται.

10. *al-mukawwan.* j : *generationem.* 999b7 : τὸ γιγνόμενον.

11. *wa an yakūna awwal hāḏihi al-ašyā' ġayr mukawwan.* j : *et ut principia istorum sint ingenerabilia.* 999b7 : καὶ τούτων τὸ ἔσχατον ἀγένητον.

perfection[1]. Et il est impossible | que soit ce qui ne peut être engendré[2]; quant à ce qui a été engendré, il est possible aussitôt qu'il est nécessairement engendré[3]. Pareillement, si la chose universelle est la matière[4], car elle n'a pas été engendrée, alors la substance, quand[5] elle a été engendrée, est plus nécessairement universelle que la matière. En effet, si l'universel n'est ni la matière ni la substance appréhendée[6], il n'est absolument pas nécessaire qu'il y ait quelque chose[7]. Et si on n'a pas cela, l'universel, | qui est en dehors de ces choses particulières, sera nécessairement la forme et la figure[8]. Et si on prétend cela, on en tire une conséquence indigne. On ne peut en effet dire que ceci est possible[9] pour toutes les choses. Au contraire, nous disons que cela se peut pour certaines et non pour d'autres. De sorte qu'il est évident qu'on ne peut avoir cela pour toutes les choses. Nous ne disons pas en effet qu'il y a une maison en dehors des maisons singulières[10].

C. 12 | Commentaire **237**

Son objectif dans ce chapitre[11] est d'approfondir[12] le discours concernant l'énumération des discours qui imposent, à première vue[13], que les universaux sont des choses qui existent séparément[14], et ce sont les arguments qui ont poussé Platon à professer les formes. | Il dit : *s'il n'y a*

1. *ġāya wa tamām.* j : *finem et complementum.* 999b10 : τέλος.

2. *lā yumkinu an takūna al-laḏī lā yumkinu an yatakawwana.* j : *impossibile ut sit aliud, quod impossibile est ut fiat.* 999b11 : γίγνεσθαί τε οὐχ οἷόν τε τὸ ἀδύνατον γενέσθαι.

3. *huwa mumkin min awwal mā kuwwina iḍṭirār*[an]. j : *est possibile in primo quod sit necessario.*

4. *in kāna al-šay' al-kullī huwa al-hayūlā.* j : *si res universalis est materia.* Rien ne correspond vraiment à cela dans le texte grec. Le traducteur arabe a peut-être lu un mot que nous ne pouvons plus lire aujourd'hui dans nos manuscrits… à moins qu'il n'ait fait, comme Christ, une conjecture (Cf. apparat critique de Christ : εἴπερ ἡ ὕλη ἔστι ἀΐδιος διὰ).

5. *iḏ.* j : om. 999b14 ὁπότε J A^b : ὅ ποτε E Al^c.

6. *in lam yakun al-kulliyy lā al-hayūlā wa lā al-ǧawhar al-mudrak.* j : *si universale non fuerit materia, naque substantia comprehensibilis.* 999b14 : εἰ γὰρ μήτε τοῦτο ἔσται μήτε ἐκείνη.

7. *lam yağib an yakūna šay' al-batta.* j : *nihil erit omnino.* 999b15 : οὐθὲν ἔσται τὸ παράπαν.

8. *fa-sayakūnu al-kulliyy al-laḏī huwa ġayr hāḏihi al-ašyā' al-ǧuz'iyya al-ṣūra wa al-šakl iḍṭirār*[an]. j : *erit universale, quod est aliud ab istis particularibus forma, et figura necessario.* 999b16 : ἀναγκη τι εἶναι παρὰ τὸ σύνολον τὴν μορφὴν καὶ τὸ εἶδος.

9. *ǧā'iz.* j : *est possibile.* 999 b 18 : οὐχ οἱόν.

10. *bayt*[an] *ġayr al-buyūt al-mufrada.* j : *domus sit aliud a domibus singularibus.* 999b19-20 : τινα οἰκίαν παρὰ τὰς τινὰς οἰκίας.

11. *fī hāḏā al-faṣl.* j : *in hoc capitulo.*

12. *yastaqṣiya.* j : *inducere.*

13. *fī bādi' al-ra'y.* j : *superficieterus.*

14. *umūr*[an] *mawǧūdat 'alā infirādi-hā.* j : *sunt existentia per se.*

rien en dehors des choses particulières jusqu'à *restant tel quel.* Ceci est compréhensible par soi et se résume à ceci[1] : s'il n'y a pas de choses universelles stables[2], non changeantes et incorruptibles, déterminant[3] les particuliers qui sont inclus sous eux, il n'y aura aucune science nécessaire, ni de science déterminant le connu, soit, d'une part, que sa génration ne détermine ni n'englobe le connu (du fait que les choses particulières sont infinies, et que ce qui est infini | est indéterminable), soit, d'autre part, que sa génération ne soit ni éternelle ni nécessaire[4] (du fait que les choses particulières sont dans un changement éternel[5]). Et il dit : *En effet, nous connaissons toutes les choses par quelque chose d'un, d'universel, restant tel quel.* Il veut dire : il est en effet connu par soi que nous connaissons toutes les choses particulières par une chose une, universelle, les déterminant, restant dans son état, non changeante, de sorte que si l'universel n'est pas quelque chose qui est[6], c'est que la science est un mensonge. C'est ce qu'il a voulu indiquer en disant : *Et si | ce discours est nécessaire, il faut qu'il y ait quelque chose*[7] *en dehors des choses particulières.* Il veut dire : s'il est nécessaire de dire que, inévitablement[8], la science des choses vient d'une chose une[9], universelle et constante, il est nécessaire qu'il y ait là, c'est-à-dire à l'extérieur de l'âme, autre chose en dehors des choses particulières.

238 | Ensuite il dit : *de sorte que, nécessairement, les genres derniers et premiers seront en dehors des choses particulières.* Il veut dire : s'il est nécessaire qu'il y ait autre chose, en dehors des particuliers, qui soit une cause pour la science, et si l'universel est ce qui correspond à cette description, alors, nécessairement, les genres premiers, les espèces dernières et ce qui est entre eux seront | quelque chose qui est[10] à l'extérieur de l'âme, en dehors des choses particulières, et leurs principes seront les genres premiers.

1. *talẖīṣu-hu inna-hu.* j : *abbreviatio eius est, quod.*
2. *ṯābita.* j : om.
3. *ḥāṣira li.* j : *quae determinent.*
4. *kawnu-hu ġayr dā'im wa lā ḍarūrī.* j : *ideo scientia non erit determinans : sicut etiam neque necessaria* (!).
5. *min qibal anna al-umūr al-ğuz'iyya fī taġayyur dā'im.* j : *quia particularia sunt infinita, et semper in transmutatione* (!).
6. *šay'^{an} mawğūd^{an}.* j : om.
7. *šay' ġayr al-ašyā'...* T : *šay' aẖar ġayr al ašyā'...* (*autre chose en dehors des choses...*).
8. *lā budda fī.* j : om.
9. *lā budda fī 'ilm al-ašyā' min šay' wāḥid.* j : *in scientia particularium necessarium est unum* (!).
10. *šay'^{an} mawğūd^{an}.* j : *sint existentia.*

Ensuite il dit : *nous avons déjà dit plus haut que cela est impossible*. Il veut dire : mais nous avons déjà mentionné, dans ce qui précède, l'absurdité qu'implique le fait de poser des universaux séparés[1].

Ensuite il dit : *Aussi, quand nous devons affirmer l'être*[2] *de l'universel*[3]. Car | il n'y a pas de doute à propos de l'être de l'universel. Il n'y a de doute qu'à propos de sa nature, de ce qu'il est[4].

Ensuite il dit : *nous disons : quand une chose est dite de la matière, est-ce que cette chose est en dehors de toutes les choses particulières ou bien est-elle en dehors de certaines sans l'être de certaines autres, ou n'est-elle rien en dehors d'elles ?* Il veut dire : nous disons qu'il est évident en soi qu'une certaine chose une[5] se prédique de la matière des choses particulières, de sorte que lorsqu'une chose est prédiquée des choses particulières | matérielles, <on se demande> si cette chose est en dehors de toutes les choses particulières desquelles elle est prédiquée ou si elle est en dehors de certaines et[6] ne l'est pas en dehors d'autres ou si elle est toutes <ces choses> ?

Ensuite il dit : *En effet, s'il n'y a rien en dehors des particuliers, il n'y aura rien d'intelligible, mais toutes les choses seront sensibles et on ne pourra rien | connaître*[7]*, à moins de prétendre que la sensation est une* **239**
science. Il veut dire : mais si on admet qu'il n'y a rien en dehors des choses particulières, il n'y aura aucun objet de science, à moins que[8] l'on appelle science ce que saisit la sensation.

Ensuite il entreprend de mentionner l'absurdité qu'implique la position selon laquelle il n'y a rien | en dehors des choses particulières et il dit : *Pareillement rien ne sera*[9] *éternel ni immobile car tous les sensibles sont corruptibles et ont un mouvement.* Il veut dire : en bref, poser cela implique que rien n'existe en dehors des particuliers sensibles s'il n'y a rien d'éternel ni d'immobile car tous les sensibles sont usables et corruptibles.

Il mentionne ensuite ce que cela implique de nier l'existence d'une chose éternelle et immobile et il dit : | *Mais si rien n'est éternel ni immobile, il ne pourra non plus y avoir génération.*

1. *mufāriqa*. j : *abstractorum*.
2. *wuǧūd*. j : *esse*.
3. *wuǧūd al-kullī*. T : *šay'an kulliyyan āḫar* (*qu'il y a une autre chose universelle*).
4. *inna-mā al-šakk fī ṭabī'ati-hi mā huwa*. j : *quam dubium non est nisi de natura eius qui ipsa sit*.
5. *šay'an mā wāḥidan*. j : *unum quid*.
6. *wa*. j : *aut*.
7. Le T ajoute : *bi-'ilm* (*par une science*).
8. *allāhumma illā an*. j : *nisi*.
9. *lā yakūnu*. T : *lā yumkinu an yakūna* (*ne pourra être*).

Ensuite il entreprend d'expliquer comment on tire cette conséquence et dit : *En effet, il faut*[1] *qu'il y ait l'engendré et ce à partir de quoi il y a génération.* Il veut dire : en effet, il est nécessaire, si la génération existe[2] et est éternelle, qu'il y ait d'abord une chose qui actualise[3] la génération et qui soit | inengendrée, et une chose à partir de laquelle il y a d'abord génération et qui soit également inengendrée. Ensuite il dit : *et que les principes*[4] *de ces choses ne soient pas engendrés, si elles cessent. Et il est impossible que quelque chose soit à partir de rien.* Il veut dire : En effet, il est nécessaire que les principes de la génération ne soient pas générables[5], étant donné **240** qu'il est nécessaire | que rien ne soit à partir de quelque chose jusqu'à l'infini, ni quelque chose à partir de rien. Puisqu'il en est ainsi, il est nécessaire que la génération cesse et s'interrompe et qu'elle commence également sans cause moteur.

Ensuite il dit : *car s'il y a génération, le mouvement a nécessairement une fin.* | Par le fait que si le mouvement de la génération est infini, il n'y a pas d'engendré, c'est-à-dire que sa génération ne s'achèvera pas[6]. <*Il dit*> : *En effet, aucun mouvement n'est infini mais tout mouvement a une limite et une perfection.* Il veut dire : en effet, il n'est pas possible qu'un mouvement droit n'ait pas de fin.

Ensuite il dit : *Et il est impossible que soit ce qui ne peut être engendré ; quant à | ce qui a été engendré, il est possible aussitôt qu'il est nécessairement engendré.* Il veut dire : ce qui indique qu'il est impossible qu'un mouvement droit soit infini, c'est qu'il est impossible que ce mouvement soit, je veux dire que sa génération s'achève. Et ce dont la génération ne s'achève pas ne commence pas à être engendré[7] et il est impossible qu'il commence à être engendré. Et cette indication est celle-là même qu'il a utilisée dans le sixième <traité> de la *Physique*, où il dit | par exemple que, puisqu'il n'est pas possible qu'il y ait un homme dans tout le domaine[8], il n'est pas possible pour cet homme d'être dans la génération. Et ceci est toujours comme un doute au sujet de l'existence de la génération éternelle[9]. Il a déjà résolu ce doute dans la *Physique*, où il dit que c'est

1. Le T ajoute : *iḍṭirār*^{an} (*nécessairement*).

2. *In kāna al-kawn mawǧūd*^{an} (ou : *si la génération est un être*). j : *si generatio est semper*.

3. *yaf'al.* j : *quod agat.*

4. *awā'il hāḏihi al-ašyā'.* T : *awwal hāḏihi al-ašyā'* (*le principe de ces choses*).

5. *ġayr kā'ina.* j : *non sint generabilia.*

6. *lā yutimmu kawnu-hu.* j : *non complebitur sua generatio.*

7. *laysa yašra'u fī al-kawn.* j : *non incipit fieri.*

8. *fī ṭūl al-maydān.* j : *in stadio.*

9. *hāḏā ka anna-hu šakk fī wuǧūd al-kawn dā'im*^{an}. j : *et ista est dubitatio in continuatio generationis.*

possible[1] pour le mouvement circulaire dans la génération, où[2] le générable vient d'un corruptible et le corruptible d'un générable.

| Ensuite il dit : *Pareillement, si la chose universelle est la matière, car elle n'a pas été engendrée, alors la substance, quand elle a été engendrée, est plus nécessairement universelle que la matière.* Il veut dire : pareillement, s'il faut que l'universel, qui ne change pas, soit la matière, du fait qu'aucun des deux n'est engendré, alors la forme sera plus proprement cela. En effet, elle ne s'engendre pas non plus ni ne se corrompt, | mais elle est une chose qui est en acte[3], alors que la matière est en puissance. **241**

Ensuite il dit : *En effet, si l'universel n'est ni la matière ni la substance*[4], *il n'est absolument pas nécessaire qu'il y ait quelque chose.* S'il a dit cela, c'est parce que, étant donné que l'universel est une substance et qu'il n'y a pas de substance à part ces deux choses, je veux dire selon le communément admis, il est manifeste que si l'universel n'est pas une de ces deux choses, alors il n'est rien parmi les choses qui sont.

| Ensuite il dit : *Et si on n'a pas cela, l'universel, qui est en dehors de ces choses particulières, sera nécessairement la forme et la figure.* Il veut dire : et si l'universel n'est pas la matière, alors nécessairement, l'universel, qui est en dehors des choses particulières, sera la forme et la figure.

Ensuite il dit : *Et si on prétend cela, on en tire une conséquence indigne. On ne | peut en effet dire que ceci est possible pour toutes les choses. Au contraire, nous disons que cela se peut pour certaines et non pour d'autres.* Il veut dire : mais si quelqu'un clame ce discours et en infère[5] un être à l'extérieur de l'âme comme si c'était une substance subsistant par soi, celui qui dit ce | discours implique des indignités, car il est impossible que tous les universaux correspondent à cette description. Au contraire, cela n'est possible que pour certains, pas pour d'autres. Par cela, il a désigné[6] les universaux des choses artificielles et les universaux des accidents. Personne en effet ne peut les poser comme des substances séparées ; cela n'est possible que pour les substances des choses | naturelles. C'est pourquoi il a dit : *De sorte qu'il est évident qu'on ne peut avoir cela pour toutes les choses. Nous ne disons pas en effet qu'il y a une maison en dehors des maisons singulières.* Il veut dire : en effet, personne ne peut prétendre qu'il y a une maison universelle existant[7] à l'extérieur de l'âme de **242**

1. *hāḏā mumkin.* j : *est impossibile* (!).
2. *min ḥayṯu.* j : *secundum quod.*
3. *hiya šay' mawǧūd bi al-fi'l.* j : *et ens in actu.*
4. T : *al-ǧawhar al-mudrak* (*la substance appréhendée*).
5. *in iddaʿā hāḏā al-qawl muddaʿ in wa anzala-hu.* j : *si aliquis posuerit ipsum.*
6. *wa ašāra bi-ḏālika ilā.* j : *et innuit exceptionem.*
7. *mawǧūd*^{an}. j : *existentem.*

l'artisan, en dehors des maisons particulières, ni une lettre universelle en dehors des lettres[1] du lexique de 24 lettres.

T. 13 (999b 20-24) | *Aristote a dit :*

De plus, nous examinons la question de savoir si la substance de toutes les choses est une ou non. Par exemple, est-ce que la substance de tous les hommes est une ou non ? Car si nous disons que leur substance est une[2], cela implique une indignité. En effet, toutes les choses dont la substance est une sont une[3]. Et si nous disons que leurs substances sont différentes[4], dire cela[5] est aussi impossible. De plus, | comment se peut-il que la matière
243 soit, à un moment donné[6], chacune | de ces choses[7], étant donné que le tout[8] sera les deux choses, c'est-à-dire la matière et les choses particulières[9].

C. 13 Commentaire

Il dit : parmi ce que nous devons considérer : est-ce que la substance de tous les êtres[10] est | une substance une ou multiple ? Car si <la substance> est une, la multiplicité sera éliminée[11] et l'être sera un. Et ceci est contraire à ce que l'on perçoit par les sens[12]. Et s'il y a plusieurs substances des êtres, il n'y aura absolument pas d'un selon l'espèce[13], auquel participe la dyade, et cela est impossible. Et si nous disons qu'il n'y a absolument pas d'un, comment se peut-il alors que la matière et les particuliers | qui sont en elle soient, à un moment donné, quelque chose d'un[14] ? Et le tout désigné sera les deux choses[15], c'est-à-dire la matière et ce qui reçoit la

1. *ġayr ḥurūf al-mu'ǧam al-arba'a wa al-'išrīn ḥarf*[an]. j : *a literis particularibus.*

2. Le traducteur arabe explicite.

3. *ǧamī' al-ašyā' al-latī ǧawharu-hā wāḥid hiya wāḥid.* j : *omnia, quorum substantia est una, sunt unum.* 999b21-22 ἓν γὰρ πάντα ὧν ἡ οὐσία μία Syr[c] et ut *vid.* Al[p] Ascl et tous les éditeurs depuis Bekker : οὐ γὰρ ἓν ἅπαντα ὧ ἡ οὐσία μία J A[b] Γ Al[l] Ascl[c] et fecit E.

4. *muḫtalifa.* j : *diversae.* 999b22 : διάφορα.

5. *hāḏā.* j : *hoc.* 999b22 τοῦτο E J : τούτοις A[b].

6. *fī waqt min al awqāt.* j : *in aliqua hora.* 999b23 ποτε ἡ A[b] : om. E J Γ Ascl.

7. *kull wāḥid min hāḏihi al-ašyā'.* j : *quaelibet istarum.* 999b23 : τούτων ἕκαστον.

8. *al-kull.* j : *omne.* 999b24 : τὸ σύνολον.

9. *a'nī al-hayūlā wa al-ašyā' al ǧuz'iyya:* Ajouté au grec. j : *scilicet universalia et particularia* (!).

10. *ǧawhar ǧamī' al-mawǧūdāt.* T : *ǧawhar al-ǧamī'.*

11. *irtafa'at.* j : *aufertur.*

12. *ḫilāf mā yaḥiṣṣ.* j : *contra sensum.*

13. *lam yūǧad hāhunā wāḥid bi al-naw' aṣl*[an]. j : *nihil erit in specie omnino.*

14. *kayfa yumkinu an takūna al-hayūlā fī waqt min al-awqāt hiya wa ǧamī' al-ǧuz'iyyāt al-latī tūǧadu fī-hā šay'*[an] *wāḥid*[an].

15. *wa al-kull al-mušār ilay-hi huwa kullay-himā.* j : *et hoc est utrumque* (!).

matière[1]. C'est-à-dire : si nous disons qu'il n'y a absolument pas d'un. Car on pourra alors dire[2] que la matière existe en étant distincte, à un moment donné, des individus dont elle est matière.

T. 14 (999b 24-1000a 4) *Aristote a dit* :

| On peut aussi poser cette question obscure à propos des principes[3] en disant : si les principes sont un par la forme, alors il n'y aura rien d'un par le nombre, | ni l'un engendré[4]. S'il en est ainsi, rien de un ne sera prédiqué de **244**
toutes les choses. Comment dès lors pourra-t-il y avoir une connaissance ou une science[5] ? D'autre part[6], si tous les principes sont un par le nombre, et <si> les principes de certaines choses ne sont pas différents[7] des principes de certaines autres choses, comme les principes des choses sensibles, (par exemple, | cette syllabe[8] et d'autres[9] sont une par la forme, et leurs principes[10] sont un par la forme, différents[11] par le nombre), si donc les principes des êtres[12] ne sont pas comme ceux-là mais sont au contraire un par le nombre[13], il ne sera pas nécessaire qu'il y ait autre chose en dehors des éléments, et il n'y a donc pas de distinction[14] entre dire *un par le nombre* et dire *pour chaque particulier*[15]. En effet, ce n'est que pour chaque particulier que l'on dit *l'un par le nombre* et on ne dit *universel* | que pour ce qui est prédiqué de ces particuliers. Par exemple, si les éléments du son

1. *wa al-latī taqbalu al-hayūlā*. j : *et quod recipit materiam*. Il semble que le traducteur latin ait raison, car la syntaxe arabe voudrait que l'on trouve, pour traduire par « *et ce que la matière reçoit* », la formule *wa al-latī taqbulu-hu al-hayūlā*. Averroès a l'air de dire que ce sont les particuliers qui reçoivent la matière, et non l'inverse.

2. *li-qā'il in yaqūla inna*. j : *potest enim aliquis dicere quod*.

3. *'an al-awā'il*. j : *de principiis*. 999b24 περὶ τῶν ἀρχῶν E J Γ Ascl[c] : om. A[b].

4. *fa-laysa šay' wāḥid bi al-'adad wa lā al-wāḥid al-kā'in*. j : *nihil est uno in numero neque unum generabile*. 999b26 : la version arabe semble correspondre à la leçon de Ab, sans « αὐτὸ » : οὐθὲν ἔσται ἀριθμῷ ἕν οὐδ' [αὐτὸ] τὸ ἕν καὶ τὸ ὄν. *Contra* E, J : οὐθὲν ἔσται ἀριθμῷ ἕν οὐδ' [αὐτὸ] ἕν καὶ ὄν.

5. *ma'rifa aw 'ilm*. j : *scientia aut cognitio*. 999b26 : τὸ ἐπίστασθαι.

6. *ammā*. j : om. 999b27 : ἀλλὰ μὴν.

7. *ġayr*. j : *alia*. 999b29 : ἄλλαι.

8. *hāḏihi al-naġma*. j : *ista litera*. 999b29 : τῆσδε τῆς συλλαβῆς.

9. *ġayra-hā*. j : *et alia*. 999b29 : rien ne correspond à cela dans le texte grec.

10. *awā'ilu-hā*. j : *principia earum*. 999b30 αἱ ἀρχαὶ A[b]) : om. αἱ Π.

11. *muḫtalifa*. j : *diversa*. 999b31 : ἕτεραι.

12. *awā'il al-huwiyyāt*. j : *principia entium*. 999b32 αἱ τῶν ὄντων ἀρχαὶ A[b] : om. ἀρχαὶ Π.

13. *wāḥida bi al-'adad*. j : *unum numero*. 999b32 ἀριθμῷ ἕν A[b] Al[c] E[2] : om. ἕν Π.

14. *fa inna-hu lā faṣl*. j : *nulla enim est differentia*. 999b34 : διαφέρει οὐθέν.

15. *wa bayna al-laḏī yaqūlu li-kull wāḥid ǧuz'iyy*. j : *et dicentum unum particulare*. j ajoute encore ici : *ab uno autem particulari non nisi unum particulare, quare nec ab uno numero non nisi unum numero* (!). 999b33-34 : ἢ τὸ καθ' ἕκαστον λέγειν.

étaient limités par le nombre[1], l'ensemble des lettres[2] serait[3] au même nombre que celui des éléments, et il n'y aurait pas de doublement, ni plus que cela[4].

C. 14 Commentaire

Cette question dit : est-ce que les principes des choses sensibles sont tous | un selon la forme ou sont-ils tous un selon le nombre ? <Aristote> dit que s'ils sont tous un selon la forme, il n'y aura rien d'un selon le nombre,
245 ni l'un engendré, | et cela est absurde à l'extrême; s'il n'y a pas de un particulier, il n'y a pas de multiplicité particulière. Et s'il n'y a pas de particuliers, il n'y a pas d'universel. Et s'il n'y a pas d'universel, il n'y a pas de science. Ceci est l'absurdité qu'implique la position selon laquelle les principes sont un selon la forme.

| Ensuite il commence par ce qu'implique la position selon laquelle ils sont un par le nombre et dit : *D'autre part, si tous les principes sont un par le nombre, et <si> les principes de certaines choses ne sont pas différents*[5] *des principes de certaines autres choses, comme les principes des choses sensibles (comme on dit que cette syllabe et d'autres sont un par la forme, et <que> leurs principes sont un par la forme, différents par le nombre).* Il veut dire : d'autre part, si les principes des choses sensibles sont, chacun, un | par le nombre, et <si> certains ne sont pas un par la forme, ni différents par la forme, comme c'est le cas pour les principes des choses sensibles et pour les choses sensibles elles-mêmes, et <si> il n'y a absolument aucun un par la forme, <si> tous les principes sont un par le nombre, il n'y aura rien en dehors des éléments eux-mêmes, alors si les principes des êtres ne sont pas comme ceux-là mais sont au contraire un par le nombre, il ne sera pas nécessaire d'avoir autre chose en dehors | des éléments.

Ensuite il donne la cause de cela et dit : *et il n'y aura donc pas de distinction entre dire « un par le nombre » et dire « chaque par-*
246 *ticulier »*[6]. *En effet, ce n'est que pour | chaque particulier que l'on dit « l'un par le nombre » et on ne dit « universel » que pour ce qui est prédiqué de ces particuliers.* Il veut dire : cela n'est nécessaire que parce que *l'un par le nombre* est synonyme de notre mot *particulier*[7]. Et si ces

1. *maḥdūda bi al-ʿadad.* j : *terminata in numero.* 1000a2 ἐν ἀριθμῷ…ὡρισμένα E : ἓν ἀριθμῷ… ὡρισμένα J : ἀριθμῷ…ὡρισμένῳ A^b .

2. *al-ḥurūf ǧamīʿan.* j : *omnes literae.* 1000a3 : τὰ πάντα γράμματα.

3. 1000a2 : ἀναγκαῖον n'est pas traduit.

4. *wa lam takun muḍaʿafa wa lā akṯar min ḏālika.* j : *neque multiplicarentur, neque magis essent.* 1000a4 : μὴ ὄντων γε δύο τῶν αὐτῶν μηδὲ πλειόνων.

5. *ġayr.*

6. *wāḥid ǧuzʾī.* T : *li-kull wāḥid ǧuzʾī* (*pour chaque particulier*).

7. *murādif li-qawli-nā ǧuzʾī.* j : *synonymum est cum particulari.*

principes ne sont que particuliers, il n'y aura alors pas du tout d'universel, c'est-à-dire de forme. Et si tel est le cas, il ne devra rien y avoir en dehors du premier si | on pose qu'il n'y a rien en dehors des particuliers; En effet, d'une chose une ne vient pas une chose composée.

Etant donné que l'on peut même[1] dire que les principes sont seulement un par le nombre et ce qui naît d'eux plusieurs par le nombre, il introduit l'absurdité que cela implique, à savoir que le nombre des engendrés sera le même que celui des principes et non supérieur. Et il dit : *Par exemple, | si* jusqu'à *ni plus que cela*. Il veut dire que si les éléments du son étaient définis[2] par le nombre, c'est-à-dire particuliers, il y aurait le même nombre de sons que d'<éléments>[3], et rien de supérieur au nombre des lettres, qui s'élève à vingt-quatre[4], ne serait engendré[5].

T. 15 (1000 a 5-1001 a 3)

Nous avons certes omis d'examiner une question qui n'est pas, du point de vue de la difficulté, en deçà[6] de ces | questions ni en deçà de ce qui les a précédées, et qui est celle-ci : les principes des choses incorruptibles sont-ils les principes des choses corruptibles ou sont-ils différents ? Car si les principes des choses incorruptibles sont les principes des choses corruptibles, comment | certaines choses sont-elles corruptibles et d'autres incor- **247**
ruptibles ? Et pour quelle raison a-t-on cela ? Quant à ceux qui étaient du même avis qu'Hésiode[7] et tous ceux qui ont parlé des choses divines[8], ils se sont soucié de ne convaincre qu'eux-mêmes[9], sans se soucier de nous convaincre : ils l'ont au contraire négligé. En effet, ils font des principes une divinité[10] et [une chose] issue d'une divinité : ils ont affirmé | que les principes qui n'ont pas bu de nectar[11] et ne se sont pas nourris d'ambroisie[12] sont devenus

1. *bal.* j : om.
2. *maḥdūda.* j : *terminata.*
3. *'alā 'uddati-hā.* j : *secundum numerum eorum.* (càd : *il y aurait autant de sons que d'éléments*)
4. *al-latī hiya arba'a wa 'išrūn.* j : om.
5. *wa lam yatawallad 'an al-ḥurūf al-latī hiya arba'a wa 'išrūn akṯar min 'adadi-hā.* j : *et non generarentur a literis plus suo numero.*
6. *laysat bi-dūna.* j : *non minus.* 1000a5 : οὐθενὸς δ 'ἔλαττον.
7. *Afīqūdis.* j : *Epicurei.* 1000a9 : Ἡσίοδον.
8. *wa ğamī' man takallama fī al-ašyā' al-ilāhiyya.* j : *et omnes loquentes in Divinis.* 1000a9 : πάντες ὅσοι θεολόγοι.
9. *anfasa-hum.* j : *animae suae.* 1000a10 αὐτούς ex Al p Christ : αὑτούς tous les ms.
10. *ilāha.* j : *Deos.* 1000a11 : θεούς.
11. *naqṭar.* j : *de sublimatione.* 1000a12 : τοῦ νέκταρος.
12. *amrūsiyā.* j : *de manna et nectare.* 1000a12 : τῆς ἀμβροσίας.

mortels[1]. Et il est évident qu'ils disent ces choses qui sont connues pour eux, et pourtant ce qu'ils ont posé, concernant le fait que ces causes se nourrissent et goûtent des choses, ce propos dépasse notre entendement. En effet, s'ils obtiennent ces choses en vue du[2] plaisir, alors ni le nectar, ni l'ambroisie n'est une cause de la permanence d'une chose[3]. Et s'ils les obtiennent pour que | leur être[4] soit permanent, comment alors sont-ils éternels alors qu'ils ont besoin de nourriture ? C'est pourquoi il n'est pas nécessaire d'examiner sérieusement[5] les discours de ceux dont la sagesse est semblable aux fioritures[6]; il faut en revanche examiner et demander à ceux qui se sont énoncés ce qu'ils ont dit selon la démonstration et [demander] pour quelle raison, si les principes des choses sont concordants[7], les natures de certains sont éternelles et toujours permanentes, alors que d'autres sont corruptibles et usables. Puisqu'ils ne donnent pas de raison de
248 cela, et qu'il n'est pas | nécessaire[8] que ces choses soient telles, il est évident que les principes des êtres et leurs causes ne s'accordent pas[9]. Et si quelqu'un pense dire quelque chose à propos de cela, il atteint alors ce qu'a atteint Empédocle. Empédocle affirme en effet que la haine[10] est la cause de la corruption et son principe[11], et il pense que cette haine génère toutes les choses à l'exception de l'un, et que | toutes les choses à l'exception de Dieu – qu'il soit béni et exalté- ont été engendrées à partir de cette haine, et ceci est son propre discours. En effet, il affirme dans son discours qu'il est évident que de la haine[12] vient la génération de toutes les choses qui sont passées[13], qui sont maintenant, et qui seront[14]. D'elles naquirent les arbres, les hommes, les femmes, les bêtes féroces, les oiseaux, les poissons dont

1. *ṣārat tamūt*. j : *moriuntur*. 1000a13 : θνητὰ γενέσθαι.

2. *li-makān*. j : *propter*. 1000a16 : χάριν.

3. *'illa li-baqā' šay'*. j : *causa alicuius permanentiae*. 1000a16 : αἴτια τοῦ εἶναι.

4. *anniyyatu-hum*. j : *essentiae eorum*. 1000a17 : τοῦ εἶναι.

5. *an nafḥaṣa faḥṣan bāliġan*. j : *perscrutari*. 1000a19 : μετὰ σπουδῆς σκοπεῖν.

6. *šabīha bi al-zaḫārif*. j : *similis picturae*. 1000a18 : τῶν μυθικῶς σοφιζομένων.

7. *muttafiqa*. j : *convenientia*. 1000a21 : ἐκ τῶν αὐτῶν ὄντα (*).

8. *laysa bi- wāǧib*. j : *non est necesse*. 1000a23 : οὔτε εὔλογον.

9. *laysat bi-muttafiqa*. j : *non sunt convenientia*. 1000a25 : ὁμολογουμένως (*) (?).

10. *al-ġalaba*. Voir A. Martin, *Averroès* ... p. 201 n. 4. j : *lis*. 1000a27 : τὸ νεῖκος.

11. *awwaliyyatu-hu*. j : *et principium eius*.

12. *min al-ġalaba*. j : *ex lite*. 1000a29 : ἐξ ὧν. Tricot : *de la Haine et de l'Amour*.

13. litt : *qui sont dans ce qui est passé*.

14. *al-latī kānat fī-mā maḍā wa al-latī fī al-ān wa al-latī sayakūnu*. j : *quae fuerunt, et quae sunt, et quae erunt*. 1000a29 : la version arabe corrobore la leçon ὅσα τ' ἦν ὅσα τ' ἐστὶν ὅσα τ' ἔσται A[b] *contra* ὅσα τ' ἦν ὅσα τ' ἔσται J *contra* ὅσα τ' ἦν ὅσα τ' ἔστ' E et *contra* ὅσα τ' ἦν ὅσα τ' ἐστὶν Al[c] suivi par Jaeger. De plus, en 1000a29, ὀπίσσω (Π) n'est pas traduit par l'arabe, ce qui vient confirmer la leçon de A[b] Γ Simpl[c]. Toutefois, le lemme repris par Averroès dans son commentaire semble aller en faveur de la leçon de Π (*fī mā ba'd*).

l'aliment est dans l'eau, les dieux de longue vie[1], et le reste de ces choses[2]. | Il affirme que si la haine n'était pas dans les choses, toutes ne feraient qu'une seule chose. En effet, la haine, quand elle devint avec les choses, les dispersa. Quant à leur corrosion, elle ne les laisse pas s'établir ni se stabiliser[3]. Et de ce discours, on arrive à ce que Dieu le Très Haut, qui est complet dans le bonheur[4], soit moins bon[5] et savant que le reste, puisque, en effet, il ne connaît pas tous les éléments[6] (car la haine n'est pas en lui, et le semblable n'est connu que | par le semblable. Par exemple, on connaît la terre par la terre, l'eau par l'eau[7], l'amitié | par l'amitié, et la haine par la **249** haine[8]), de sorte qu'il est évident qu'on arrive, à partir de son discours, à ce que la haine soit cause[9] de corruption, et non une cause d'être[10]. De cette manière aussi, on arrive à ce que l'amitié ne soit pas une cause d'être parce que, quand elle réunit des choses en une, elle corrompt d'autres choses. De plus, Empédocle n'indique pas | ce qu'est la cause du changement des choses, mais il affirme que telle est leur nature. Et il affirme que, lorsque l'immense haine d'une immense importance s'accrocha aux membres, elle devint honorée dans un autre temps qui change et [qui] change des choses en les faisant sortir de leur limite[11], de sorte que, d'après son discours, cela indique que les choses changent nécessairement. Et il ne nous indique pas ce qu'est la cause de la nécessité mais il parle seulement[12], d'après cet exemple du discours, comme si c'était une chose connue. Et il n'affirme pas que certains | êtres se corrompent alors que d'autres ne se corrompent

1. *al-āliha al-ṭawīla a'māru-hā*, litt. : *longs en leurs âges* (*de grande longévité*). j : *Diis quorum vita est longissima*. 1000a32 : δολιχαίωνες.

2. *wa sā'ir hāḏihi al-ašyā'*. j : *et alia*. 1000a33 : le traducteur a mal compris καὶ χωρὶς δὲ τούτῳ δῆλον.

3. *ammā ḥattu-hā wa lam tada'-ha tastaqirru wa lā taṯbutu*. j : *et non dimittet eas quiescere*. Ajouté au grec (!).

4. *wa huwa al-kāmil fī al-sa'āda*. j : *qui est perfectus in forma*. 1000b3-4 : εὐδαιμονέστατον.

5. *aqall ḥilm*[an]. j : *minoris scientiae*. 1000b4 : ἧττον φρόνιμον.

6. *ǧamī' al-usṭuqusāt*. j : *omnia elementa*. 1000b5 τὰ στοιχεῖα πάντα Π Γ : ἅπαντα A^b Jaeger Ross.

7. 1000b7 : l'arabe, comme Π et Γ, ne porte pas αἰθέρι δ' αἰθέρα δῖον, *contra* A^b, Jaeger, Ross (Cf. *De Anima*, A2, 404b14). L'arabe ne porte pas non plus ἀτὰρ πυρὶ πῦρ ἀίδηλον, ce qui corrobore tous les manuscrits (Π, A^b, Γ) et Jaeger, *contra* Ross (cf. *De Anima*, A2, 404b14).

8. 1000b8 : λυγρῷ n'est pas traduit.

9. *'illa*. j : *causa*. 1000b11 αἴτιον Π : om. A^b.

10. *wa lā takūnu 'illa kaynūna*. j : *non causa generationis*. 1000b10 : Asṭāt a mal traduit μηθὲν μᾶλλον.

11. j : *cum lis, quae est maxima, fuerit interfusa in membris, et admixta in eis erunt generata, erit generans in fine temporis illud, quod tranmutatur, et transmutat res, et abstrahit eas a termino*.

12. *faqaṭ*. j : *tantum*. 1000b18 μόνον Π Γ : μόνος A^b Christ Ross Jaeger.

pas, mais il affirme que tous les êtres sont corruptibles, à l'exception des éléments. Mais revenons[1] à notre présent examen et à notre question obscure qui est celle-ci : pour quelle raison certaines choses se corrompent-elles alors que d'autres ne se corrompent pas, si elles viennent des mêmes principes ? Pour ce que nous avons dit, il suffit que les principes des choses ne soient pas les mêmes. Et si les principes sont différents, cela implique aussi une question obscure : ces principes se corrompent-ils ou ne | se corrompent-ils pas ? Il est en effet évident, s'ils se corrompent, que ces principes viennent nécessairement d'autres choses, car toutes les choses qui se corrompent vont vers[2] les choses dont elles viennent, de sorte qu'on arrive à ce que les principes aient d'autres principes avant eux. Et cela tient de l'impossible car ils ne seront pas finis mais iront vers ce qui est infini. Pareillement, si les principes | se corrompent et disparaissent[3], comment y a-t-il alors génération[4] des choses corruptibles ? Et si les principes ne se corrompent pas, pour quelle raison des choses corruptibles proviennent-elles de certains principes incorruptibles, alors que des choses qui ne se corrompent pas proviennent de certains autres[5] ? Cela certes n'est pas nécessaire[6]. Au contraire : soit il n'est pas possible que cela soit tel, soit on a besoin de plusieurs discours pour confirmer cela. Pareillement, nous disons que personne n'a eu l'intention de dire | que les principes sont différents, mais ils ont affirmé que les principes de toutes les choses sont les mêmes principes en soi et ont souhaité examiner la question obscure qui a d'abord été énoncée dans cett art[7], comme ceux qui ont examiné cette question énoncée maintenant[8].

C. 15 Commentaire

Cette question se conçoit quand on concède qu'il y a des choses éternelles et des choses | corruptibles et que les unes et les autres ont des

1. *ammā*. Litt. *quant à*.
2. *taṣīru ilā*. j : *ad ea*. 1000b26 : εἰς ταῦτ'.
3. *tafsidu wa tabīdu*. j : *corrumpantur et confundantur*. 1000b29 : ἀναιρεθήσονται.
4. *takwīn*. j : *generatio*. 1000b28 : ἔσται.
5. *fa li-ayya 'illa taṣīru ašyā' fāsida min ba'ḍ al-awā'il al-latī lā tafsidu wa min ba'ḍi-hā taṣīru ašyā' lā tafsidu*. j : *quomodo ex quibusdam principiis non corruptibilibus fiunt corruptibilia, et ex quibusdam incorruptibilia*. 1000b30 : διὰ τί ἐκ μὲν τούτων ἀφθάρτων οὐσῶν φθαρτὰ ἔσται, ἐκ δὲ τῶν ἑτέρων ἄφθαρτα.
6. *hāḏā laysa bi-wāǧib*. j : *hoc enim non est rectum*. 1000b31 : τοῦτο γὰρ οὐκ εὔλογον.
7. *fī hāḏā al-fann*.
8. *wa rāmū an yafḥaṣū 'an al-mas'ala al-ġāmiḍa al-latī qīlat awwal^{an} fī hāḏā al-fann miṯl al-laḏīna faḥaṣū 'an hāḏihi al-mas'ala al-latī qīlat al-ān*. j : *et voluerunt perscrutari de praedicta quaestione, ut illi, qui perscrutati sunt de hac quaestione*. Ceci est loin de correspondre parfaitement à ce que l'on trouve en 1001a1-3 : ἀλλὰ τὸ πρῶτον ἀπορηθὲν ἀποτρώγουσιν ὥσπερ τοῦτο μικρόν τι λαμβάνοντες.

principes. Et il dit : *les principes des choses incorruptibles sont-ils les principes des choses corruptibles ou sont-ils différents ?* Cela est compréhensible[1] par soi.

| Il dit : *Car si les principes des choses incorruptibles sont les prin-* 251
cipes des choses corruptibles, comment certaines choses sont-elles corruptibles et d'autres incorruptibles ? Et pour quelle raison a-t-on cela ? Il veut dire : en effet, si nous disons que les principes des choses incorruptibles et des corruptibles sont en soi[2] les mêmes[3], comment dès lors se peut-il que, <pour> ce qui | est composé des mêmes principes en soi, certaines <choses> soient corruptibles et d'autres incorruptibles, et que les causes soient la raison de la permanence et de la corruption[4] ?

Puisque quelques personnes ont déjà tenu un certain discours à ce propos, il veut le mentionner et il dit : *Quant à ceux qui étaient du même avis qu'Hésiode et tous ceux qui ont parlé des choses divines, ils se sont soucié de ne convaincre qu'eux-mêmes, sans se soucier | de nous convaincre : ils l'ont au contraire négligé*. Il veut dire, par *ceux qui ont parlé des choses divines*, ceux qui ont tenu des propos dépassant l'entendement humain[5] et c'est pourquoi il dit que ceux-là se sont soucié, dans leurs propos[6], de se convaincre eux-mêmes et non de nous convaincre, et il est inévitable qu'ils comprenaient, parmi les énigmes qu'ils énonçaient, des sens dont ils se satisfaisaient[7].

Il mentionne ensuite leurs propos et dit : *En effet, ils font des principes une divinité et <une chose> issue d'une divinité*. | Il veut dire qu'ils faisaient provenir[8] les principes d'une seule nature qu'ils posaient divine, à savoir la nature des choses engendrées[9], et ils faisaient provenir les dieux corruptibles des incorruptibles.

Ensuite il mentionne la raison pour laquelle [ils disent] cela et il dit : *ils ont affirmé que les principes qui n'ont pas bu de nectar et ne se sont pas nourris d'ambroisie sont devenus mortels*. Il veut dire : s'ils faisaient
provenir les divinités | de divinités, c'est parce qu'ils disaient que les dieux 252

1. *mafhūm*. j : om.

2. *bi-a'yāni-hā*. j : om.

3. *wāḥida*. j : *eadem*.

4. *wa al-'illa fī al-baqā' wa al-fasād hiya al-asbāb*. j : *et causa in aeternitate et corruptione sunt principia*.

5. *al-laḏīna takallamū kalām*[an] *ḫāriğ*[an] *'ammā ya'qulu-hu al-insān*. j : *loquentes sermonem extra intellectum hominis*.

6. *fī kalāmi-him*. j : *in sermone suo*.

7. *lā budda an yakūnū fahamū min al-alġāz al-latī yaqūlūna-ha ma'ānī qana'ū bi-ha*. j : *quia ipsi intelligunt per Apologos, aliquas intentiones, per quas sunt contenti* (!).

8. *ṣayyarū … min*. j : *ponunt*.

9. *wa hiya ṭabī'at al-ašyā' al-mutakawwana*. j : *et est natura rerum ingenerabilium* (!).

qui buvaient d'un tel endroit [1] et se nourrissaient d'un tel endroit devenaient immortels, et que les dieux qui ne buvaient pas et ne se nourrissaient pas de ces deux endroits devenaient mortels [2].

Après avoir dit que ceux-là se sont soucié, dans ce qu'ils ont dit, de se convaincre eux-mêmes et non de | nous convaincre, il entreprend d'expliquer cela et dit : *Et il est évident qu'ils disent ces choses qui sont connues pour eux*. Il veut dire : si nous avons dit qu'ils se souciaient de leur propre conviction, c'est par le fait qu'ils n'ont dit ces choses et les sens par lesquels ils les désignaient que parce que c'était connu pour eux [3]. Il veut dire les concepts dont ils parlaient par énigme quand cela leur semblait bon [4].

Ensuite il entreprend de les dénoncer par ce propos [5] et il dit : *et pourtant ce qu'ils ont posé, concernant le fait* [6] *que | ces causes se nourrissent et goûtent des choses, ce propos dépasse notre entendement. En effet, s'ils obtiennent ces choses en vue* [7] *du plaisir, alors ni le nectar, ni l'ambroisie n'est une cause de la permanence d'une chose*. Il veut dire : ce qu'ils ont posé concernant cela, c'est-à-dire la distinction [8] entre le corruptible et le non corruptible dépasse l'entendement humain, car s'ils boivent l'eau de ce lieu et obtiennent la nourriture de cet autre lieu qu'il a mentionné à cause | du plaisir, alors le plaisir en tant qu'il est plaisir n'est pas la cause de la permanence des choses.

Ensuite il dit : *Et s'ils les obtiennent pour rester eux-mêmes* [9]
253 *permanents, comment | sont-ils éternels alors qu'ils ont besoin de nourriture ?* Il veut dire : s'ils obtiennent le boire de cet endroit et le manger de cet autre <endroit> afin de ne pas mourir, alors il est étonnant que celui qui a besoin de nourriture et de boisson soit éternellement permanent [10]. Et il n'a dit cela que parce que la nourriture et la boisson, celui qui s'en alimente n'en a besoin | que pour compenser ce qui se corrompt [11] parmi ses parties. Comment reste donc éternel ce dont le sort est la corruption [12] ?

1. *min mawḍi' kaḏā*. j : *de tali loco noto*. Averroès ne sait manifestement pas ce que sont le nectar et l'ambroisie. Il pense, en raison du génitif partitif qu'il prend pour un génitif d'origine, que ce sont des lieux.
2. *ṣārat mā'ita*. j : *sunt mortales*.
3. *qālū hāḏihi al ašyā' wa al-ma'ānī al-latī dallū bi-hā 'alay-hā ma'rūfa 'inda-hum*. j : *quia dixerunt ista, et ipsi intelligunt intentiones, quas ipsi apologizaverunt in hoc* (!).
4. *al-ma'ānī al-latī alġazū bi hāḏā al-luġz 'an-hā iḏā ḥasuna bi-him al-ẓann*.
5. *aḫaḏa yušanni'u 'alay-him hāḏā al-qawl*.
6. *min amr*. T : *min anna*.
7. *li-makān*. j : *propter*.
8. *farq*. j : *differentia*.
9. *anfasu-hum*. T : *anniyyatu-hum* (*leur être*).
10. *yabqā azaliyy*^{an}. j : *remaneat in aeternum*.
11. *li-makān iḫtilāfi-hi mā yafsidu*. j : *nisi ut restaurent corruptum*.
12. *mā ša'nu-hu al-fasād*. j : *quod est innatum corrumpi*.

Etant donné que ce propos compte parmi ceux qu'il ne vaut pas la peine d'examiner dans les sciences, vu l'évidence de sa futilité[1], il dit : *C'est pourquoi il n'est pas nécessaire d'examiner sérieusement les discours de ceux dont la sagesse est semblable aux fioritures*. Ceci est manifeste.

| Ensuite il dit : *il faut en revanche examiner et demander à ceux qui se sont énoncés ce qu'ils ont dit selon la démonstration et <demander> pour quelle raison, si toutes les choses viennent de principes*[2] *concordants, les natures de certaines sont éternelles et toujours permanentes, alors que d'autres sont corruptibles et usables*. Il veut dire que ce doute, il ne faut pas en faire la question aux gens qui disent, à propos des choses, des discours semblables aux discours d'Hésiode. Il ne faut en faire la question qu'aux gens de la démonstration et leur dire : | comment se peut-il que toutes les choses viennent des mêmes principes, concordant dans la nature, et que certaines sont éternelles et permanentes et d'autres sont corruptibles, puisque la raison de la permanence et de sa destruction, ce sont les natures des choses qui en sont les causes.

| Ensuite il dit : *il est évident que les principes des êtres et leurs causes* **254**
ne sont pas concordants. Il veut dire qu'il est connu par soi que, si la corruption des principes des choses corruptibles est due à leur nature, et la permanence des choses éternelles à leur nature, et si leurs natures ne sont rien d'autre que les causes desquelles elles sont composées, il est alors évident que les causes des générables et | des corruptibles sont différentes des causes des éternelles, si elles ont des causes.

Ensuite il dit : *Et si quelqu'un pense dire quelque chose à propos de cela, il atteint alors ce qu'a atteint Empédocle*. Il veut dire : c'est pourquoi si quelqu'un souhaite dire quelque chose à cet égard, c'est-à-dire un propos convaincant, il se heurtera au doute et à la contradiction, semblablement à ce à quoi s'est heurté Empédocle.

Ensuite il entreprend de mentionner son propos sur cela et il dit : *Empédocle affirme en effet que la haine est | la cause de la corruption et son principe, et il pense que cette haine est dans*[3] *toutes les choses à l'exception de l'un, et que toutes les choses à l'exception de Dieu – qu'il soit béni et exalté- ont été engendrées à partir de cette haine*. Il veut dire : Empédocle dit à ce propos que la haine est la cause de la corruption, que l'amitié est la cause de la génération et que, parmi les êtres, certains sont engendrés à partir des quatre éléments, de l'amitié et de la haine[4], et ce sont les [choses] générables et corruptibles, alors que d'autres sont | engendrés à

1. *li-ẓuhūr buṭlāni-hi*. j : om.

2. T : si les principes des choses sont concordants. On retrouve, dans le Lemme, le ἐκ de 1000a21 qui était absent du T.

3. *fī*. T : *takawwana* (*génère*).

4. *al-maḥabba wa al-ġalaba*. j : *et lite, et amicitia* (inversion des termes).

partir des quatre éléments et de l'amitié mais il n'y a pas de haine[1] en eux, et c'est l'astre[2] qui, d'après lui, est la divinité.

Après avoir mentionné ce concept[3] venant d'Empédocle, [Aristote] reproduit le discours de celui-ci[4] sur ce sujet, pour ne pas que l'on prétende qu'il déforme son discours[5] et il dit : *et ceci est son propre discours. En effet, il affirme dans son discours qu'il est évident que de la haine*
255 *viennent*[6] *toutes les choses qui sont passées,* | *qui sont maintenant, et qui seront. D'elle naquirent les arbres, les hommes, les femmes, les bêtes féroces, les oiseaux, les poissons dont l'aliment est dans l'eau, les dieux de longue vie, et le reste de ces choses.* Il veut dire qu'Empédocle s'est contredit[7] en posant que la haine est la cause de la corruption et en la posant <aussi> comme condition pour la génération de tous | les engendrés.

Ensuite il donne la raison pour laquelle il a posé l'existence de la haine comme condition[8] de tous les engendrés et il dit : *Il affirme que si la haine n'était pas dans les choses, toutes ne feraient qu'une seule chose. En effet, la haine, quand elle devint avec les choses, les dispersa. Quant à leur corrosion, elle ne les incite pas s'établir*[9]. Il veut dire qu'Empédocle croyait que l'amitié, quand elle a dominé[10], | a imposé aux êtres d'être un, et c'est pourquoi la condition de la multiplicité et de la distinction[11] était qu'il y ait haine, et la condition de l'unité[12] qu'il y ait amitié.

Ensuite il mentionne l'absurdité que cela implique et il dit : *Et de ce discours, on arrive à ce que Dieu Tout Puissant*[13], *qui est complet dans le bonheur, soit moins bon et savant que le reste jusqu'à et la haine par la haine*. Il veut dire : l'absurdité à laquelle se heurte cette opinion d'Empédocle, | c'est que Dieu, qu'il soit exalté, est moins savant que le reste. En effet, puisque, d'après <Empédocle>, il n'y a connaissance que par le semblable, (comme lui et les Anciens le disent : nous ne connaissons la terre que par la terre qui est en nous, l'eau par l'eau qui est en nous, l'amitié par l'amitié qui est en nous et la haine par la haine qui est en nous),

1. *wa laysa fī-hā ʿadāwa.*
2. *al-falak.* j : *coelam.* (!)
3. *hāḏā al-maʿnā.* j : *sermonem.*
4. *atā bi-ḥikāya qawli-hi.* j : *induxit sermonem eius.*
5. *li-allā yazʿuma zāʿim anna-hu ḥarrafa qawla-hu.* j : *ne aliquis fingat quod diminutus erat Arist. in illo.*
6. *min al-ġalaba kāna ǧamīʿ al-ašyāʾ.* T : *min al-ġalaba kawn ǧamīʿ al-ašyāʾ.*
7. *tanāqaḍa.* j : *contradicit sibi.*
8. *kāna yaḍaʿu wuǧūd al-ġalaba šarṭ*[an]. j : *ponebat litem esse necessariam.*
9. Le T ajoute : *wa lā taṯbutu* (*ni à se stabiliser*).
10. *istawlat.* j : *dominatur.*
11. *tamyīz.* j : *dispargendo.*
12. *ittiḥād.* j : *adunando.*
13. *ʿazza wa ǧalla.* T : *taʿallā* (*le Très Haut*).

et <étant donné> que Dieu n'a pas la haine en lui, Il ne connaît donc pas la haine ni ce qui est né d'elle, de sorte qu'il sera moins savant que tous les êtres.

| Ensuite il dit : *de sorte qu'il est évident qu'on arrive, à partir de son* **256**
discours, à ce que la haine soit cause de corruption, et non une cause d'être. Selon un discours semblable à celui-ci, on arrive aussi à ce que l'amitié ne soit pas une cause d'être parce que, quand elle réunit des choses une, elle rend d'autres choses corruptibles[1]. Il veut dire : le discours d'Empédocle d'après lequel la haine est cause | de corruption implique que sont cause de corruption la haine elle-même et l'amitié.

Ensuite il introduit la raison pour laquelle il arrive que l'amitié soit cause de corruption et il dit : *parce que, quand elle réunit des choses multiples en une, elle en corrompt.*

Ensuite il dit : *De plus, Empédocle ne nous dit pas ce qu'est la cause du changement des choses, mais il affirme que telle est leur nature*. Il veut dire : de plus, cet homme pose des causes de mouvement[2] | et il ne peut nous informer sur ce que sont les causes premières de la génération et de la corruption. En effet, on se demande[3] pourquoi l'amitié agit à un moment et la haine à un autre, et son discours est semblable au discours de ceux qui ignorent la cause agente et qui disent que la nature des êtres recquiert par nécessité la génération et la corruption.

Ensuite il introduit le propos duquel découle cette opinion et dit : *Et il affirme que, lorsque l'immense haine*[4] *d'une immense importance s'accrocha aux membres, elle devint engendrée*[5] *dans un autre temps | qui* **257**
change et <qui> change des choses en les faisant sortir de leur limite. Il veut dire que, en vérité, il n'a pas donné de cause pour la génération. En effet, il a dit que, quand la haine d'une immense importance s'accrocha aux membres des animaux, leurs membres devinrent engendrés parce qu'elle sépara l'un rassemblé. Et quand la chose se prolonge par elle, toutes les choses deviennent, à la fin du temps[6], | vers la corruption, à cause d'elle.

Ensuite il dit : *de sorte que, d'après son discours, cela indique que les choses changent nécessairement.* Il veut dire que cela implique, d'après ce discours, que les choses s'engendrent d'elles-mêmes et se corrompent d'elles-mêmes, qu'il n'est pas utile d'introduire cette cause motrice comme

1. *afsadat ašyā' āḫar*. T : *fassadat ašyā' āḫar*.
2. *'ilal^an muḥarrikat*. j : *causas moventes*.
3. *yus'al fa yuqāl*. j : *quaeritur*.
4. *al-'adāwa*. T : *al-ġalaba*. Sur ces deux traductions arabes de νεῖκος, cf. P. Thillet, « Remarques sur les traductions de textes philosophiques du grec en arabe », dans J. Moutaux et O. Bloch (éds.), *Traduire les philosophes*, Publications de la Sorbonne, 2000, p. 281.
5. *mukawwana*. T : *mukarrama* (*honorée*).
6. *fī āḫir al-zamān*. j : *in fine temporis*.

cause pour la génération ni pour la corruption mais qu'il faut[1] au contraire de ne faire entrer | aucune cause motrice dans la génération et dans la corruption. Ce sont les partisans de la matière, dont l'opinion est unanimement critiquée[2] par ceux qui sont venus après eux.

Ensuite il dit : *Et il ne nous indique pas ce qu'est la cause de la nécessité mais il parle seulement d'après cet exemple, comme si c'était une chose connue*. Il veut dire : d'après cela, son discours est plus lacunaire[3] que le discours des partisans de la nécessité. Ceux-ci ont en effet professé la nécessité et ont indiqué[4] la cause | de la nécessité, à savoir la matière, alors que lui n'indique pas cela[5], comme si la cause de la nécessité était une chose connue d'elle-même.

Ensuite il dit : *Et il n'affirme pas que certains êtres se corrompent alors que d'autres ne se corrompent pas, mais il affirme que tous les êtres sont corruptibles, à l'exception des éléments*. Il veut dire : on ne trouve pas, dans la doctrine d'Empédocle, que certains êtres se corrompent alors que d'autres ne se corrompent pas. | Il considère au contraire que toutes les choses se corrompent, à l'exception des éléments selon lui. Si <Aristote> a
258 dit | cela, c'est parce que le doute dont il parle et duquel il est sorti <pour aboutir> au discours d'Empédocle n'arrive qu'à celui qui pose qu'il y a deux sortes[6] d'êtres, corruptibles et incorruptibles, et que leur cause est la même.

Après avoir expliqué qu'Empédocle ne compte pas parmi ceux qui ont dirigé toute | l'attention[7] vers ce doute, sauf en tant qu'il a posé le premier principe[8] incorruptible, du fait qu'il n'y a pas longtemps de haine en lui, ni d'incorruptible dans l'absolu, il revient au doute précédent et dit : *Mais revenons à notre présent examen et à notre question obscure qui est celle-ci : pour quelle raison certains êtres*[9] *se corrompent-ils alors que d'autres ne se corrompent pas, s'ils viennent de mêmes principes ? Pour ce que nous avons dit, il suffit que les principes des choses ne soient pas les mêmes*. Il veut dire : puisqu'on est sorti | de cette question que nous avons entreprise, grâce à ce qui a été exposé de la discussion[10] avec Empédocle,

1. *yakūn bi-manzila man lam*. j : *erunt sicut illi*.
2. *al-maǧma' 'alā ṯalb ra'yi-him*. j : om.
3. *anqaṣ*. j : *imperfectior*.
4. *aḫbarū*. j : *dant*.
5. *lam yuḫbir bi-ḏālika*. j : *iste autem nullam causam dedit*.
6. *ṣinfānī*. j : *duos modos*.
7. *mimman yatawaǧǧahu 'alay-hi hāḏā al-šakk kull al-tawaǧǧuh*. j : *ista quaestio non contingit Empedo*.
8. *al-awwal*. j : *principium primum*.
9. *ba'ḍ al-mawǧūdāṯ*. T : *ba'ḍ al-ašya'* (*certaines choses*).
10. *min al-kalām*. j : *ex verbis*.

revenons et discutons[1] de la question dont nous avons parlé, à savoir : pour quelle raison certaines choses[2] sont-elles corruptibles et d'autres incorruptibles, alors que leurs principes sont les mêmes ? Ce que nous avons dit de l'absurdité qu'implique cette position suffit.

Ensuite, il commence à mentionner l'absurdité qu'implique également le discours contraire à cela, à savoir | que les principes sont différents et il dit : *Et si les principes sont différents, cela implique aussi une question obscure : ces principes se corrompent-ils ou ne se corrompent-ils pas ?* Il veut dire : si on concède[3] que les principes des choses incorruptibles sont autres que les principes des choses corruptibles, cela implique pour nous une question obscure, à savoir : les principes des choses corruptibles sont-ils corruptibles ou incorruptibles ?

Ensuite il dit : *Il est en effet évident, s'ils se corrompent, que les*[4] *principes viennent nécessairement d'autres choses.* | Il veut dire : il est **259**
évident que si les principes des choses corruptibles sont corruptibles, ils viennent alors nécessairement d'autres principes.

Ensuite, il donne la cause de cela et il dit : *car toutes les choses qui se corrompent vont vers les choses dont elles viennent.* Il veut dire : la cause de cela, c'est que si tout est corruptible, | tout se réduit aux choses dont il est composé[5], de sorte que si les principes des choses corruptibles sont corruptibles, ils auront nécessairement des principes.

Ensuite il dit : *de sorte qu'on arrive à ce que les principes aient d'autres principes avant eux. Et cela tient de l'impossible car ils ne seront pas finis mais iront vers ce qui est infini.* Il veut dire : ce qui arrive à partir de cela est absurde, à savoir que les principes aient des principes. En effet, cela continuerait à l'infini et | mènerait à des choses en acte infinies par essence[6].

Ensuite il dit : *Pareillement, si les principes ne se corrompent pas*[7] *et <ne> disparaissent <pas>, pour quelle raison des choses corruptibles proviennent-elles de certains principes incorruptibles, alors que des choses incorruptibles proviennent de certains autres ? Cela certes n'est pas nécessaire. Au contraire : soit il n'est pas possible que cela soit tel, soit on a besoin de plusieurs discours pour confirmer cela aussi.* Il veut dire : si | les principes des choses corruptibles étaient incorruptibles comme

1. *fal narǧi' ilā al-takallum.* j : *revertamur modo.*
2. *ba'ḍ al-ašyā'.* j : *quaedam entia.*
3. *in anzalnā.* j : *si posuerimus.*
4. T : *hāḏihi al-awā'il* (*ces principes*).
5. *fa huwa yanḥalu ilā al-ašyā' al-latī turakkibu min-hā.* j : *dissolvitur in ea, ex quibus componitur.*
6. *wa yu'addī ilā umūr bi al-fi'l lā nihāya la-hā bi al-ḏāt.* j : *et facient entia infinita esse in actu essentialiter.*
7. Il y a confusion, due probablement au copiste, entre deux membres de phrases.

les principes des incorruptibles, pour quelle raison des choses corruptibles proviennent-elles de principes incorruptibles, et des choses incorruptibles de principes également incorruptibles [1] ? En effet, soit cela est impénétrable, soit on a besoin, pour donner une raison à cela, de plusieurs discours.

Après avoir mentionné la difficulté qu'implique la position selon
260 laquelle les principes des choses | corruptibles et incorruptibles sont différents, il mentionne que cela, personne ne l'a professé. Et il dit : *Pareillement, nous disons que personne n'a eu l'intention de dire que les principes sont différents, mais ils ont affirmé que les principes de toutes les choses sont les mêmes principes en soi et ont souhaité examiner la question obscure qui a d'abord été énoncée dans ce sens* [2], *comme ceux qui ont examiné | la question énoncée maintenant* [3]. Il veut dire : les absurdités du discours selon lequel les principes sont différents est apparent, je veux dire les incorruptibles [4], afin que certains réalisent [5] la corruption et que d'autres réalisent l'être et la permanence. Aucun parmi les Anciens n'a dit cela. Au contraire, ils ont dit que les principes de toutes les choses sont les mêmes en soi et ils ont désiré examiner la question obscure qui a été énoncée à ce sujet avant cela. Et il n'a dit | cela que pour réfuter [6] ceux qui disent qu'il y a deux dieux, l'un réalisant le bien, l'autre le mal.

T. 16 (1001a 4-1001b 25) *Aristote a dit* :

Nous voyons que, de ces questions, ce qui est le plus embarrassant à étudier et qui nous est le plus nécessaire pour connaître la vérité, c'est d'examiner <ceci> : l'être et l'un sont-ils les substances | des êtres, chacun des deux ne se rapportant à rien d'autre [7] mais au contraire, l'un des deux étant être et l'autre un, ou faut-il rechercher assidûment [8] ce qu'est l'être et ce
261 qu'est l'un, | une autre nature étant le sujet des deux. En effet, certaines personnes [9] pensent que la nature des deux est telle, d'autres pensent qu'elle est différente de cela. Quant à Platon et aux pythagoriciens, ils n'affirment pas que l'être et l'un sont autre chose, mais affirment au contraire que ceci

1. *fa li-ayy 'illa taṣīru ašyā' fāsida 'an awā'il ġayr fāsida wa ašyā' ġayr fāsida 'an awā'il ayḍan ġayr fāsida.* j : *qua de causa fiunt a principiis incorruptibilibus quaedam incorruptibilia, et quaedam corruptibilia.*

2. *fī hāḏā al-ma'nā.* T : *fī hāḏā al- fann* (*dans cet art*).

3. *al-ān* (*maintenant*) est omis dans le T.

4. *al-ġayr fāsida.* j : *incorruptibilium et corruptibilium* (!).

5. *taf'alu.* j : *agant.*

6. *iḍrāb^{an}.* j : *vilipendo.*

7. *wa kull wāḥid min-hā laysa yansibu ilā šay' āḫar.* j : *et utrum non attribuatur alii.* 1001a6 : καὶ ἑκάτερον αὐτῶν οὐχ ἕτερόν τι ὂν.

8. *ṭalab^{an}.* j : *tali quaestione.* Lemme : om.

9. *min al-nās man.* j : *Quidam enim homines.* 1001a8 : οἱ.

est leurs natures, comme si[1] leur substance était d'être une et être[2]. Quant aux physiciens, | Empédocle, par exemple, rapportait l'un à une autre chose plus claire[3], affirmait que l'un est l'être[4], et il semble bien dire que cet un est l'amitié[5]; il a affirmé en effet que l'amitié est la cause faisant être toutes les choses une. D'autres affirment que cet un et l'être[6] sont tous les deux du feu ; d'autres affirment que c'est l'air et que c'est de lui que les êtres ont été engendré et sont nés. Ceux qui disent qu'il y a | plusieurs éléments affirment la même chose, et ceux-là sont obligés de dire que l'un et l'être[7] sont plusieurs choses, aussi nombreuses que les principes qu'ils disent y avoir. Et si quelqu'un affirme que l'un et l'être ne sont pas substances d'une chose[8], on arrive à ce qu'aucun des autres universaux ne soit substance d'une chose. L'un et l'être sont en effet plus nécessairement universaux que les autres choses, de sorte que si l'un n'est pas subsistant par soi et que | **262**
l'être n'est pas subsistant par soi, rien d'autre n'est alors subsistant par soi, excepté les choses particulières[9]. Pareillement, si l'un n'est pas une substance, il est évident aussi qu'il n'y aura pas un nombre séparé parmi les nombres[10], comme s'il était une nature isolée[11] des êtres. En effet, le nombre est un à un[12], et l'un est une chose isolée par soi subsistante[13]. | S'il y a une chose qui est l'un[14] et qui est l'être, il est nécessaire que la substance

1. *ka-anna*. j : om. 1001a11 : ὡς οὔσης.

2. *ka-anna ğawhara-humā an yakūnā wāḥid^an wa huwiyy^an*. j : *et substantia eorum, ut sint unum et ens*. 1001a11-12 : τῆς οὐσίας ταὐτὸ ἕν εἶναι καὶ ὄντι Π : τῆς οὐσίας αὐτοῦ τὸ ἕν εἶναι καὶ ὄν τι A^b. Le texte arabe semble mieux s'accorder à la leçon de Π (pas d'article devant ἕν) qu'à celle de A^b.

3. *awḍaḥ*. j : *manifestiori*. 1001a13 : γνωριμώτερον.

4. *al-wāḥid huwa al-huwiyya*. j : *unum est ens*. 1001a13 ὅτι τὸ ἕν ὄν έστιν Π Γ : ὅ τι ποτε τὸ ἕν έστιν A^b Ross Jaeger.

5. *hāḏā al-wāḥid huwa al-maḥabba*. j : *illud unum est amicitia*. 1001a14 λέγειν τουτο τήν φιλίαν εἶναι Π ; λέγειν τι τοῦτο τήν φιλίαν εἶναι A^b. Pour garder le τι de A^b, Jaeger se permet de changer le τοῦτο en τοιοῦτο (! !).

6. *hāḏā al-wāḥid wa al-huwiyya*. j : *haec, unum et ens*. 1001a16 : τὸ ἕν τοῦτο καὶ τὸ ὄν.

7. *al-wāḥid wa al-huwiyya*. j : *unum et ens*. 1001a19 τὸ ἕν καὶ τὸ ὂν A^b Al^p : τὸ ὂν καὶ τὸ ἕν Π.

8. *ğawāhir li-šay' min al-ašyā'*. j : *substantiae rei alicuius*. 1001a20 τινος οὐσίαν Al. γρ : τινας οὐσίας A^b : τινα οὐσίαν Π Al^c Jaeger.

9. 1001a24 : λεγόμενα n'est pas traduit.

10. *laysa bi-'adad muftariq min al-a'dād*. j : *non est numerus abstractus a numeris*.

11. *munfarida*. j : *separata*. 1001a25 : κεχωρισμένη.

12. *uḥād*. Il semble y avoir une erreur de graphie : *ittiḥad* (*unité*). j : *unitas*. 1001a26 : μονάδες.

13. *al-wāḥid fa-huwa šay' munfarid bi ḏāti-hi qā'im*. j : *unum autem est aliquid existens par se, solitarium*. 1001a26-27 : ἡ δὲ μονὰς ὅπερ ἕν τί έστιν.

14. *iḏā kāna šay' huwa al-wāḥid wa huwa al-huwiyya*. j : *cum aliquid sit unum et ens*. 1001a27 εἰ δ' ἔστι τι αὐτὸ ἕν καὶ ὄν A^b Al^p : εἰ δ' ἔστι τι αὐτὸ ὄν καὶ τὸ ἕν Π. NB : αὐτο n'est pas traduit en arabe.

des deux soit l'un et l'être car aucune autre chose universelle[1] n'est dite des deux, mais ils sont dits de leur essence[2]. Et on ne peut dire que l'un et l'être sont une chose une[3] car on aura plusieurs questions obscures. Par exemple[4], comment peut-il y avoir[5] autre chose en dehors de ceux-ci, je veux dire comment peut-il y avoir plus d'un être engendré[6] ? Car | le non-être n'a pas d'être[7]. C'est pourquoi on arrive à ce que les êtres[8] soient nécessairement une chose une, comme l'a dit Parménide, et que cet un soit l'être. Et qu'on le dise de l'un ou l'autre côté, c'est ardu et difficile. En effet, si on dit que l'un n'est pas une substance et si on dit que l'un est une chose subsistant par soi[9], il est impossible que le nombre soit une substance, si l'un n'est pas une substance[10]. D'autre part[11], | si l'on dit que le nombre est une substance[12], il y a là une question obscure, celle qui pose la question de l'être[13]. En effet, on se demande, à propos de l'être, s'il est
263 autre chose | que l'un[14] ou s'il est l'un. Nécessairement, l'être ne sera pas un[15] et, nécessairement aussi[16], tous les êtres seront soit un, soit plusieurs,

1. *laysa yuqāl 'alay-himā šay' āḫar kullī.* j : *quoniam de eis non dicetur universale aliquid.* 1001a28 : οὐ γὰρ ἕτερόν τι καθόλο (codd.), *contra* Bonitz et Jaeger.

2. *'alā ḏāti-hā.* ou : *d'eux-mêmes.* j : *per se.* 1001a29 : ἀλλὰ ταῦτα αὐτά.

3. *šay' wāḥid.* j : *idem.* 1001a29-30 : ἀλλὰ μὴν εἴ γ 'ἔσται τι αὐτὸ ὂν καὶ αὐτὸ ἕν. Le traducteur arabe s'écarte tout-à-fait du texte grec.

4. *min-hā* (litt. : *dont*). j : *quarum una est.*

5. *kayfa yumkinu an yakūna.* j : *quomodo est possibile, ut…sit.* 1001a30 : πῶς ἔσται.

6. *al-akwān akṯar min wāḥid.* j : *generationes sint plures una.* 1001a31 : πλείω ἑνὸς τὰ ὄντα.

7. *laysa li-ġayr huwiyya kaynūna.* j : *Generatio enim non est nisi entis* (!). 1001a32 : τὸ γὰρ ἕτερον τοῦ ὄντος οὐκ ἔστιν.

8. *al-huwiyyāt.* j : *entia.* 1001a33 : ἅπαντα n'est pas traduit.

9. *al-wāḥid šay' qā'im bi ḏāti-hi.* j : *unum est aliquid existens per se.* 1001b2 ᾗ τι αὐτὸ ἕν A[b] Jaeger : ᾗ τὸ αὐτο ἕν Π Γ Al[1] Ross.

10. *in lam yakun al-wāhid ǧawhar[an].* j : *si unum non fuerit substantia.* 1001b3 : ἐὰν μὲν οὖν μὴ ᾖ. NB : εἴρηται πρότερον δι' ὅ n'est pas traduit.

11. *wa ammā.* j : *autem.* Rien ne correspond à cela dans le texte grec..

12. *wa ammā in qāla qā'il inna al-'adad ǧawhar.* j : *si autem aliquis dixerit, quod numerus est substantia.* 1001b3-4 : ἐὰν δὲ ᾖ. Le traducteur arabe, ayant donné *l'un* comme sujet de μὴ ᾖ en 1001b2, donne ensuite *le nombre* comme sujet de ᾖ en 1001b4.

13. *al-mas'ala al-latī tas'alu 'an al-huwiyya.* j : *qaestio quaerens de ente.* 1001b4 : ἡ ἀπορία καὶ περὶ τοῦ ὄντος. αὐτὴ n'est pas traduit.

14. *hal huwa šay' āḫar ġayr al-wāḥid.* j : *utrum sit aliud ab uno.* 1001b4-5 : ἐκ τίνος γὰρ παρὰ τὸ ἕν. La version arabe laisse à penser que le traducteur a lu εἴ au lieu de ἐκ.

15. *muḍṭarr an lā takūna al-huwiyya wāḥida.* j : *necesse est ut ens omne non sit unum.* 1001b5 ἀνάγκη γὰρ μὴ ἕν εἶναι A[b] et fort. Alex. : ἀνάγκη γὰρ μηδὲν εἶναι Π Γ Asc Syr 1.

16. *muḍṭarr ayḍan.* j : *necesse est etiam.* Ajouté par le traducteur arabe (1001b6).

composés à partir d'un à un[1]. Pareillement, si cet un[2] est indivisible, selon l'opinion de Zénon, il n'est absolument rien. Il affirme en effet que la chose qui n'ajoute pas pendant l'ajout et | qui ne diminue pas quand on diminue à partir d'elle ne fait pas partie des êtres. Et il est évident que les êtres, d'après ce qu'il affirme[3], sont une grandeur; et si les êtres sont une grandeur, ils sont une grandeur corporelle. En effet, la grandeur corporelle est l'être, de tous les côtés. Quant aux autres choses, il y a, d'une part, ce qui, quand elles sont composées, donne une grandeur, et, d'autre part, ce qui, quand elles sont composées, ne donne pas une grandeur. D'après son discours, il affirme en effet que le simple[4] et la ligne, quand ils sont composés, donnent une grandeur. | Quant au point et à l'un[5], leur composition ne donne absolument aucune grandeur. Etant donné cela, je veux dire que Zénon s'entête dans son discours et a une opinion ambigüe, et qu'il se pourrait qu'il y ait une chose indivisible, il faut que nous répondions à ce discours par quelques réponses. Nous disons que l'un[6], si quelque chose lui est ajouté, n'est pas plus grand mais est plus nombreux. C'est pourquoi il n'est pas une grandeur car comment pourra-t-il | y avoir une grandeur à **264**
partir d'un tel un, et de plusieurs choses qui ne sont pas cet un[7]. Et un tel discours est semblable à celui qui dit que la ligne est composée de points. Et si l'on pense que tel est le cas et que le nombre vient de cet un[8] et d'autre chose qui n'est pas un, comme le disent certains, | recherchons pourquoi cela n'est pas[9], pour le nombre et pour certains genres[10], un nombre, et pour d'autres, une grandeur, si ce qui n'est pas un est égal à l'un[11] et [si] la nature des deux est une[12]. En effet, il n'est pas évident <de voir> comment il se

1. *min uḥād.* j : *ex unis.* 1001b6 : ὧν ἓν ἕκαστον.

2. *hāḏā al-wāḥid.* j : *hoc unum.* 1001b7 : αὐτὸ τὸ ἕν.

3. *'alā za'mi-hi.* j : *secundum suum sigmentum.* 1001b10 : le traducteur arabe rend bien le ὡς +génitif absolu, exprimant la pensée d'un tiers.

4. *al-basīṭ.* j : *superficies.* 1001b12 : ἐπίπεδον.

5. *al-wāḥid.* j : *unum.* 1001b13 : μονὰς.

6. *al-wāḥid.* j : *uni.* 1001b16 : τὸ τοιοῦτον, ce qui est tel. Cela semble se rapporter, en grec, à ἀδιαίρετόν τι. L'arabe identifie l'un et l'indivisible.

7. *min ašyā' kaṯīra laysat hāḏā al-wāḥid.* j : *ex pluribus, quae non sunt unum.* 1001b17 πλειόνων τοιούτων A^b Al : om. τοιούτων E J Γ Syr. Il semble bien, en effet, que ce soit τοιούτων que l'arabe traduise par *qui ne sont pas cet un.*

8. *min hāḏā al-wāḥid.* j : *ex hoc uno.* 1001b20 : ἐκ τοῦ ἑνὸς αὐτοῦ.

9. *lā yakūnu hāḏā.* j : *hoc non est.* 1001b22 : il n'y a pas de négation dans le texte grec. D'autre part, καὶ πῶς n'est pas traduit. (!)

10. *fī ba'ḍ al-ağnās.* j : *in quibusdam generibus.* 1001b22 : le traducteur arabe interprète à son gré ὁτε μὲν, ce qui ne manquera pas d'influencer le commentaire d'Averroès.

11. *musāwiy^an lil-wāḥid.* j : *aequale uni.* 1001b23 : ἡ ἀνισότης, que le traducteur n'a pas compris ou a mal traduit.

12. wa *ṭabī'atu-humā wāḥida.* j : *et habeat eandem naturam.* 1001b23 : ἡ αὐτὴ φύσις.

peut que les nombres[1] viennent d'une chose une et d'une autre chose qui n'est pas une[2], ni comment il se peut que les grandeurs viennent d'un nombre[3] et de cette chose qui n'est pas une.

| C. 16 Commentaire

Il dit : *l'être et l'un sont-ils les substances des êtres, si aucun des deux ne se rapporte à autre chose mais qu'au contraire, l'un des deux est être et l'autre un*. Il veut dire : cet examen consiste à rechercher si l'être[4] et l'un indiquent tous les deux la substance des êtres[5], et si chaque chose qu'ils indiquent ne se | rapporte pas à autre chose parmi les êtres, comme si c'était
265 un sujet, lorsque le nom | d'un et d'être l'indique, ou s'ils indiquent, parmi les êtres, des choses subsistant par autre chose, c'est-à-dire des choses qui sont dans un sujet, et c'est ce qu'il a indiqué en disant : *ou faut-il rechercher ce qu'est l'être et ce qu'est l'un, comme si une autre nature était le sujet des deux*. Il veut dire : c'est-à-dire jusqu'à ce que, quand nous avons recherché la définition de l'être et de l'un, nous ayons défini ces deux choses de la même | manière que sont définies les choses qui subsistent par une autre nature.

Ensuite il dit : *En effet, certaines personnes pensent que la nature des deux est telle*. Il veut dire : que certaines personnes pensent que le nom d'un et d'être indiquent, parmi les choses, des natures subsistant par autre chose.

Ensuite il dit : *d'autres pensent qu'elle est différente de cela*. Il veut dire : certains pensent que les deux <noms> indiquent, parmi | les choses, des natures subsistant par leur essence.

Ensuite il dit : *Quant à Platon et aux pythagoriciens, ils n'affirment pas que l'être et l'un sont autre chose, mais affirment au contraire que ceci est leurs natures, comme si leur substance était d'être une et être*. Il veut dire : quant à Platon et aux pythagoriciens, ils n'ont pas considéré que le nom d'un et le nom d'être indiquent, parmi les êtres, des natures composées, mais | ils ont affirmé que chacun des deux indique un seul concept, c'est-à-dire simple, non composé. Il veut dire <que l'un et l'être> n'<indiquent> pas un un composé, comme les choses dérivées[6] l'indiquent.

Ensuite il dit : *Quant aux physiciens, Empédocle, par exemple, rapportait l'un à une autre chose plus claire, affirmait que l'un est l'être*.

1. *al-a'dād*. j : *numeri*. 1001b25 : τὰ μεγέτη !

2. *min šay' wāḥid wa min šay' āḫar laysa bi-wāḥid*. j : *ex uno, et ex alio, quod non est unum*. 1001b24 : ἐξ ἑνὸς καὶ ταύτης (ταύτης=ἡ ἀνισότης).

3. *min šay' min al-a'dād*. j : *ex aliquo numerorum*. 1001b24-25 : ἐξ ἀριθμοῦ τινός.

4. *al-huwiyya ayy al-mawǧūd*.

5. *al-huwiyyāt ayy al-mawǧūdāt*.

6. *al-ašyā' al-muštaqqa*. j : *nomina denominativa* (!).

Il veut dire : | quant aux physiciens, comme Empédocle, et d'autres que lui, **266** ils s'accordaient aux pythagoriciens et à Platon pour <dire> que le nom d'un et <le nom> d'être indiquent, parmi les choses, des natures unes et simples. Mais les physiciens tiennent, sur cet un, un propos plus clair et plus manifeste que ce qu'en ont dit les pythagoriciens. S'il a | dit cela, c'est parce que les pythagoriciens ont dit que cet un et cet être qui est la substance des êtres est le nombre lui-même, et Platon a dit[1] que ce sont les formes numériques. Quant aux physiciens, ils ont fait de l'un et l'être comme l'élément des choses sensibles, cela d'après leurs croyances en ce qu'ils considèrent comme l'élément de tous les sensibles, soit le feu au dire | de certains, soit l'air ou l'eau.

Etant donné qu'Empédocle a posé l'amitié comme cause de l'un sensible, qui est quelque chose par lequel il se caractérise entre tous les physiciens, <Aristote> dit : *et il affirme que cet un est l'amitié ; il a affirmé en effet que l'amitié est la cause faisant être toutes les choses une.* Il veut dire que puisqu'il croit que l'amitié est la cause nécessaire faisant devenir une toutes les choses, | alors celle-ci <correspond> le plus véritablement au sens de l'un, car ce qui est cause de l'unité[2] est un par essence et premièrement.

Il dit : *D'autres affirment que cet un et l'être sont tous les deux du feu ; d'autres affirment que c'est l'air et que c'est de lui que les êtres ont été engendré et sont nés.* Il désigne par là | ceux qui ont précédé Empédocle, et **267** ce sont ceux qui n'introduisent pas de cause agente et ne la professent pas.

Ensuite il dit : *Ceux qui disent qu'il y a plusieurs éléments affirment la même chose.* Il veut dire que ceux-là considèrent aussi que le nom d'un et d'être dit selon l'antériorité et la postériorité[3] | indique, parmi les choses, le nombre des éléments.

Etant donné que ceux-là sont tenus[4] de dire que le nom d'un et d'être n'indique pas une chose une, comme certains Anciens l'affirmaient avant eux, jusqu'à Parménide qui croyait, à cause de cela, qu'il n'y a absolument pas de multiplicité, que l'être est simple, non composé et un, et qu'il n'a pas d'élément, il dit : *et ceux-là sont obligés | de dire que l'un et l'être indiquent[5] plusieurs choses, aussi nombreuses que les principes qu'ils disent y avoir.* Il veut dire : en effet, étant donné qu'ils ont posé que l'un et l'être indiquent les principes des choses, et étant donné qu'ils ont posé qu'il y a plusieurs principes des choses, ils ont été tenus de dire que le nom d'un et d'être indique plusieurs significations, comme par exemple le feu,

1. j : *Plato vero dicebat* (!).
2. *'illa lil-waḥdāniyya*. j : *causa unitatis*.
3. *al-maqūl bi-taqaddum wa ta'ḫīr*. j : *quae dicuntur multipliciter* (!).
4. *yalzamu-hum*.
5. *yadullāni 'alā* est omis dans le T.

l'air, l'eau et la terre, d'après ceux qui croient que ces quatre éléments | sont les principes de tous les êtres.

Après avoir terminé de mentionner ceux qui croient que l'un et l'être indiquent les substances subsistantes[1], c'est-à-dire dont la nature est
268 différente de la nature de l'un, il entreprend de mentionner le | doute qu'implique également celui qui dit que ces deux <choses> n'indiquent pas, parmi les choses, des substances. Et il dit : *Et si quelqu'un affirme que l'un et l'être ne sont pas substances d'une chose, on arrive à ce qu'aucun des*[2] *universaux ne soit substance d'une chose*. Il veut dire : si on affirme que le nom d'un, prédiqué de toutes | les choses, et l'être n'indiquent pas, parmi les choses, des substances, cela implique que rien d'universel n'indiquera les substances des choses, de sorte que les démonstrations et les définitions seront vaines[3]. Car l'un et l'être, comme le dit <Aristote>, sont plus universels que les autres choses, et plus nécessaires.

Ensuite il dit : *de sorte que si l'un n'est pas subsistant par soi et que l'être n'est pas subsistant par soi, | rien d'autre n'est alors subsistant par soi, excepté les choses particulières*. Il veut dire : Pareillement, si l'un universel et l'être n'indiquent pas des substances subsistant par leur essence, il n'y aura pas d'un qui est une substance, si ce n'est les choses particulières[4].

Ensuite il dit : *Pareillement, si l'un n'est pas une substance, il est évident aussi qu'il n'y aura pas un nombre séparé des nombres, comme s'il était une nature isolée | des êtres*. Il veut dire : aussi, si nous supposons que l'un n'indique pas une substance mais une nature sensible, il est manifeste qu'il ne peut y avoir un nombre séparé[5] subsistant par essence, distinct[6] des choses nombrables ; il veut dire comme le posent ceux pour
269 qui | les nombres sont des natures subsitant par essence, séparées[7] des nombrables, comme l'ont dit les partisans des nombres.

Ensuite il donne la cause de cela et dit : *En effet, le nombre est un à un*. Il veut dire : la cause de cela, c'est que le nombre est une multiplicité d'unités[8], de sorte que si l'unité n'indique pas une chose | qui est[9], le

1. *al-ǧawāhir al-qā'ima*. j : *substantias existentes*.
2. T : *min sā'ir al-kulliyyāt* (*des autres universaux*).
3. *tabṭalu*. j : *destruentur*.
4. *lam yakun hāhunā wāḥid huwa ǧawhar illā al-ašyā' al-ǧuz'iyya*. j : *non erit hic unum quod est substantia rerum particularium* (!).
5. *mufāriq*. j : *abstractum*.
6. *munfarid*. j : *solitarium*.
7. *muftariqa*.
8. *al-'adad huwa kaṯra uḥād*. j : *numerus coacervatio est unitatum*.
9. *šay' mawǧūd*. j : om.

nombre ne sera pas une chose qui existe, et sera encore moins une chose séparée[1].

Ensuite il entreprend de mentionner les doutes que suscitent ceux qui posent que l'un substantiel indique un concept[2] universel et il dit : *et l'un est une chose isolée subsistant par soi*. Il veut dire : quant à l'un, on comprend seulement de lui qu'il est un concept[3] subsistant par soi, qui n'a pas | de sujet ni d'endroit, de sorte qu'il est donc une substance une, c'est-à-dire particulière.

Ensuite il dit : *S'il y a une chose qui est l'un et qui est l'être, il est nécessaire que l'un et l'être soient une substance*[4]. Il veut dire : Si le nom d'un et le nom d'être[5] indiquent un concept un par le nombre, il est nécessaire que l'être et l'un indiquent une substance particulière, une par le nombre

| Ensuite il dit : *car aucune autre chose universelle n'est dite des deux, mais ils sont dits de leur essence*. Il veut dire : si l'un et l'être sont des substances et s'ils n'ont pas d'universel substantiel qui soit prédiqué d'eux au moyen de « ce que c'est », il est manifeste que l'un et l'être indiquent une substance une par le nombre.

| Ensuite il dit : *Et on ne peut dire que l'un et l'être sont une chose une car* **270** *on aura des questions obscures*. Il veut dire : on ne peut dire que l'un et l'être indiquent une substance une par le nombre parce que celui qui dit cela sera confronté à plusieurs doutes dont la solution est obscure ou impossible.

| Ensuite il entreprend de dénombrer les doutes et dit : *Par exemple, comment peut-il y avoir autre chose en dehors de ceux-ci, je veux dire comment peut-il y avoir plus d'un être engendré ? Car l'être est un*[6]. *C'est pourquoi on arrive à ce que les êtres soient nécessairement une chose une, comme l'a dit Parménide*. Il veut dire que si l'un et l'être indiquent une substance une par le nombre, comment les choses | engendrées seront-elles dans la substance ? En effet, l'engendré est autre que l'être un, de sorte que l'un sera deux voire plus. En effet, les êtres engendrés[7] ne sont que dans la substance[8], pas dans les accidents. Et par là, il a seulement voulu dire que s'ils étaient dans les accidents, cela n'impliquerait pas que l'être soit un. En effet, l'être, d'après eux, ne s'applique[9] qu'à la substance.

1. *mufāriqa*. j : *abstractus*.
2. *ma'nā*. j : *intentionem*.
3. *ma'nā*. j : *intentio*.
4. T : *que la substance des deux soit l'un et l'être*.
5. *ism al-huwiyya aw al-mawǧūd*.
6. *li-anna al-mawǧūd wāḥid*. T : *li-anna laysa li-ġayr al-huwiyya kaynūna* (*car le non-être n'a pas d'être*).
7. *akwān*. j : *generationes*.
8. *fī al-ǧawhar*. j : *in substantiis*.
9. *yanṭaliqu*. j : *non dicitur… nisi*.

Ensuite il dit : *Et qu'on le dise de l'un ou l'autre côté, c'est ardu et difficile*. Il veut dire : quand on dit que | l'un indique *un en nombre*, c'est-à-dire *non multiple*, qu'on le dise de n'importe quel côté, c'est difficile, c'est-à-dire que l'on dise qu'il indique une substance ou <qu'il indique> ce qui n'est pas une substance. En effet, si on dit qu'<il indique> une substance, on élimine tout-à-fait la multiplicité, et si on dit qu'<il indique> une non substance, on élimine les unités[1] qui sont des substances. Et d'après cette
271 doctrine, on refuse | que le nombre soit substance. Si on se borne, au sujet de ces entêtements, à la position de celui qui croit que le nombre est une substance, c'est parce que si on[2] ne croit pas que le nombre est substance, cela implique qu'il n'y pas de un qui soit substance, ni autre chose que lui dans la substance, et cela est contraire à ce que l'on perçoit par les sens[3]. Et si on pose que le nombre est | substance et être, cela implique le même problème[4] que le précédent, <à savoir> que l'un et l'être indiquent un concept un en nombre et qu'il n'y a pas du tout de multiplicité. Ils ne peuvent éviter[5] en effet que le nom d'être indique *un en nombre* ou *multiples*, de sorte que s'il indique *un en nombre*, l'être sera alors un en nombre et c'est le discours de Parménide. Et s'il | indique *multiples*, l'un sera alors multiple. Et c'est impossible car toute chose[6] est soit une soit multiple et c'est ce qu'il a indiqué en disant : *D'autre part, si l'on dit que le nombre est une substance, il y a là une question obscure*, jusqu'à *tous les êtres seront soit un, soit plusieurs, composés à partir d'un à un.*

Si tous ces doutes se sont attachés aux Anciens, c'est parce qu'ils n'ont | rien compris au nom d'un, si ce n'est un seul sens, dit par synonymie[7], et
272 Parménide a compris en plus que c'est un un particulier. Et ces doutes | sont résolus[8] par le fait que le nom d'un et le nom d'être se disent de plusieurs manières, d'après quoi Aristote a contredit Parménide dans le premier traité de la *Physique*. Ceci constituait l'embarras[9] des Anciens au sujet de l'un et ceci les égara grandement.

Puisque que l'un d'entre eux s'est singularisé[10] également en niant l'existence de l'un, [Aristote] entreprend de | discuter avec lui et dit : *Pareillement, si cet un est indivisible, selon l'opinion de Zénon, il n'est absolument rien. Il affirme en effet que la chose qui n'ajoute pas pendant*

1. *al-wāḥdāt*. j : *unitates*.
2. Litt. : *celui qui dit cela*.
3. *ḫilāf mā yaḥiṣṣu*. j : *contrarium sensui*.
4. *mas'ala bi-'ayni-hā*. j : *eadem quaestio*.
5. *mā yaḫlū…min an*.
6. *kull šay'*. j : *omne*.
7. *bi-tawāṭu'*. j : *univoce*.
8. *tunḥilu*. j : *dissoluuntur*.
9. *ḥayra*. j : om.
10. *šaḏḏa*. j : om.

l'ajout et qui ne diminue pas quand on diminue à partir d'elle ne fait pas partie des êtres. Il veut dire que cet homme disait : puisque, concernant l'un, il est de toute évidence indivisible, et <puisque> ce qui <correspond> à cette description n'ajoute pas pendant l'ajout[1] ni ne diminue | car il deviendrait divisible[2] ; puisque dès lors il ne reçoit ni l'ajout ni la diminution, il est nécessaire qu'il ne soit pas un être. Il affirmait en effet que l'être est ce qui reçoit l'ajout et la diminution[3].

<Aristote> commence ensuite à le contredire et il dit : *Et il est évident que les êtres, d'après ce qu'il affirme, sont une grandeur*. Il veut dire que son discours implique, si l'être est ce qui reçoit l'ajout et la diminution, que | l'être n'est rien d'autre qu'une grandeur.

Ensuite il dit : *et si les êtres sont une grandeur, ils sont une grandeur corporelle. En effet, la grandeur corporelle est l'être, de tous les côtés*. Il veut dire : il disait, en plus, que si | l'être est ce qui reçoit la division[4], alors **273** il est ce qui reçoit la division dans tous les côtés, et c'est le corps qui sera l'être en vérité.

Ensuite il dit : *Quant aux autres choses, il y a, d'une part, ce qui, quand elles sont composées, donne une grandeur et, d'autre part, ce qui, quand elles sont composées, ne donne pas une grandeur. D'après son discours, il affirme en effet que le simple | et la ligne, quand ils sont composés, donnent une grandeur. Quant au point*[5], *il ne donne absolument aucune grandeur*. Il veut dire : il disait que, excepté le corps, ce dont ne se compose pas le corps n'est absolument pas un être. Et ceci est le cas du point et de l'un[6]. Quant à la surface et[7] à la ligne, ils sont, d'après lui, de l'être puisque, d'après lui, le corps se compose des deux.

| Après avoir parlé de son discours et étant donné que la solution est difficile, il entreprend de le résoudre et dit : *Etant donné cela, je veux dire que Zénon s'entête dans son discours et a une opinion ambigüe, et qu'il est impossible*[8] *qu'il y ait une chose indivisible, il faut que nous répondions à ce discours par quelques réponses*. Il dit[9] : étant donné que le discours de cet homme est un discours très ambigü[10], où il laisse entendre que ce qui

1. *lā yazīdu 'ind al-ziyāda 'alay-hi*. j : *non augmentatur apud additionem*.

2. *wa lā yanquṣu li-anna-hu yaṣīru munqasim*^{an}. j : *neque diminuitur, quia neque dividitur*.

3. *al-mawǧūd huwa al-laḏī yaqbalu al-ziyāda wa al-nuqṣān*. j : *ens est illud, quod recipit augmentum et diminutionem : ergo non est ens* (!).

4. *inqisām*. j : *divisiones*.

5. T : *quant au point et à l'un, leur composition ne donne…*

6. *wa hāḏihi hiya ḥāl al-wāḥid wa al-nuqṭa*. j : *et haec est dispositio unius et puncti*.

7. *wa*. j : *aut*.

8. *ġayr mumkin*. T : *qad yumkin* (*il se pourrait*).

9. Il s'agit en fait ici du commentaire d'Averroès, et non d'un lemme.

10. *šadīd al-ilbās*. j : *valde dubitativus et tortuosus*.

est indivisible n'est pas un être[1], il faut que nous lui répondions par quelques réponses.

| Et il dit : *Nous disons que l'un, si quelque chose lui est ajouté, n'est pas plus grand mais est plus nombreux. C'est pourquoi il ne doit*[2] *pas être*
274 *une grandeur*. Il veut dire que | le discours de Zénon, selon lequel l'un n'est pas augmenté[3] du fait que, quand il reçoit l'ajout, il devient plus grand et donc se divise et ne reste pas un, n'est pas un discours vrai[4]. Nous disons au contraire qu'il est augmenté et devient donc plus nombreux, non plus grand. C'est pourquoi il n'est pas nécessaire qu'il devienne une ligne et reçoive ainsi la division, comme l'a affirmé cet homme.

| Ensuite, il donne la pour laquelle il est nécessaire qu'il n'y ait pas de grandeur à partir de lui[5] et il dit : *car comment pourra-t-il y avoir une grandeur à partir d'un tel un, et de plusieurs choses qui ne sont pas cet un*. Il veut dire : car quand on ajoute à l'un, il n'est pas possible qu'il y ait une grandeur. En effet, les grandeurs, il ne leur est pas possible de naître d'une ni de plusieurs choses autre que l'un, je veux dire qu'une grandeur ne se complète[6] ni à partir de l'un, ni avec | l'un, ni avec aucune chose, car la grandeur est de la nature du continu[7] et l'un est de la nature du divisé[8].

Ensuite il dit : *Et un tel discours est semblable à celui qui dit que la ligne est composée de points*. Il veut dire : celui qui dit que l'ajout à l'un rend nécessaire le fait qu'il y ait une grandeur à partir de l'un et de ce qui lui est ajouté est semblable au discours de celui qui dit | que les grandeurs sont composées de points et, en bref, de ce qui ne se divise pas, et c'est le discours qu'il vient d'infirmer[9].

Ensuite il dit : *Et si l'on pense que tel est le cas et que le nombre vient de cet un et d'autre chose qui n'est pas un, comme le disent certains,*
275 *recherchons | pourquoi cela n'est pas*[10], *pour le nombre et pour certains genres, un nombre, et pour d'autres, une grandeur, si ce qui n'est pas un est égal à l'un et <si> la nature des deux est une*. Il veut dire : et si quelqu'un dit, en réaction contre Zénon, ce qu'entraîne l'habitude de certains qui disent que le nombre et la grandeur sont composés de l'un et de ce qui | n'est pas un, on lui demandera pourquoi ce qui est composé de l'un

1. Averroès ne semble pas suivre la modification du lemme (*il est impossible*) ; il semble tenir compte de la leçon du Textus (*il se pourrait*).
2. *lā yağibu an yakūna ʿaẓman*. T : *lā yakūnu ʿaẓman* (*il n'est pas une grandeur*).
3. *lā yuzād ʿalay-hi*. j : *nihil additur uni*.
4. *ṣaḥīḥ*. j : *verus*.
5. c'est-à-dire à partir de l'un.
6. *yalta'im*.
7. *muttaṣil*. j : *continui*.
8. *munfaṣil*. j : *discreti*.
9. *qad faraġa min ibṭāli-hi*. j : *quod iam destructum est*.
10. pas de négation en grec.

et de ce qui n'est pas un sont deux genres différents, l'un le nombre et l'autre la grandeur, alors que la nature de l'un et du non-un dont est composé le nombre est égale à la nature de l'un et du non-un dont est composée la grandeur. Il veut dire que cette position implique que les éléments de choses différentes quant à l'espèce s'accordent[1] <alors> quant à l'espèce, ce qui est absurde.

| Ensuite il dit : *En effet, il n'est pas évident <de voir> comment il se peut que les nombres viennent d'une chose une et d'une chose qui n'est pas une, et sa nature est contraire à la nature de l'un*[2], *ni comment il se peut que les grandeurs viennent d'un nombre et de cette chose qui n'est pas une.* Il veut dire : quand nous disons qu'un concept n'est pas un, qu'il n'a pas la nature de l'un mais son contraire[3], il n'est pas possible que soient composés de lui ni une grandeur, ni | un nombre. En effet, de tels contraires[4] ne se mêlent[5] pas.

| T. 17 (1001 b 26-1002 b 5) *Aristote a dit* : 276

Cette question est suivie[6] d'une autre question obscure, qui est celle-ci : disons-nous que les nombres, les corps, les surfaces, les lignes[7] et les points sont des substances ou non[8] ? En effet, si ce ne sont pas des substances, nous serions privés[9] de | la connaissance de ce qu'est l'être[10] et de ce que sont les substances des êtres. Quant aux mouvements, aux affections, aux espèces du relatif[11], aux dispositions[12] et aux syllabes[13], on croit qu'ils n'indiquent pas la substance d'une chose parce que toutes ces choses sont dites d'un sujet[14] et on ne dit d'aucune d'entre elles qu'elle est cette chose-ci. Quant à la chose qu'on croit le plus indiquer la substance, c'est l'eau, la terre, l'air et le feu[15] à partir desquels | sont constitués[16]

1. *muttafiqa.* j : *convenienta.*
2. Averroès insère son commentaire au sein du lemme.
3. *ḍiddu-hu.* j : *contrariam.*
4. *aḍdād.* j : *contraria.*
5. *lā taḫtaliṭu.* j : *non admiscentur.*
6. *yalḥaqu.* j : *consequitur.* 1001b26 : ἐχομένη.
7. *al-ḫuṭūṭ.* j : *lineae.* Ajouté au grec.
8. Litt. : *ou ne disons-nous pas cela.*
9. *qad tasquṭ 'annā.* j : *recedet a nobis.* 1001b28 : διαφεύγει.
10. *ma'rifat al-huwiyya mā hiya.* j : *cognitio, quae sit subjecto* (!). 1001b28 : τί τὸ ὄν.
11. *anwā' al- muḍāf.* j : *species relationis.* 1001b30 : τὰ πρός τι.
12. *ḥālāt.* j : *dispositionum.* 1001b30 : αἱ διαθέσεις.
13. *alfā'.* j : *dictionum.* 1001b30 : οἱ λόγοι.
14. *'alā šay' mawḍū'.* j : *de subiecto.* 1001b31 : καθ' ὑποκειμένου.
15. *wa al-hawā' wa al-nār.* j : *et aer, et ignis.* 1001b33 : καὶ ἀὴρ καὶ πῦρ. L'arabe est plus proche de A^b, Asc (καὶ πῦρ καὶ ἀήρ) que de Π, Γ (om. καὶ ἀήρ).
16. *qawwamat.* j : *constituuntur.* 1002a1 : συνέστηκε.

les corps composés. Quant aux chaleurs et aux froideurs qui sont dans ces choses, et à ce qui est semblable à cela[1], c'est l'affection de la substance[2]. Quant au corps, il est celui qui, seul[3], obtient ces affections car
277 il est un être et une substance[4]. | Mais le corps est en deçà[5] de la surface concernant la substantialité, et la surface[6] en deçà de la ligne et la ligne[7] en deçà du point et de l'un[8]. En effet, le corps est défini par ces choses et on croit que ces choses peuvent être sans un corps[9] alors que le corps, quant à lui, ne peut être sans[10] celles-ci. C'est pourquoi la plupart des gens[11] et les anciens | philosophes croyaient que la substance et l'être sont un corps[12] et que les autres choses sont une affection de ce corps. C'est pourquoi ils croyaient que les principes des corps sont les principes des êtres. Quant aux autres[13], qui se croyaient plus savants[14] que ceux-là, ils croyaient que la substance et l'être comptent parmi les nombres. De sorte que, comme nous l'avons dit, si ces choses que nous avons mentionnées ne sont pas des substances, il n'y aura alors absolument aucune substance[15] ni aucun être car | il n'est pas nécessaire d'appeler substances et êtres[16] les accidents qui adviennent à ces choses[17]. Mais puisqu'il est connu que les longueurs et les points qui appartiennent aux corps sont plus substance que les corps, bien

1. *wa mā ašbaha ḏālika*. j : *et similia*. 1002a2 : τὰ τοιαῦτα.

2. *fa hiya ālām al-ǧawhar*. j : *sunt passiones sunstantiae*. 1002a2 : πάθη [οὐκ] οὐσίαι. Il semble qu'une lacune (οὐκ) dans le texte grec dont disposait le traducteur arabe soit à l'origine de cette traduction.

3. *fa huwa al-laḏī yaḥṣulu hāḏihi al-ālām waḥda-hu*. j : *solum determinat istas passiones*. 1002a3 : τὸ ταῦτα πεπονθὸς μόνον ὑπομένει. Dans son commentaire, Averroès semble adopter une autre leçon : cf. notre note sous 280, 16.

4. *li-anna-hu huwiyya min al-huwiyyāt wa ǧawhar min al-ǧawāhir*. j : *quia est ens aliquid, et alia substantia*. 1002a3-4 : ὡς ὄν τι καὶ οὐσία τις οὖσα.

5. *dūna*. j : *minus*. 1002a4 : ἧττον.

6. *al-saṭḥ*. j : *superficies*. 1002a5 : αὕτη.

7. *wa al-ḫaṭṭ*. j : *linea*. 1002a5 : ἡ γραμμὴ (A^b) ; αὕτη (alt. ms).

8. *dūna al-nuqṭa wa al-wāḥid*. j : *quam punctum et unum*. 1002a5-6 : τῆς μονάδος καὶ τῆς στιγμῆς.

9. *bi-ġayr ǧism*. j : *sine corpore*. 1002a7 : ἄνευσώματος. j ajoute ici : *et hoc possibile est*.

10. *min ġayr*. j : *sine*. 1002a7 : ἄνευ.

11. *al-akṯarūna*. j : om. 1002a8 : οἱ μὲν πολλοὶ.

12. *ǧism*. Sans article. j : *est corpus*. 1002a9 : τὸ σῶμα.

13. *ammā al-āḫarūna*. j : *aliis autem*. 1002a11 οἱ δ 'ὕστεροι A^b J : οἱ δ 'ὕστερον E.

14. *annū anna-hum a'lam*. j : *reputabantur (#) sapientiores*. 1002a11-12 : σοφώτεροι τούτων εἶναι δόξαντες.

15. *laysa ǧawhar min al-ǧawāhir al-batta*. j : *nulla est substantia omnino*. 1002a13 : ceci semble correspondre à la leçon οὐδεμία (E, J, Γ, Asc) et non à οὐδὲν (A^b et ut *vid*. Al) que préfèrent Ross et Jaeger.

16. *ǧawāhir wa huwiyyāt*. j : *substantiae et entia*. 1002a14 : ὄντα.

17. *al-latī ta'riḍu li-hāḏihi*. j : *quae accidunt istis substantiis* (!). 1002a14 : τά γε συμβεβηκότα τούτοις.

que nous ne les voyons pas[1], parmi quels corps dès lors comptent les substances, puisqu'il n'est pas possible qu'elles comptent parmi les corps sensibles[2]? Ou alors il est probable qu'il n'y ait absolument aucune substance. Aussi, nous voyons que toutes ces choses sont les divisions[3] du corps, certaines d'entre elles | appartenant à la largeur, d'autres à la profondeur[4] et d'autres à la longueur. De plus, nous disons que ces | choses **278**
sont dans les corps[5] comme le sont les figures[6]. En effet, il est inévitable que le corps ait une figure car s'il était possible que le corps n'ait pas de figure, il serait possible qu'il n'ait pas de dimension[7]. Par exemple[8], s'il était possible que la figure de Mercure[9] ne soit pas dans la statue[10] de Mercure, il serait possible que | la figure de la demi burda ne soit pas[11] dans toute la figure de la burda *Lacune dans le grec*[12]. En plus de ce que nous avons dit, l'erreur advient aux discours de ceux-là quand nous examinons les choses qu'impliquent la génération et la corruption. Ils croient en effet que la substance n'a pas été d'abord[13] puis a été[14] ou bien <qu'> elle a été puis s'est corrompue, et que les passions[15] lui sont attachées[16] lors de la génération et de la corruption. Quant aux points, aux lignes et aux surfaces,

1. *wa lasnā narā-hā.* j : *et non videmus ea esse substantias.* 1002a16 : ταῦτα δὲ μὴ ὁρῶμεν.

2. *lā yumkinu an takūna min al-aǧsām al-maḥsūsa.* j : *et impossibile est ut sint ex corporibus insensibilibus* (!). 1002a17 : ἐν γὰρ τοῖς αἰσθητοῖς ἀδύνατον εἶναι.

3. *aqsām.* j : *divisiones.* 1002a19 : διαιρέσεις.

4. j : *spissitudine.*

5. *fī al-aǧrām.* j : *in corporibus.* 1002a21 : ἐν τῷ στερεῷ.

6. La version arabe ne confirme pas la leçon de A^b (1002a22 : ἢ οὐδὲν) que suivent Christ et Jaeger.

7. *fa-inna-hu lā budda an yakūna lil-ǧirm šakl min al-aškāl fa-in amkana allā yakūna lil-ǧirm šakl amkana allā yakūna la-hu bu'd min al-ab'ād.* j : *corpus enim necesse est ut habeat aliquam figuram. Si igitur possibile fuerit, ut corpus non habeat figuram, possibile erit ut non habeat dimensionem.* Cette phrase ne correspond à rien dans le texte grec (*ca* 1002a21).

8. *ka-qawli-na inna-hu.* j : *verbi gratia.* 1002a21 : ὥστ'.

9. *'uṭārid.* j : *Mercuriis.* 1002a22 : Ἑρμῆς.

10. *fī al-ṣanam* (litt. : *idole*). j : *in idolo.* 1002a22 : ἐν τῷ λίθῳ.

11. *allā yakūna šakl nisf al-burda.* j : *ut figura semigrandinis* (?) *sit* (!). La burda est une longue robe d'homme en étoffe de laine brune ou noire (H. Wehr : *Mohammed's outer garment*). 1002a22 : τὸ ἥμισυτοῦ κύβου (!).

12. Lacune correspondant à 1002a23-28.

13. *awwal^{an}.* j : *primo.* 1002a30 : πρότερον.

14. *ṯumma kāna.* j : *deinde fuit.* 1002a30 : l'arabe ne confirme ni la leçon de Π, Γ (νῦν εἶναι) ni celle de A^b (om.). Le traducteur arabe avait peut-être sous les yeux une version intermédiaire : εἶναι. Ross et Jaeger éditent νῦν ᾖ, que portait paraît-il un manuscrit appartenant au Cardinal Bessarion. Dans la traduction latine établie par le Cardinal, on lit en effet *nunc sit.*

15. *āfa, āfāt* (*calamité, fléau*) correspond ici à παθος.

16. *al-āfāt tulḥiqu-hu.* j : *passiones contingunt ei.* 1002a32 : ταῦτα πάσχειν (*).

ni la génération ni la corruption ne leur est possible, ni | d'être parfois et de parfois ne pas être. En effet, les corps, quand ils entrent en contact et se divisent[1], s'unissent au point de leur contact[2], et deviennent deux au point de leur division. Et il n'y a rien de composé qui n'implique la corruption[3], et les choses qui se divisent ne sont pas sans génération[4]. Quant au point, s'il ne se divise pas, il ne deviendra pas deux points. Et s'il est engendré et se corrompt[5], il sera inévitablement[6] à partir d'une chose. *Lacune dans le grec*[7].

279 | C. 17 Commentaire

Il dit : parmi les questions obscures que nous devons examiner dans cette science : disons-nous que les nombres, les corps, les surfaces, les lignes et les points sont les substances des choses qui sont[8]*, je veux dire [des choses] à propos desquelles on donne en réponse ce qu'est la chose, comme le disent | les gens, ou ne sont-ce pas leurs substances*[9] *?*

Ensuite il dit : *En effet, si ce ne sont pas des substances, nous pourrions être privés de la connaissance de ce qu'est l'être et de ce que sont les substances des êtres*. Il veut dire : en effet, on pourrait croire[10], si ces choses ne sont pas la quiddité des substances des êtres, que la connaissance de ce qu'est la nature des êtres[11] subsistant par essence, je veux dire ceux que les gens s'accordent à appeler substances, nous échappe.

1. *al-aǧrām iḏā ittaṣalat wa infaṣalat*. j : *corpora enim continua et discreta*. 1002a31-1002b1 : ἅπτηται ἢ διαιρῆται.

2. *fī ḥadd ittiṣāli-hā*. j : *apud continuationem*. 1002b1 : ἁπτομένων.

3. *wa laysa min šay' yatarakkabu illā wa huwa yalzamu-hu al-fasād*. j : *nihil corrumpitur nisi corruptio accidat ei* (!). 1002b2-3 : ὥστ' οὔτε συγκειμένων ἔστιν ἀλλ' ἔφθαρται (*).

4. *wa al-ašyā' al-latī tanqasimu lam takun min ġayr kawn*. j : *et ea, quae dividuntur, non sunt sine generatio*. Le lemme (286, 13) extrapole : *wa al-ašyā' al-latī lā tanqasimu min al-šay' al-munqasim fa-inna-ha lā takūnu min ġayr kawn*. 1002b3 : διῃρημένων τε εἰσὶν αἱ πρότερον οὐκ οὖσαι (*). Le traducteur arabe croit qu'il y a une opposition entre συγκειμένων (l. 2) et διῃρημένων et donc une opposition entre *ce qui implique la génération* et *ce qui implique la corruption*.

5. *In kānat takūnu wa tafsudu* (εἴ τε γίγνονται καὶ φθείρονται). Bien que, grammaticalement, ces verbes puissent avoir pour sujet *les choses qui se divisent*, la construction de la phrase laisse croire que c'est du *point* qu'il s'agit. C'est d'ailleurs ce qu'a compris Averroès (287, 3 : « si le point est engendré et se corrompt… »).

6. *lā maḥāla*.

7. Lacune correspondant à 1002b5-11.

8. *ǧawāhir al-ašyā' al-mawǧūda*. j : *substantiae entium*.

9. *am laysat ǧawāhira-hā*. j : *aut non*.

10. *qad yuẓannu*. j : *existimatur*.

11. *ma'rifa ṭabī'a mā hiya al-mawǧūdāt*. j : *cognitio naturarum eorum, scilicet entium*.

| Ensuite il dit : *Quant aux mouvements, aux affections, aux espèces du relatif, aux dispositions et aux syllabes, on croit qu'ils n'indiquent pas la substance d'une chose.* Il veut dire : si on croit que ces choses sont des substances, c'est parce que <celles qui sont> en dehors de[1] ces choses, comme les mouvements, les accidents, le relatif et les dispositions, ne font pas connaître par eux-mêmes les substances des choses qui sont, je veux dire celles qu'on appelle substances. Par *affections*, il veut dire les qualités se rapportant[2] aux sens, | comme la chaleur et la froideur, et par *dispo-* **280**
sitions, <il veut dire> l'espèce de qualité qu'on appelle disposition et aptitude[3]. Quant aux *syllabes*[4], il semble qu'il ait voulu dire par là les intelligibles seconds[5].

Ensuite il donne la raison pour laquelle ils s'accordent <à dire> que ce ne sont pas des substances et il dit : | *parce que toutes ces choses sont dites d'un sujet et on ne dit d'aucune d'entre elles qu'elle est cette chose-ci.* Il veut dire : parce que[6] toutes ces choses sont dans cette chose désignée[7] qu'est l'individu de la substance, et on ne dit pas d'une seule d'entre elles[8] qu'elle est cette chose désignée.

Ensuite il dit : *Quant à la chose qu'on croit le plus indiquer la substance, c'est | l'eau, la terre, l'air et le feu à partir desquels se constituent les corps composés.* Il veut dire : quant à la chose qu'on a précédemment cru[9] être la substance des êtres composés désignés, ce sont les quatre éléments desquels sont composées les substances sensibles. Il veut dire : mais ces choses, il apparaît par soi[10] qu'elles sont les substances des composés, <qu'elles> se comportent comme[11] la matière et non comme ce par quoi on donne en | réponse ce que c'est.

Ensuite il dit : *Quant au corps, il est celui qui, seul*[12], *obtient ces affections car il est un être et une substance.* Il veut dire que le corps obtient, au moment désiré[13], la définition de la nature de ces accidents,

1. *mā 'adā*. j : *praeter*.
2. *al-mansūba*. j : *attributas*.
3. *malaka*. j : *habitus*.
4. *al-alfāẓ*. j : *dictiones*.
5. *al-ma'qūlāt al-ṯawānī*. j : *intellecta subiecta* (!).
6. *min qibal*. j : *quia*.
7. *ǧamī' hāḏihi hiya fī hāḏā al-šay' al-mušar ilay-hi*. j : *omnia ista sunt in hoc individuali*.
8. *laysa yuqāl fī wāḥid min-hā*. j : *nullum eorum dicitur ex hoc*.
9. *yasbiqu ilā al-ẓann*. j : *illud autem, quod videtur esse secundum existimationem*.
10. *yaẓhar min amri-hā*. j : *ista videntur*.
11. *taǧrī maǧrā*. j : *secundum materiam*.
12. Le texte grec porte μόνον (*seul, seulement*), cf. *supra*, 276, 12. Il semble cependant qu'Averroès ait lu *wa ḥadda-hu* (*et sa définition*) au lieu de *waḥda-hu* (*seul*). Cf. apparat critique de M. Bouyges.
13. *'inda mā yurām*. j : om.

281 c'est-à-dire ce qui découle[1] de leur définition, | à la manière[2] des différences[3] qui obtiennent la nature de l'être[4] et le distingue[5] du reste.

Ensuite il dit : *Mais le corps est en deçà de la surface concernant la substantialité, et la surface en deçà de la ligne et la ligne en deçà du point et de l'un*. Il veut dire : mais si tu compares le corps à la surface, tu trouveras[6] que le corps est en deçà de la surface concernant la substantialité, la surface en deçà de la ligne | et la ligne en deçà du point.

Ensuite il donne la cause de cette opinion et dit : *En effet, le corps est défini par ces choses*[7]. Il veut dire : elles sont prises dans la défintion, étant donné que le corps est défini comme étant ce qui est divisible en trois surfaces, ou est défini comme étant ce qui est entouré[8] par une surface ou des surfaces.

Ensuite il dit : *et on croit que ces choses peuvent être sans un corps alors que le corps, quant à lui, | ne peut être sans celles-ci*. Il veut dire : en raison de cela aussi, on croit que ces choses sont antérieures par nature au corps. Il indique par là l'espèce d'antériorité qui, quand le premier est, n'implique pas que le dernier soit, et quand le dernier est, implique que le premier soit[9]. Ou alors il veut dire que le corps ne peut se concevoir sans la surface alors que la surface peut[10] se concevoir sans le corps, | et il en va de même pour la ligne avec la surface et pour le point avec la ligne.

Après avoir donné les arguments qui persuadent de ce que le corps est la substance, et non[11] les surfaces et les lignes, il dit : *C'est pourquoi la*
282 *plupart des anciens*[12] *et les philosophes croyaient que | la substance et l'être sont*[13] *un corps et que les autres choses ne se définissent pas par la*

1. *yatanazzalu.* j : *quod est de definitione eorum.*

2. *mağrā.* j : *quasi.*

3. *fuṣūl.* j : *differentiae.*

4. *taḥṣulu.* j : *sunt determinantes.*

5. *tumayyizu-hu.* j : *distenguentem.*

6. *iḏā qāyasta al-ğism bi al-saṭḥ wağadta.* j : *cum feceris comparationem inter ista, videbis.*

7. j : *dicit corpus enim post ista* (!) *invenitur in definitione.* Le traducteur a vraisemblablement mélé Textus et Commentaire. *Invenitur in definitione* correspond sans doute à *tūḫaḏ fī al-ḥadd* (*prises dans la définition*), où *tūḫaḏ* (*pris*) a été lu *tūğad* (*est, se trouve*).

8. *yuḥadd bi-anna-hu al-laḏī yuḥīṭ bi-hi.* j : *illud, quod continetura.*

9. j résume : *et innuit modum prioritas secundum consequentiam.* (!)

10. *al-saṭḥ yumkinu an yataṣawwara dūna al-ğism.* j : *superficies autem impossibile est ut intelligatur sine corpore* (!).

11. *dūna.* j : *absque.*

12. *al-akṯarūn min al-qudamā'.* T : *al-akṯarūn wa al-qudamā'.* j : *Antiqui Philosophorum.*

13. *huwa*, qui est sous-entendu dans le T. L'emploi du pronom au singulier laisse penser qu'il s'agit ici d'un type de *muzāwağa*, c'est-à-dire d'une formule où les deux termes de l'expression (*la substance* et *l'être*) sont considérés comme synonymes. j traduit d'ailleurs

définition du corps[1]. *C'est pourquoi ils croyaient que les principes des corps sont les principes des êtres.* Il veut dire : puisqu'ils croyaient[2] que le corps est une substance, ils croyaient que les principes des corps composés, je veux dire ceux desquels les corps sont composés, sont les corps qui sont les principes de tous les êtres | car si les corps sont les principes, alors les principes des corps sont les principes des êtres.

Ensuite il dit : *Quant aux autres, qui se croyaient plus savants que ceux-là, ils croyaient que la substance et l'être comptent parmi les nombres.* Il veut dire : quant à ceux qui se croyaient plus savants que ceux-là, ils ont dit que la substance, selon cette considération, doit être les nombres. | Il veut dire en raison de l'antériorité <du nombre>[3], dans la conception[4], sur les autres êtres ; en raison également de son antériorité par nature ; et parce qu'il est[5] davantage dégagé[6] de la matière que le corps.

Ensuite il dit : *De sorte que, comme nous l'avons dit, si ces choses que nous avons mentionnées ne sont pas des substances, il n'y aura alors absolument aucune substance ni aucun être car il n'est pas nécessaire d'appeler substances et | êtres les accidents qui adviennent à ces choses.* Il veut dire : cela implique, d'après ce discours, que si ces choses ne sont pas des substances, on pourrait penser[7] qu'il n'y a absolument aucune substance pour les êtres car il est impossible que les choses postérieures à ces substances, à savoir les accidents, soient des substances pour une des choses dont on convient[8] qu'elles sont substances, je veux dire les substances sensibles.

| Il entreprend ensuite de mettre en doute[9] ce discours et dit : *Mais s'il* **283**
est connu que les longueurs et les points qui appartiennent aux corps sont plus substance que les corps, bien que nous ne les voyons pas, parmi quels corps dès lors comptent les substances, puisqu'il n'est pas possible qu'elles comptent parmi les corps sensibles ? Il veut dire : mais si, d'après cette opinion, il est nécessaire que | la surface, la ligne et les points[10] soient des substances, – et il semble manifeste que ces choses[11] ne sont pas des

par *substantia et ens est corpus*. Cf. A. Martin, « Un type particulier de la *muzāwağa* dans la langue d'Averroès », dans *Mélanges à la mémoire de Philippe Marçais*, Paris, 1985.

1. *lā tuḥadd bi-ḥadd al-ğism*. T : *ālām li-hāḏā al-ğism* (*sont une affection de ce corps*).
2. *li-i'tiqādi-him*. j : *quia opinati sunt*.
3. *li-taqaddumi-hi*. j : *quia sunt priores*.
4. *fī al-taṣawwur*. j : *in imaginatione*.
5. *li-kawni-hi*. j : *quia sunt*.
6. *tabarriyan*. j : *magis liberatia*.
7. *qad yuẓann*.
8. *li-šay' min al-umūr al-muttafiq 'alay-hā*. j : *alicuius eorum, de quibus omnes conveniunt*.
9. *yatašakkaku*. j : *dedit dubitationem*.
10. *al-saṭḥ wa al-ḫaṭṭ wa al-nuqaṭ*. j : *superficies, et lineae, et puncta*.
11. *yaẓharu min amr hāḏihi*. j : *de istis*.

substances et sont antérieures aux corps mathématiques de sorte que les corps mathématiques ne sont pas des substances –, alors parmi quelles choses compteront les substances des êtres ? Il est impossible en effet que ce soit les corps sensibles car ils sont ceux dont nous recherchons les substances selon ce que nous en avons dit, à savoir qu'elles sont être et un. En effet, nous cherchons seulement <à savoir> ce qu'est cette | substance qu'indique le mot *est* et *un*[1]. Et il n'y a pas de corps autre que le mathématique et[2] le sensible.

Ensuite il dit : *Ou alors il est probable qu'il n'y ait absolument aucune substance*. Il veut dire : ou alors nous disons, d'après ce doute, que cela implique qu'il n'y a de substance d'aucune chose. Il veut dire que quand on nie[3] que les quiddités des êtres sont les corps, il est probable que l'on croie, | d'après cela, que les êtres n'ont pas de quiddités[4].

Après avoir nié que le corps mathématique est une substance, puisque[5] la longueur et la largeur sont des accidents et qu'elles sont les différences[6] de ce corps, <Aristote> entreprend de mentionner les arguments qui imposent que les longueurs sont les différences du corps mathématique, au rang des figures[7].

Il dit : *Aussi, nous voyons que ces choses*[8] *sont les divisions du corps,*
284 *certaines d'entre elles appartenant à la largeur, d'autres à la profondeur* | *et d'autres à la longueur. De plus, nous disons que ces choses sont dans les corps comme le sont les figures*. Il veut dire : ce qui explicite[9] le fait que le corps mathématique est un accident, c'est que la définition du corps se constitue des trois dimensions que sont la longueur, la largeur et la profondeur. De plus, nous voyons que les longueurs sont, dans les corps, au rang[10] | des figures, c'est-à-dire de leurs différences.

Ensuite il entreprend d'expliquer que les dimensions sont[11] au rang des figures et dit : *En effet, il est inévitable que le corps ait une figure car s'il était possible que le corps n'ait pas de figure, il serait possible qu'il n'ait pas de dimension*. Il veut dire : en effet, le cas de la figure est, pour le corps[12], le même que celui de la dimension, en ceci qu'il n'est pas possible

1. *lafẓat mawǧūd wa wāḥid*. j : *quam significat hoc nomen ens, et unum*.
2. *wa*. j : *aut*.
3. *iḏā buṭila*. j : *cum sit destructum*.
4. *laysa lil-mawǧūdāt māhiyāt*. j : *entia non sunt neque habent quiditates*.
5. *yanbanī ʿalā*. j : *fundatur super hoc*.
6. *fuṣūl*. j : *differentiae*.
7. *bi-manzilat al-aškāl*.
8. *hāḏihi*. T : *hāḏihi kullu-hā* (*toutes ces choses*).
9. *yuwaḍḍiḥu*. j : *declarat quod*.
10. *bi-manzilat al-aškāl*. j : *quasi figurae*.
11. *kawn al-abʿād*.
12. *min al-ǧism*. j : *de corpore*.

que le corps se dépouille d'elle[1] sauf quand le corps se corrompt, | comme c'est le cas pour la différence[2] d'une chose substantielle.

Ensuite il donne un exemple de cela et dit : *Par exemple, s'il était possible que la figure de Mercure ne soit pas dans la statue de Mercure, il serait possible que la figure de la demi burda ne soit pas dans toute la figure de la burda.* Il veut dire : en effet, si la figure n'est pas substantielle au corps, il serait possible que la figure propre à la chose soit éliminée et que reste la chose. C'est comme si on disait[3] qu'il | est possible que la figure de l'homme soit éliminée et qu'il reste un homme[4], ou que la figure de la statue de Mercure <soit éliminée> et que reste la statue de Mercure. Et s'il était possible que la figure propre de la chose soit éliminée de la chose, il se pourrait que la moitié de la figure de la chose soit éliminée de la chose et qu'il reste toute la figure. Et c'est ce qu'il a indiqué en disant : *il serait possible que la figure de la demi burda ne soit pas*[5] *dans toute la figure de la burda.* Si <Aristote> a pris pour ceci l'exemple de la burda[6], c'est parce que la burda fait partie | des choses qui ne sont appelées que par ce nom et sont définies d'après leur figure[7], de sorte que leur figure | est la même que **285**
leur différence qui les différencie des autres vêtements. C'est comme si <Aristote> avait voulu établir[8], à partir de cette différence[9], que quand on met les dimensions au rang[10] des accidents, le corps est alors un accident, et quand on met le corps au rang d'une substance, il est nécessaire que celles-ci[11] soient des substances.

Il dit : *En plus de ce que nous avons dit, l'erreur advient aux discours de ceux-là quand nous examinons | les choses qu'impliquent la génération et la corruption.* Il veut dire : en plus de ces indignités qu'implique cette position, je veux dire le fait que les corps sont des substances, des indignités leur adviennent en raison[12] de ce qui apparaît dans les choses générables et corruptibles.

1. *yata'ārā min-hu.* j : *denudari ab eis.*
2. *faṣl.* j : *differentia.*
3. *miṯl an naqūla inna-hu.* j : *v. g.*
4. *wa yabqā insān^an^.*
5. *allā yakūnā.* Dans ce lemme, que la version latine retranscrit sans abréviation, on retrouve la même erreur que dans le T : *possibile est ut semi figura grandinis sit in tota figura grandinis.*
6. *yumaṯṯilu ḏālika bi al-burda.* j : *exemplum de tunica.*
7. *bi-ḥasab šakli-hā.* j : *secundum figuram habendam.*
8. *yuqarriru.* j : *declarare.*
9. *min hāḏā al-faṣl.* j : *ex hoc capitulo.*
10. *anzalnā al-ab'ād a'rāḍ^an^.* j : *cum posuerimus, quod dimensiones sunt accidentia.*
11. *an takūn hāḏihi ǧawāhir.*
12. *min qibal.*

Ensuite il dit : *Ils croient en effet que la substance n'a pas été d'abord puis a été ou bien [qu'] elle a été puis s'est corrompue, et que les passions l'affectent lors de la génération et de la corruption.* Il veut dire : en effet, ce que tous croient, admettent et reconnaissent, c'est que la substance est engendrée et se corrompt et <que> | les passions l'affectent lors de la génération et de la corruption, je veux dire que quand elle est engendrée[1] survient une substance qui n'était pas, et quand elle se corrompt, ce qui était survenu se corrompt.

Ensuite il dit : *Quant aux points, aux lignes et aux surfaces, ni la génération ni la corruption ne leur est possible, ni d'être parfois et de parfois ne pas être.* Il veut dire : quant aux points, aux lignes | et aux surfaces, ils ne sont pas engendrés, ils ne se corrompent pas, ils n'ont pas parfois l'être et parfois le non-être[2], étant donné que la ligne ne se corrompt pas en ce qui n'est pas ligne et n'est pas engendrée à partir de ce qui n'est pas ligne. Et il en va de même pour les corps.

286 | Ensuite il entreprend d'expliquer ce concept et dit : *En effet, les corps, quand ils entrent en contact et se divisent, s'unissent lors*[3] *de leur contact, et deviennent deux au moment*[4] *de leur division.*

Ensuite il dit : *Et il n'y a rien de composé qui n'implique la corruption.* Il veut dire : toute composition n'est pas génération et toute dissolution[5] n'est pas corruption, comme le disent certains | anciens, pour qui la réunion[6] est la génération et la séparation[7] est la corruption, mais au contraire, l'engendré est ce à quoi survient une substance qui n'était pas, et le corrompu est ce à partir de quoi s'est corrompue une substance qui a été.

Ensuite il dit : *et les choses qui se divisent ne sont pas sans génération.* Il veut dire : et les choses qui se divisent en parties concordant quant au nom et à la définition, celles-ci ne sont pas | sans génération.

Lorsqu'il a objecté, concernant ce concept, le cas du point[8] (il est en effet indivisible et n'a pas de génération), il avait dit[9] également que ce qui est divisible en de telles choses quant à la définition et au nom[10] n'a jamais de génération. Il dit[11] : l*es choses qui ne se divisent pas à partir d'une*

1. *takawwana.* j : *generatur.*
2. *lā tūǧad marra wa ta'damu marra.*
3. *'ind.* T : *fī ḥadd* (*au point de*).
4. *fī ḥīn.* T : *fī ḥadd* (*au point de*).
5. *inḥilāl.* j : *dissolutio.*
6. *iǧtimā'.* j : *congregatio.*
7. *iftirāq.* j : *segregatio.*
8. *wa lamma i'taraḍa-hu fī hāḏā al-ma'nā amr al-nuqṭa.* j : *et, quia accidit ei in hac intentione punctus.*
9. *kāna qāla ayḍan.* j : *dixerunt etiam.*
10. *bi al-ḥadd wa al-ism.* j : *secundum nomen et definitionem.*
11. Ce lemme ne correspond à rien dans le Textus ni, a fortiori, dans le texte grec.

chose divisible ne sont pas sans génération. Il veut dire que la plus petite des parties[1] du corps sensible, | qui est indivisible en tant qu'il est ce corps, sont composées[2]. Par exemple, la plus petite partie[3] du feu est composée d'une matière et d'une forme.

Ensuite il dit : *Quant au point, s'il est indivisible, il ne deviendra pas deux points.* Il veut dire : quant au point, s'il ne se divise pas[4], il n'est pas engendré étant donné que | le point ne se divise pas en deux points. Il n'a 287
donc pas de génération car s'il avait une génération, il serait composé. Et c'est ce qu'il a voulu indiquer en disant : *il sera inévitablement à partir d'une chose.* Il veut dire : Et si le point est engendré et se corrompt, il sera inévitablement engendré à partir d'une chose, de sorte qu'il sera divisible, et cela est impossible.

| T. 18 (1002 b 12-32) *Aristote a dit* :

On peut[5] soulever une question obscure en disant[6] : pour quelle chose[7] faut-il rechercher des substances absolument autres, en dehors des substances sensibles et en dehors des intermédiaires, comme les formes dont on prétend[8] qu'elles sont ? En effet, si nous recherchons ces substances pour cette raison, je veux dire que les choses mathématiques se différencient[9] des choses sensibles[10] | par autre chose et ne s'en différencient pas par le fait qu'elles sont plusieurs formes semblables à ces formes, il est alors évident que les principes de ces choses ne sont pas définis par le nombre[11], de même que les principes de la qualité[12] qui sont ici ne sont pas définis par

1. *aṣġar aǧzā'.* j : *minima partium.*

2. *huwa murakkab.* j : *est composita.*

3. *aṣġar ǧuz'.* j : *mimima pars.*

4. *ġayr munqasima.* j : *si est indivisibilis.*

5. 1002b12 : pas de traduction de ὅλως.

6. *ḫalīq an yas'alu sā'il 'an mas'ala ġāmida fa-yaqūlu.* Litt. : *celui qui questionne peut questionner une question obscure en disant.*

7. *li-ayy šay'.* j : *quare.* 1002b12 : διὰ τί.

8. *yudda'ā anna-hā.* Impossible de soupçonner ici un *Wir Stil*, le traducteur arabe ayant opté pour le passif, à la troisième personne du singulier (=impersonnel), de *idda'ā* (VIII). j : *finguntur.* 1002b14 : τίθεμεν.

9. *tanfaṣilu.* j : *distinguuntur.* 1002b16 : διαφέρει.

10. *al-ašyā' al-maḥsūsa.* j : *sensibilibus.* 1002b15 : τῶν δεῦρο.

11. *maḥdūda bi al-'adad.* j : *terminata in numero.* 1002b17 ἀριθμῷ ἀφωρισμέναι E J : ἀριθμῶν ἀφωρισμέναι A^b.

12. *awā'il al-kayf.* j : *principia qualitatis.* Bouyges conjecture une autre lecture, graphiquement assez proche : *awā'il al-kutub*, ce qui correspond mieux à ce que l'on trouve en 1002b17-18 : τῶν…γραμμάτων.

le nombre. En effet, les principes de toute la qualité[1] ne sont pas définis par le nombre mais par la forme, s'il n'y a pas[2] de principes de la syllabe composée de deux syllabes[3] ou de principes du son composé de deux sons[4]. En effet, les principes de cette | syllabe sont définis par la forme[5] et
288 par le nombre. Et il en va également de même pour | les choses intermédiaires[6]. De sorte que s'il n'y a pas d'autres substances en dehors des substances sensibles et des substances mathématiques, comme le disent certains, il est évident que la forme n'est pas... *Lacune dans le grec*[7]. Mais si nous établissons qu'il y a des formes et que les principes sont définis par le nombre, non par la forme, nous avons déjà dit ce qu'il en advient nécessairement, et cela | est absolument impossible.

C. 18 Commentaire

Il dit : On pourrait se demander[8] *pour quelle chose il est nécessaire d'introduire dans l'être*[9]*, avec les substances sensibles et les <substances> mathématiques qu'ils appellent les intermédiaires, les substances qu'ils traitent de formes*[10]. En effet, la raison pour laquelle on introduit les formes intermédiaires est | manifeste, à savoir que nous trouvons <que> les mathématiques diffèrent, quant à la définition, des formes sensibles[11]. Et c'est ce qu'il a indiqué en disant : *En effet, si nous recherchons ces substances pour cette raison, je veux dire que les choses mathématiques se différencient*[12] *des choses sensibles par autre chose.*

Il dit : *et ne s'en différencient pas par le fait qu'elles sont plusieurs choses*[13] *semblables à ces formes.* Il veut dire : <les platoniciens> ne

1. *awā'il ğamī' al-kayf.* j : *principia enim cuiuslibet qualitatis.* 1002b18 : πάντων. Voir p. 289 n.12.

2. *in lam takun.* j : *nisi.* 1002b19 : ἐὰν μὴ.

3. *awā'il al-naġma al-murakkaba min naġmatayn.* j : *principia literae compositae ex duabus literis.* 1002b19 : τις τησδὶ τῆς συλλαβῆς (*). Le traducteur arabe a peut-être lu τις της διττης συλλαβῆς.

4. *aw awā'il al-ṣawt al-murakkab min ṣawtayn.* j : *aut principia vocis compositae ex duabus vocibus.* 1002b20 : ἢ τησδὶ τῆς φωνῆς (*). Le traducteur arabe a peut-être lu ἢ της διττης φωνῆς.

5. *bi al-ṣūrat.* j : *forma.* Ajouté au grec (1002b20-21).

6. ἄπειρα γὰρ κἀκεῖ τὰ ὁμοειδῆ (1002b21-22) n'est pas traduit.

7. Lacune correspondant à 1002b24-30. Noter que j ne signale pas les lacunes !

8. *wa qad yas'alu sā'il.* j : *quaerendum est.*

9. *fī al-wuğūd.* j : *in positione* (!).

10. *al-latī yad'ūna-ha bi al-ṣuwar.* j : *quas dicunt formas.*

11. *innā nağidu al-ta'ālīmiyya tufāriq bi al-ḥadd al-ṣuwar al-maḥsūsa.* j : *nos videmus mathematicas formas differre secundum definitionem a formis sensibilibus* (!).

12. *tanfaṣilu.*

13. *umūr.* T : *ṣuwar* (*formes*).

posent pas ces <choses> intermédiaires comme distinctes[1] des choses sensibles, | bien que[2] chacune d'entre elles soit seulement une quant au nombre, comme le posent les partisans des formes; pourtant elles s'en distinguent[3], bien que, <d'après les platoniciens>, elles[4] leur soient semblables, c'est-à-dire <qu'elles s'en distinguent parce qu'elles sont> plusieurs quant aux formes et plusieurs quant au nombre.

| Ensuite il dit : *il est alors évident que les principes de ces choses ne* **289**
sont pas définis par le nombre, de même que les principes de la qualité qui sont ici ne sont pas définis par le nombre. Il veut dire que professer[5] les formes implique que les principes des choses qui sont ici soient définis par le nombre, c'est-à-dire différents[6] par le nombre seulement, non différents par la forme, et c'est ce qu'il a indiqué | en disant : *il est alors évident en soi que les choses qui sont ici sont différentes par le nombre et la forme, comme c'est le cas pour la qualité*[7]. Il veut dire qu'il est évident en soi que les choses sont semblables à celles-ci, et c'est ce qu'il a indiqué en disant : *qui sont ici*. Puisqu'elles[8] sont différentes[9] par la forme et le nombre, comme la syllabe composée de syllabes et les sons composés de sons, il faut que[10] les principes de celles-ci soient différents par le nombre[11]. C'est comme cela | que ceux qui les professent posent les intermédiaires, je veux dire différents par la forme et le nombre[12], et c'est ce qu'il a indiqué en disant : *il en va également de même pour les choses intermédiaires*.

Ensuite il dit : *De sorte que s'il n'y a pas d'autres substances en dehors des substances sensibles et des substances mathématiques, comme le disent certains, il est évident que la forme n'est pas*. Il veut dire : Puisqu'il s'est avéré[13] de ce discours, qu'il n'y a que deux substances, la sensible et la mathématique, il est alors évident que les formes n'existent pas.

1. *munfaṣila*. j : *distincta*.
2. *'ala anna*. j : *ita quod*.
3. *tanfaṣilu*. j : *distinguuntur*.
4. *'ala anna-hā*. j : *secundum quod* (!).
5. *al-qawl bi*. j : *dicere formas esse*.
6. *muḫtalifa*. j : *diversa*.
7. *miṯl al-ḥāl fī al-kayf*. j : *sunt dispositio in qualitate*. La traduction latine est littérale, *ḥāl* signifiant à la fois *cas* et *disposition*.
8. *lamma*. j : *quia* (!).
9. *muḫtalifa*. j : *diversae*.
10. *yağibu an*. j : *quia necesse est* (!).
11. *muḫtalifa bi al-'adad*. j : *diversa numero et forma* (!).
12. *muḫtalifa bi al-ṣūra wa al-'adad*. j : *diversa numero et forma*.
13. *fa-iḏā taḥaqqaqa*. j : *cum determinatum est*.

Ensuite il dit : *Mais si nous établissons qu'il y a des formes et que les principes sont définis*[1], *nous avons déjà dit ce qu'il en advient*[2]. Il veut
290 dire : nous avons déjà dit ce qu'il en advient en termes d'absurdités | dans la question à propos de laquelle on a examiné si les principes sont un par le nombre ou par la forme.

T. 19 (1002b 32-1003a 6) *Aristote a dit* :

Ces questions que nous avons dites pourraient ressembler à cette question obscure[3] : est-ce que | les éléments sont en puissance ou en une autre façon[4] ? En effet, s'ils sont en une autre façon, comment[5] se peut-il qu'il y ait quelque chose[6] avant les éléments, qui sont les principes[7] ? Car la puissance est avant cette autre cause-là. Quant à la chose qui n'a pas de puissance[8], elle n'est, nécessairement, pas avant la puissance[9]. Mais si les éléments sont en puissance, il se pourrait que les éléments ne soient rien parmi les êtres car la chose qui a la puissance | d'être[10] n'est pas encore, et ne devient[11] que ce qui n'a pas d'être[12], et rien ne devient qui n'ait la puissance d'être. Ces choses sont donc les questions obscures que nous devons examiner[13] pour connaître les principes.

1. *maḥdūda*. T : *maḥdūda bi al-'adad lā bi al-ṣūra* (*définis par le nombre, non par la forme*).

2. Le Lemme omet *iḍṭirāran* (*nécessairement*).

3. *qad yušbihu hāḏihi al-masā'il al-latī qīlat hāḏihi al-mas'ala al-ġāmiḍa*. j : *et assimilatur istis quaestionibus dictis ista quaestio*.

4. *bi-naw' āḫar*. j : *aut alio modo*. 1002b33-34 : τιν ' ἕτερον τρόπον.

5. *fa-kayfa*. j : *quomodo*. 1002b34 πῶς A^b E : πως J Γ Al^c.

6. *šay'*. j : *aliquid*. 1002b34 : τι. NB : ᾄλλο (1003a1) n'est pas traduit.

7. *qabl al-usṭuqusāt wa hiya al-awā'il*. j : *ante elementa, et sunt principia*. 1002b34 : πρότερόν... τῶν ἀρχῶν.

8. *ammā al-šay' al-laḏī laysa la-hu quwwa*. j : *illud autem, quod non habet potentiam*. 1003a2 : τὸ δὲ δυνατὸν οὐκ. La négation a été lue deux fois (voir note suivante) (!).

9. *fa-laysa qabl al-quwwa iḍṭirāran*. j : *non est ante potentiam necessario*. 1003a1 : οὐκ ἀναγκαῖον ἐκείνως πᾶν ἔχειν. Le traducteur arabe a, dans cette phrase, manifestement traduit un οὐκ de trop (!).

10. *al-šay' al-laḏī la-hu al-quwwa 'alā an sa-yakūnu*. j : *illud enim quod habet potentiam ut sit*. 1003a4 : δυνατὸν γὰρ εἶναι καὶ το μήπω ὄν (*). Dans cette phrase, c'est το μήπω ὄν qui joue le rôle de sujet tandis que δυνατὸν joue celui de l'attribut. Le traducteur arabe a inversé les rôles. De plus, on ne voit pas ce qu'il fait du καὶ.

11. *inna-mā yakūnu*. (ou : *n'est*). j : *non sit nisi*. 1003a4 : γίγνεται.

12. *al-laḏī laysa la-hu huwiyya*. j : *illud, quod non habet esse*. 1003a4-5 : τὸ μὴ ὄν.

13. *al-latī yanbaġī an nafḥaṣa 'an-hā*. j : *de quibus perscutandum est*. 1003a6 : ἀναγκαῖον ἀπορῆσαι.

C. 19 Commentaire

Il dit : *est-ce que les éléments sont en puissance ou en une autre façon ?* Il veut dire : est-ce que les | premiers éléments et principes de tous les êtres sont des êtres en puissance[1] ou en acte et c'est ce qu'il a voulu dire en disant : *ou en une autre façon.*

| Ensuite il dit : *En effet, s'ils sont en une autre façon, comment se peut-* **291** *il qu'il y ait quelque chose avant les éléments, et ce sont les principes ? Car la puissance est avant cette autre cause-là.* Il veut dire que les éléments, s'ils sont en acte, auront des éléments car la puissance est antérieure à l'acte, c'est-à-dire que ce qui est une certaine chose en puissance est antérieur à ce qui est | cette chose en acte, de sorte que les éléments auront des éléments.

Il dit : *Quant à la chose qui n'a pas de puissance, elle n'est, nécessairement, pas avant la puissance.* Il veut dire : quant à la chose qui n'a pas en elle de puissance pour que quelque chose soit à partir d'elle, absolument rien qui soit en puissance ne sera à partir d'elle, de sorte qu'elle ne sera absolument pas élément de quelque chose. En résumé[2], si les éléments sont en acte en tant qu'ils sont | des éléments et si, avant qu'ils ne soient en acte, la puissance leur est antérieure, cela implique que les éléments ont des éléments. Et si elle ne leur est pas antérieure, absolument aucune puissance de quelque chose ne sera en eux. Et s'il n'y a aucune puissance en eux[3], ils ne seront élément de rien.

Après avoir mentionné les absurdités qu'implique le fait de poser les éléments en acte, il entreprend de mentionner également ce qu'implique le fait de les poser en puissance et dit : *Mais si les éléments | sont en puissance, il se pourrait que les éléments ne soient rien parmi les êtres.* Il veut dire : dès lors, il se pourrait que tous les êtres qui sont en acte soient niés[4], et il ne resterait rien que ce qui est en puissance.

| Il donne ensuite la raison de cela et dit : *car la chose qui a la puissance* **292** *d'être n'est pas encore.* Il veut dire : car la chose qui est en puissance est autre chose en acte. Quand elle est en puissance, il n'est pas possible qu'elle soit, en cela, en acte parce que l'acte et la puissance sont des contraires[5].

| Il dit : *et ne devient que ce qui n'a pas l'être.* Il veut dire : n'est engendrée que la chose qui n'est pas un être[6] en acte.

Et il dit : *et rien ne devient qui n'ait la puissance d'être un jour.* Il veut dire : rien qui n'ait la puissance d'être n'est engendré.

1. *hiya mawǧūda bi al-quwwa.* j : *sint potentia.*
2. *wa talḫīṣ hāḏā anna-hu.* j : *et abbreviatio eius est.*
3. *in lam yakun fī-hā quwwa.* j : *et sic.*
4. *tubṭalu.* j : *destruantur.*
5. *mutaḍāddāni* (duel).
6. *laysa huwa mawǧūd.* j : *non habet esse.*

T. 20 (1003a 6-17) *Aristote a dit* :

| Il faut aussi examiner si les principes sont universels ou[1] particuliers. En effet, s'ils sont universels, ils ne sont pas des substances car les choses communes[2], on ne dit pas qu'elles sont cette chose désignée[3] mais quelles sont comme cette chose-ci[4]. Quant à la substance, on dit qu'elle est cette chose désignée. En effet, si on dit que ce qui est prédiqué[5] des choses de manière commune[6] est cette chose-ci[7], alors Socrate sera un groupe d'animaux[8], je veux dire qu'il est | Socrate et l'homme et l'animal car chacune de ces choses indique qu'elle est cette chose une[9], de sorte que ces accidents adviennent si les principes sont universels. Mais si les principes ne sont pas universels et sont comme[10] les principes particuliers, alors l'objet de science n'aura pas d'être[11] car les sciences[12] de toutes les choses
293 sont universelles, de sorte qu'il est évident que s'il se peut | que ces principes soient connus[13], d'autres principes, qui sont prédiqués des particuliers[14], seront alors universels[15] avant les particuliers[16].

1. ὡς λέγομεν (1003a7) n'est pas traduit.

2. *al-ašyā'al-muštaraka*. j : *communia*. 1003a8 : τῶν κοινῶν.

3. *hāḏā al-šay' al-mušār ilay-hi*. j : *hoc singulare*. 1003a9 : τόδε τι.

4. *miṯl hāḏā al-šay'*. j : *exemplaria haec*. 1003a9 : τοιόνδε.

5. *al-maḥmūl 'alā*. j : *praedicabile*. 1003a10 : τὸ κατηγορούμενον.

6. *bi-naw' muštarak*. j : *modo communi*. 1003a10 : κοινῃ.

7. *fa-in kāna yuqāl...inna-hu hāḏā al-šay'*. j : *si igitur dicitur...quod ex hoc* (*). 1003a10 : εἰ δ' ἔσται τόδε τι καὶ ἐκθέσθαι. La version arabe n'apporte rien concernant la polémique entre ἐκθέσθαι (codd. et ut vid. Al) et ἕν θέσθαι (Richards, Ross).

8. *fa-sayakūnu suqrāṭis ǧamā'a ḥayawān*. j : *tunc Socrates erit multa animalia*. 1003a10-11 : πολλα ἔσται ζῷα ὁ Σωκράτης.

9. *hāḏā al-šay' al-wāḥid*. j : *hoc unum*. 1003a12 : le καὶ de τόδε τι καὶ ἕν n'est pas traduit. Dans le Lemme (294, 5), *al-wāḥid* (ἕν) est omis.

10. *miṯl*. j : *sicut*. 1003a14 : ὡς.

11. *fa-laysa lil-ma'lūm kaynūna*. j : *scitum non habebit esse*. 1003a14 : οὐκ ἔσονται ἐπιστηταί.

12. *'ulūm*. j : *scientiae*. 1003a15 : La traduction arabe confirme la leçon αἱ ἐπιστῆμαι (Π, Γ), *contra* ἡ ἐπιστήμη (A^b, Al^p, Ascl, Jaeger, Ross).

13. *in amkana an tu'rafa hāḏihi al-awā'il*. j : *si fuerit possibile, ut ista principia cognoscantur*. 1003a16-17 : ᾗπερ μέλλῃ ἔσεσθαι αὐτῶν ἐπιστήμη.

14. *tuḥmal 'alā al-ǧuz'iyya*. j : *quae praedicantur de particularibus*. 1003a16 : κατηγορούμεναι.

15. *fa-satakūnu... kulliyya*. j : *sunt universalia*. 1003a15-16 ἔσονται...καθόλου Π : ἔσονται...αἱ καθόλου Jaeger, Ab.

16. *qabla al-ǧuz'iyya*. j : *ante particularia*. 1003a15-16 : πρότεραι τῶν ἀρχῶν. Asṭāt traduit de cette façon car on est bien dans l'hypothèse où les principes ne sont pas universels.

C. 20 Commentaire

Il veut dire : ce qu'il faut examiner le plus, c'est si les principes sont universels ou | particuliers.

Ensuite il dit : *En effet, s'ils sont universels, ils ne sont pas des substances car les choses communes, on ne dit pas qu'elles sont cette chose désignée mais quelles sont comme cette chose-ci*. Il veut dire : en effet, si les principes ne sont pas universels, ils ne sont pas des substances car les choses universelles sont communes[1] par le fait qu'elles appartiennent à plusieurs choses[2]. Et la chose commune n'est pas | le désigné, qui est la substance, mais un modèle du désigné[3], c'est-à-dire une forme commune à <ce désigné> et à tous les individus qui sont[4] en ayant cette forme-là.

Ensuite il dit : *Quant à la substance, on dit qu'elle est cette chose désignée*. Et ce discours se combine[5], dans la deuxième figure[6], comme ceci : la substance est cette chose désignée ; l'universel n'est pas cette chose désignée ; conclusion[7] : la substance n'est pas | l'universel.

Ensuite il dit : *En effet, si on dit que ce qui est prédiqué des choses de manière commune est cette | chose-ci, alors Socrate sera un groupe* **294** *d'animaux*. Il veut dire : en effet, si l'universel est commun, en ce sens qu'il est une chose désignée se trouvant[8] dans plusieurs choses[9], alors Socrate sera composé de plusieurs animaux.

Il commente ce concept et dit : *je veux dire qu'il est Socrate et l'homme et l'animal | car chacune de ces choses indique qu'elle est cette chose*[10]. Il veut dire : en effet, il y a, en Socrate, l'humanité se trouvant dans tous les hommes[11], bien qu'elle[12] soit une chose désignée quant au nombre, de sorte que Socrate et tous les individus des hommes composeront[13] une

1. *muštaraka*. j : *communia*.
2. *tūǧad li-kaṯīrīn*. j : *qui sunt in pluribus*.
3. *bal huwa miṯāl al-mušār ilay-hi. Miṯāl* (pl. *muṯul*) est le mot qui, en arabe, sert à désigner l'idée platonicienne. j : *sed est exemplar huic singulari*.
4. *al-mawǧūda*. j : om.
5. *ya'talifu*. j : *concluditur*.
6. *fī al-šakl al-ṯānī*. j : *in secunda figura*.
7. *yantiǧu anna*.
8. *mawǧūd*. j : *existens*.
9. *fī kaṯīrīn*. j : *in pluribus*.
10. *hāḏā al-šay'*. T : *hāḏā al-šay' al-wāḥid* (*cette chose une*).
11. *al-insāniyya al-mawǧūda fī ǧamī' al-nās*. j : *humanitas existens in omnibus hominibus*.
12. *'ala anna-hā* (=*al-insāniyya, l'humanité*). j : *quia est*.
13. *murakkabīna fī šay' wāḥid*. j : *composita ex una re*.

seule chose; de même, ils seront composés[1] avec tous les animaux car l'animalité désignée se trouvera[2] dans tous les individus des animaux, ou | alors les individus de tous les animaux se trouveront[3] en elle.

Ensuite il dit : *de sorte que ces accidents adviennent si les principes sont universels.* Il veut dire : de sorte que ces doutes adviennent si les principes sont universels.

Ensuite il dit : *Mais s'ils*[4] *ne sont pas universels et sont comme les principes particuliers, alors l'objet de science n'aura pas d'être.* Il veut dire que quand on ne pose pas qu'il y a des universels[5], | cela implique qu'il n'y a pas de sciences nécessaires. Et cet argument est celui qui a incité Platon à professer les formes, malgré[6] ce qui viendra après et malgré ce qui a précédé.

Et il dit : *car les sciences de toutes les choses sont universelles.* Il veut dire par là les sciences théoriques[7] nécessaires.

Ensuite il dit : *de sorte qu'il est évident que s'il se peut que ces principes soient connus, d'autres principes, qui sont prédiqués des particuliers, seront alors universels avant les particuliers.* Il veut dire :
295 puisqu'il faut[8] que | nous connaissions les principes particuliers par une connaissance qui n'est ni générable ni corruptible, il faudra[9] qu'il y ait ici des principes universels avant les particuliers.

Ici s'achève ce traité sur lequel est dessinée[10] la lettre Bā'.

1. *yakūnu murakkab*^{an}. j : *compositus.* Le sujet est toujours « Socrate et tous les individus des hommes ». C'est parce que, dans la phrase précédente, le verbe est accordé au singulier (puisqu'un verbe précédant un sujet au pluriel s'accorde en genre et non pas en nombre) que l'on a, ici aussi, un singulier, ce que le traducteur latin n'a pas compris.

2. *al-ḥayawāniyya al-mušār ilay-hā takūn mawǧūda.* j : *animalitas enim haec individualis.*

3. *takūnu mawǧūda fī-hā.* j : *existunt in ea.*

4. *in lam takun.* T : *in lam takun awā'il* (*si les principes*).

5. *hāhunā kulliyyāt mawǧūda.* j : *hic esse universalia entia* (!).

6. *'alā.*

7. *naẓariyya.* j : *speculativas.*

8. *lazima.* j : *cum necesse est.*

9. *fa-sayalzamu.* j : *necesse est.*

10. *al-marsūm 'alay-hā.*

Sigles et abréviations dans les notes de la traduction

E	manuscrit grec de la *Métaphysique* d'Aristote (Parisianus 1853, xe siècle)
J	manuscrit grec de la *Métaphysique* d'Aristote (Vindobonensis phil. 100, IXe siècle)
A^{b}	manuscrit grec de la *Métaphysique* d'Aristote (Laurentianus 87, XIIe siècle)
Γ	trad. lat. de la *Métaphysique* d'Aristote par Guillaume de Moerbeek.
(T)	Textus
(L)	Lemme
j	Édition lyonnaise (1542) des œuvres d'Aristote-Averroès (latin).
k	Paris, Bibl. Nat. manuscrit latin B.N. 15453
(!)	interprétation, erreur ou ajout de la part soit du traducteur latin, soit du traducteur arabe.
(! !)	correction injustifiée faite par l'éditeur du texte arabe (M. Bouyges)
(#)	correction faite par les éditeurs de j.
(*)	lecture supposée mais grammaticalement incorrecte
(?)	correspondance peu sûre ou mot inconnu.

Lacunes signalées dans le livre BA'

p. 185, 7 :	lacune du grec (996 b 17-18)
p. 192, 15 :	lacune du grec (996 b 34-997 a 1)
p. 193, 11 et 197, 14 :	lacune du grec (997a16-17) ; cf. aussi p. 198, 18 et p. 200, 17.
p. 278, 5 :	lacune du grec (1002a23-28)
p. 278, 14 :	lacune du grec (1002b5-11)
p. 288, 3 :	lacune du grec (1002b 24-29)

BIBLIOGRAPHIE

I. ÉDITIONS ET TRADUCTIONS CITÉES

ARISTOTE – *Aristoteles graece*, recension de Imm. Bekker, éd. *Academia regia Borussica*, Berlin, 1831.

– *Aristote. Organon.* I : *Catégories* ; II : *De l'Interprétation*, trad., introd. et notes par J. Tricot, Paris, Vrin, 1994.

– *Aristote. Organon.* IV : *Les Seconds Analytiques*, trad. nouvelle et notes par J. Tricot, Paris, Vrin, 1995.

– *Aristotle's Posterior Analytics*, trad. et comm. par J. Barnes, Oxford, 1994.

– *Aristotle. II : Posterior Analytics. Topics*, trad. par H. Tredennick et E. S. Forster, London, « Loeb Classical Library », 1989.

– *Aristoteles, Metaphysik*, texte, trad. et comm. par A. Schwegler, 4 vol., Tubinge, 1847-1848, 1988.

– *Aristotelis Metaphysica*, éd. et comm. par H. Bonitz, 2 vol., Bonn, 1848-1849.

– *Aristotelis Metaphysica*, éd. W. Christ, Leipzig, 1906.

– *Aristotle's Metaphysics*, éd., introd. et comm. par W. D. Ross, 2 vol., Oxford, 1924.

– *Aristotelis Metaphysica*, éd. W. Jaeger, Oxford, 1957.

– *Aristotelis Metaphysica, Lib. I-XIV. Recensio et translatio Guillelmi de Moerbeka*, G. Vuillemin-Diem (éd.), *Aristoteles Latinus* XXV, 3.1 et 3.2, Leyde/New York/Köln, 1995.

– *Aristote. La Métaphysique, Livres II et III*, trad. et comm. par G. Colle, Louvain/Paris, 1922.

– *Metafisica de Aristoteles*, trad. et notes par V. Garcia Yebra, Madrid, 1970.

– *Aristote. La Métaphysique*, introd., trad. et notes par J. Tricot, nouvelle édition, 2 volumes in-8, Paris, Vrin, 1986.

– *Aristoteles, Metaphysik Z*, texte, trad. et comm. par M. Frede et G. Patzig, München, 1988.

– *La Metafisica*, introd., trad. et comm. par G. Reale, 3 vol., Napoli, 1993.

– *Aristotle. Metaphysics, Books ZH*, Oxford, 1994.

ALEXANDRE D'APHRODISE – *Commentaria in Aristotelem Graeca*, edita consilio et auctoritate academiae litterarum regiae borussicae, I : Alexander Aphrodisiensis, *In Aristotelis Metaphysica Commentaria*, éd. M. Hayduck, Berlin, 1891.

ASCLEPIUS – *Commentaria in Aristotelem Graeca*, edita consilio et auctoritate academiae litterarum regiae borussicae, VI, 2 : Asclepius, *In Aristotelis Metaphysicorum libros A-Z commentaria*, éd. M. Hayduck, Berlin, 1894.

AVERROÈS – *Talḫīṣ manṭiq Arisṭū*, (*Averroès. Commentaire moyen de la logique d'Aristote*), éd. G. Gehamy, II et III : *Kitāb qāṭīġūriyās wa bārī irmīnās aw Kitāb al-maqūlāt wa al-'ibāra*, (*Catégories* et *De l'Interprétation*) ; IV : *Kitāb anālūṭiqī al-awwal aw Kitāb al-qiyās*, (*Premiers Analytiques*) ; V : *Kitāb anālūṭiqī al-ṯānī aw Kitāb al-burhān*, (*Seconds Analytiques*) ; VI et VII : *Kitāb ṭūbīqī wa sūfisṭīqī* (*Topiques* et *Réfutations Sophistiques*), Dār al-Fikr al-Lubnānī, Beyrouth, 1992.

– *Averroës' Three Short Commentaries on Aristotle's "Topics", "Rhetoric", and "Poetics"*, ed. and trans. by C. E. Butterworth, Albany, State University of New York Press, 1977.

– *Tafsīr mā ba'd aṭ-ṭabī'at* ou « Grand Commentaire de la *Métaphysique* d'Aristote », éd. par M. Bouyges, 3 vol. de texte arabe et d'index, Beyrouth, 1938-1948 et une *Notice*, Beyrouth, 1962 (BAS, V/1, V/2, VI et VII).

– *Aristotelis Stagiritae metaphysicorum libri XIII cum Averrois Cordubensis in eosdem commentaris et epitome*, Venetiis apud Juntas, 1552.

– *Grand Commentaire de la Métaphysique d'Aristote (Ṭafsīr mā ba'd aṭ-ṭabī'at), livre lām-lambda*, trad. et notes par A. Martin, Paris, Les Belles Lettres, 1984.

– *Ibn Rushd's Metaphysics*, introd. et trad. anglaise du commentaire sur le livre Lām, par Ch. Genequand, Leyde, 1984.

– *Étude du livre Zāy (Dzêta) de la* Métaphysique *d'Aristote dans sa version arabe et son commentaire par Averroès*, intr. et trad. par N. Elsakhawi, Villeneuve d'Ascq, Presses Universitaires du Septentrion, 1998.

– *Averroès. Le livre du Discours décisif*, introduction par A. de Libera, traduction inédite, notes et dossier par Marc Geoffroy, Paris, GF-Flammarion, 1996.

II. ÉTUDES

ABED, S.B., *Aristotelian Logic and the Arabic Language in Alfarabi*, Albany, State University of New York Press, 1991.

AFNAN, S.M., *A Philosophical Lexicon in Persian and Arabic*, Beyrouth, 1969.

AL-AHWANY, A. F., « Being and Substance in Islamic Philosophy : Ibn Sīnā versus Ibn Rushd », dans *Die Metaphysik im Mittelalter : ihr Ursprung und ihre Bedeutung*, Berlin, de Gruyter, 1963, p. 428-436.

ALLARD, M., « Averroès disciple d'Aristote et musulman, entre la philosophie grecque et le Moyen Age latin », *Images de Tioumliline*, janvier 1963, p. 21-36.

– « Le Rationnalisme d'Averroès d'après une étude sur la création », *Bulletin d'Etudes Orientales de l'Institut Français de Damas* 14, 1952-54, p. 7-59.

ALONSO, M., « La Cronología en las obras de Averroes, (obras de su primera época de escritor) », dans *Miscelánea de la Universidad Pontificia de Comillas con motivo del quincuagésimo aniversario de su fundacián 1892-1942*, vol. 1, 1943, p. 443-460.

– « La « al-anniyya » de Avicena y el problema de la esencia y existencia (Fuentes literarias) », *Pensiamento*, 14, 1958, p. 311-345.

– « Al-wujud y al mahiyya. Existencia y Esencia. Aceptiones de estas palabras », *al-Andalus* 27, 1962, p. 259-342.

– *La teologia de Averroes (Estudios y documentos)*, Madrid, 1947.

ANAWATI, G. C., « Études de philosophie musulmane », *Études musulmanes* XV, Paris, Vrin, 1974.

AOUAD, M., « Définition par Averroès du concept de "point de vue immédiat" dans le *Commentaire moyen de la Rhétorique* » *B.E.O.*, 48, 1996, p. 115-130.

ARKOUN, M., « Actualité d'Ibn Rushd Musulman », dans *Multiple Averroès*, Paris, Les Belles Lettres, 1978, p. 55-56.

– *Pour une critique de la raison islamique*, Maisonneuve et Larose, 1984.

ARNALDEZ, R., « Ibn Rushd », dans EI [2], III, p. 934-944.

– « falāsifa », dans EI [2], II, p. 783-785.

– « falsafa », dans EI [2], II, p. 788-794.

– « māhiyya », dans EI [2], III, p. 1252-1254.

– « La Pensée religieuse d'Averroès : I. La Doctrine de la création dans le Tahāfut », *Studia Islamica*, 7, 1957, p. 99-114.

– « La Pensée religieuse d'Averroès : III. L'Immortalité de l'âme dans le Tahāfut », *Studia Islamica*, 10, 1959, p. 23-41.

– « Averroès », dans *Multiple Averroès*, Paris, Les Belles Lettres, 1978, p. 13-18.

– *Averroès, un rationaliste en Islam*, Paris, Balland, 2e éd. 1998.

AUBENQUE, P., *Le Problème de l'être chez Aristote*, Paris, PUF, 1962.

– « Sens et structure de la métaphysique aristotélicienne », *Bulletin de la Société française de Philosophie*, 58e année, n°1, 1964, p. 3-17.

– « Sur la notion aristotélicienne d'aporie », dans *Aristote et les problèmes de méthode*, Louvain-la-Neuve, 2e éd. 1980, p. 3-19.

– « Plotin et Dexippe, exégètes des Catégories d'Aristote », dans *Aristotelica. Mélanges offerts à Marcel De Corte*, Bruxelles/Liège, 1985.

BADAWI A., *La Transmission de la philosophie grecque au monde arabe*, Paris, 1968.

– *Histoire de la philosophie en Islam*, Paris, Vrin, 1972.

– *Aristū 'ind al-'Arab*, Le Caire, 1947.

– « Averroès face au texte qu'il commente », dans *Multiple Averroès*, Les Belles Lettres, Paris, 1978, p. 59-90 ; repris dans *Averroès*, Paris, Vrin 1998.

BARNES, J., « Philosophie et dialectique », dans *Penser avec Aristote*, Éditions Érès, 1991, p. 107-116.

BAULOYE, L., « À propos du "fondamental" et de "l'essentiel" dans le commentaire d'Averroès sur la *Métaphysique* d'Aristote », *Revue de philosophie ancienne* n° 2, 1995, p. 225-238.

– « La Traduction arabe de la *Métaphysique* et l'établissement du texte grec », dans *Aristotelica Secunda. Mélanges offerts à Christian Rutten*, Liège, 1996, p. 281-289.

– *La Question de l'essence. Averroès et Thomas D'Aquin, commentateurs d'Aristote, Métaphysique, Z 1*, Louvain-la-Neuve, éd. Peeters, 1997.

– « Averroès : *Grand Commentaire* de la *Métaphysique* d'Aristote, Z 1 et Z 2, traduction et notes », *B.E.O.* 49, Damas, 1997, p. 53-73.

– « Le Genre des substances dans la métaphysique d'Averroès », *Documenti e Studi sulla Tradizione Filosofica Medievale* 12, 2001, p. 143-153.

BEAUFRET, J., « L'Énigme de Z 3 », dans *Savoir, faire, espérer : les limites de la raison*, tome 1, Facultés universitaires de Saint Louis, 1976.

BERMAN, L.V., « The Broken Mirror : Ibn Rushd and Ibn Rushd's Aristotle on Ethics », dans *L'Homme et son univers au moyen âge. Actes du septième congrès international de philosophie médiévale*, Louvain-la-Neuve, Institut supérieur de Philosophie, t. II, 1986, p. 763-768.

BERQUE, J., « Averroès et les contraires », dans *L'ambivalence dans la culture arabe*, Paris, Anthropos, 1967, p. 133-141.

BERTI, E., *L'Unita del sapere in Aristotele*, Padova, 1965.

– « Dimostrazione e metafisica in Aristotele », dans *Studi aristotelici*, Japadre, Methodos, L'Aquila, 1975, p. 41-45.

– « La Dialettica in Aristotele », dans *Studi aristotelici*, Japadre, Methodos, L'Aquila, 1975, p. 109-133.

– « Priorità logica e priorità ontologica fra i generi di sostanza in Aristotele » dans *Studi Aristotelic*i, Japadre, Methodos, L'Aquila, 1975, p. 261-273.

– « Substantialité de l'être et de l'un dans la *Métaphysique* » dans *Études sur la* Métaphysique *d'Aristote*, Actes du VIe Symposium Aristotelicum, Paris, Vrin, 1979, p. 89-129.

– « Les Livres M et N dans la genèse et la transmission de la *Métaphysique* », Xe Symposium Aristotelicum, Sigriswil, 6-12 septembre 1984.

– « La Métaphysique d'Aristote : « onto-théologie » ou « philosophie première » ? », *Revue de philosophie ancienne* 14, n°1, 1996, p. 61-85.

– « L'Utilité de la dialectique pour les sciences », dans *Aristotelica Secunda. Mélanges offerts à Christian Rutten*, C.I.P.L., Liège, 1996, p. 103-115.

– « Philosophie, dialectique et sophistique dans *Métaphysique* Γ 2 », *Revue de philosophie ancienne* 51, n° 201, 1997, p. 379-396.

BESNIER, B., « Repenser la philosophie première », dans *Penser avec Aristote*, Editions Erès, 1991, p. 117- 153.

BLACK, D. L., *Logic and Aristotle's* Rhetoric *and* Poetics *in Medieval Arabic Philosophy*, Leiden, Brill, 1990.

BLUMENTHAL, « Nous and Soul in Plotinus : Some Problems of Demarcation », dans *Plotino e il Neoplatonismo in Oriente e in Occidente*, Roma, 5-9 ottobre 1970, Accademia nazionale dei Lincei, Roma, 1974.

BOEHME, R., *La* Métaphysique *d'Aristote. Le Fondamental et l'Essential*, (trad. E. Martineau), Paris, 1976.

BONITZ, H., *Aristotelis. Metaphysica, Commentarius*, Bonn, 1849.

BOOTH, E., *Aristotelian Aporetic Ontology in Islamic and Christian Thinkers*, Cambridge University Press, 1983.

BOUYGES, M., « Inventaire des textes arabes d'Averroès », *M.U.S.J.*, 8, 1922, p. 3-54 et 9, 1923, p. 41-48.

BOUYGES, M., « Notes sur les Philosophes Arabes connus des Latins au Moyen Age, II : Le *Tahāfut* d'Averroès en partie traduit par Horten, III : L'*Epitome de Métaphysique* d'Averroès deux fois édité en arabe et traduit », *M.U.S.J.* 7, 1914-1921, p. 399-404.

– « Excursus d'un éditeur de textes arabes », dans *M.U.S.J.* 27, 1947-48, p. 117-144.

– « La Critique textuelle de la *Métaphysique* d'Aristote et les anciennes versions arabes », *M.U.S.J.* 27, 1947-48, p. 147-152.

BRUNSCHWIG, J., « Dialectique et ontologie chez Aristote », *Revue philosophique de la France et de l'Étranger* n°2, 1964, p. 179-200.

– « Sur quelques malentendus concernant la logique aristotélicienne », dans *Penser avec Aristote*, Éditions Érès, 1991, p. 423-428.

BURNYEAT, M. and others, *Notes on Book Zeta of Aristotle's Metaphysics*, Oxford, 1979.

BURREL, D., « Essence and Existence : Avicenna and Greek Philosophy », *M.I.D.E.O.* 17, 1986, p. 53-66.

BUTTERWORTH, C. E., « Averroes's Middle Commentary on Aristotle's *Categories* ans its Importance », dans *Sprache und Erkenntnis im Mittelalter. Akten des VI. Internationalen Kongress für Mittelalterliche Philosophie*, Berlin/New York, de Gruyter, vol. 1, 1981, p. 368-375.

– « La Valeur philosophique des commentaires d'Averroès sur Aristote », dans *Multiple Averroès*, Paris, Les Belles Lettres, 1978, p. 117-126.

– « The Art of Dialectic according to Averroes », dans *Mu'tamar b-Ibn-Rušd*, Alger, 1986.

– « Comment Averroès lit les *Topiques* d'Aristote », dans *Penser avec Aristote*, Erès, 1991, p. 701-724.

– « De la traduction philosophique », *B.E.O.* 48, 1996, Damas, p. 77-85.

CARDULLO, R. L., « Syrianus défenseur de Platon contre Aristote », dans *Contre Platon*. Tome 1 : *le platonisme dévoilé*. Textes réunis par M. Dixsaut, Paris, Vrin, 1993, p. 197-214.

CASSIN, B. et NARCY, M., *La Décision du sens. Le Livre Gamma de la Métaphysique d'Aristote*. Introduction, texte, traduction et commentaire, Paris, 1989, réimpression, Paris, Vrin, 1998.

CHAHINE, O., *Ontologie et théologie chez Avicenne*, Paris, Maisonneuve, 1962.

CHEVALIER, J., *La Notion du Nécessaire chez Aristote et chez ses prédécesseurs, particulièrement chez Platon, avec des notes sur les relations de Platon et d'Aristote et la chronologie de leurs œuvres*, Paris, Alcan, 1915.

CHUNG-HWAN CHEN, *Sophia. The Science Aristotle Sought. Studien und Materialen zur Geschichte der Philosophie*, Kleine Reihe, Bd 2, Hildesheim/New York, 1976.

CODE, A. D., « Aristotle's Metaphysics as a Science of Principles », *Revue internationale de philosophie* 51, n° 201, 1997, p. 357-378.

COLIN, B., « Quelques problèmes posés par la division des sciences philosophiques chez Aristote », dans *Aristotelica Secunda*, C.I.P.L., Liège, 1996, p. 131-140.

COULOUBARITSIS, L., *Aristote. Sur la Nature (Physique II)*, Paris, Vrin, 1991.

– *L'Avènement de la science physique. Essai sur la Physique d'Aristote*, Ousia, 1980.

– « La Métaphysique s'identifie-t-elle à l'ontologie ? », Faculté ouverte de la section de philosophie, fascicule publié par l'Université de Liège, 1987.

– « Le Statut de l'Un dans la *Métaphysique* », *Revue philosophique de Louvain*, nov. 1992, p. 497-522.

– *Histoire de la philosophie ancienne et médiévale*, Grasset, 1998.

COUSIN, D. R., « A Note on the Text of Metaphysics, 1026 a 14 », *Mind*, 49, 1940, p. 495-496.

CRUBELIER, M., « Science de l'universel et connaissance du singulier », *Revue de Philosophie Ancienne* 2, 1996, p. 75-102.

CRUZ HERNANDEZ, M., *Historia de la filosofia española. Filosofia hispano-musulmana*, 2 vol, Madrid, 1957.

– « La Nocion de ser en Avicena », *Pensamiento* 15, 1959, p. 83-98.

– « La Filosofia Arabe », *Revista de Occidente*, Madrid, 1963, p. 251-355.

– « Los Principios fundamentales de la filosofia de la naturaleza de Averroes », dans *La filosofia della natura nel Madioevo*, Milan, 1964, p. 177-183.

– « Los Limites del aristotelismo de Ibn Rušd », dans *Multiple Averroès*, Paris, Les Belles Lettres, 1978, p. 129-157.

– « Averroes y Aristoteles », dans *L'Averroismo in Italia*, Roma, 1979, p. 21-47.

– *Abu-l-Walīd Ibn Rušd (Averroès). Vida, Obra, Pensamiento, Influencia*, Cordoue, 1986.

– « El Neoplatonismo y la constitucion de la filosofia arabe (las razones de la critica de Averroès) », dans *Plotino e il Neoplatonismo in Oriente e in Occidente*, Rome, 1974, p. 327-338.

CUNNINGHAM, F. A., « Averroes vs. Avicenna on Being », *The New Scholasticism* 48, 1974, p. 185-218.

D'ALVERNY, M.-Th., « Anniyya-Anitas », dans *Mélanges offerts à Etienne Gilson*, Paris, Vrin, 1959, p. 59-91.

DAVIDSON, *Alfarabi, Avicenna, and Averroes, on Intellect. Their Cosmologies, Theories of the Active Intellect, and Theories of Human Intellect*, New York, Oxford University Press, 1992.

DECARIE, V., « La Physique porte-t-elle sur des « non-séparés » ? », *Revue des Sciences Philosophiques et Théologiques* t. 38, 1954, p. 466-468.

DESTREE, P., « *Physique* et *métaphysique* chez Aristote. À propos de l'expression ὄν ᾗ ὄν », *Revue philosophique de Louvain*, nov. 1992, p. 422-444.

DE VOGEL, C.J., « La Méthode d'Aristote en métaphysique d'après *Métaphysique* A1-2 », dans *Aristote et les problèmes de méthode* Louvain-la-Neuve, 2e éd. 1980, p. 147-170.

DE VOS, A., « La "Vraie" substance d'après la *Métaphysique* d'Aristote », dans *Proceeding of Xth International Congress of Philosophy,* Amsterdam, 1949, p. 1094-1096.

DOIG, J.C., *Aquinas on Metaphysics. A Historico-Doctrinal Study of the Commentary on the Metaphysics*, La Haye, 1972.

– « Towards Understanding Aquinas' Com. in *De Anima*. A Comparative Study of Aquinas and Averroes on the Definition of Soul (*De Anima* B, 1-2) », *Rivista di Filosofia neoscolastica* 66, 1974, p. 436-474.

DRUART, T.-A. (éd.), *Arabic Philosophy and the West. Continuity and Interaction*, Washington, C.C.A.S, 1988.

– « Substance in Arabic Philosophy : al-Farabi's Discussion », dans *The Metaphysics of Substance*, (Proceedings of the American Catholic Philosophical Association, LXI), Washington D.C., American Catholic Philosophical Association, 1988, p. 88-97.

DUHEM, P., *Le Système du monde. Histoire des doctrines cosmologiques de Platon à Copernic*, Tome IV, Hermann et Fils, Paris, 1916.

DUMOULIN, B., *Analyse génétique de la Métaphysique d'Aristote*, Montréal/Paris, 1986.

ELAMRANI-JAMAL, A., « Averroès, le *commentateur* d'Aristote ? », dans *Penser avec Aristote*, Érès, 1991, p. 643-651.

– « Averroès : la doctrine de l'intellect matériel dans le *Commentaire moyen* au *De anima* d'Aristote. Présentation et traduction, suivies d'un lexique-index du chapitre 3, livre III : *De la faculté rationnelle* », dans *Langages et philosophie. Hommage à Jean Jolivet,* Paris, Vrin, 1997, p. 281-307.

ELDERS, L.J., *The Metaphysics of Being of St. Thomas Aquinas in a Historical Perspective*, Leiden, Brill, 1993.

ENDRESS, G., « L'Aristote arabe : réception, autorité et transformation du Premier Maître », *Medioevo* 23, 1997, p. 1-42.

– « Averroès Opera : a Bibliography of Editions and Contributions to the Text », dans G. ENDRESS, G. AERTSEN (eds), *Averroes and Aristotelian Tradition. Sources, Constitution and Reception of the Philosophy of Ibn Rushd (1126-1198),* Leiden, Brill, 1999, p. 339-381.

ENDRESS, G. et AERTSEN, J. A. (eds), *Averroes and the Aristotelian Tradition. Sources, Constitution and Reception of the Philosophy of Ibn Rushd (1126-1198)*, Leiden, Brill, 1999.

FAKHRY, M., « Notes on Essence and Existence in Averroes and Avicenna », dans *Die Metaphysik im Mittelalter : ihr Ursprung und ihre Bedeutung*, Berlin, de Gruyter, 1963, p. 414-417.

– *A History of Muslim Philosophy*, New York-London, 1983.

FATTAL, M., « De la division dans le *Politique* de Platon », *Revue de Philosophie Ancienne* 13, 1, 1995, p. 3-14.

FAY, T.A., « The Problem of Primary Substance in Aristotle's *Metaphysics* and Some Recent Interpretations », *Giornale di Metafisica* 30, 1975, p. 657-663.

FEREJOHN, M.T., « Definition and the Two Stages of Aristotelian Demonstration », *The Review of Metaphysics* 36, 1982, p. 375-395.

FOLLON, J, « Le Concept de philosophie première dans la *Métaphysique* d'Aristote », *Revue philosophique de Louvain* 90, 1992, p. 387-421.

– « Sur un passage difficile de la *Métaphysique* d'Aristote (Δ 7, 1017 a 7-30) », dans *Aristotelica Secunda. Mélanges offerts à Christian Rutten*, Liège, C.I.P.L., 1996, p. 155-165.

FRANCK, R. M., « The Origin of the arabic philosophical term *aniyya* », *Cahiers de Byrsa* VI, Paris, 1956, p. 181-201.

FREUDENTHAL, J., *Die durch Averroes erhaltenen Fragmente Alexanders zur Metaphysik des Aristoteles*, mit Beiträgen zur Erläuterung des arabischen Textes von S. FRÄNKEL, Berlin, 1885.

GALSTON, M., « Al-Farabi et la logique aristotélicienne dans la philosophie islamique », dans *Aristote aujourd'hui*, Érès, 1988, p. 192-217.

GANDILLAC, (de) M., « Plotin et la *Métaphysique* d'Aristote », dans *Études sur la Métaphysique d'Aristote*, Paris, Vrin, 1979, p. 247-264.

GARCIA MARQUES, A., « La Individuación de la substancias materiales en Averroes y santo Tomás », *Sapientia* 35, 1980, p. 601-613.

GARDET, L., « L'Originalité d'Ibn Rushd », dans *Mu'tamar b-Ibn-Rushd*, Alger, 1983.

GAUTHIER, L., *Ibn Rochd (Averroès)*, Paris, P.U.F., 1948.

– *La Théorie d'Ibn Rochd (Averroès) sur les rapports de la religion et de la philosophie*, Paris, 1909.

– « Scolastique musulmane et scolastique chrétienne », *La Revue d'Histoire de la Philosophie*, 1928, p. 221-365.

GEIGER, L. B., « Saint Thomas et la métaphysique d'Aristote », dans *Aristote et Saint Thomas d'Aquin*, Journées d'études internationales, Chaire Cardinal Mercier 1955, Louvain/ Paris, 1957.

GEORGIADIS, C., « Two Conceptions of Substance in Aristotle », *The New Scholasticism* 47, 1973, p. 22-37.

GERARD, G., « De l'ontologie à la théologie. Lecture du livre Z de la *Métaphysique* d'Aristote », *Revue philosophique de Louvain*, nov. 1992, p. 445-485.

GEYER, G. E., « Some Notes on Averroes and The Great Commentary on The *Metaphysics* of Aristotle », *Listening* 9, 1974, p. 38-53.

GILSON, E., *L'être et l'essence*, Paris, Vrin, 1948.

– « Notes sur le vocabulaire de l'être », *Medieval Studies* 8, 1946, p. 150-156.

GOICHON, A.-M., « huwiyya », dans EI², II, p. 665-666.

– *Introduction à Avicenne. Son épître des définitions*. Traduction avec notes, Paris, Desclée de Brouwer, 1933.

– *La Distinction de l'essence et de l'existence d'après Ibn Sina*, Paris, Desclée de Brouwer, 1937.

– *Lexique de la langue philosophique d'Ibn Sina (Avicenne)*, Paris, Desclée de Brouwer, 1938.

– *Vocabulaires comparés d'Aristote et d'Ibn Sina*, Paris, Desclée de Brouwer, 1939.

– « Avicenne, le philosophe de l'être », dans *IBLA* 15, 1952, p. 49-62.

– *La philosophie d'Avicenne et son influence en Europe médiévale*, Paris, Maisonneuve, 2ᵉ éd. 1984.

GOMEZ NOGALES, S., « Bibliographia sobre las obras de Averroes », dans *Multiple Averroès*, Paris, Les Belles Lettres, 1978.

– « El Destino del hombre a la luz de la Noetica de Averroes », *Actes du Premier Congrès International de Philosophie Médiévale : L'homme et son destin d'après les penseurs du moyen âge*, Louvain-Paris, Nauwelaerts, 1960, p. 285-304.

– « Teoría de la causalidad en el *Tahāfut* de Averroes », dans *Primer Congreso de Estudios Árabes e Islámicos (Cordoba, 1962)*, Maestre, Madrid, 1964, p. 115-128.

– « Encuentro de culturas en Averroes », dans *Actas del V Congreso Internacional de Filosofiá Medieval*, Madrid, vol. 1, 1979, p. 165-206.

GRENE, M., « Is Genus to Species as Matter to Form ? Aristotle and Taxonomy », *Synthèse* 28, 1974, p. 51-69.

GUTAS, D., *Avicenna and the Aristotelian Tradition : Introduction to Reading Avicenna's Philosophical Works*, « Islamic Philosophy and Theology », Leiden, Brill, 1988.

– « On Translating Averroes' Commentaries », *Journal of American Oriental Society* vol. 110, 1990, p. 92-101.

– *Greek Thought, Arabic Culture. The Graeco-Arabic Translation Movement in Baghdad and Early 'Abbāssid Society (2nd-4th/8th-10th Centuries)*, London, Routledge, 1998.

GYEKYE, K., *Arabic Logic. Ibn al-Ṭayyib's Commentary on Porphyry's Eisagoge*, State University of New York Press, Albany, 1979.

HALPER, E., « Aristotle on the Possibility of *Metaphysics* », *Revue de philosophie ancienne* 5, 1987, p. 99-131.

– *One and Many in Aristotle's* Metaphysics. *The Central Books*, Ohio, 1989.

– « The Origin of Aristotle's Metaphysical 'Απορίαι », dans *Aristotle's Ontology. Essays in Ancient Greek Philosophy*, State University of New York Press, 1992, p. 151-175.

HAMELIN, O., *Le Système d'Aristote*, Paris, P.U.F., 1920, 2ᵉ éd. 1931.

HANĂ, G. C., « Comment saint Thomas et Averroès ont-ils lu la définition de l'âme d'Aristote ? », dans *Actas del V Congreso Internacional de Filosofiá Medieval*, t. II, Madrid, 1979, p. 817-824.

HARLFINGER, D., « Zur Überlieferingsgeschichte der *Metaphysik* », dans *Études sur la* Métaphysique *d'Aristote*, Actes du VIe Symposium aristotelicum, Paris, 1979.

HARTER, E. D., « Aristotle on Primary ΟΥΣΙΑ », *Archiv für Geschichte der Philosophie* 57, 1975, p. 1-20.

HARTMAN, E., « Aristotle on the Identity of Substance and Essence », *The Philosophical Review* 54, p. 545-561.

HAYOUN, M.-R., et LIBERA (de), A., *Averroès et l'averroïsme*, « Que sais-je ? », Paris, P.U.F., 1991.

HOFFMANN, R., « La Puissance argumentative de la logique spéciale dans la métaphysique d'Ibn Rushd », dans *Penser avec Aristote*, Erès, 1991, p. 667-675.

HOURANI, G. F., « Averroès musulman », dans *Multiple Averroès*, Paris, Les Belles Lettres, 1978, p. 21-31.

HYMAN, A, « Aristotle's "first matter" and Avicenna's und Averroes' "corporeal form" », *Journal of Philosophy* 59, 1962, p. 74-75.

– « Aristotle's Theory of the Intellect and its Interpretation by Averroes », dans *Studies in Aristotle*, The Catholic University of America Press, Washington D.C., 1981, p. 161-191.

IBN AL-NADĪM, *Kitāb al-Fihrist*, édité par G. Flügel, Leipzig, 1872.

IRWIN, T. H., « Aristotle's Discovery of Metaphysics », *The Review of Metaphysics* 31, 1977, p. 210- 229.

IVRY, A. L., « Towards a Unified View of Averroes' Philosophy », *The Philosophical Forum* 4, 1972, p. 87-113.

– « Averroes on Causation », dans *Studies in Jewish Religious and Intellectual History*, Alabama, 1979, p. 143-156.

JAEGER, W., *Aristotle. Fundamentals of the History of his Development*, (trad. R. Robinson), Oxford, 2e éd. 1948.

JOLIVET, J., *L'Intellect chez Kindi*, Leiden, Brill, 1971.

– « L'Intellect selon al-Farabi », dans *Philosophie médiévale arabe et latine*, Paris, Vrin, 1995, p. 211-220, [*BEO*, XXIX, Damas, 1977].

– « Divergences entre les métaphysiques d'Ibn Rushd et d'Aristote », dans *Philosophie médiévale arabe et latine*, Paris, Vrin, 1995, p. 133-153, [*Arabica*, 29 (1982), p. 225-245].

– « Aux origines de l'ontologie d'Ibn Sīnā », dans *Philosophie médiévale arabe et latine*, Paris, Vrin, 1995, p. 221-236, [*Études sur Avicenne*, Les Belles Lettres, 1984, p. 11-28].

– « Esquisse d'un Aristote arabe », dans *Penser avec Aristote*, Éditions Érès, 1991, p. 177-186.

JOLIVET, J. et RASHED, R., (dir.), *Études sur Avicenne*, Les Belles Lettres, 1984.

KOGAN, B. S., « Averroës and the Theory of Emanation », *Mediaeval Studies* 43, 1981, p. 384-404.

– *Averroes and the Metaphysics of Causation*, State University of New York Press, 1985.

KUKSEWICZ, Z, « La Conception averroïste de l'homme », *Actes du XIVe Congrès international de Philosophie*, Viena, 1970, p. 492-495.

LANGHADE, J., *La Langue arabe et la formation du vocabulaire philosophique de Farabi,* thèse d'Etat, Paris IV, 1987.

LEAMAN, O., *An Introduction to Medieval Islamic Philosophy*, Cambridge, 1985.

– *Averroes and his philosophy*, Oxford, 1988.

LEBLOND, J.-M, *Logique et méthode chez Aristote*, Paris, Vrin, 1939.

LEFEVRE, C., *Sur l'évolution d'Aristote en psychologie*, Editions de l'Institut Supérieur de Philosophie, Louvain, 1972.

LESHER, J., « Aristotle on Form, Substance and Universals : a Dilemma », *Phronesis* 16, 1971, p. 169-178.

LESZL, W., *Aristotle's Conception of Ontology*, Padoue, 1975.

LETTINCK, p., *Aristotle's* Physics *and its Reception in the Arabic World*, Leiden, Brill, 1994.

LEWIS, F. A., *Substance and Predication*, Cambridge, 1991.

LIBERA (de), A., *Penser au Moyen Age*, Paris, Seuil, 1991.

– *La Philosophie médiévale*, Paris, P.U.F., 1993.

– *La Querelle des Universaux. De Platon à la fin du Moyen Age*, Paris, Éditions du Seuil, 1996.

LOMBA, J., « El Principio de individuación en Averroes », *Revista de Filosofía* 22, 1963, p. 299-324.

LLOYD, A. C., « Genus, species and ordered series in Aristotle », *Phronesis* 7, 1962, p. 67-90.

MADKOUR, I., *L'Organon d'Aristote dans le monde arabe*, Paris, Vrin, 1934, 2e éd. 1969.

– *La place d'al-Farabi dans l'école philosophique musulmane*, Paris, Maisonneuve, 1934.

– « Introduction à la Métaphysique du Shifa », *M.I.D.E.O.* 6, 1959-1961, p. 281-309.

MAHDI, M., « Alfarabi on Philosophy and Religion », *The Philosophical Forum* 4, 1972, p. 2-25.

– « Science, Philosophy and Religion in Alfarabi's *Enumeration of Sciences* », dans *The Cultural Context of Medieval Learning*, Boston, Reidel, 1975, p. 113-147.

– « Philosophie et religion : Alfarabi commente Aristote », dans *Penser avec Aristote*, Éditions Érès, 1991, p. 187-208.

MALLET, D., *Al-Fārābī, deux traités philosophiques : L'Harmonie entre les opinions des deux sages, le divin Platon et Aristote* et *De la religion*, introduction, traduction et notes, Damas, 1989.

– « *Kalām* et dialectique dans le commentaire des *Topiques* d'Alfarabi », dans *B.E.O.* 48, 1996, Damas, p. 165-182.

MANSION, A., *Introduction à la Physique Aristotélicienne*, Louvain-Paris, 2e éd. 1945.

– « L'Objet de la science philosophique suprême d'après Aristote, Métaphysique E1 », dans *Mélanges de philosophie grecque offerts à Mgr Diès*, Vrin, Paris, 1956, p. 151-168.
– « Philosophie première, philosophie seconde et métaphysique chez Aristote », *Revue philosophique de Louvain* 56, mai 1958, p. 165-221.
– « Conception aristotélicienne et conception averroïste de l'homme », *Atti del XII Cong. int. de Phil.*, vol. 9, 1960, p. 161-171.
– « L'Origine du syllogisme et la théorie de la science chez Aristote », dans *Aristote et les problèmes de méthode*, Louvain-la-Neuve, 1980, 2e éd. p. 57-81.
MANSION, S., *Le Jugement d'existence chez Aristote*, Louvain/Paris, 1946.
– « La Première Doctrine de la substance : la substance selon Aristote », *Revue Philosophique de Louvain* 44, 1946, p. 349-369.
– « La Doctrine aristotélicienne de la substance et le traité des Catégories », dans *Études aristotéliciennes*, Louvain-la-Neuve, 1984, p. 305-321 [*Proceedings of the Tenth International Congress of Philosophy*, Amsterdam, August 11-18, 1948, Amsterdam, North-Holland Publishing Co., 1949, 2 vol., p. 337-340].
– « Les Apories de la *Métaphysique* aristotélicienne », dans *Études aristotéliciennes*, Louvain-la-Neuve, 1984, p. 243-281 [*Autour d'Aristote*, Louvain/Paris, 1955, p. 141-179].
– « Les Positions maîtresses de la philosophie d'Aristote », dans *Aristote et Saint Thomas d'Aquin*, Journées d'études internationales, Chaire Cardinal Mercier 1955, Louvain/ Paris, 1957, p. 43-91.
– « Le Rôle de l'exposé et de la critique des philosophes antérieurs chez Aristote », dans *Aristote et les problèmes de méthode*, Louvain-la-Neuve, 1980, 2e éd., p. 35-56.
MARTIN, A., « La *Métaphysique*. Tradition syriaque et arabe », dans *Dictionnaire des Philosophes Antiques*, C.N.R.S., Paris, 1989, p. 528-534.
– « Du grec à l'arabe. Quelques simples remarques sur la formation d'un vocabulaire philosophique », dans *Serta Leodiensia Secunda. Mélanges publiés par les Classiques de Liège à l'occasion du 175e anniversaire de l'Université*, C.I.P.L., 1992.
– « Un type particulier de la *muzāwağa* dans la langue d'Averroès », dans *Mélanges à la mémoire de Philippe Marçais*, Paris, 1985.
– « Averroès entre l'Orient et l'Occident », dans *Les Civilisations orientales* (fascicule G 13), Section d'Histoire et Philologie Orientales, Université de Liège, 1992.
– « La vie quotidienne à Cordoue au Xe siècle », dans *Les Civilisations orientales* (fascicule G 31), Section d'Histoire et Philologie Orientales, Université de Liège, 1985.
MERLAN, Ph., *From Platonism to Neoplatonism*, La Haye, 1953.
– *Monopsychism, Mysticism, Metaconsciousness. Problems in the Soul in Neoaristotelian and Neoplatonic Tradition*, La Haye, 1963.

MONTEIL, J.-F., « De la traduction en arabe et en français d'un texte d'Aristote. Le chapitre VII du *Peri Hermeneias* », dans *B.E.O.* 48, 1996, Damas, p. 57-76.

MORAUX, P., *D'Aristote à Bessarion*, Laval, Les Presses de l'Université, 1970.

– « L'Évolution d'Aristote », dans *Aristote et saint Thomas d'Aquin*, Journées d'études internationales, Chaire Cardinal Mercier 1955, Louvain-Paris, 1957.

MOREAU, J., « L'Être et l'essence dans la philosophie d'Aristote », dans *Autour d'Aristote*, recueil d'études de philosophie ancienne et médiévale offert à Mgr Mansion, Publications universitaires de Louvain, Louvain, 1955, p. 181-204.

– « Remarques sur l'ontologie aristotélicienne », *Revue philosophique de Louvain* 75, 1977, p. 577-611.

– « Aristote et la vérité antéprédicative », dans *Aristote et les problèmes de méthode*, Louvain-la-Neuve, 2e éd. 1980, p. 21-33.

MOREWEDGE, P., « Philosophical Analysis and Ibn Sina's Essence-Existence Distinction », *Journal of the American Oriental Societies* 92, 1972, p. 425-435.

MOTTE, A. et RUTTEN Chr. (sous la direction de), *Aporia dans la philosophie grecque, des origines à Aristote*. Travaux du Centre d'études aristotéliciennes de l'Université de Liège, Centre De Wulf-Mansion « Aristote. Traduction et études », Éditions Peeters, Louvain-la-Neuve, 2001.

MUNK, S., « Ibn Rushd », dans *Dictionnaire des sciences philosophiques*, Paris, 1847, vol. 3, p. 157-175.

– *Mélanges de philosophie juive et arabe*, Paris, Vrin, 1927.

MURALT (de), A., « Comment dire l'être ? Le problème de l'être et de ses significations chez Aristote », dans *Studia Philosophica* 23, 1963, p. 110-162 ; Paris, Vrin-Reprise, 1984.

– « Genèse et structure de la Métaphysique aristotélicienne », *Revue de Philosophie ancienne* 14, n°1, 1996, p. 7-60.

NARDI, B., « Individualità e immortalità nell'averroismo e nel tomismo », dans *Studi di filosofia medievale*, Rome, 1960, p. 209-222.

NASR, S. H., « Post-Avicennian Islamic Philosophy and the Study of Being », *International Philosophical Quarterly* 29, 1989, p. 409-428.

– « Les Commentateurs arabes », dans *Penser avec Aristote*, Éditions Érès, 1991, p. 757-760.

NASR, S. H. et LEAMAN, O., (eds), *History of Islamic Philosophy*, part I and II, Routledge History of World Philosophies, London/New York, 1996.

OWENS, J., *The Doctrine of Being in the Aristotelian Metaphysics*, Toronto, P.I.M.S., 1951, 3e éd., 1978.

PEPIN, J., « Attitudes d'Augustin devant le vocabulaire philosophique grec. Citation, Translittération, Traduction », dans *La Langue latine : langue de la philosophie*, Actes du colloque organisé par l'Ecole française de Rome avec le concours de l'Université de Rome *La Sapienza*, Rome, 1992, p. 277-307.

PETERS, F. E., *Aristoteles Arabus. The Oriental translations and commentaries on the Aristotelian Corpus*, Leyde, 1968.

– *Aristotle and the Arabs : the Aristotelian Tradition in Islam*, New York-London, 1968.

PUIG MONTADA, J., « Maimonides and Averroes on the First Mover », *Maimonides and Philosophy*, Nijhoff, 1986, p. 213-223.

– « Quelques remarques sur les notions de "Nécessité" et de "Puissance" », dans *Penser avec Aristote*, Erès, 1991, p. 725-742.

– *Averroes, juez, médico y filosofo andalusi*, Junta de Andalucia. Consejeria de educacion y ciencia en colaboracion con la fundacion El Monte, "Educacion XXI", 1998.

RACHID, A., « Dieu et l'être selon al-Farabi. Le Chapitre de l'être dans le Livre des Lettres », dans *Centre d'études des religions du Livre, Dieu et l'être, exégèses d'Exode 3,14 et de Coran, 20, 11-24*, Paris, Études augustiniennes, 1978, p. 179-190.

RAHMAN, F., « Dhāt » dans *EI*², II, p. 227-228.

– « Essence and Existence in Avicenna », dans *Mediaeval and Renaissance Studies*, t. IV, London, Warburg Institute, 1958.

– « Essence and Existence in Ibn Sina. The Myth and the Reality », *Hamdard Islamicus* 4, 1981, p. 3-14.

RAMON GUERRERO, R., « La Metafisica en Averroes », *Anales del Seminario de Historia de la Filosofia* n° 15, Universidad Complutense, Madrid, 1998, p. 181-198.

– *Sobre filosofia y religion. Introduccion y Seleccion de textos*, Serie de Filosofia Espanola, Cuadernos de Anuario Filosofico, n° 8, Pamplona, 1998.

REALE, G., *Aristotele : La Metafisica. Traduzione, introduzione e commento*, 2 vol., Naples, 1993.

RENAN, E., *Averroès et l'Averroïsme*, dans *Œuvres complètes*, Tome III, Calman-Lévy, dernière éd. 1949, Paris.

RIVAUD, A., *Les Grands Courants de la Pensée Antique*, Paris, 1929, 5ᵉ éd. revue et corrigée 1946.

ROBIN, L., *La Pensée hellénique des origines à Épicure. Questions de méthode, de critique et d'histoire*, Paris, P.U.F., 1942.

ROCCARO, G., *Conoscenza e scienza nel Tafsir mā ba'd aṭ-ṭabī'a di Ibn Rušd*, Officina di Studi Medievali, Palermo, 1990.

ROSEMANN, P. W., « Averroes : a Catalogue of Editions and Scholarly Writings from 1821 onwards », *Bulletin de Philosophie Médiédale*, S.I.E.P.M., Louvain-la-Neuve, 1988, p. 153-221.

– « Averroes and Aristotle's Philosophical Dictionary. Prolegomena to an Annotated Translation of Averroes's *Greater Commentary* on Book V of the *Metaphysics* », *The Modern Schoolman* 66, January 1989, p. 95-115.

– « Νόησις νοήσεως und *ta'aqqul at-ta'aqqul*. Das Aristotelische Problem der Selbstbezüglichkeit des Unbewegten Bewegers in der Kommentierung Ibn Rušds », *Zeitschrift für Philosophische Forschung* 40, 1986, p. 543-560.

RUTTEN, Chr., « Dialectique et procession chez Plotin », dans *Aspects de la Dialectique*, II, Desclée de Brouwer, 1956.

– *Les Catégories du monde sensible dans les* Ennéades *de Plotin*, Paris, Les Belles Lettres, 1961.

– « Note sur le syllogisme de l'essence chez Aristote », *Phronesis* 9, 1964, p. 72-81.

– « Aristote. Métaphysique, Z3, 7, 8, 9 et 17. Essai de chronologie relative », *Revue informatique et statistique dans les sciences humaines* 19, 1983, p. 175-188.

– (en collaboration avec L. Delatte, J. Denooz et S. Govaert), *Aristoteles. Metaphysica. Index verborum, listes de fréquence*, Hildesheim, Olms, 1984.

– « *Métaphysique* B et Γ : essai de chronologie relative », dans *Aristoteles. Werk und Wirkung. Mélanges P. Moraux*, Berlin, De Gruyter, 1985, p. 273-287.

– *Métaphysique* « M et N. Essai de chronologie relative », dans *Mathematics und Metaphysics bei Aristoteles*, Akten des X Symposium Aristotelicum, Bern-Stuttgart, 1987, p. 33-44.

– (en collaboration avec J.-P. Benzécri), « Analyse comparative des chapitres de la *Métaphysique* d'Aristote fondée sur les fréquences d'emploi des parties du discours ; confrontation entre l'ordre du *textus receptus*, les références internes et l'ordre du premier facteur », *Les Cahiers de l'Analyse des Données* 13, 1988, p. 41-68.

– « L'informatique : un instrument de travail pour l'historien d'Aristote », dans *Sciences historiques, sciences du passé et nouvelles technologies d'information, bilan et évaluation*, Credo, Lille III, 1990.

– (en collaboration avec J.-P. Benzécri), « *Métaphysique* d'Aristote et *Métaphysique* de Théophraste : Analyse comparative des chapitres fondée sur les fréquences d'emploi des parties du discours », *Les Cahiers de l'Analyse des Données* 14, 1990, p. 37-58.

– « La Stylométrie et la question de *Métaphysique* K », *Revue philosophique de Louvain*, nov. 1992, p. 486-496.

– (en collaboration avec B. COLIN), *Aristote. Categoriae. Index verborum. Listes de fréquence*, Liège, C.I.P.L., 1993.

– « ΥΠΑΡΞΙΣ et ΥΠΟΣΤΑΣΙΣ chez Plotin », dans *Hyparxis e hypostasis nel neoplatonismo, Atti del I colloquio Internazionale del Centra di Ricerca sul Neoplatonismo*, (*Universita degli Studi di Catania, 1-3 ottobre 1992*), Firenze, 1994, p. 25-32.

– « Notes du cours sur Z 10, (1994-95) », Liège, Flash Copy, 1995.

– « Sur la composition de la *Métaphysique* d'Aristote : de l'utilité de la stylométrie », dans *Éditer, traduire, interpréter : essais de méthodologie philosophique*, Louvain-la-Neuve, 1997.

SALAMA-CARR, M., *La Traduction à l'époque abbasside. L'école de Ḥunayn Ibn Isḥāq et son importance pour la traduction*, Paris, Didier Erudition, 1990.

SHEHADI, F., « Arabic and *to be* », dans J.W. H. VERHAAR, (éd.), *The Verb 'be' and its synonymous. Philosophical and Grammatical Studies (4)*, « Foundations of language, suppl. series, vol. 9 », Dordrecht, D. Meidel Publ. Comp., 1969, p. 112-125.

SMITH, J. A., « ΤΟΔΕ ΤΙ in Aristotle », *Classical Review* 35, 1921, p. 19.

SORABJI, R., « Conceptions non-aristotéliciennes de la causalité », dans *Penser avec Aristote*, Éditions Érès, 1991, p. 293- 306.

STEEL, C. et GULDENTOPS, G., (ed. and trans.), « An Unknown Treatise of Averroes Against the Avicennians on the First Cause », *Recherches de Théologie et Philosophie médiévale* 64, 1997, p. 86-135.

STRIJCKER (de), E., « La Notion aristotélicienne de séparation dans son application aux idées de Platon », dans *Autoutr d'Aristote*, Mélanges A. Mansion, 1955, p. 131-132.

TAYLOR, R. C., « Personal Immortality dans Averroes' Mature Philosophical Psychology », *Documenti e studi sulla tradizione filosofica medievale* 9, 1998, p. 87-110.

TEICHER, J. L., « Averroès inconnu », *Actes du XX*[e] *congrès international des orientalistes*, Louvain, 1942.

– « Averroè », dans *Enciclopedia filosofica*, Florencia, 2e éd. 1967, vol. 1, p. 646-660.

TESKE, R. J., « The End of Man in the Philosophy of Averroes », *The New Scholasticism* 37, 1963, p. 431-436.

THILLET, P., « Sur le vocabulaire des philosophes. Du grec à l'arabe », *B.E.O.* 48, Damas, 1996, p. 25-34.

– « Remarques sur les traductions de textes philosophiques du grec en arabe », dans MOUTAUX, J. et BLOCH, O., *Traduire les philosophes. Actes des journées d'étude organisées en 1992 par le Centre d'Histoire des Systèmes de Pensée Moderne de l'Université de Paris I (U.F.R. de Philosophie)*, Publications de la Sorbonne, 2000.

TOUATI, C., « Les Problèmes de la génération et la rôle de l'Intellect agent chez Averroès », dans *Multiple Averroès*, Paris, Les Belles Lettres, 1978, p. 157-167.

TREPANIER, E., « La Philosophie de la nature porte-t-elle sur des séparés ou des non séparés ? », *Laval théologique et philosophique* II, 1946, p. 206-209.

URVOY, D., *Ibn Rushd (Averroès)*, Routledge, Londres-New York, 1991 ; édition française augmentée : Paris, Cariscript, 1996.

– *Averroès, les ambitions d'un intellectuel musulman*, Paris, Flammarion, 1998.

VAN DEN BERGH, S., « anniya », dans EI^2, II, p. 529.

– « djawhar », dans EI^2, II, p. 505-506.

VAN STEENBERGHEN, F., *Introduction à l'étude de la philosophie médiévale*, Louvain/ Paris, 1974.

– « L'Averroïsme latin au XIIIe siècle », dans *Multiple Averroès*, Paris, Les Belles Lettres, 1978, p. 283-287.

VERBEKE, G., « Démarches de la réflexion métaphysique chez Aristote », dans *Aristote et les problèmes de méthode*, 2e éd. 1980, p. 107-129.

– « L'Objet de la métaphysique d'Aristote selon des études récentes », *Revue de philosophie ancienne* n° 1, 1983, p. 5-30.

VOGEL (de), C. J., « La Méthode d'Aristote en métaphysique d'après *Métaphysique*, A 1-2 », dans *Aristote et les problèmes de méthode,* Louvain-la-Neuve, 2e éd. 1980, p. 147-170.

VUILLEMIN-DIEM, G., « La Traduction de la *Métaphysique* d'Aristote par Guillaume de Moerbeke et son exemplaire grec : Vind. Phil. Gr. 100 (J) », dans *Aristoteles Werk und Wirkung. Mélanges P. Moraux*, 2e vol., Berlin/New York, 1987, p. 434-486.

– *La Traduction de la* Métaphysique *d'Aristote par Guillaume de Moerbeke et son exemplaire grec : Vind. Phil. Gr. 100 (J)*, A. L., XXV, 3. 1, Leiden, Brill, 1995.

WALZER, R., *Greek into Arabic. Essays on Islamic Philosophy*, Oriental studies, 1, Oxford, 1962.

WASSEF, A., « Une vérité n'en contredit pas une autre », dans *Penser avec Aristote*, Éditions Érès, 1991, p. 633-642.

WEBER, E., « La Classification des sciences selon Avicenne à Paris vers 1250 », dans *Études sur Avicenne*, Les Belles Lettres, 1984, pp. 77-101.

– « Les Apports positifs de la noétique d'Ibn Rushd à celle de Thomas d'Aquin », dans *Multiple Averroès*, Paris, Les Belles Lettres, 1978, p. 211-251.

WOLFSON, H.A., « The twice-revealed Averroes », *Speculum* 36, 1961, p. 373-393.

– « The Terms *Taṣawwur* and *Taṣdīq* in Arabic Philosophy and their Greek, Latin and Hebrew Equivalents », dans *Studies in the History of Philosophy and Religion*, vol. 1, Harvard University Presse, 1973, p. 478-492.

WOODS, M., « The Essence of a Human Being and the Individual Soul in Metaphysics Z and H », dans *Unity, Identity and Explanation in Aristotle's Metaphysics*, Oxford, 1994, p. 279-290.

ZEDLER, B. H., « Averroes and Immortality », *The New Scholasticism* 28, 1954, p. 436-453.

ZINGANO, M., « L'Homonymie de l'être et le projet métaphysique d'Aristote », *Revue internationale de philosophie* 51, n° 201, 1997, p. 333-356.

INDEX DES TEXTUS ET DES COMMENTAIRES

INDEX NOMINUM

INDEX LOCORUM

TABLE DES MATIÈRES

AVERROÈS

Imprimerie de la Manutention à Mayenne – Mai 2002 – N° 149-02
Dépôt légal : 2e trimestre 2002